KB275686

열왕기 주해

– 다윗의 등불과 하나님 나라 –

An Exposition of the Books of Kings.
: the Lamp of David and the Kingdom of God.
by Jin Soo Kim, Th.D.
Published by Hapdong Theological Seminary Press
50, Gwanggyojungang-Ro, Youngtong-Gu,
Suwon, Kyeonggi-Do, Korea 16517
Telephone | +82-31-217-0629
Fax | +82-31-212-6204
homepage |www.hapdong.ac.kr
e-mail | press@hapdong.ac.kr
All rights reserved

Printed in Korea

열왕기 주해

초판 1쇄 인쇄 | 2016년 11월 25일
초판 2쇄 인쇄 | 2018년 7월 15일

지은이 | 김진수
발행인 | 정창균
펴낸곳 | 합동신학대학원출판부
주 소 | (16517) 수원시 영통구 광교중앙로 50(원천동)
전 화 | (031)217-0629
팩 스 | (031)212-6204
홈페이지 | www.hapdong.ac.kr
출판등록번호 | 제 22-1-1호
출판등록일 | 1987년 11월 16일
인쇄처 | 예원프린팅
총 판 | (주)기독교출판유통(031)902-6550
값 21,000원

ISBN 978-89-97244-35-5 93230
*잘못된 책은 교환해 드립니다

이 도서의 국립중앙도서관 출판예정도서목록(CIP)은 서지정보유통지원시스템 홈페이지
(http://seoji.nl.go.kr)와 국가자료공동목록시스템(http://www.nl.go.kr/kolisnet)
에서 이용하실 수 있습니다.(CIP제어번호: CIP2016027518)

열왕기 주해

- 다윗의 등불과 하나님 나라 -

합신대학원출판부

서 문

예수님은 "때가 찼고 하나님 나라가 가까이 왔으니 회개하고 복음을 믿으라"(막 1:15)는 말씀과 함께 복음을 전파하기 시작하셨다. 예수님의 말씀은 구약성경이 그려 보여주는 옛 언약백성의 역사가 때가 차면 도래할 하나님 나라를 향하여 나아가는 종말지향적 역사였음을 알려준다. 이는 구약성경에 기록된 말씀들이 구약 이스라엘 민족에게만 해당되는 과거의 지나간 이야기가 아니라는 사실을 의미한다. 구약의 말씀들은 예수님이 전파하신 하나님 나라의 복음이 옛 언약백성들이 살아갔던 역사적 삶의 현장 속에 얼마나 깊숙이 뿌리내리고 있는지를 생생하게 증언하고 있으며, 이런 의미에서 구약성경의 내용은 마침내 예수님과 함께 도래한 하나님 나라에 들어온 새 언약 백성들에게 그들의 정체성과 이 땅에서의 존재의미, 더 나아가 그들이 바라보아야 할 궁극적인 세계가 무엇인지를 가르쳐주는 살아있는 진리의 보고이다.

열왕기도 예외가 아니다. 열왕기는 다윗에 의해 세워진 이스라엘 왕국이 이어지는 왕들의 역사에서 남긴 궤적을 추적하는 책이다. 이 책에는 솔로몬이 왕으로 등극하여 성전을 세운 일과 솔로몬과 후대의 왕들이 성전이 표상하는 바 신정국가의 이상을 어떻게 구현하였는지에 대한 이야기가 담겨있다. 성전은 하나님이 왕으로 좌정하여 계시는 왕좌(법궤)가 있는 거룩한 장소이다(삼상 4:4; 삼하 6:2). 따라서 성전은 이스라엘의 왕들과 왕국의 성격을 규정한다. 이스라엘의 왕들은 성전에 거하시는 신적인 왕(하나님)의 뜻을 받드는 대리자들이며 이스라엘 왕국은 하나님의 통치가 실현되어야 할 거룩한 나라이다. 이런 의미에서 구약 이스라엘 왕국은 영원한 하나님 나라를 이 땅에서 반영하는 지상적 모델 (earthly model)이라고 해야 옳다. 그러므로 열왕기에 담긴 왕들의 성공과 실패 이야기는 하나님께서 세우고자 하시는 왕국의 성격과 이 왕국을 지배하는 하나님의 의로운 통치원리를 가르친다고 할 수 있다.

열왕기가 가르치는 하나님 나라의 통치원리는 간단하면서도 심오하다. 그것이 간단한 까닭은 하나님의 말씀에 대한 순종이 골자요 핵심이기 때문이다. 하나님의 말씀은 "하늘"이나 "바다 밖"과 같이 멀리 있지 않고 "가까이" 있다(신 30:11-14). 그러므로 하나님의 말씀에 순종하는 일은 고차원의 지적 활동이나 복잡한 기술을 요하지 않는다. 말 그대로 순종이 전부다. 다른 한편, 하나님 나라의 통치원리가 심오하다는 말은 하나님의 말씀이 그 자체로서 갖는 무게와 의미가 크고, 그 말씀이 죄로 얼룩진 역사와 인간 삶에 대하여 갖는 의미가 단순하지 않다는 뜻이다. 열왕기는 수많은 왕들의 이야기를 통해 이처럼 간단하면서도 심오한 하나님 나라의 통치원리를 흥미진진하게 드러낸다. 열왕기에 선지자들의 활동이 두드러지는 이유도 이 때문이다. 선지자 직임은 하나님의 말씀을 대변하는 수단이다. 하나님은 선지자들을 통해 자신의 뜻을 드러냄으로써 "말씀에 입각한 왕국"이란 하나님 나라의 통치원리를 가르치셨다.

그러므로 오늘 이 시대를 살아가는 하나님의 백성들에게 열왕기는 반드시 읽혀져야 할 중요한 책이다. 그들에게 이 책은 이 땅에서 하나님의 백성으로서 살아간다는 것이 무엇을 의미하는지를 알려준다. 삶과 죽음, 건강과 질병, 행복과 불행, 성공과 실패, 풍요와 기근, 부와 가난, 번영과 쇠퇴, 일치와 분열, 충성과 반역, 전쟁과 평화 등으로 특징지어지는 이 땅의 삶에서 하나님만이 진정으로 의지하여야 할 주권적인 통치자시며 그분의 말씀만이 자칫 길을 잃기 쉬운 어두운 세상에서 하나님 나라의 백성으로서 살아갈 수 있게 빛을 비추는 밝은 "등불"임을 열왕기는 가르친다. 이 책을 읽어가노라면 다윗 왕가를 통해 점화되었던 옛 이스라엘의 "등불"이 마침내 이 세상에 참 빛을 비추기 위해 오신 예수 그리스도의 "등불"로 연결된다는 사실을 깨닫게 될 것이다. 이런 구속사적 안목 속에서 독자들은 또한 복잡하고 문제 많은 현재의 삶이 결국 "해나 달의 비춤이 쓸데 없으며" "하나님의 영광이 비치고 어린 양이 그 등불이 되시는" (계 21:23) 그 영원한 하나님의 나라로 이어진다는 사실을 확신하게 될 것을 믿어 의심치 않는다.

본서는 필자가 신대원에서 학생들과 목회자들에게 강의하는 가운데 만들어지고 다듬어져 그 모습을 갖추게 된 책이다. 그러므로 이 책이 나오게 된 것에 대한 공로는 미흡한 점이 많은 강의였음에도 불구하고 사랑과 열심으로 강의에 참여해준 학생들과 목회자들에게 돌아가야 마땅하다. 필자는 강의원고를 준비하면서 늘 두 가지를 염두에 두었다. 하나는 열왕기의 본문이 당시의 역사적 맥락 안에서 갖는 의미를 충실하게 밝히는 것이며, 다른 하나는 그 본문이 오늘날 교회와 성도에게 주는 교훈과 가르침을 드러내는 것이다. 이 일이 제대로 수행되었는지는 오직 독자들이 판단할 문제이다. 필자가 바라기는 이 책이 목회자들을 비롯하여 여러 분야에서 하나님의 말씀을 맡은 자로서 수고하는 분들에게 사용되어 "말씀에 입각한 왕국"이란 하나님 나라의 통치원리가 교회와 성도들의 삶에 구현되는데 조금이나마 일조하게 되는 것이다. 특히 교회 안팎으로 지도자 문제 때문에 어려움을 겪는 현재의 우리 형편에 구약 이스라엘 왕들의 이야기가 시대를 밝히는 "등불"로 새롭게 읽혀진다면 좋겠다는 바램이다.

이 책이 나오기까지 여러 분들이 많은 도움을 주셨다. 먼저 책을 집필하고 출판할 수 있도록 해주신 조병수 총장님께 감사를 드린다. 조 총장님의 관심과 격려는 필자의 연구와 강의와 집필에 큰 용기와 활력이 되었다. 교회를 바른 신학 위에 세워야 한다는 일념 하에 아낌 없이 연구를 지원해주신 합신 18회 동문들께도 감사를 드린다. 이분들의 지원이 없었다면 이 책은 세상에 빛을 보지 못하였을 것이다. 책이 나오기까지 열왕기 강의가 개설될 때마다 열심으로 강의에 참여해준 분들에 대한 고마운 마음은 거듭 말하여도 지나치지 않다. 특히 예수님이 나서 자라신 곳 나사렛에서 직접 카메라에 담으신 '등불' 사진을 책의 표지 디자인을 위해 사용하도록 기꺼이 허락해 주신 부산 영화교회 이내원 목사님께 깊은 감사의 말씀을 올린다. 또한 이 책이 나오기까지 출판과 관련된 일들을 도맡아 해주신 출판부 신현학 실장님과 북 디자이너 최문하 자매께도 감사를 드린다.

원고를 탈고하며 필자가 유학도중 이 땅에서의 힘들고 고된 삶을 마치고 하나님의 품에 안기신 사랑하는 어머님 고 이봉란 권사님의 마지막 모습이 눈에 떠 오른다. 어머님은 병상에 몸 져 누우신 중에서도 성경을 읽기를 원하셨다. 음식을 먹지도 못하는 형편이었지만 어머님은 막내인 내게 요한 계시록을 읽어달라고 부탁하셨다. 삶의 종착점을 눈앞에 두고 약속된 하나님의 나라 곧 "새 하늘과 새 땅"을 바라보셨으리라. 어머님이 바라 보셨던 그 나라는 다름 아닌 열왕기가 소개하는 다윗의 나라이다. 다윗의 나라, 다윗의 등불이 이 책을 읽는 모든 독자들의 길을 환하게 밝히길 소망한다.

2016년 11월 5일

교정이 가을로 짙게 물드는
합신 연구실에서
김진수

Contents

제 3 장 : 분열왕국의 역사 I (왕상 12장 – 왕하 1장) ▪ 171

제 4 장 : 분열왕국의 역사 II (왕하 2 - 17장) ▪ 269

제 5 장 : 유다왕국의 역사 (왕하 18–25장) ▪ 389

열왕기 개관

열왕기 개관

열왕기는 정경의 배열상으로나 내용적으로 사무엘서와 긴밀하게 연결되어있다. 사무엘서가 이스라엘에 왕정이 도입되고 다윗이 이스라엘의 합법적인 왕으로 세워지는 과정을 보여주는 책이라면, 열왕기는 다윗으로부터 출발한 왕국이 후대의 왕들의 통치를 거치면서 어떤 형태로 발전(또는 퇴보)해갔는가를 보여주는 책이다. 열왕기는 다윗의 아들 솔로몬이 다윗의 뒤를 이어 이스라엘의 왕으로 등극하고, 그가 다윗이 염원하고 계획했던 성전건축을 실행에 옮긴 사실을 소개해준다. 이처럼 열왕기는 사무엘서에 소개된 다윗 왕국의 역사를 이어간다. 그러나 열왕기를 읽어가노라면 독자들은 점차 캄캄한 어둠 속으로 빠져든다는 느낌을 받는다. 시간이 지남에 따라 다윗 왕국은 초기의 영광스러운 모습을 잃어버리고 분열과 대립을 겪다가 마침내 그 존립마저 불가능해지게 되고 만다. 다윗 왕국이 이렇게 불행한 길을 걸은 것에 대해 열왕기 기자는 후대의 왕들이 그 조상 다윗의 모범을 따라 왕직을 수행하지 않았기 때문이라고 밝힌다(왕상 14:8; 15:3; 왕하 14:3; 16:2).

다윗이 왕으로서 보여준 모범을 한마디로 이야기 하면 하나님의 말씀에 온전히 순종하였다는 것이다. 그는 자신의 왕권이 견고하여진 그 어느 시점에 하나님께 감사의 찬송을 드리며 "여호와께서 내 공의를 따라 상 주시며 내 손의 깨끗함을 따라 갚으셨으니 이는 내가 여호와의 도를 지키고 악을 행함으로 내 하나님을 떠나지 아니하였으며 그의 모든 법도를 내 앞에 두고 그의 규례를 버리지 아니하였음이로다"(삼하 22: 21-23)라고 고백하였다. 밧세바 사건을 기억하는 독자들에게 다윗의 이 고백은 진실성이 결여된 말인 것처럼 보일 수도 있다.[1] 그러나 다윗이 가진 모든 문제점들에도 불구하고 그가 기본적으로 하나님께 충성된 태도를 견지했다는 사실에는 변함이 없다.[2] 적어도 다윗은 후대의 왕들에게 나타나는 우상숭배의 모습을 보이지 않았으며, 하나님의 대언자인 선지자의 말을 거역하는 완고한 태도를 보이지도 않았다.

그러나 열왕기에 등장하는 수많은 왕들은 대개의 경우 선지자와

---

1) 사무엘서 연구가 폴진(Polzin: 1993:202-207)은 사무엘하 22장에 나오는 "감사시"를 "다윗의 신격화"(the apotheosis of David)로 규정하고, 다윗의 잘못은 그가 "너무 빨리 우쭐거림에서 기뻐 날뛰는 모습으로 움직이는 것"(to move too quickly from exaltation to exultation)이라고 말한다. 브루거만(Brueggemann 1988:393-397) 또한 사무엘하 22장의 감사시는 다윗의 허황된 제왕신학을 반어적으로 강조하는 것이라고 주장한다.

2) 영벌러드(Youngblood 2009:580)에 따르면 다윗의 고백은 자신의 의를 내세우는 것이 아니라 단지 하나님께 헌신된 마음의 표현일 뿐이라고 한다: "Not pretending to be perfectly righteous, David was simply laying claim "to sincerity and single-heartedness in his devotion to God…"

대립관계에 있었다. 솔로몬으로부터 시작하여 대다수 유다와 이스라엘의 왕들은 선지자의 말에 귀 기울이지 않았을 뿐만 아니라 심지어 선지자를 적대시하기까지 하였다. 왕들이 이렇게 선지자와 불편한 관계에 있었다는 것은 그들이 하나님과 바른 관계에 있지 않았다는 사실에 대한 뚜렷한 증거가 된다. 지상에서 하나님의 통치를 대행하여야 할 왕들이 오히려 하나님을 거역하고 선지자들과 대립각을 세운 것은 그들이 왕의 길에서 이탈했으며 왕으로 존재해야 할 이유를 잃었다는 것을 의미한다.[3] 열왕기에 소개되고 있는바 왕가에서 일어나는 연이은 음모, 반역, 암살 사건은 이러한 왕국의 문제를 여실히 보여준다. 하나님이 다스리는 신정국가이자 하나님의 나라로 세워지고 발전해야 할 이스라엘이 세상 나라들과 다를 바 없이 되고 말았던 것이다. 따라서 열왕기의 마지막에 묘사되고 있는 왕국의 불행한 파국은 불가피한 것이었다고 볼 수밖에 없다.

그렇다면 다윗과 더불어 시작된 왕국의 약속과 희망은 모두 사라지고 말았을까? 그렇지 않다. 일찍이 솔로몬이 성전 봉헌식을 하며 하나님께 드린 기도내용은 왕국의 미래에 대한 우리의 지평을 다윗 왕가의 몰락이란 역사적 사건 그 너머로 확장시켜준다. 성전 봉헌식에서 솔로몬은 이스라엘 백성이 범죄하여 이방으로 사로잡혀가는 불행을 겪는다 할지라도 하나님께서 그들을 다시 회복시켜주실 것을 기대하는 기도를 드렸다(왕상 8:46-53). 열왕기의 맥락에서 이 기도

---

3)　이와 관련하여 젠트리와 벨럼(Gentry & Wellum 2012:392)은 다음과 같이 말한다: "The office of prophet…arises…because it provides a check against the absolute rule of the king and makes sure that Yahweh – that God – is ruling the people through the king of Israel." 덤브렐(Dumbrell 2013:226)의 의견도 다르지 않다: "…the Davidic line was ultimately to reflect the Kingship of God."

는 왕국의 역사가 587/6년의 사건으로 끝나지 않으리란 사실을 예고하는 것이라 해도 좋을 것이다. 뿐만 아니라 열왕기 저자가 책의 끝자락에서 다윗 왕가의 한 사람인 여호야긴이 비록 바벨론 땅이긴 하지만 그곳에서 어느 정도 지위를 회복한 것을 소개한 것(왕하 25:27-30)은 하나님께서 다윗에게 하신 약속을 여전히 기억하고 계신다는 사실을 간접적으로 암시하는 것이라 하겠다.

1. 열왕기의 위치와 범위

현재 우리에게 전승된 열왕기는 상, 하 두 권으로 나누어져 있다. 이런 구성은 히브리어 성경이 헬라어로 번역되는 과정에 생겨난 것으로 보인다. 이는 곧 원래 열왕기가 한 권으로 기록되어 전승되었다는 의미이다. 학자들 가운데는 열왕기가 원래 사무엘서와 더불어 한 권의 책으로 존재했었다고 보는 이도 있다(cf. Keys 1996:69-70). 그 이유는 칠십인역이 사무엘서와 열왕기에 대하여 마치 한 권의 책인 것처럼 포괄적인 제목(βασιλειῶν ά β ν́ δ)을 달고 있기 때문이다. 그러나 맛소라 본문이 사무엘서 끝부분과 열왕기 끝에 제공하는 맛소라 권말주기(*Masora finalis*)는 사무엘서와 마찬가지로 열왕기도 원래 독립된 한 권의 책이었음을 보여준다.

그러나 학자들 가운데는 열왕기가 그 자체로 완결된 하나의 통일체가 아니라 보다 큰 범위의 역사를 다루는 문헌의 일부로 보는 이들이 있다. 그뿐만 아니라 열왕기 1-2장에 소개된 솔로몬의 왕위계승 이야기는 원래 사무엘하 9-20장과 하나로 연결된 글이기에 열왕기 3장부터 새로운 글이 시작된다고 보는 학자들도 있다. 전자는 학계에 널리 알려져 있는 소위 "신명기적 역사"(Deuteronomistic History) 이론과 관련되고, 후자는 "왕위계승 이야기"(Succession Narrative) 이론과 관계된다. 이 두 이론은 열왕기의 이해에 중요한 영향을 끼쳐왔고 지금도 적지 않은 영향을 주고 있으므로 이 책의 구조를 살피기 이전에 먼저 그 두 이론들을 살펴보고 평가하는 것이 필요한 일이라 여겨진다.

1) 열왕기와 "신명기적 역사"

"신명기적 역사" 이론은 지난 세기 중반 유럽에서 폰 라드(Gerhard von Rad, 1901-1971)와 더불어 구약의 전승사적 연구를 시도한 것으로 유명한 마틴 노트(Martin Noth, 1902-1968)가 제안한 것이다. 노트는 1943년에 출판한 『전승사 연구』에서 신명기부터 열왕기까지를 아우르는 전체 글을 한 명의 저자가 기록한 한 권의 책이라고 주장하였다. 노트에 따르면 다윗 왕가의 몰락과 예루살렘의 멸망을 경험한 포로기의 한 저자가 포로로 사로잡힌 사람들에게 그들이 당한 국가적 재난의 원인을 설명하기 위해 그때까지 전해져 내려온 전승자료들을 활용하여 가나안 점령으로부터 시작하여 왕국의 멸망에 이르기까지의 역사를 기록하였다고 한다. 이 기록이 "신명기적 역사"란 이름을 얻게 된 것은 그것을 기록한 역사가가 "언어와 사상에 있어 신명기의 율법과 이 율법을 둘러싸고 있는 설교와 가까운 관련성을 보여주기 때문"(Noth 1943:3-4)이라고 한다.[4]

---

4) 노트는 "신명기적 역사"(Deuteronomistisches Geschichtswerk)와 이 책의 저자를 줄임 말로 Dtr이라 표기한다. 사실상 여호수아~열왕기에 신명기적 문체와 신학의 영향이 나타난다는 관찰은 노트 이전에도 이미 오래 동안 인정되어왔다 (cf. Römer and de Pury 2000:25-44).

노트는 자신의 이론을 뒷받침하는 근거로서 신명기~열왕기가 의도적으로 구성된 통일체임을 나타내는 특징들 세가지를 언급한다: 1) 언어적 특징, 2) 여호수아~열왕기가 보이는 구성상의 특징, 3) 통일된 역사신학. 먼저, 언어적 특징과 관련하여 노트는 신명기~열왕기에 어휘사용, 표현방식 그리고 문장구성에서 "신명기적 문체"가 뚜렷하게 나타나므로 이 문제에 관한 한 자세한 설명이 불필요할 정도라고 말한다. 다음으로, 여호수아~열왕기에는 역사의 중요한 시점에 지도자 역할을 하는 인물들이 등장하여 짧거나 혹은 긴 연설을 하는 구성상의 특징이 나타난다고 한다. 가령, 여호수아 23장에 나타나는 여호수아의 연설, 사무엘상 12장에 나타나는 사무엘의 연설, 열왕기상 8장에 나타나는 솔로몬의 기도가 그것이다. 끝으로, 신학적 통일성과 관련하여 노트는 여호수아~열왕기에 하나님의 목소리에 대한 순종의 강조, 제의에 대한 적극적인 관심의 결여, 백성 전체에 영향을 미치는 하나님의 보응에 대한 끝없는 관심이 나타난다고 말한다.

그러나 노트는 현재의 신명기~열왕기 본문에 자신의 이론과 조화되지 않는 요소들이 있음을 인정한다. 대표적인 것이 사사기 1장이다. 사사기 1장은 역사의 중요한 시점 곧 사사시대로 이어지는 상황을 기술한 본문인 만큼 "신명기적 틀 본문"(deuteronomistisches Rahmenstück)에 해당한다. 그럼에도 불구하고 이곳에는 지도자 위치에 있는 인물이 연설하는 내용이나 이야기 형식으로 제공되는 "요약적인 역사성찰"(die zusammenfassende Geschichtsbetrachtungen)이 나타나지 않는다. 뿐만 아니라 이곳에는 신명기적 편집의 흔적도 보이지 않는다. 노트가 보기에 이것은 "신명기적 역사가"의 작업방식에서 크게 벗어나는 현상이다(Noth 1943:8). 이런 이유로 노트는 사사기 1장을 후대에 첨가된

글로 간주한다.

이러한 설명방식은 소위 신명기적 역사가가 사용했다고 하는 연대기적 틀에 대한 설명에서도 나타난다. 노트는 열왕기상 6:1에 언급된 연대기적 정보에 근거하여 신명기적 역사가가 출애굽으로부터 성전건축 시작까지의 기간을 480년으로 산정하고, 이 수치에 맞추어 여타의 연대기적 정보들을 기록했을 것으로 생각한다. 즉 신명기적 역사서에 나오는 햇수를 모두 합산하면 출애굽부터 성전건축 시작까지 480년이 된다는 것이다. 그러나 신명기~사무엘서에 나타나는 연대들을 합산하면 480이란 수치를 훨씬 초과한다. 노트는 이 문제를 해결하기 위해 다시 "풀과 가위"식 접근법에 기댄다. 그는 자신이 생각하는 신명기적 역사가의 기록방식에 어긋나는 부분 – 삿 13-16장에 소개된 삼손기사와 삼상 4:18에 소개된 연대기적 정보 – 을 후대의 첨가로 잘라냄으로써 480이란 수를 만들어내고자 하였다.[5]

---

5) 노트가 볼 때 신명기적 역사가는 "직선적 연대기"(einlinige Chronologie)를 시용한다. 이런 관점에서 보면 삼손이 사사로 활동한 기간 20년과 엘리가 제사장으로 활동한 기간 40년이 걸림돌이 된다. 이 수치는 사사기 13:1에 언급된바 블레셋이 40년간 이스라엘을 지배했다는 역사적 정보와 조화되지 않아 보이기 때문이다. 노트가 보기에 40년간의 블레셋 지배는 사무엘이 이끈 미스바 전투에서 끝나므로(삼상 7장 참조), 이 관점에 맞추기 위해서는 부득이 삼손의 20년과 엘리의 40년이 겹치는 것으로 보지 않으면 안 된다. 그러나 이것은 노트가 생각하는 신명기적 역사가의 기록방식이 아니다. 하지만 사사기에 소개된 연대기적 정보들이 "직선적"이란 노트의 견해는 지나친 단순화란 인상을 준다. 사사기에 나타난 연대를 합산할 경우 삼손의 20년을 제외하더라도 390년이나 되기 때문이다. 이는 사사 시대를 제외하고 출애굽부터 성전건축 시작까지의 기간(광야 40년+정복전쟁+땅 분배+여호수아의 생존기간+사무엘의 활동기간+사울과 다윗의 통치기)을 90년으로 축소하는 터무니 없는 결과를 가져온다. 그러므로 사사기에 기록된 연대기적 정보들을 "직선적"으로 보는 것은 옳지 않으며, 그것이 저자의 의도라고 보아서도 안 된다. (Provan a.o. 2003:161-166; Merrill 1987:148-150).

이처럼 노트가 현재의 신명기~열왕기에서 어떤 부분을 후대의 첨가물로 규정한 것은 그가 내세운 신명기적 역사 이론이 취약한 기반 위에 서 있다는 의미일 수 있다. 이것은 노트의 이론이 수용되는 과정 속에서 분명해진다. 많은 학자들이 노트의 견해를 긍정적으로 수용하였지만, 그러나 전체 역사가 한 저자에 의해 기록되었다는 그의 주장은 많은 반대에 부딪혔다. 예컨대 스멘트(R. Smend)는 노트의 신명기적 역사서에서 율법에 특별한 관심을 보이는 곳을 구분해내고(수 1:7-9; 13:1bβ-6; 23; 삿 2:17, 20f, 23; 1:1-2:9), 이를 신명기적 역사 기록자(Dtr)와는 다른 저자(또는 편집자)에게 돌린다(Smend 1971:494-509).[6] 더 나아가 스승인 스멘트와 더불어 소위 괴팅엔 학파(Göttinger Schule)를 형성한 디트리히(W. Dietrich)와 베이욜라(T. Veijola)는 노트의 신명기적 역사 안에 기본문서(DtrG)와 다른 편집층을 더 구분해내고, 이 편집층이 다윗과 왕권에 대해 비판적인 선지자들의 관점을 나타낸다고 주장한다.[7]

다른 한편 미국 하버드 대학의 근동언어 교수였던 크로스(F. M. Cross)는 열왕기에서 두 단계의 편집과정을 구분하고 이를 포로기 전의 첫째 판(Dtr^1)과 포로기의 둘째 판(Dtr^2)으로 분류한다(Cross 1973:274-289). 크로스에 따르면 열왕기하 17장까지를 포함하는 Dtr^{1}는 북왕국의 멸망을 언약파기에 대한 심판으로 간주하고 요시야를 다윗 언약의 성취로 그리는 반면, Dtr^{2}는 요시야의 개혁이 실패로 끝나고 왕국의 소망이 수포로 돌아간 책임을 므낫세의 죄에 돌리

---

6) 스멘트는 이 편집자가 '율법' – 그리스어로 νόμος - 에 관심을 갖는다는 점에
    주목하고 그의 작업에 해당하는 편집층을 DtrN이란 부호로 표시한다.
7) 이 편집층은 선지자들(Prophets)의 활동에 초점을 두는 특징을 가지기에 DtrP
    란 부호로 표시된다(Dietrich 19922:137-142; Veijola 1975:127-142).

는 방식으로 기존의 문서를 손질하고(예, 다윗에게 주어진 무조건적 약속을 조건적인 것으로 바꿈) 여기에 열왕기하 18-25장을 첨가했다고 한다. 크로스의 견해는 프리드만(R. Friedman)이나 넬슨(R. Nelson)과 같은 미국의 학자들에 받아들여져 이른바 유럽의 괴팅엔 학파에 상응하는 하바드 학파(Harvard School)를 이루게 되었다 (cf. McKenzie 2008:163-164).

노트의 이론에 대한 비판은 여기서 그치지 않는다. 학자들 가운데는 그의 이론이 근본적으로 문제가 있으며, 따라서 신명기~열왕기가 원래 한 권의 책이었다는 견해는 포기되어야 한다고 주장하는 이들도 적지 않다. 대표적인 학자들로는 포러(Fohrer 1979[12]:211)), 폰 라드(von Rad 1992[10]:359), 뷰르트봐인(Würthwein 1994:9), 베스터만(Westermann 1994:78) 등이 있으며, 이들의 주장은 다음 몇 가지로 요약될 수 있다: 1) 여호수아~열왕기의 각 책들은 서로 다른 면이 많이 있다. 예를 들면, 사사기에는 범죄 – 재앙 – 부르짖음 – 구원의 사이클이 반복되지만 사무엘서나 열왕기에는 그러한 패턴이 강조되지 않는다. 2) 열왕기에는 왕들에 대한 평가가 나타나지만, 사사기에는 사사들에 대한 평가가 나타나지 않는다. 3) 백성들의 죄에 주된 관심을 갖는 사사기와 달리 열왕기는 백성들의 운명을 결정하는 왕들에 초점을 맞춘다. 4) 여호수아~사무엘서는 "이야기 체"(narrative style)가 주를 이루지만 열왕기는 "역사보도"(Geschichtsbericht)가 주를 이룬다.

이런 지적들은 매우 타당한 것이어서 이를 도외시한 체 계속해서 신명기적 역사 가설을 토대로 열왕기서를 비롯하여 전선지서에 속하는 나머지 책들을 이해하고자 해서는 안 된다고 본다. 사실상 전선지서에 포함되는 각 책들을 살펴보면 그것들이 각각 구성상 그 자체로 완결된 작품이란 인상을 강하게 받는다. 사무엘서의 경우에도 이 책이 처음과 끝에 한나의 노래와 다윗의 노래를 배치함으로써 그 자체로 하나의 완결된 구도를 갖는다는 점을 알려 준다.[8] 여호수아나 사사기도 마찬가지이다. 물론 노트가 이야기하였듯이 신명기~열왕기에는 언어적, 신학적 통일성이 있다는 점도 부인하기 어렵다. 그러나 킷천(K. Kitchen)이 잘 이야기 하였듯이 이러한 통일성은 저자의 단일성에서 기인된 것이라기보다 "히브리 주류신앙"(Hebrew mainstream belief)이란 공통의 기반에서 비롯된 것으로 보는 것이 더 옳을 것이다(Kitchen 1970:17).[9]

2) 열왕기와 "왕위계승 이야기"

열왕기상 1-2장은 노쇠한 다윗이 마지막 유언을 남기고 죽는 모습과 그의 아들 솔로몬이 이복 형 아도니야를 제치고 이스라엘의 왕으로 등극하는 과정으로 그리고 있다. 따라서 벨하우젠(J. Wellhausen) 이후 열왕기상 1-2장을 사무엘하 9-20장과 더불어 왕위계승의 문제를 다루는 "궁정사"(Hofgeschichte)로 보는 관

---

[8] 사무엘서의 구성에 대한 자세한 설명은 졸저, 『우리에게 왕을 주소서』(수원: 합신대출판부, 2011), 29-47, 74-81을 참조하라. 구딩(D. W. Gooding)과 같은 학자는 사사기도 전체가 정교한 교차구조를 가진 통일적인 작품이란 사실을 설득력 있게 논증하였다(Provan a.o. 2003:159-160).

[9] 하워드(See D. M. Howard Jr.)도 유사한 견해를 갖는다: "The term Deuteronomistic can thus be used in a more neutral, descriptive way to refer to those books or ideas reflective of the distinctive viewpoints found in Deuteronomy – with no conclusions concerning authorship of Deuteronomy or the other books inherent in the use of the term"(Howard 1993:207).

점이 나타나게 되었다.[10] 이 관점을 계승, 발전시킨 이가 로스트(L. Rost)이다. 로스트는 1926년에 출판한 『다윗의 왕위계승에 대한 전승』이란 책에서 솔로몬의 한 측근이 "솔로몬의 더 큰 영광을 위하여"(*ad majorem gloriam salomonis*) 사무엘하 9-20 + 왕상 1-2장을 포함하는 "왕위계승 이야기"(Thronfolge Erzählung)를 기록했다고 주장하였다.[11] 로스트의 주장은 알트(A. Alt), 노트(M. Noth), 폰 라드(von Rad)를 비롯하여 수많은 후대의 연구가들에게 긍정적으로 수용되었다(Kim 2007:181).

로스트의 견해가 이처럼 학계에서 헤게모니를 얻게 되었으나 반대하는 목소리도 없지 않았다. 예컨대 모빙켈(S. Mowinckel)은 사무엘하 14-20장이 여전히 힘있는 다윗의 모습을 보여준다는 점을 지적하며 이 단락의 어떤 내용도 다윗의 노쇠한 모습을 소개하는 열왕기상 1장 1절을 위해 우리를 준비시켜주지 않는다고 말한다. 이어서 모빙켈은 "열왕기상 1-2장이 대단원이 아닌 한 역사의 시작으로서 기록되었다는 인상을 준다"고 주장한다(Mowinckel 1963:11). 칼슨(R. A. Carlson)은 로스트가 솔로몬의 왕위계승을 정당화하는 것이 소위 "계승 이야기"의 의도라고 하나, 왕위를 둘러싼 음모와 반역의 사건들을 다루는 열왕기상 1-2장이 그 목적에 이바지하는 것이겠느냐고 반문한다(Carlson 1964:137-138).[12]

---

10) 벨하우젠은 열왕기상 1-2장을 솔로몬의 출생에 이어 왕위계승권을 가진 암논, 압살롬, 아도니야가 차례로 제거되는 "궁정사"의 대단원에 해당한다고 보았다 (Wellhausen 1963:255-258).

11) 로스트에 따르면 "계승 이야기"의 저자는 법궤 이야기, 나단의 예언, 암몬 전쟁사 등 기존의 전승들을 "기층자료"(Unterquelle)로 활용하여 자신의 이야기를 기록했다고 한다(Rost 1926:139).

12) 그러나 열왕기상 1-2장이 단지 왕위계승을 위한 음모와 반역의 이야기라는 관점은 재고될 필요가 있다(김진수 2012:9-36).

플라나간(J. Flanagan)은 로스트가 열왕기상 1-2장에서 제기되는 문제 - 누가 다윗의 뒤를 이어 이스라엘의 왕이 될 것인가? - 에서 출발하여 전체 작품을 이해하고자 시도한 것은 방법론상의 오류라고 지적한다(Flanagan 1972:173).[13] 더 나아가 플라나간은 사무엘하 9-20장이 세바의 난과 압살롬의 반역을 비교한다는 점에 주목한다. 그는 다윗이 세바에 대해 언급하며 그의 반란이 압살롬의 반역보다 더 위협적이라고 말한 것에 근거하여 사무엘하 9-20장의 목적은 다윗 왕권에 대한 도전의 문제이지 왕위계승의 문제가 아니라고 옳게 주장한다.[14] 한편, 케이즈(G. Keys)는 문체분석에 근거하여 로스트의 이론을 반박한다. 사실 로스트 자신도 나름대로 세밀한 문체분석을 하였다. 그가 문체분석을 중요하게 생각한 이유는 그것이야말로 "인간의 고유한 창작물"이라고 보았기 때문이다.

그런데 케이즈(G. Keys)도 로스트와 마찬가지로 문체분석을 통해 그가 가진 모순점들을 지적하고 열왕기상 1-2장이 소위 계승 이야기의 일부가 아니라고 주장한다(Keys 1996:54-63). 케이즈의 주장은 다음 여섯 가지로 요약된다: 1) 사무엘하 9-20장에는 이야기의 속도가 느려졌다가 다시 빨라지는 변화가 나타나는 반면 열왕기상 1-2장에는 그런 변화가 없다. 2) 열왕기상 1-2장에는 다른 부분과 달리 반복이 넘쳐난다. 3) 열왕기상 1-2장에는 사무엘하 9-20

---

13) 같은 비판을 군(D. M. Gunn)의 다음 말에서도 찾아볼 수 있다: "How can a critic be to any degree certain that he has accurately characterized the theme of a piece of literature, at any time a delicate and intricate business, unless he knows what that piece of literature consists of"(Gunn 1978:81).

14) "The structure and content of the Court History verify it as record of how David maintained the powers of office and continued to be the legitimate king of Israel and Judah"(Flanagan 1972:181).

장과 달리 직유나 은유가 나타나지 않는다. 4) 사무엘하 9-20장에
는 서로 "산뜻하게 분리된" 각각의 장면들로 구성되어있으나 열왕기
상 1-2장에는 모든 사건들이 일체가 되어 보다 큰 이야기를 이룬
다. 5) 사무엘하 9-20장과 달리 열왕기상 1-2장에서 "직접화법"
은 반복의 결과일 뿐 이야기의 진전에 기여하지 않는다. 6) 로스트는
a-b-a가 계승 이야기의 특징이라고 하나 그것은 히브리 내러티브에
나타나는 일반적 특징이다.

케이즈의 날카로운 분석은 로스트의 이론에 심각한 타격이 되기에
충분해 보인다. 하지만 문체상의 차이만으로 저자의 단일성을 부정하
는 것은 정당한 일이 아닐 수도 있다. 같은 저자가 쓴 글이라 할지라
도 다루는 내용이나 강조점에 따라 문체가 달라질 가능성은 존재하기
때문이다. 따라서 로스트의 이론이 타당한가의 여부를 결정하기 위해
서는 문체분석 외에 또 다른 노력이 필요하다. 케이즈는 문체분석 외
에도 언어, 내용, 신학을 조사함으로써 로스트의 "계승 이야기" 이론
이 오류임을 입증하였다.

케이즈가 지적한 것들 중 중요한 몇 가지만을 언급하면 다음과 같
다. 우선 열왕기상 1-2장의 저자는 아도니야의 반역을 묘사하되 압
살롬의 반역을 연상케 하는 방식으로 그렇게 한다(1:5-6 참조). 그
런데 압살롬의 반역이 묘사되는 사무엘하 15장 1절에서 '병거'와 '말'
을 가리키는 말로 מֶרְכָּבָה와 סוּסִים이 사용된 반면, 열왕기상 1장 5절에서
는 פָּרָשִׁים과 רֶכֶב이 사용되었다. 케이즈가 강조하듯이 두 본문의 저자가
같다면 이처럼 같은 대상(이나 사물)을 서로 다른 어휘로 묘사하는 일
이 없지 않았겠는가? 마찬가지 문제가 이름의 사용과 관련해서도 나
타난다. 사무엘하 17장 25절에서 아마사의 아버지는 "이드라"(יִתְרָא)로
불리지만, 열왕기상 2장 5절에서는 그가 "예델"(יֶתֶר)로 불린다. 두 본

문이 모두 같은 저자의 손에서 말미암은 것이라면 어떻게 이런 차이가 나타날 수 있었겠는가?

위에서 살펴본 것처럼 로스트의 이론에 대한 케이즈의 반박은 매우 설득력이 있고 타당하다. 그러므로 우리가 열왕기의 구조를 이해하고자 할 때 로스트의 견해를 따르는 학자들이 흔히 그렇게 하듯 열왕기상 1-2장을 논외의 문제로 취급하는 것은 옳지 않은 일이라 할 수 있다.[15] 사실상 로스트의 이론은 소위 '다윗의 왕위계승 내러티브'의 범위, 글의 성격, 의도 등과 관련하여 아직도 끝나지 않은 수많은 논쟁들을 불러일으켰을 뿐이다. 이는 로스트의 이론이 사무엘서나 열왕기의 이해를 위한 튼튼한 토대가 될 수 없다는 것을 대변해준다. 무엇보다도 현재의 정경배열은 열왕기 1-2장이 앞에 나오는 이야기의 대단원이 아니라 이어지는 이야기의 도입부로 읽혀지기를 의도하고 있다. 사무엘서를 끝맺는 단락(사무엘하 21-24장)의 중심에 "다윗의 마지막 말"(דִּבְרֵי דָוִד הָאַחֲרֹנִים)이 배치된 것 또한 열왕기상 1-2장이 새로운 역사의 시작인 사실을 알려준다.

2. 열왕기의 저자 및 저작연대

유대교 경전 탈무드의 Baba Bathra 15a에 따르면 선지자 예레미야가 열왕기를 기록하였다고 한다. 이것을 뒷받침하는 강한 증거로는 열왕기하의 끝부분(24:18-25:21, 27-30)과 예레미야의 마지막 부분(52:1-27, 31-34)이 거의 축어적으로 동일하다는 사실이다.

---

15) 포턴(Bezalel Porten)과 같은 학자는 소위 열왕기의 '솔로몬 내러티브'에서 열왕기상 1-2장을 제외시킨다(Porten 1967:93-128).

그러나 열왕기의 상당부분이 이사야에서 거의 그대로 반복된다는 점
에 유의할 필요가 있다(왕하 18:13, 17-20:19; 사 36:1-39:8).
이는 이사야와 마찬가지로 예레미야 또한 열왕기와 무관하게 전해내
려온 어떤 전승자료들을 자신의 목적에 맞게 활용하였을 것이란 추측
을 가능하게 해준다. 그러므로 본문의 유사성만을 가지고 저자를 단
정짓는 것은 성급한 일이다.

열왕기에는 저자가 사용한 것으로 보이는 여러 자료들이 소개된
다. "솔로몬의 실록"(סֵפֶר דִּבְרֵי שְׁלֹמֹה), "유다 왕 역대지략"(סֵפֶר דִּבְרֵי הַיָּמִים לְמַלְכֵי יְהוּדָה
), "이스라엘 왕 역대지략"(סֵפֶר דִּבְרֵי הַיָּמִים לְמַלְכֵי יִשְׂרָאֵל) 등이 그것들이다.
역대하 26장 22절에 따르면 선지자 이사야가 "웃시야의 행적"(דִּבְרֵי עֻזִּיָּהוּ
)을 기록하였다고 한다. 그러므로 열왕기에 사용된 자료들 또한 선
지자들에 의해 기록되었을 것으로 추측해볼 수 있다(Young 1985,
188-189). 더 나아가 열왕기를 기록한 사람도 선지자였을 가능성이
크다. 이 책이 왕들의 행적 못지 않게 선지자들의 활동상을 중요하게
다루기 때문이다. 히브리어 성경에서 열왕기가 선지서로 분류되는 사
실도 주목할만한 일이다.

열왕기가 기록된 시점은 언제일까? 이 책에는 저자의 기록시점을
암시하는 표현인 "오늘까지"(עַד הַיּוֹם הַזֶּה)가 여러 번 나타난다(왕상 8:8;
9:13, 21; 10:12; 12:19; 왕하 8:22; 10:27; 14:7; 16:6;
17:23, 34, 41; 20:17; 21:15). 그러나 이 표현은 저작 시기에
대해 아무 것도 말해주지 않는다. "오늘까지"는 전선지서에 자주 나타
나는 표현일뿐만 아니라 창세기(26:33), 신명기(2:22; 34:6), 역
대기(대상 4:41, 43; 5:26; 13:11; 17:5; 대하 5:9; 21:10;
35:25) 등에도 등장한다. 열왕기의 저작시기를 짐작하게 해주는 본
문은 열왕기하 25장 27-30절이다. 이 본문은 여호야긴이 바벨론에

포로로 사로잡혀간지 삼십칠 년만에 옥에서 풀려난 사실을 알려준다. 그러므로 현재 형태의 열왕기는 주전 560년 이후에 생겨났다고 보아야 한다.

3. 열왕기의 구조

열왕기는 솔로몬과 그를 뒤이어 왕위에 오른 유다와 이스라엘의 왕들의 행적을 다루는 책이다. 그런데 이 책의 저자가 유다와 이스라엘의 왕들의 행적을 소개하는 방식은 두 가지 측면에서 독특하다. 먼저 저자는 왕들의 역사를 "동시연대기"(synchronism)의 틀 안에서 서술하며, 다음으로 저자는 각 왕들의 행적을 일정한 패턴에 따라 제시한다. 이 두 가지 요소는 열왕기의 구성적 특징을 그 미세한 차원에서 이해할 수 있게 해 준다. 이 외에도 열왕기에는 이 책의 구성원리를 보다 큰 틀에서 음미할 수 있게 하는 요소들이 있다. 따라서 열왕기의 구조를 파악하기 위해서는 미시적 차원과 거시적 차원 모두에서 이 책의 구성적 특징을 살펴보는 것이 필요하다.

1) 열왕기의 미시구조(micro-structure)

(1) 동시 연대기(synchronism)

앞에서 언급한 것처럼 열왕기는 "동시연대기"를 토대로 구성되어있는 책이다. "동시연대기"란 남 왕국 왕들의 등극연도가 그에 상응하는 북 왕국 왕들의 통치연도에 맞추어 언급되고, 반대로 북 왕국 왕들의 등

극연도가 그에 상응하는 남 왕국 왕들의 통치연도에 맞추어 언급되는
기록방식을 가리킨다. 가령 열왕기 저자는 유다 왕 르호보암의 아들
아비얌과 이스라엘 왕 여로보암의 아들 나답이 아버지의 뒤를 이어
왕이 된 것을 다음과 같이 묘사한다.

유다 왕 르호보암의 아들 아비얌의 경우:

"느밧의 아들 여로보암 왕 열여덟째 해에 아비얌이 유다 왕이
되고 예루살렘에서 삼 년 동안 다스리니라"(왕상 15:1-2a)

이스라엘 왕 여로보암의 아들 나답의 경우:

"유다의 아사 왕 둘째 해에 여로보암의 아들 나답이 이스라엘
왕이 되어 이 년 동안 이스라엘을 다스리니라"(왕상 15:25)

열왕기에는 이런 "동시연대기"의 틀이 지켜지지 않는 경우도 있
다. 남 왕국에는 르호보암, 아달랴, 므낫세 이후의 왕들이, 북 왕국
에는 여로보암 1세와 예후가 이 경우에 해당한다. 이들 중 르호보암
과 여로보암 1세는 왕국분열과 동시에 왕이 된 인물들이기에 등극연
도에 대한 별도의 언급이 불필요하며, 므낫세 이후의 왕들은 등극시
점이 북 왕국의 멸망 후이므로 동시연대기의 사용이 불가능하다. 아
달랴의 경우는 아하시야의 어머니로서 손자에게 돌아가야 할 왕위를
찬탈한 자였기에 정상적인 왕으로 간주될 수 없다. 끝으로 예후는 아
합 왕가의 마지막 왕 여호람을 죽이고 왕이 된 인물이다. 이 과정에
서 예후는 여호람과 교류 중이던 유다 왕 아하시야까지 살해한다. 예

후의 등극연도가 정상적으로 기록되지 않은 것은 이런 복잡한 정치적 상황과 관계된다고 할 수 있다.

그러나 나머지 왕들의 경우 철저하게 "동시연대기" 서술방식이 지켜진다. 열왕기 저자는 이 기법을 사용하여 다양한 자료들을 체계적으로 정리하고, 분열왕국의 어느 한 쪽도 관심 밖으로 배제하지 않으며, 자칫 산만해지고 혼란해질 수 있는 전체 역사를 하나로 묶는 통일성을 이루어낼 수 있었다. 무엇보다도 저자는 "동시연대기"의 서술방식을 통해 남 왕국과 북 왕국이 비록 분열되긴 하였지만 여전히 서로 연결된 하나의 나라이며, 분열왕국의 역사가 다름 아닌 한 백성의 역사란 사실을 분명히 하였다. 이런 점에서 "동시연대법은 이스라엘 왕국과 유다 왕국의 역사와 운명을 하나로 묶는 효과를 갖는다"고 한 해밀턴(V. P. Hamilton)의 설명은 전적으로 옳은 것이다.[16]

다른 한 편 열왕기의 동시연대기는 유다와 이스라엘을 하나로 묶는 선에서만 머물지 않는다. 열왕기 기자는 이스라엘의 멸망 후 홀로 남은 유다의 역사를 서술하면서 후자를 바벨론 왕의 통치연도와 연결 짓는다. 예를 들어, 열왕기 기자는 유다 왕 여호야긴이 포로로 사로잡힌 시점을 "바벨론의 왕 여덟째 해"라고 밝힌다(왕하 24:12). 더 나아가 열왕기 기자는 예루살렘의 멸망 시점을 바벨론 왕의 통치연도와 맞춘다: "바벨론 왕 느부갓네살의 열아홉째 해 오월 칠일"

---

16) Hamilton 2005:544. Cf. Provan a.o. 2003:240: "The account is organized via systematically worked-out framework, already partially evident in the case of Solomon (1 Kgs. 3:2-3; 11:4-43) but certainly obvious by the point at which we begin to read of the divided kingdoms, which indeed enables the authors to achieve the difficult task of writing about two separate kingdoms while maintaining the sense that this account is the story of one people."

(왕하 25:8). 연대기상의 이런 변화는 유다가 독립국가로서의 지위를 빼앗기고 바벨론에게 예속되다가 멸망한 것을 잘 나타내 보여준다.

열왕기 기자의 연대기 기술방식과 관련하여 빼 놓을 수 없는 것은 그가 솔로몬의 성전건축을 출애굽과 연결한 점이다. 그는 이스라엘 자손이 출애굽한지 480년 되던 해에 솔로몬이 성전건축을 시작하였다고 말한다(왕상 6:1). 여러 주석가들이 설명하듯, 이런 기술방식은 성전건축을 출애굽의 완성으로 이해하는 저자의 관점을 반영한다(Patterson & Austel 2009:680; DeVries 1985:93).[17] 그런데 놀랍게도 열왕기의 끝에 이르면 바벨론 사람들에 의해 성전이 파괴되는 모습이 묘사된다(왕하 25:8-17). 출애굽의 성취로 제시된 성전이 이런 비극에 이른 것을 어떻게 이해해야 하는가? 저자는 역시 연대기 기법을 사용하여 이 문제에 답한다: "유다의 왕 여호야긴이 사로잡혀 간 지 삼십칠 년 곧 바벨론의 왕 에윌므로닥이 즉위한 원년 십이월 그 달 이십칠일에 유다의 왕 여호야긴을 옥에서 내놓아 그 머리를 들게 하고"(왕하 25:27).

이 기록의 해석에 차이가 없지 않지만 폰 라드가 그것을 이스라엘의 회복가능성을 암시하는 것으로 본 것은 기본적으로 옳은 것이다.[18] 폰 라드에 따르면 열왕기하 25:27-30은 다윗 왕가가 영원하리라

---

17) 열왕기 저자가 성전건축의 시작시점을 출애굽 후 480년으로 잡은 것은 성전건축을 출애굽과 바벨론 유수 사이의 "중심"(midpoint)으로 보는 그의 관점을 반영한다는 주장이 있다. 이 주장에 따르면 열왕기 저자는 성전건축부터 성전재건까지의 기간도 480년으로 계산하였을 것이라고 한다(Brueggemann 2000:84; Gray 1977³:159). 그러나 열왕기 기자가 성전건축부터 성전재건까지의 기간 또한 480년으로 계산하였다고 볼만한 증거는 충분하지 않다(Noth 1983²:110; Galil 2010:428).

18) 노트(Noth 1943:108)는 이 기록이 이스라엘의 회복에 대한 소망과는 무관하

고 한 나단 선지자의 예언이 여전히 유효하다는 열왕기 기자의 관점을 나타내는 것이라고 한다.[19] 이렇게 보면 성전의 파괴와 관련하여서도 그것이 곧 성전의 끝을 의미하는 것은 아니라는 이해가 가능해진다. 왕국의 회복과 성전은 불가분리로 연결된 문제이기 때문이다. 그러므로 열왕기 말미에 묘사된 성전파괴는 출애굽의 진정한 완성이 아직 미래의 일로 남아있으며, 그 미래가 도래할 때 파괴된 성전이 재건되고(사 44:28 참조), 더 나아가 손으로 지은 성전과 다른 온전한 성전이 세워질 것을 소망하게 만드는 것일 뿐이라고 말할 수 있다(요 2:19-21; 엡 2:19-22; 계 21:22 참조).

끝으로, 연대기 문제와 관련하여 열왕기에서 주목할 점은 왕들의 통치기간과 그들의 중요성이 꼭 비례하는 것은 아니라는 사실이다. 열왕기 기자는 비교적 긴 기간 통치한 왕의 행적을 간단히 서술하고 그렇지 못한 왕을 오히려 중요하게 다루기도 한다. 프로방(I. Provan)이 잘 관찰한 것처럼 므낫세는 55년을 다스린 왕이지만 18절만을 차지하는 반면(왕하 21:1-18), 요시야 왕 18년째의 개혁운동에 대한 기록은 41절이나 된다(왕하 22:3-23:23). 마찬가지로 7일간 다스린 시므리(왕상 16:15-20)에 대한 기록은 분량 면에서 오므리(12년, 왕상 16:21-28)와 아사랴(52년, 왕하 15:1-7)에 버금간다(Provan a.o. 2003:360). 여기서 열왕기가 정치적인 일

다고 주장한다. 여호야긴의 석방에 대한 폰라드의 견해를 위해서는 von Rad 1992[10]:355를 보라.

19) 슈미트(H.-C. Schmitt)와 같은 학자도 비록 노트의 "신명기 역사" 이론을 따르긴 하지만 여호야긴의 석방에 대해서는 폰라드와 유사한 입장을 취한다: „DtrH stellt in 2 Kön 25,27-30 heraus, dass Jojachin von Juda als Vasallenkönig öffentlich rehabilitiert wurde, und will damit auf die Möglichkeit der Erfüllung der Nathanverheißung aufmerksam machen"(Schmitt 2005:263).

보다 신학적인 측면에 더 관심을 기울인다는 사실이 드러난다. 물론 열왕기는 왕들의 정치적 업적들에 대해 전혀 무관심한 것은 아니다. 그러나 열왕기는 왕들의 정치적 업적들조차 신학적 관점으로 평가하고자 한다는 점을 기억할 필요가 있다.

(2) 각 왕들의 통치기록

열왕기는 솔로몬 이후 유다와 이스라엘 왕들의 행적을 서술하는 책이다. 이 책에는 솔로몬 이후 모두 19 명의 유다 왕들과 20명의 이스라엘 왕들이 소개된다. 이 왕들의 행적은 모두 도입부와 결론부로 뚜렷이 구분되는 일정한 패턴에 따라 서술된다. 따라서 각 왕들이 소개되는 방식은 대동소이하다. 그럼에도 불구하고 거기에는 차이점도 없지 않다. 다음 도표는 유다 왕들과 이스라엘 왕들을 소개하는 방식에서 나타나는 유사점과 차이점을 잘 보여준다.

	남 왕국 유다	북 왕국 이스라엘
도입부	1) 동시연대기에 의한 등극년 2) 등극시 나이와 등극장소 3) 통치기간 및 통치장소 4) 어머니의 이름과 출신 5) 평가	1) 동시연대기에 의한 등극년 2) 등극장소 3) 통치기간 및 통치장소 4) 평가
결론부	1) 참고자료(유다 왕의 　역대지략) 2) 주요업적 내지 특이사항 3) 죽음과 장사 4) 계승	1) 참고자료(이스라엘 왕 　역대지략) 2) 주요업적 내지 특이사항 3) 죽음과 장사 4) 계승

유다 왕들의 경우 도입부에서 등극시 나이가 소개되고 어머니의 이름과 출신이 소개된다는 점에서 이스라엘 왕들과 다르다. 이는 열왕기의 저자가 이스라엘 왕에 비해 유다 왕에게 더 세심한 주의를 기울인다는 점을 보여준다. 열왕기가 이처럼 유다 왕가에 특별히 관심을 갖는 것은 유다 왕가를 통해 다윗의 계보가 이어지며, 이는 다윗에게 주어진 하나님의 약속이 참되다는 것을 확인시켜주기 때문이라 여겨진다(Dillard & Longman 1997:238; Wiseman 1993:47). 열왕기가 다윗 왕가의 연속에 관심을 갖는다는 사실은 할머니로서 손자에게 돌아가야 할 왕위를 찬탈한 아달랴의 경우 도입부와 결론부를 갖는 공식적인 통치기록이 제공되지 않는다는 점에서도 알 수 있는 일이다. 북 왕국의 경우는 반역을 통해 왕이 된 자들이라 할지라도 등극년의 언급으로부터 시작하는 통치기록을 갖는다.

특히 남 왕국에서는 왕이 살해당하거나 반역을 당해 죽게 된 경우에도 예외 없이 아들이 왕권을 물려받으며(왕하 9:27-28; 12:19-21; 21:25-26 참조), 이를 통해 다윗 왕조의 연속이 보장된다. 그러나 북 왕국의 경우에는 반역이 일어나면 언제나 왕이 목숨을 잃을 뿐 아니라 왕가의 운명도 함께 끝나게 된다. 그러므로 북 왕국에서 반역을 당한 왕들과 관련하여서는 언제나 왕위계승에 대한 언급이 나타나지 않는다(왕상 16:14; 16:20; 왕하 9:28; 15:11-12; 15:15; 15:26; 15:31 참조). 이러한 비교는 하나님의 섭리가운데 다윗 왕조가 유지되었으며, 더 나아가 하나님이 다윗과 맺은 언약을 지키셨다는 사실을 잘 드러내준다. 열왕기기자는 다윗 왕가의 왕들에게 문제가 있었음에도 불구하고 "등불" 곧 왕위를 물려받을 아들을 주신 것은 하나님께서 다윗에게 주신 약속 때문이라고 밝히기도 한다(왕상: 15:4-5; 왕하 8:18-19).

왕들의 통치기록과 관련하여 특별히 눈 여겨 보아야 할 것은 왕들에 대한 평가이다. 유다의 경우 두 왕(히스기야와 요시야) 만이 아무런 제한 없이 "여호와 보시기에 정직한" 왕으로, 여섯 명(아사, 여호사밧, 요아스, 아마샤, 아사랴(웃시야), 요담)이 조건적으로 "여호와 보시기에 정직한" 왕으로, 열한 명(르호보암, 아비얌, 여호람, 아하시야, 아하스, 므낫세, 아몬, 여호아하스, 엘리아김(여호야김), 여호야긴, 시드기야)이 "여호와 보시기에 악을 행한" 왕으로 평가 받는다. 반면 이스라엘의 경우에는 이십 명의 왕들이 하나같이 "여호와 보시기에 악을 행한" 왕으로 평가된다. 이 비교에서 알 수 있듯이 다윗 왕가에 속한 왕들이 그렇지 못한 이스라엘의 왕들에 비해 훨씬 더 건전하게 통치하였으며, 이는 다시금 다윗 왕가에게 주어진 하나님의 은혜로운 약속과 무관하지 않아 보인다.

한편, 유다와 이스라엘의 왕들을 평가하는 기준을 살펴보면 흥미롭다. 유다 왕들의 경우에는 다윗이 자주 평가의 기준으로 언급된다. 가령 선한 왕 요시야는 "그의 조상 다윗의 모든 길로 행하였다"(왕하 22:2)는 평가를 받았으며, 악한 왕 아하스는 "그의 조상 다윗과 같지 아니하여"(왕하 16:2)라는 평가를 받았다. 이와는 달리 이스라엘의 경우에는 느밧의 아들 여로보암이 평가기준이 된다. 그러나 여로보암은 악한 왕의 전형이란 점에서 다윗과 정반대의 인물이다. 이스라엘의 제 삼대 왕 바아사에 대한 평가가 이를 잘 말해준다: "바아사가 여호와 보시기에 악을 행하되 여로보암의 길로 행하며 그가 이스라엘에게 범하게 한 그 죄 중에 행하였더라"(왕상 15:34). 이 비교는 비록 왕국의 분열이 불가피하였을지라도 참된 왕의 모델은 다윗이며 다윗 왕가에 마지막 소망이 있음을 잘 말해준다.

더 나아가 왕들에 대한 평가는 열왕기가 일반 정치적 관점이 아닌

신학적 관점에서 왕들의 행적을 서술한다는 사실을 재확인해준다. 그 이유는 각 왕들이 예외 없이 "여호와 보시기에"(בְּעֵינֵי יְהוָה) 정직히 또는 악하게 행한 것으로 평가되기 때문이다. 열왕기의 주된 관심사는 왕들이 정치, 군사, 경제에서 얼마나 큰 업적을 남겼는가를 검토하기보다, 그들이 여호와의 "명령과 율례"에 따라 행하였는가 그렇지 못했는가를 살피는데 있다(왕하 17:7-23 참조). 이를 통해 열왕기는 왕들의 행위를 보시고 심판하시는 분이 하나님이시며, 따라서 하나님은 "왕 중 왕"(King of kings)이자 이스라엘의 참된 왕이란 사실을 드러낸다.

(3) 열왕기의 연대기 문제

위에서 살펴본 것처럼 열왕기는 세심한 연대기적 체계를 토대로 구성되어있는 책이다. 그러므로 열왕기의 이해에 중요한 요소 중의 하나는 이 책의 '연대기적 틀'을 잘 이해하는 것이다. 그런데 열왕기를 읽다 보면 연대기가 서로 맞지 않아 보이는 경우들이 더러 있다. 예를 들면 열왕기하 1장 17절에는 이스라엘 왕 여호람이 왕이 된 것은 같은 이름의 유다 왕 이년이었을 때라고 한다. 그러나 열왕기하 8장 16절에 따르면 이스라엘 왕 요람(여호람과 같은 인물) 제 5년에 같은 이름의 유다 왕이 왕위에 올랐다고 한다. 얼핏 보면 이것은 모순처럼 보여서 성경독자들에게 혼란을 불러 일으킨다.

　연대기와 관련된 이런 난제들을 해결하기 위해서는 고대근동에서 사용된 연대계산법에 대한 이해가 필요하다. 고대 이집트에서는 소위 "비등극 연도법"을 사용하였다고 한다. 이 계산법에 따르면 일년은 왕이 등극하는 날로부터 계산된다. 그래서 누군가 11월이나 12월에 왕위에 올랐다 하더라도 그 다음 해가 되면 통치 이년이 된다. 이와는 반대로 바벨론에서는 "등극년 연도법"을 사용하였다고 한다. 이 계산법은 등극시점으로부터 새해까지는 "통치시작 해"이며 제 일년은 새해로부터 시작한다. 그런데 이스라엘의 경우 북쪽에서는 일정기간 이집트의 연대계산법이, 남쪽에서는 바벨론의 연대계산법이 사용되었다고 한다.

더 나아가 이스라엘과 유다가 각각 한 해의 시작을 어떻게 보았느냐 하는 것 또한 열왕기서의 연대문제와 관련하여 고려되어야 할 중요한 사항 가운데 하나이다. 고대 이스라엘에는 한 해의 시작을 니산월(Nisan, 3/4월)로 잡는 경우가 있었는가 하면 티쉬리월(Tishiri, 9/10월)로 잡는 경우도 있었다. 구약 연대기 전문가인 틸레(E. R. Thiele)에 의하면 일정기간 유다는 니산력을 사용했고 이스라엘은 티쉬리력을 사용했다고 한다. 이것은 두 나라의 연대계산이 적어도 육개월 정도 차이가 날 수 있다는 것을 의미한다.

끝으로 연대를 계산함에 있어서 부왕(父王)과 자왕(子王)의 공동통치(coregency) 기간을 염두에 두어야 한다. 유다와 이스라엘의 왕들은 특수한 상황에서 제위기간 동안 아들을 왕으로 세워 공동으로 나라를 다스리기도 하였다. 이 경우 부왕의 통치연대와 자왕의 통치연대가 겹칠 수밖에 없기에 계산상의 차이를 가져오는 요인으로 작용할 수 있다. 이상의 여러 사항들은 열왕기의 연대문제를 이해하는데 큰 도움을 준다. 겉으로 수수께끼처럼 보이는 연대문제들도 결국 기록자의 문제가 아니라 구약 이스라엘의 연대계산 방식에 낯선 독자의 문제라 하겠다. 다음 도표는 틸레(Thiele 1983:10)가 제시하는 유다와 이스라엘 왕들의 통치 년대이다(*표한 란은 필자가 수정한 연대계산임):

유다와 이스라엘 왕들의 통치 년대

유 다	B.C.	이스라엘	B.C.
르호보암	930-913	여로보암 1세	930-909
아비야	913-910	나답	909-908
아사	910-869	바아사	908-886
여호사밧 공동통치	872-869	엘라	886-885
여호사밧 전체통치	872-848	시므리	885
여호람 공동통치	853-848	디브니	885-880
여호람 전체통치	853-841	오므리	885-874
아하시야	841	아합	874-853
(아달랴)	841-835	아하시야	853-852
요아스	835-796	요람	852-841
아마샤	796-767	예후	841-814
아사랴(웃시야) 아마샤와 겹침	792-767	여호아하스	814-798
아사랴(웃시야) 전체통치	792-740	요아스	798-782
요담 공동통치	750-740	여로보암 2세 공동통치	793-782
요담 공적통치	750-735	여로보암 2세 전체통치	793-753
요담 전체햇수	750-732	스가랴	753
아하스 요담과 겹침	735-732	살룸	752
아하스 공적햇수	732-715	므나헴	752-742
히스기야 공동통치	729-719*	베가	752-732
히스기야 전체통치	729-686*	브가히야	742-740
므낫세 공동통치	696-686	호세아	732-723
므낫세 전체통치	696-642		
아몬	642-640		
요시야	640-609		
여호아하스	609		
여호야김	609-598		
여호야긴	598-597		
시드기야	597-586		

2) 열왕기의 거시구조(macro-structure)

크게 보아 열왕기는 다음 세 부분으로 이루어져있다: ① 솔로몬이 통
치한 통일왕국의 역사를 다루는 부분(왕상 1-11장), ② 왕국분열
이후 북 왕국 멸망까지의 역사를 다루는 부분(왕상 12장 - 왕하 17
장), ③ 홀로 남은 남 왕국이 바벨론에 의해 멸망 당하기까지의 역사
를 다루는 부분(왕하 18-25장). 그러므로 여기서는 이런 기본적인
구조이해를 바탕으로 열왕기의 구성을 살펴보고자 한다.

(1) 열왕기상 1 – 11장

이 단락은 솔로몬이 다윗의 뒤를 이어 왕이 되는 것으로부터 시작하
여 그의 아들 르호보암에게 왕위를 물려주고 죽기까지의 역사를 다룬
다. 포튼(B. Porten)에 따르면 이 단락은 예언과 성취의 구조로 이
루어져있다고 한다. 즉, 열왕기상 3-11장은 하나님께서 솔로몬에게
약속하신 대로 솔로몬이 지혜와 부와 명예를 얻게 되었다는 것을 보
여주는 글이라는 것이다. 이런 관점 하에서 포튼은 3:4-4:19에 소
개된 솔로몬의 재판과 행정을 "사법적 지혜를 구한 솔로몬의 원래 요
청"에 대한 응답으로, 4:20-9:23에 묘사된 건축사업을 "탁월한 지
혜와 총명에 대한 약속의 성취"로, 9:26-10:29에 소개된 바를 "부"
(wealth)에 대한 약속의 성취로 이해한다(Porten 1967:97-98).
포턴의 이런 이해는 어느 정도 타당한 면이 있으나 두 가지 점에서 만
족스럽지 못하다. 먼저는 열왕기상 1-2장이 논의에서 배제되었다는
것이고, 다음은 그가 말하는 예언-성취의 구도가 열왕기상 11:1-
40에 언급된 솔로몬의 죄와 그에 따른 심판을 적절히 설명하지 못한

다는 것이다.[20)

  열왕기상 1-11장을 살펴보면 이 단락이 성전건축의 문제를 매우 중요하게 다룬다는 것을 알 수 있다. 저자는 준비단계부터 봉헌식에 이르기까지 성전건축의 전 과정을 많은 지면(5:1-9:9)을 할애하여 자세히 소개한다. 더욱이 성전건축을 중심으로 솔로몬 내러티브의 전반부와 후반부가 대칭을 이룬다는 점도 주목해야 할 요소이다. 가령 부와 지혜와 명예로 특징지어지는 솔로몬의 통치에 대한 서술이 전반부(3:16-4:34)와 후반부(9:26-10:29)에 나란히 나타난다. 또한 전반부와 후반부에서 하나님께 대한 솔로몬의 태도가 대조적으로 묘사되는 것도 전체 내러티브를 대칭구조로 보게 만드는 요소이다. 프리쉬(A. Frisch)는 솔로몬 내러티브가 가진 이런 구조적 특징을 파악하고, 이를 다음 도식으로 잘 제시하였다(Frisch 1991:10):

열왕기상 1-11장의 구조

1. The Beginning of Solomon's Reign: From Adonijah's Proclamation of Himself as King until the Establishment of Solomon's Reign — 1.1-2.46
2. Solomon and the Lord: Loyalty and the Promise of Reward — 3.1-15
3. The Glory of Solomon's Reign: Wisdom, Rule, Riches and Honour — 3.16-4.34
4. Towards Building the Temple: Collaboration with Hiram, and the Corvee for the Temple — 5.1-18
5. The Building and the Dedication of the Temple — 6.1-9.9
6. In the Wake of Building the Temple: Trade with Hiram, and the Corvee for Building Projects — 9.10-25
7. The Gory of Solomon's Reign: Trade, Riches, Wisdom and Honour — 9.26-10.29
8. Solomon and the Lord: Disloyalty and the Announcement of Punishment — 11.1-13
9. The End of Solomon's Reign: Rebellions against Solomon and the Division of the Kingdom — 11.14-12.24

위의 도식은 성전건축이 솔로몬 내러티브의 중심을 차지한다는 사실을 잘 보여준다. 저자는 성전건축을 솔로몬이 이룩한 가장 중요한 업적으로 소개한다. 이것은 솔로몬이 하나님의 명령에 순종하여 백성들을 다스려야 할 '신정적 왕'(theocratic king)임을 고려할 때 당연한 일이다. 구약에서 성전은 하나님이 거하시며 자기 백성을 비롯하여 온 세상을 다스리시는 '신적 궁전'(divine palace)으로 간주되는 곳이다(시 84:10[MT 11]). 따라서 솔로몬이 성전을 건축한 것은 자신과 백성이 하나님을 받들어 섬기며, 자신의 왕권이 하나님의 왕권에 의존하고 그것을 대표한다는 점을 공식화한 것이라 할 수 있다. 이런 의미에서 성전건축은 솔로몬 왕국이 하나님 나라로 기능하도록 기반을 마련해준 일로 평가되어야 한다.[21]

성전건축의 의미는 여기서 그치지 않는다. 그것은 다윗 언약과 관련하여 이해되어야 할 일이기도 하다. 하나님은 다윗에게 그의 아들이 성전을 짓게 될 것이라고 말씀하신바 있다(삼하 7:12-13). 그런데 이제 솔로몬이 성전을 건축함으로써 이 약속이 이루어지게 된 것이다(왕상 5:5). 흥미로운 점은 솔로몬이 성전을 "여호와의 이름"을 위한 집으로 이해하였다는 사실이다(왕상 8:15-21). 이는 과거 모세가 이스라엘 백성들에게 한 말을 생각나게 한다: "오직 너희의 하나님 여호와께서 자기의 이름을 두시려고 너희 모든 지파 중에서 택하신 곳인 그 계실 곳으로 찾아 나아가서"(신 12:5). 따라서 솔로몬이 지은 성전이 곧 모세가 말한 '여호와께서 자기 이름을 두시려고 택하

---

20) 포튼은 "점층적으로 연속되는 3 +1"(a climactic sequence of three plus one) 이란 설명을 통해 어려움을 피해가려 하지만 여전히 무리하게 끼어 맞춘다는 인상을 준다.

21) 성전이 '신'(deity)의 "거처"(Wohnung)이자 "궁전"(Palast)이란 생각은 고대 근동의 여러 지역에 퍼져있었다고 한다(Ringgren 1979:34, 139, 230).

신 곳'이란 이해가 가능해진다. 역대기는 다윗 시대에 하나님께서 나타나신 장소에 성전이 세워졌다고 함으로써 그곳이 하나님께서 택하신 곳이란 점을 분명히 한다(대하 3:1).[22]

이렇게 보면 열왕기 기자가 "산당"(בָּמָה)에서의 제사를 문제 삼은 것에 대해 이해할 수 있다. "산당"은 언덕이나 산에 세워진 옥외제단으로서 원래 가나안 원주민들이 제의장소로 사용하던 곳이었다(왕하 17:11). 사무엘이 산당에서 제사를 드리기도 했고(삼상 9:11-12), 솔로몬이 기브온 산당에서 여호와께 일천 번제를 드렸던 사실(왕상 3:4)은 적어도 예루살렘 성전이 세워지기 전까지 산당이 구약 이스라엘의 예배에 어느 정도 기여한 바가 있었음을 의미한다. 그러나 성전이 세워진 이후의 상황은 다르다. 모세가 말했고, 솔로몬이 재확인한 것처럼 성전은 여호와께서 당신의 이름을 두시려고 택하신 곳이므로 왕과 백성들은 반드시 그곳에 가서 제사해야 했다. 그런데 실상은 그렇지 못했다. 거의 대부분의 유다와 이스라엘의 왕들이 산당에서 분향하며 제사하였던 것이다. 더군다나 그들은 가나안 원주민들의 풍습을 따라 산당에서 각종 우상숭배행위를 하기도 하였다(왕하 17:7-12).

솔로몬 내러티브(왕상 1-11장)는 솔로몬 또한 말년에 이르러 산당을 짓고 그곳에서 우상숭배행위를 하였다고 밝힌다(11:6-8). 심지어 이 단락은 솔로몬이 성전건축 이전에 산당에서 제사하고 분향한 것까지 비판 섞인 어조로 말한다: "솔로몬이 여호와를 사랑하고 그의 아버지 다윗의 법도를 행하였으나 산당에서 제사하며 분향

하더라"(3:3). 저자의 관점에서 솔로몬 집권 초기의 산당제사는 그의 집권 후기에 나타날 더 심각한 산당제사를 예견케 하는 "전조"(foreshadowing)와도 같은 것이었으리라고 판단된다. 솔로몬 왕권이 가진 이런 문제점은 결국 열왕기상 12장부터 가시화될 왕국분열이란 결과를 가져오게 된다. 그런데 놀랍게도 열왕기는 산당제사와 우상숭배를 이스라엘의 멸망이유로 소개한다(왕하 17:7-12). 그러므로 열왕기의 문맥에서 솔로몬의 산당제사가 가져온 왕국분열은 이스라엘의 산당제사가 불러온 왕국멸망을 예견케 하는 "전조"라고 할 수 있다.[23]

(2) 열왕기상 12장 - 열왕기하 17장

이 단락은 이스라엘이 멸망하기까지 분열왕국의 역사를 다룬다. 여기에는 11명의 유다 왕들과 19명의 이스라엘 왕들이 소개된다. 유다 왕들의 경우 5명이 전적으로 악한 왕으로 평가되고, 6명은 산당을 제거하지 않은 것이 문제점으로 언급된다. 이스라엘 왕들은 모두 악을 행한 것으로 평가되되, 특히 느밧의 아들 여로보암의 길로 행한 것으로 비난 받는다. 느밧의 아들 여로보암이 행한 대표적인 악은 벧엘과 단에 금 송아지 우상을 세운 것이다. 그가 이렇게 한 것은 이스라엘 백성이 여호와께 제사 드리고자 예루살렘으로 가는 것을 막기 위해서였다(왕상 12:25-30).

---

23) "Another stylistic device in Kings is foreshadowing. This suggestive "look-ahead" may take place in large scope or in small details. Solomon's story, when viewed as a whole, appears prototypical to Kings"(Hagan 1993:187).

놀라운 사실은 여로보암이 자신이 만든 금송아지를 가르쳐 말한 내용이다: "이스라엘아 이는 너희를 애굽 땅에서 인도하여 올린 너희의 신들이라"(왕상 12:28절하). 여로보암이 한 이 말은 과거 출애굽 당시 이스라엘 자손이 시내 광야에서 한 말과 동일하다. 그 때도 그들은 금 송아지를 만들고 그것을 향하여 "이스라엘아 이는 너희를 애굽 땅에서 인도하여 낸 너희의 신이로다"(출 32:4절하)라고 하였다. 이스라엘 자손이 그렇게 한 것은 자신들이 애굽에 체재하는 동안 그곳에서 보고 들은 종교적 관습의 영향 때문이었을 것이다.[24] 여로보암 또한 왕이 되기 전 애굽에 망명한 적이 있었으므로 그곳에서 송아지 숭배를 접하였다고 볼 수 있다(왕상 11:40).[25] 열왕기 기자의 말에 따르면 이스라엘의 모든 왕이 느밧의 아들 여로보암의 길로 행하였다고 한다. 이는 그들이 여로보암과 마찬가지로 송아지 우상을 섬겼다는 것을 의미한다(왕하 17:16).

여로보암이 만든 금 송아지가 바알 종교와 어떤 연관이 있는지 분명치 않다. 그러나 가나안 지역에서 바알이 풍요의 신으로서 송아지 형상을 취하기도 했다는 사실은 여로보암의 새로운 종교정책이 이스

---

24) 고대 이집트에서는 특별히 "소"가 신성한 동물로 숭배되었다. 가령 멤피스에서 Ptah의 사자(herald)로 숭배된 Apis는 "황소 신"이었으며, 여신 Hathor는 "암소"의 형상을 한 신이었다(Frankfort 1978:162-168).

25) 그럼에도 불구하고 애굽의 송아지 신들을 섬기는 것이 여로보암의 의도였다고 보는 것은 지나친 생각이다. 아마도 여로보암은 여호와를 섬기는 방안 중 하나로 송아지 형상을 만들었을 가능성이 크다. 그가 송아지 형상을 세운 곳이 벧엘과 단이었다는 사실도 이러한 생각을 뒷받침해준다(Keil 1865:148-149). 그러나 비록 여로보암의 의도가 우상숭배가 아니었다 할지라도 그의 행위는 백성들에게 심각한 혼란을 야기시키는 결과를 가져올 수밖에 없는 것이었다. 당시 가나안과 주변 지역에서 송아지 숭배가 일반적으로 행해졌다는 사실을 고려하면 여로보암이 얼마나 엉뚱하고 잘못된 생각을 하였는지 가늠할 수 있다(House 1995:184-185).

라엘에 바알 종교의 발전을 가져온 계기가 되었을 것이라는 짐작을
가능하게 한다(Loretz 1990:75). 열왕기는 아합 왕을 대표로 하는
오므리 왕조에서 바알 종교가 극에 달하였다는 것을 잘 보여준다. 아
합은 바알 종교의 본산지라 할 수 있는 시돈 왕 엣바알의 딸 이세벨과
정략결혼을 함으로써 이스라엘을 바알숭배의 나라로 바꾸어놓고 말
았다(왕상 17-19장 참조). 오므리 왕가의 바알 숭배는 아합의 아들
요람 때에 예후가 일어나 아합 집안을 심판하고 바알 숭배자들을 모
두 처형함으로써 일단락된다(왕하 9-10장 참조). 그러나 열왕기 기
자는 예후조차도 여로보암이 만든 금 송아지를 섬기는 죄에서 떠나지
아니하였다고 밝힌다(왕하 10:29). 호세아서는 예후 왕가의 여로보
암 2세 시대에 다시금 바알 종교가 극에 달하였다는 사실을 알려준다
(호 2장 참조).

　　분열왕국의 역사에서 두드러지는 것은 선지자들의 역할이다. 선
지자는 솔로몬 내러티브에서도 중요한 역할을 한다. 솔로몬이 왕이
되는데 나단 선지자가 결정적인 역할을 하였으며(왕상 1장 참조),
왕국이 분열될 때에도 선지자 아히야가 중요한 역할을 하였다(왕상
11:26-40 참조). 이것은 분열 왕국의 역사에서도 마찬가지이다.
분열왕국 초기 여로보암 시대를 배경으로 하는 선지자 이야기는 유명
하다. 여로보암이 벧엘의 제단에서 분향할 때 유다로부터 올라온 한
선지자가 그 제단에 대하여 예언하기를 장차 요시야라 이름하는 왕이
다윗 왕가에서 일어나 그 제단에서 분향하는 제사장들을 바로 그 제
단 위에서 제물로 바치게 될 것이라고 하였다(왕상 13:2 참조). 선지
자의 이 예언은 후에 그대로 응하게 된다(왕하 23:16 참조). 선지자
의 말이 이처럼 효력이 있다는 사실은 엘리야 기사에서도 확인된다.
엘리야는 불의한 방법으로 나봇의 포도원을 취한 아합을 대하여 개들

이 나봇의 피를 핥은 곳에서 아합의 피도 핥게 될 것이라고 예언하였
다(왕상 21:19 참조). 이 예언은 훗날 아합 자신과 그의 아들 요람에
게서 그대로 이루어진다(왕상 22:38; 왕하 9:25).

이처럼 열왕기에는 예언과 성취의 구도가 뚜렷이 나타난다.[26] 선
지자가 전한 여호와의 말씀이 반드시 성취된다는 관점은 그 말씀이
역사를 움직이는 힘이자 역사의 향방을 좌우하는 결정적 요인이라는
생각과 통한다. 앞에서 언급한 '유다로부터 올라 온 한 선지자'의 이야
기도 왕국의 흥망성쇠가 하나님의 말씀에 대한 순종여부에 달려있다
는 점을 극적으로 가르쳐준다. 이 무명의 선지자는 벧엘에서 자신의
사명을 잘 수행하였지만 한 가지 잘못으로 인해 목숨을 잃는다. 그 잘
못은 곧 그가 "떡도 먹지 말며 물도 마시지 말고 왔던 길로 되돌아가
지 말라"고 한 하나님의 말씀을 어기고 벧엘로 되돌아가 그곳에서 떡
을 먹고 물을 마신 것이다(왕상 13장 참조). 선지자가 이렇게 한 것은
다른 선지자의 속임수에 의한 것이긴 하지만, 그럼에도 불구하고 하
나님의 말씀에 충실하지 못한 그의 책임이 경감되는 것은 아니다. 그
러므로 이 선지자에게 일어난 일은 왕국의 운명을 좌우하는 것이 곧
하나님의 말씀이란 사실을 보여주는 본보기에 해당한다고 볼 수 있
다.[27]

---

26) "The other most important pattern in Kings, prophecy and fulfillment,
overarches, intersects, and sometimes subverts the regnal pattern. Like
missiles, predictions by named and unnamed prophets and even by the
divine voice directly are launched into history to find their targets at
some future moment"(Cohn 2010:114).

27) "The story of the "man of God from Judah" stresses the importance of
the word of YHWH. Be obedient to his word or suffer the consequences
of disobedience. This message summarizes Kings"(Hagan 1993:191).

선지자의 역할이 중요한 만큼 열왕기에는 선지자들의 활동 또한 두드러진다. 다음은 분열왕국의 역사에서 활동한 선지자들의 활동을 도표로 정리한 것이다:

분열왕국에서 선지자들의 활동

	선지자	활동 장소와 시기	주요 활동
1	아히야	북 왕국의 여로보암 I	왕국분열에 대한 예언
2	스마야	남 왕국의 르호보암	북 왕국과의 전쟁을 막음
3	무명(유다 출신)	북 왕국의 여로보암 I	벧엘의 제단에 대한 예언
4	벧엘의 노 선지자	남 왕국의 르호보암	유다 출신의 선지자를 시험
5	하나니의 아들 예후	북 왕국의 바아사	바아사와 그의 집을 꾸짖음
6	엘리야	북 왕국의 아합	바알 종교와의 대결
7	무명의 선지자들	북 왕국의 아합	아람과의 전쟁에서 조언(력)자의 역할
8	미가야	북 왕국의 아합	아합의 죽음 예언
9	엘리사	북 왕국의 요람, 예후, 여호아하스, 요아스	다양한 기적과 예언, 모압 및 아람과의 전쟁에서 조언자의 역할
10	요나	북 왕국의 여로보암 II	영토회복에 대한 예언

위의 도표는 선지자들이 왕국의 운명과 관련하여 얼마나 중요한 역할을 하였는지 잘 보여준다. 그들은 하나님과 이스라엘의 언약관계를 위태롭게 하는 왕들의 잘못된 정책에 대항하였는가 하면, 모압이나 아람과 같은 이방 나라와의 전쟁에서 이스라엘을 지키는 역할을 수행하기도 하였다. 선지자를 가리켜 "이스라엘의 병거와 그 마병"(왕하 2:12; 13:14)이라고 부른 것은 이방의 세력으로부터 이스라엘을 지켜낸 선지자의 역할을 잘 대변해준다. 이와 동시에 그 특별한 칭호는 이스라엘을 지키시고 구원하시는 분이 오직 여호와 하나님이신 것을 나타내는 것이기도 하다. 이스라엘의 왕들은 이 사실을 알고 신정 정치의 원리에 입각하여 선지자의 말에 순종하여 나라를 다스려야 했

으나 불행히도 그렇게 하지 못했기에 비극적인 파국을 피할 수 없게 되었다.

끝으로 분열왕국의 역사에서 선지자 엘리야와 그의 제자 선지자 엘리사가 차지하는 중요성에 대해 주목할 필요가 있다. 분량 면에서 보자면 엘리야 이야기는 적어도 다섯 장(왕상 17-19장+21장+왕하 1-2장)을 차지하며, 엘리사 이야기는 적어도 일곱 장 이상(왕하 2-8장+9:1-9+13:14-21)을 차지한다. 이처럼 엘리야-엘리사 이야기는 분열왕국의 역사에서 거의 절반에 가까운 분량을 차지한다. 분량이 많다는 것은 중요성 또한 크다는 것을 의미한다. 엘리야와 엘리사는 북 왕국 오므리 왕가의 바알 숭배와 맞서 싸운 선지자들이다. 엘리야는 아합의 바알숭배에 대항하여 일어났고(왕상 17-19장), 엘리사는 예후를 앞세워 아합 왕가의 바알 숭배를 근절하였다(왕하 9-10장).

심지어 사브란(G. Savran)은 오므리 왕가의 바알 숭배 이야기가 열왕기의 중심을 차지한다고 본다. 그는 열왕기가 오므리 왕가의 바알 숭배 이야기를 중심으로 대칭구조를 이룬다고 하며, 다음과 같은 구조이해를 제시한다(Savran 1987:148):

A Solomon/United Monarchy   1 Kings 1:1-11:25

B Jeroboam/Rehoboam; division of kingdom   1 Kings 11:26-14:31

C Kings of Judah/Israel   1 Kings 15:1-16:22

D Omride dynasty; rise and fall of Baal cult   1 Kings 16:23-2
    in Israel and Judah   Kings 12

C′ Kings of Judah/Israel   2 Kings 13-16

B′ fall of Northern Kingdom   2 Kings 17

A′ kingdom of Judah   2 Kings 18-25

부분적인 조정이 필요할 수도 있겠지만 기본적으로 사브란의 구조이해는 타당해 보인다.[28] 무엇보다도 오므리 왕가의 바알숭배 이야기가 열왕기의 중심을 이룬다는 그의 지적은 전적으로 옳다. 사브란이 잘 지적한 것처럼 불과 45년에 지나지 않은 기간에 대하여 무려 18장(왈쉬의 제안처럼 왕하 12장을 제외하면 17장)이 할애된 것은 오므리 왕가의 바알숭배 문제가 얼마나 중요하게 다루어지는지를 단적으로 보여준다(Savran 1987:149).[29] 열왕기 기자는 오므리 왕가의 바알숭배와 이에 맞선 선지자들(엘리야, 엘리사)의 이야기를 통하여 하나님만이 생명을 주시며, 풍요를 주관하시는 분이란 사실을 강조하고 있다.[30]

더 나아가 선지자들이 모압이나 아람과 같은 이방 나라들과의 전쟁에서 결정적인 역할을 한 것(왕상 20장; 왕하 3:4-27; 왕하 6:8-23 참조)은 전쟁에서의 승리를 보장해주시는 분 또한 하나님이신 것을 증거한다. 요컨대 오므리 왕가를 둘러싼 선지자들의 이야기는 왕국이 우상숭배에서 떠나 하나님만을 섬길 때 부와 생명과 승리를 보장받을 수 있다는 사실을 가르치고 있다. 열왕기하 17장에 나열되는 이스라엘의 배교행위는 그들의 멸망이 하나님을 저버리고 우상들을 섬기며 이방의 풍습을 따른 결과란 점을 분명히 해준다.

---

28) 왈쉬(J. T. Walsh)는 A에 1-11장을, B에 12장을, C에 13-16장을, D에 왕상 17장 - 왕하 11장을, C'에 12-16장을 포함시킨다는 점에서 사브란과 다소의 차이를 보인다(Cohn 2010:110).

29) 열왕기하 11장에 소개된 다윗 왕가의 이야기도 오므리 왕가 이야기의 일부라 할 수 있다. 요아스의 조모이자 왕위찬탈자 아달랴가 오므리의 손녀이기 때문이다(왕하 8:26 참조).

30) 선지자들이 비를 내리게 하고 마실 물을 내며(왕상 18:41-46; 왕하 3:9-20), 곡식과 기름이 생기게 하며(왕상 17:8-16; 왕하 4:1-7), 죽은 자의 생명을 살려내는 것(왕상 17:17-24; 왕하 4:8-37)은 하나님이 생명의 주인이시며 풍요를 주관하는 분이란 사실을 증거한다.

(3) 열왕기하 18-25장

이 단락은 북 왕국의 멸망 후 홀로 남은 남 왕국이 무너지기까지의 역사를 다룬다. 여기에는 다윗 이후 가장 훌륭한 왕으로 평가 받는 히스기야와 요시야의 행적이 소개된다. 그런가 하면 이곳에는 남 왕국의 멸망에 결정적 원인을 제공한 므낫세의 배교와 폭정이 기술되어 있기도 하다. 그러니까 이 단락은 남 왕국이 정치적으로나 종교적으로 고점(高點)과 저점(低點)을 오르내리며 망해가는 격동의 역사를 그려 보여준다. 모두 8장으로 이루어진 이 단락에 히스기야, 요시야, 므낫세에게 할당된 분량은 거의 6장에 달한다: 히스기야(18-20장), 므낫세(21:1-18), 요시야(22:1-23:30). 이 단락에는 아몬, 여호아하스, 엘리아김(여호야김), 여호야긴, 맛다니야(시드기야) 등 다섯 명의 다른 왕들이 소개되지만 이들이 차지하는 비중은 그렇게 크지 않다.

히스기야 왕은 유다에서 산당을 제거하고 우상들을 파괴하는 등 종교적으로 탁월한 업적을 남겼다. 그러나 그의 업적은 정치, 외교 영역에서 더욱 두드러진다. 그는 수십만 대군을 이끌고 쳐들어온 앗수르의 산헤립에 맞서 오직 여호와께 기도함으로써 승리를 거두는 전공을 세웠다(18-19장). 이 사건은 왕국의 생존이 탁월한 외교술이나 군사력에 있지 않고 하나님을 의지하는 믿음에 달려있다는 사실을 확인해준 것이었다. 히스기야는 또한 불치의 병에 걸려 죽게 되었을 때에도 기도를 통하여 15년이나 생명을 연장 받았고, 이에 대한 증거로 아하스의 해시계에서 해 그림자가 10도나 뒤로 물러가는 기적을 체험하였다(20:1-11). 이를 통해 하나님이 인간의 생명을 주관하실 뿐만 아니라 우주의 운행도 다스리신다는 사실이 재확인되었다. 히스기야가 남긴 모든 업적은 왕국의 운명이 오직 하나님께 달려있다는 사실을 밝히 보여주는 표적과도 같다.

히스기야와 마찬가지로 요시야 또한 여러 면에서 탁월한 인물이었다. 히스기야와 마찬가지로 그도 산당을 제거하고 우상숭배를 근절하는데 모든 힘을 다 기울였다. 특히 요시야에게서 돋보이는 것은 그가 모세의 율법책에 대하여 보인 태도이다. 학자들 사이에 많은 논쟁이 있지만 이 율법책은 모세가 기록한 신명기 또는 그 일부에 해당한다고 보아야 한다(Patterson & Austel 2009:934). 우선 "율법책"(ספר התורה)이란 말이 신명기에 언급된 "율법책"과 동일하며, 이곳에 자주 언급되는 "진노", "재앙", "저주"가 신명기 28-31장의 내용과 통하기 때문이다. 요시야는 이 율법책의 내용을 읽고 "마음이 부드러워졌으며" 여호와 앞에서 "겸비하여 옷을 찢고 통곡하였다"고 한다(왕하 22:19). 요시야는 또한 율법책에 기록된 대로 유월절을 지킨 왕으로 기록된다(왕하 23:21-23). 이렇게 요시야는 여호와의 율법에 충실한 왕이었다. 열왕기 기자가 요시야의 개혁을 중요하게 다룬 것은 율법에 대한 순종여부가 왕국의 성공과 실패를 좌우하는 것임을 나타내기 위해서였을 것이다.

그러나 요시야의 개혁이 성공을 거둔 것은 아니다. 열왕기 기자는 이 실패의 책임을 므낫세의 학정에 돌린다. 열왕기 기자는 바벨론을 비롯하여 이방 민족들이 유다를 치러 온 것은 "므낫세가 지은 모든 죄"와 그가 흘린 "무죄한 자의 피" 때문이라고 밝힌다(왕하 24:3-4). 므낫세는 12세의 어린 나이에 왕으로 등극하여 55년간 긴 통치를 하면서 심지어 성전 안에 이방 신들을 위한 제단을 쌓을 정도로 우상숭배에 탐닉하고 불의와 폭력을 일삼는 공포정치를 폈다(왕하 21:1-18 참조). 열왕기 기자는 그런 므낫세의 죄가 "여호와께서 이스라엘 자손 앞에서 멸하신 여러 민족보다 더 심하였더라”고 평가한다(왕하 21:9b). 이 평가는 이스라엘 자손 앞에도 심판이 이르렀음을 의미한다. 약속의 땅에서 오직 하나님만을 섬기며 하나님의 뜻을 구현해야 할 소명을 저버렸기에 이제 이스라엘 자손은 그 땅에서 쫓겨날 수밖에 없는 지경에 이르렀던 것이다.

열왕기의 마지막 장에 이르면 오직 하층민만을 그 땅에 남겨 놓은 체 바벨론으로 사로잡혀가는 유다 백성의 모습을 만나게 된다. 애굽의 노예생활에서 구원 받은 백성들이 다시 노예민이 되어 이방 땅으로 끌려가는 모습은 그들에게 요구되었던 책임이 무엇이었는지를 꼬집는 역사의 아이러니로서 독자들에게 다가온다. 이곳에는 또한 솔로몬이 7년에 걸쳐 건축한 성전이 파괴되고, 각종 성전 기명(器皿)들이 한낱 전리품이 되고 마는 슬픈 장면이 묘사된다. 이는 적어도 표면상으로 하나님이 자기 백성을 버리셨다는 비극적인 사실을 상징적으로 나타내는 것이라 하겠다. 하나님과의 관계에서 멀어진 백성에게 인간 왕의 존재도 무의미한 것일 수밖에 없다. 인간 왕의 기능이 하나님의 뜻을 받드는 것일진대 하나님을 거부한 백성들에게 왕이 존재해야 할 이유는 없는 것이다. 유다의 경우 므낫세의 예에서 보듯 왕들 자신도 하나님 앞에서 반역자에 불과했다. 이런 이유들로 인해 400년 이상 존속해오던 다윗 왕조는 불행하게 막을 내리고 말았다.

그러나 열왕기는 왕정의 실패를 선언하는 것으로 끝맺지 않는다. 열왕기 기자는 책 끝부분에 유다의 18대 왕 여호야긴이 바벨론에서 그 지위가 어느 정도 회복되었다는 이야기를 덧붙인다. 앞에서 언급한 것처럼 이것은 다윗 왕가에 소망의 등불이 아직도 완전히 꺼지지 않았다는 사실을 우회적으로 암시하는 것이다. 이는 왕국분열 직전 선지자 아히야가 이미 예언한 것이기도 하다: “내가 이로 말미암아 다윗의 자손을 괴롭게 할 것이나 영원히 하지는 아니하리라 하셨느니라"(왕상 11:39). 선지자의 예언과 같이 다윗 왕가는 다시 회복될 것이고, 하나님은 다시 자기 백성과 함께 하실 것이다.

4. 열왕기의 신학

이 장을 마무리하면서 열왕기가 제시하는 신학적 내용들에 대해 살펴보고자 한다. 열왕기의 신학은 크게 언약, 성전, 왕, 선지자로 요약될 수 있다.

1) 언약신학

열왕기는 솔로몬이 통일 이스라엘의 왕의 된 것을 '다윗 언약'(the Davidic covenant)의 성취로 제시한다. 이는 다윗이 여호와를 가리켜 했던 "맹세"에 따라 솔로몬을 후계자로 삼은 사실에서 추론할 수 있는 일이다(왕상 1:30). 열왕기 기자는 솔로몬 자신도 그가 왕이 된 것을 하나님께서 다윗에게 베푸신 "은혜"(왕상 3:6)와 허락하신 "말씀"(왕상 2:24)에 따른 것으로 이해하였다고 밝힌다. 더 나아가 열왕기 기자가 솔로몬 왕권에 대하여 한 말 – "그의 나라가 심히 견고하니라"(왕상 2:12b) – 에도 주목할 필요가 있다. 이 말은 하나님께서 다윗에게 약속하신 바와 동일하다: "내가 네 몸에서 날 네 씨를 네 뒤에 세워 **그의 나라를 견고하게 하리라**"(삼하 7:12절하). 이 모든 사실은 열왕기가 솔로몬의 왕위계승을 다윗 언약의 성취로 제시하고 있음을 나타낸다.

다윗 언약의 성취란 주제는 솔로몬의 계승문제에 국한되지 않는다. 솔로몬 치하의 통일왕국은 솔로몬의 반언약적 우상숭배행위로 인해 몰락의 위기를 맞게 된다. 그러나 하나님은 솔로몬에게 "내 종 다윗과 내가 택한 예루살렘을 위하여 한 지파를 네 아들에게 주리라"고 하시며 다윗 왕가의 지속을 약속하신다(왕상 11:13절하). 분열 왕국의 역사는 다윗 왕가에 대한 하나님의 약속이 유효하다는 사실을 확인해준다. 북 왕국에서 무려 여덟 차례나 반역으로 왕조가 바뀌지만 남 왕국에서는 시종일관 다윗 왕가가 유지된다. 열왕기 기자는 다윗 계열의 왕이 악을 행하였을 지라도 하나님께서 다윗을 위해 유다를 멸하지 않으셨다고 하며 다윗 언약의 지속성을 강조한다(왕하 8:18-19). 비록 열왕기는 다윗 왕가의 몰락에 대해서도 이야기 하지만, 이 책이 여호야긴의 회복에 대한 이야기로 끝맺는다는 사실은 다윗 왕가에 대한 하나님의 약속이 여전히 유효하다는 것을 암시해준다.[31]

열왕기는 다윗 언약을 더 넓은 언약의 역사 가운데 위치시킨다. 이는 열왕기 기자가 솔로몬 왕권을 소개하는 방식에서 알 수 있는 일이다. 열왕기 기자는 솔로몬 시대에 대해 이렇게 설명한다:

> "유다와 이스라엘의 인구가 바닷가의 모래 같이 많게 되매 먹고 마시며 즐거워하였으며 솔로몬이 그 강에서부터 블레셋 사람의 땅에 이르기까지와 애굽 지경에 미치기까지의 모든 나라를 다스리므로 솔로몬이 사는 동안에 그 나라들이 조공을 바쳐 섬겼더라"(왕상 4:20-21).

---

31) 헨첼(G. Hentschel)은 여호야긴의 회복을 "먼 아침노을에 지나지 않는 것"(nicht mehr als eine ferne Morgenröte)이라고 그 의미를 축소하지만, 그럼에도 불구하고 그것이 다윗 왕가의 회복을 알리는 "아침노을"이란 사실에는 변함이 없다 (Hentschel 2004⁵:248).

이 인용문의 내용은 하나님께서 아브라함에게 주신 약속과 거의 동일하다. 하나님은 아브라함에게 "애굽 강에서부터 그 큰 강 유브라데까지" 이르는 땅과 "바닷가의 모래"와 같이 많은 자손을 약속하셨다(창 15:18; 22:17).

그러므로 솔로몬 시대를 "아브라함 언약"(the Abrahamic covenant)의 성취로 제시하는 것이 열왕기의 의도라는데 이견이 있을 수 없다. 이렇게 볼 때 열왕기의 끝에 언급된 여호야긴의 회복 역시 더 넓은 언약역사의 맥락 안에서 이해되어야 한다는 것을 알 수 있다. 구약에서 여호야긴의 회복은 이사야 선지자가 예언한 "이새의 줄기"에서 날 "한 싹"과 연결된다고 하겠으며(사 11:1), 호세아 선지자가 예언한 바 전체 하나님의 백성을 통할할 미래의 다윗을 고대하게 하는 것이라 할 수 있다(호 3:5 참조). 호세아나 이사야가 내다본 다윗 왕가의 회복은 선지자 예레미야가 말한 "새 언약"(렘 31:31)과 분리되어서는 안 된다. 예레미야는 "새 언약"에 대해 말하면서 다윗 언약의 불변성에 대해 강조하기 때문이다(렘 33:25-26). 신약은 예수 그리스도의 십자가 사건을 통해 새 언약의 시대가 도래하였음을 말씀해준다(눅 22:20).

2) 성전신학

열왕기는 솔로몬의 성전건축을 중요한 문제로 다룬다. 앞에서 언급한 것처럼 성전건축 단락(왕상 5:1-9:9)은 솔로몬 내러티브의 중심을 차지한다. 특별히 주목할만한 점은 열왕기 기자가 성전건축을 출애굽 사건과 연결한 것이다(왕상 6:1). 이것이 성전건축을 출애굽의 완성으로 이해하는 열왕기의 관점을 반영한다는 사실은 이미 앞에서 언급되었다. 이스라엘이 출애굽 한 궁극적 목적이 하나님만을 섬기는 "제사장 나라"(מַמְלֶכֶת כֹּהֲנִים)가 되는 것이란 점을 고려할 때 성전건축이 출애굽과 연결되는 것은 지극히 당연한 일이다(출 19:4-6). 솔로몬은 성전을 건축함으로써 이스라엘이 하나님만을 섬기는 "제사장 나라"이며 자신이 여호와의 왕권을 대리하는 "신정적 왕"이란 사실을 분명히 하는 제도적 기반을 마련했다고 볼 수 있다.

솔로몬 이전에는 성전 대신 성막이 존재했었다. 성막은 그 형태와 재료에서 볼 수 있듯이 광야생활이나 전쟁과 같은 이동의 형편에 적합하였다. 그러나 솔로몬 시대는 이스라엘이 약속의 땅에 정착한지 이미 오래 되었고 전쟁도 그쳤으므로 성전건축의 시기가 무르익었다(왕상 5:3-4). 이제 이스라엘 백성들은 새로운 시대에 걸맞게 성전에 나아와 그곳에 임재하시는 하나님께 제사하여야 했다(신 12장 참조). 그러나 열왕기는 성전이 어디까지나 "여호와의 이름"을 위한 곳임을 분명히 한다(왕상 8:12-21). 구약 이스라엘에서 "이름"은 그 이름으로 불리는 사람의 "분신"(*alter ego*)으로 여겨질 정도였다는 점을 고려하면(Grays 1977³:152), "여호와의 이름을 위한 성전"이란 개념은 성전에 여호와께서 실재로 임재하심을 나타낸다고 할 수 있다. [32] 그럼에도 불구하고 "이름"은 그 이름의 소유자를 모든 면에

---

[32] 소위 신명기의 "이름 신학"(the Name Theology) 가설을 받아들이는 학자들은 "여호와의 이름을 위한 성전"이란 개념이 여호와께서 물리적으로 성전에 임재하신다는 "고대의 미숙한 사상"을 대체하였다고 주장한다. 이 주장에 따르면 "이름"은 "실체화된 인격"(a hypostatized personality)으로서 여호와께서 성전에 "오직 본질적으로 임재하신다"(only hypostatically present)는 사상을 나타낸다고 한다(Richter 2002:8-9). 그러나 열왕기가 이 가설이 내세우는 것처럼 여호와의 내재성 대신 그분의 초월성만을 강조하였다고 보는 것은 치우친 생각인 듯하다. 법궤를 성소에 안치하는 맥락에서 성전에 신현의 구름이 나타난 것은 하나님이 실재로 성전에 거하신다는 것을 보여주는 것이다(왕상 8:10-11 참조).

서 완전하게 나타내는 것은 아니다. 그러므로 "여호와의 이름을 위한 성전"이란 개념은 "하늘과 하늘들의 하늘"(왕상 8:27)이라도 용납할 수 없는 하나님의 초월성을 나타낸다고 해도 좋을 것이다.

　예루살렘에 성전이 건축되었다는 사실은 하나님이 그곳에서 자기 백성과 온 세상을 다스리신다는 의미가 있다. 이는 성전의 지성소에 안치된 법궤가 하나님의 통치의 보좌로 간주되는 것에서 암시되는 바이다(삼하 6:2; 시 99:1 참조). 열왕기는 법궤를 "여호와의 언약을 넣은 궤"라고 소개한다(왕상 8:21). 이는 하나님께서 언약법에 따라 이스라엘을 다스리실 것을 나타냄과 동시에 이스라엘 또한 하나님과의 언약관계에 충실해야 한다는 것을 의미한다. 즉 성전건물 그 자체가 하나님의 은혜로운 임재와 통치를 보장해주지 않는다는 말이다. 이스라엘이 언약에 반한 태도를 보일 경우 하나님의 임재는 오히려 재앙을 불러온다. 열왕기는 왕과 백성들이 우상을 좇으며 악을 행함으로 언약에 반한 삶을 살다가 하나님의 준엄한 심판 앞에 서게 되는 것을 보여준다. 특히 열왕기는 왕들과 백성들이 산당에서 불법적인 제사행위를 하여 하나님의 진노를 불러 일으켰다고 강조한다.

　놀라운 것은 왕과 백성들의 죄로 인해 성전까지 파괴되었다는 사실이다(왕하 25:13-17 참조). 하나님은 이미 성전 봉헌식에서 솔로몬에게 이스라엘이 하나님을 배반할 경우 "내 이름을 위하여 내가 거룩하게 구별한 이 성전이라도 내 앞에서 던져버리리라"(왕상 9:7)고 말씀하셨다. 이렇게 보면 성전파괴는 바벨론 사람들에 의해 자행된 일이라기 보다 그들을 통해 하나님이 하신 일로 이해되어야 할 일임을 알 수 있다. 말하자면 하나님께서 배교한 백성들과 더 이상 함께 하시지 않겠다는 뜻의 표현으로 그분의 임재의 가시적 상징인 성전이 파괴되도록 하셨다는 것이다. 그러나 성전이 파괴되었다 해서

하나님과 이스라엘의 관계가 다 끝난 것은 아니다. 다윗 왕가가 회복
되면 성전 또한 회복될 것이다. 다윗 왕가가 하나님의 왕권을 대리하
는 장치인 한 성전은 필요 불가결한 것이기 때문이다. 이런 의미에서
여호야긴의 회복은 성전의 회복을 예고하는 것이라 해도 지나치지
않다.

3) 제왕신학

열왕기에는 왕들의 행적이 중점적으로 소개된다. 그러므로 열왕기
는 왕들이 어떻게 통치해야 하는가의 문제를 다루는 책이라는데 이
의가 있을 수 없다. 그런데 열왕기는 일반 정치의 관점에서 왕들의
행적을 추적하지 않고 신학적 관점에서 왕들의 행적을 조명한다. 이
는 열왕기에 거듭해서 나타나는 "여호와 보시기에"(בְּעֵינֵי יְהוָה)라는 표
현이 말해주는 바이기도 하다. 왕들의 행적을 평가하는 주요 잣대는
그들이 율법을 준수하였는가? 그들이 우상숭배를 하지 않았는가?
그들이 산당을 어떻게 처리하였는가? 등의 문제들이다. 이러한 문
제들은 하나님과의 관계에서 본질적인 것들이다. 왕들이 이처럼 하
나님과의 관계를 중심으로 평가되는 것은 그들이 하나님의 뜻을 받
드는 신정적 왕이었기에 당연한 일이다. 이스라엘의 왕들은 하나님
의 뜻에 따라 통치함으로써 그 땅에 하나님의 나라가 세워지도록 해
야 했던 자들이다.

열왕기에서 왕들의 모델로 평가되는 이는 다윗이다. 열왕기 기
자는 다윗이 "성실과 공의와 정직한 마음으로 주와 함께 주 앞에서
행한"(왕상 3:6) 자로, 하나님의 "법도/율례와 명령"(왕상 3:14;
11:38)을 지킨 자로, 여호와를 "온전히 따른"(왕상 11:6) 자로 소개

된다. 다윗에게 붙는 이런 수식어들은 이스라엘의 왕들에게 있어 하나님의 법도를 온전히 지키는 일이 얼마나 중요한지를 잘 보여준다. 왕들이 따라야 할 하나님의 법도, 곧 왕도(王道)는 신명기 17:14-20에 나타난다. 이 법도에 따르면 ① 왕은 군사력(말)이나 경제력(은과 금) 대신 하나님을 의지해야 하며, ② 방탕하거나 교만하지 말아야 하며, ③ 율법서를 읽음으로써 하나님 경외하기를 배워야 한다. 이 기준에 비추어 보면 솔로몬이 말과 병거를 많이 두고(왕상 4:26; 10:26), 후궁과 첩들을 많이 둔 것은 왕도에서 떠난 것이 된다(왕상 11:1-3). 또한 르호보암이 백성들의 요구를 무시하고 포학한 말로 그들을 위협한 것 역시 겸손으로 통치해야 할 왕의 길에서 벗어난 것이다(왕상 12:1-20).

다윗 다음으로 왕들의 모델이 될만한 자는 히스기야와 요시야다. 이 둘은 "그의 조상 다윗의 모든 행위와 같이 여호와 보시기에 정직히 행하여"(왕하 18:3), "좌우로 치우치지 아니한"(왕하 22:2) 왕들이다. 앞에서 언급한 것처럼 히스기야는 하나님만을 의지함으로써 앗수르 군대를 물리치고 질병을 이겼다는 점에서, 요시야는 율법책에 기록된 말씀 앞에서 옷을 찢고 통곡하는 모습을 보이며 개혁운동을 일으켰다는 점에서 왕의 사표(師表)가 되기에 손색이 없는 인물들이다. 이들은 왕들에게 요구되는 것이 하나님을 전적으로 신뢰하며 율법책에 기록된 말씀에 따라 왕직을 수행하는 것이란 사실을 모범적으로 보여준다.

반면 열왕기에는 악한 왕들의 행적도 소개된다. 수적인 측면에서 악한 왕들은 선한 왕들에 비해 월등히 많다. 악한 왕들에게 나타나는 공통점은 우상숭배와 실익정치(Realpolitik)이다. 그들은 정치적 안정과 경제부흥을 위해 하나님을 의지하는 대신 외교술이나 풍요제의에 의존하였다. 이 방면에 으뜸되는 예는 단연코 오므리 왕가이다. 오므리 왕가의 아합은 아람을 견제하기 위해 시돈 왕 엣바알의 딸 이세벨과 정략결혼을 하였을 뿐 아니라 그들로부터 바알종교까지 수입하였다. 그러나 오므리 왕가는 4대를 넘기지 못하고 비극적으로 막을 내린다. 오므리 왕가의 왕들이 아람과의 전쟁에서 목숨을 잃고(왕상 22:29-40; 왕하 9:14-26), 그들이 다스리던 시대에 극심한 가뭄이 임한 것은 정치적 안정과 풍요가 실익정치나 바알종교에 달려있지 않고 오직 하나님께 달려있다는 사실을 잘 보여준다(왕상 17:1).

4) 선지자의 활동과 예언

열왕기에는 왕들의 행적 못지 않게 선지자들의 활동 또한 자세히 소개된다. 열왕기에는 적어도 13명의 유명 또는 무명의 선지자가 등장한다. 이들은 하나같이 왕국의 운명과 관련하여 중요한 역할을 한다. 나단 선지자는 솔로몬이 왕으로 등극하는데 결정적인 역할을 하며(왕상 1:11-31 참조), 아히야 선지자는 느밧의 아들 여로보암이 왕으로 등극하는 일과 왕국분열에 결정적인 역할을 하고(왕상 11:26-40 참조), 선지자 엘리사는 오므리 왕가의 몰락에 깊숙이 관여한다(왕하 9:1-10 참조). 선지자들이 이처럼 왕국의 일에 깊이 개입하는 것은 그들이 대변하는 하나님이 왕국의 운명을 결정한다는 사실을 증거하는 것이다. 왕정과 더불어 선지자들의 활동이 활성화 된 것도 이 사실을 뒷받침하는 일례가 된다. 선지자들은 신정정치의 수호자들로서 왕국이 하나님의 뜻에 맞게 세워지고 발전하도록 하는데 쓰임 받은 자들이다(Vos 2000:186).

선지자들은 또한 삶과 죽음의 문제에 깊이 관여하는 자들로 묘사된다. 선지자들은 병자들이 죽게 될 것인지 살 것인지를 말하며(왕상 14:1-18; 왕하 1:1-17), 직접 그들을 치료하기도 한다(왕하 5:1-14; 20:1-11). 그들은 불임의 여인에게 아들을 얻게도 해주며(왕하4:8-17), 심지어 죽은 사람이 다시 살아나게도 만든다(왕상 17:17-24; 왕하 4:17-37). 뿐만 아니라 선지자들은 풍요의 문제에도 개입한다. 열왕기는 선지자들로 인해 비가 그치기도 하고 다시 내리기도 하며(왕상 17:1; 18:41-46), 밀가루와 기름이 생기기도 하며(왕상 17:8-16; 왕하 4:1-7), 나쁜 물이 좋아지고 독이 든 음식이 해독되기도 하고(왕하 2:19-22; 4:38-41), 떡과 채소가 생겨나기도 하는 것을 보여준다(왕하 4:42-44). 더욱 놀라운 것은 선지자들이 전쟁에서 하는 역할이다. 열왕기는 선지자들의 조언이 왕들로 하여금 적군과의 싸움에서 승리를 얻게 하는 것을 보여준다(왕상 20; 왕하 3; 6:8-23). 이로 인해 선지자들은 종종 "이스라엘의 병거와 그 마병"(왕하 2:12; 13:14)으로 불리기도 한다.

위에서 언급한 이 모든 사실들은 선지자들이 인간 삶의 모든 영역 즉, 출생과 삶, 질병과 죽음, 먹고 마심, 전쟁과 평화에 관여한다는 것을 잘 보여준다. 이는 선지자들의 하나님이 인간 삶의 모든 영역을 다스리고 주관하신다는 사실을 나타내는 것 이외에 다른 것이 아니다. 주목할만한 사실은 열왕기가 보여주는 선지자의 활동이 신약의 복음서에서 소개된 예수 그리스도의 활동과 크게 닮아있다는 점이다. 예수께서도 질병을 치료하시고(마 4:23-25), 죽은 자를 살리셨으며(막 5:35-43; 눅 7:11-16; 요 11:1-44), 굶주린 자에게 양식을 주셨다(마 14:13-21; 요 6:1-15). 이러한 사실로부터 구약의 선지자들이 참된 선지자이신 예수 그리스도를 예표하며, 그들의 사역이 그리스도의 사역에서 완성된다는 통찰을 얻을 수 있다.

끝으로 주목해야 할 것은 선지자의 예언활동이다. 열왕기는 선지자의 예언을 매우 중요하게 다룬다. 여러 학자들이 지적한 것처럼 열왕기는 예언과 성취의 구조로 이루어져 있다고 해도 과언이 아니다(Rendtorff 2001:192; Cohn 2010:160-114-119; Savran 1987:63). 폰라드(G. von Rad)에 따르면 열왕기에 "여호와의 말씀에 따라" 예언이 성취된 뚜렷한 예가 11차례나 된다(von Rad 1963:78-81). 간단히 몇 가지 예를 들면 열왕기는 선지자 아히야의 예언대로 왕국이 분열되고 여로보암이 북 왕국의 왕이 되며, 선지자 엘리야의 예언과 같이 아합과 그의 아들들이 죽고 개들이 그들의 피를 핥는 것을 보여준다(왕상 21:17-26; 22:37-40; 왕하 9:14-26). 또한 열왕기는 여로보암 1세 시대에 무명의 선지자가 예언한 그대로 요시야가 일어나 벧엘의 제단을 파괴하는 모습을 보여준다(왕상 13:2; 왕하 23:15-16). 이 모든 일들은 선지자들이 전한 하나님의 말씀이 역사를 이끌어가고 만드는 궁극적 동인(動因)임을 증거해준다.

제 2장

통일왕국의 역사: 왕상 1-11장

제 2장
통일왕국의 역사
: 왕상 1-11장

위대한 인물의 죽음과 함께 한 시대가 지나가고 새로운 인물의 등장으로 새 시대가 열리는 것은 인간사에서 흔히 있는 일이다. 성경의 역사도 예외가 아니다. 모세의 죽음과 더불어 광야의 방랑시대가 끝나고 여호수아가 이끄는 가나안 정복전쟁이 시작되었으며, 다윗의 죽음과 더불어 왕조건설을 위한 지고지난의 시대가 지나가고 솔로몬과 함께 이스라엘 역사상 그 유례를 찾아볼 수 없는 평화의 시대가 시작되었다. 그러나 어떤 문명사에도 앞 시대와 후시대를 이어주는 역사의 상수들이 있겠지만, 성경 역사의 경우 그것들이 훨씬 더 근본적이고 본질적이라는 점에서 특별하다. 여호수아의 시대는 출애굽과 광야여정이 목표로 삼았던 땅의 소유가 현실화되었으며, 솔로몬 시대는 다윗에게 약속되었던 왕조의 연속과 성전건축이 실현되었다. 옛 이스라엘 역사 저변에 면면히 흐르는 이 연속은 역사의 주관자이신 하나님의 변치 않는 성실하심에 뿌리를 두고 있다.

1. 구성과 메시지

열왕기상 1-11장은 다윗의 아들 솔로몬이 왕위에 오르게 되는 과정을 소개하는 것으로부터 시작하여 그의 아들 로호보암이 왕위를 계승하는 것으로 끝나는 솔로몬 역사를 다룬다. 이 역사에는 한편으로 솔로몬이 지혜로운 통치를 하여 에덴 동산의 형편을 방불케 하는 평화롭고도 풍요로운 나라를 이룩한 일이 서술되는가 하면, 다른 한편 솔로몬이 이방 여인들과 더불어 정략결혼을 하고 우상숭배에 빠져들게 됨으로써 나라를 분열의 위기로 몰아넣은 일이 다루어진다. 솔로몬 역사는 이렇게 밝은 면과 어두운 면이 어우러져 만들어내는 역사화(歷史畵)와도 같다. 그러나 대체로 전반부는 솔로몬의 밝은 면이 강조되고 후반부는 어두운 면이 강조되어 앞뒤가 대칭을 이루는 구조이다. 또한 성전건축 이야기가 가운데 배치되어 전체의 균형을 잡고 있다는 점도 주목할만한 구조적 특징에 해당한다.

앞에서 프리쉬(A Frisch)가 제시한 열왕기상 1-11장의 구조이해를 소개한바 있다. 다음은 그것을 조금 더 단순화한 도식이며, 앞으로의 내용은 이 도식에 제시된 단락구분을 따르기로 한다.

A 솔로몬의 왕위계승 (1-2장)

B 솔로몬의 초기치세 (3장)

C 솔로몬의 치적 I (4장)

D 성전건축 (5:1 - 9:10)

C´솔로몬의 치적 II (9:11-10:29)

B´솔로몬의 후기치세 (11:1-25)

A´르호보암의 왕위계승(11:26-43)

이 단락은 솔로몬의 왕위계승이 하나님께서 다윗에게 주신 약속의 성취라는 관점에 의해 지배된다. 왕위계승권자 일 위인 아도니야 대신 솔로몬이 왕이 된 것은 다윗 언약의 중보자인 나단 선지자의 개입에 의한 것이며, 이는 솔로몬의 왕위계승이 하나님의 뜻이라는 것을 의미한다. 그것은 또한 다윗이 여호와의 이름으로 한 맹세에 따른 것이란 점에서도 정당성을 얻는다. 무엇보다도 저자가 솔로몬 왕국에 대하여 "그의 나라가 **심히 견고하니라**"(왕상 2:12), "이에 나라가 솔로몬의 손에 **견고하여지니라**"(왕상 2:46)고 한 것은 하나님께서 다윗에게 주신 약속에 상응하는 말씀이다. 하나님은 다윗에게 "네 몸에서 날 네 씨를 네 뒤에 세워 그의 나라를 **견고하게 하리라**"(삼하 7:12)고 약속하신바 있다.

더 나아가 이 단락은 솔로몬의 등극과 더불어 정의가 실현되고 평화가 지배하는 나라가 이루어졌다는 사실에 초점을 맞춘다. 솔로몬이 주변의 모든 민족들을 지배하며 그들과 평화를 누렸을 뿐만 아니라 그의 통치하에 온 이스라엘이 "각기 포도나무 아래와 무화과 나무 아래에서 평안히 살았다"는 평가(왕상 4:24-25)는 솔로몬 시대에 타락으로 인해 상실된 에덴의 축복이 회복되었다는 인상을 주고도 남는다. 이와 더불어 하나님께서 자신에게 "안식을 주셨다"(왕상 5:4)는 솔로몬의 진술은 세상에 안식을 주시고자 하는 하나님의 창조의도가 그의 시대에 성취되었다는 의미로 받아들여진다.[33] 요컨

---

33) 개역개정역의 "태평을 주시매"는 원래 "안식을 주다"는 의미의 히브리어 동사 "헤니아흐"(הניח)를 번역한 것이다. 이 동사는 태초에 하나님께서 아담을 에덴 동산에 두신 일을 묘사하는 창세기 2장 15절에 사용되었고, 이스라엘의 가나안 정착을 이야기하는 여호수아 1장 15절과 21장 44절에 사용되었다. 그것은 또한 다윗언약을 설명하는 사무엘하 7장 1절과 11절에서도 사용되었다(김진수 2014:224-234).

대 솔로몬의 지혜로운 통치로 말미암아 인간에게 정의와 평화가 서로 입맞추는 안식의 나라가 이루어졌다는 것이 이 단락의 메시지이다.

신명기와 더불어 전선지서(the Former Prophets)는 안식과 성전이 밀접한 관계에 있는 것으로 설명한다(신 12:10, 11; 삼하 7:10-13; 왕상 5:4, 5). 이 설명에 따르면 솔로몬 시대에 안식이 이루어졌다는 것은 곧 성전이 건축되어야 할 때가 무르익었다는 것을 의미한다. 과연 솔로몬은 성전건축을 실현에 옮김으로써 다시 한번 역사가 하나님의 주권적인 계획이 실현되는 장이란 사실을 증거해 보인다. 무엇보다도 중요한 사실은 솔로몬이 성전을 건축함으로써 그가 하나님의 청지기이자 대리자이며 하나님께서 이스라엘의 참된 왕이란 사실을 가시적으로 구체화하였다는 점이다. 성전은 하나님이 거하시는 신적 왕궁으로서 의미를 갖는 까닭에 성전 건축은 그와 같은 신정적 의미를 가지는 것이다. 결론적으로 성전건축은 이스라엘이 하나님이 통치하시는 하나님의 나라임을 증거한다.

하지만 성전이 자동적으로 하나님의 축복을 담보하는 것은 아니다. 성전의 존재는 하나님의 대리인인 인간 왕으로 하여금 하나님의 뜻에 순종하기를 요구한다. 왕이 하나님의 말씀에 주의를 기울이지 않고 자의적으로 나라를 다스리면 물질적 성전은 무용지물이 될 뿐만 아니라 이스라엘의 치부를 드러내는 도구가 될 수도 있다(왕상 9:6-9 참조). 그러므로 왕은 신명기가 가르치는 것처럼 율법서를 등사하여 그것을 자기 옆에 두고 읽는 가운데 왕직을 수행해야 한다(신 17:18, 19). 그러나 아이러니하게도 솔로몬은 자신이 건축한 성전의 이상을 구현하는데 실패했다. 그는 하나님의 청지기가 되기 보다 현실정치에 충실하기를 선택하였고, 이는 결국 왕국의 분열이란 비극을 가져왔다. 다윗 왕가를 향한 하나님의 은혜로운 약속이 아니었더라면 그나마 왕조의 존립조차도 불가능했을 것이다.

2. 솔로몬의 왕위계승(1:1-2:46)

이 단락은 다윗을 대신하여 누가 이스라엘의 왕이 될 것인가 하는 문제에 초점을 맞춘다. 아도니야가 반역을 꾀하여 왕위를 찬탈하고자 하였지만 선지자 나단의 개입으로 그의 계획은 무산되고, 솔로몬이 왕으로 옹립된다. 솔로몬은 부왕 다윗의 유지를 받들어 슬기롭게 정적들을 제거하고 왕국을 반석 위에 올려놓는다.

1) 노쇠한 다윗(1:1-4)

열왕기서를 펼치면 나이 많아 늙은 다윗의 모습이 등장한다. 그는 이불을 덮어도 따뜻함을 느끼지 못할 정도로 노쇠하였다. 그리하여 신하들이 젊은 처녀를 구하여 왕의 침수를 수발하도록 하였다. 이 처녀의 이름은 아비삭으로 수넴 출신이었으며,[34] 외모가 심히 아름다웠다고 한다. 현대의 윤리적 관점에서 임종이 가까운 노인이 젊은 여인으로부터 잠자리 시중을 받는다는 것은 상상하기 어려운 일이다.

그러나 이것은 옛 이스라엘의 사회, 문화적 맥락에서 평가되어야 할 일이다. 당시에는 일부다처제를 비롯한 첩의 제도가 당연시되

---

34) 수넴은 이스르엘에서 가까운 지역으로 길보아 전투 당시 블레셋 군대가 주둔한 곳이었으며(삼상 28:4), 후에 선지자 엘리사는 이곳에서 잉태하지 못하는 한 여인이 아들을 갖도록 기적을 베풀기도 하였다(왕하 4장).

었고, 다윗은 여러 명의 첩들을 거느릴 수 있는 왕이었다. 이러한 사실들을 도외시하고 본문의 내용을 오늘날의 윤리적 관점으로 평가하는 것은 시대착오적이다. 본문은 다윗이 아비삭과 동침하지 않았다는 사실을 강조한다. 그 이유가 무엇일까? 그의 경건함을 강조하기 위함일까? 문맥상 그것은 다윗이 노쇠하였기에 그의 뒤를 이어 왕이 될 후계자가 필요하게 되었다는 사실을 부각시키기 위함인 것으로 보인다.

저자가 다윗을 수발한 여인을 소개한 데는 또 다른 이유가 있다. 저자는 이 여인을 비교적 소상하게 소개한다. 그것은 이 여인이 앞으로 전개될 왕위계승 이야기에서 중요한 역할을 하게 될 것이기 때문이다. 솔로몬과 아도니야 사이에 벌어지는 권력투쟁의 한 가운데 서게 될 인물이 바로 수넴 여인이다. 저자는 이 여인이 심히 아름다웠다고 한다. 구약에서 아름다운 여인은 종종 비극적인 운명에 연루되는 까닭에(창 6:2; 삼하 11:2; 13:1 참조), 수넴 여인의 뛰어난 미모는 이 여인을 둘러싼 비극의 역사를 예고하는 것이라고 할 수 있다.

2) 아도니야의 반역(1:5-10)

다윗이 노쇠하자 그의 아들 아도니야가 정치적으로 주도권을 잡으려는 야심을 드러내었다. 아도니야는 왕자들 중 가장 연장자로 여러 면에서 압살롬에게 비견되는 인물이다.[35] 그는 압살롬처럼 준수한 외

---

35) 첫째 왕자 암논과 셋째 왕자 압살롬은 죽었고, 둘째 왕자 길르압 또한 분명치는 않으나 일찍 죽었던 것으로 보인다(삼하 3:2-5).

모를 가지고 있었고, 한 때 압살롬이 그랬듯이 병거와 기병과 전배(men to run before him) 오십 인을 예비하였다. 뿐만 아니라 그는 군부핵심세력인 요압과 제사장 아비아달까지 자기 편으로 끌어들였다. 그러나 선지자 나단을 비롯하여 제사장 사독과 브나야 등은 이 움직임에 가담하지 않고 솔로몬 편에 섰다. 이런 편가름은 장차 펼쳐질 권력다툼을 예고하지만, 압살롬을 닮은 아도니아에게서 승리를 기대하기란 어려워 보인다.

저자는 아도니야가 스스로를 높여 왕이 되고자 하였다고 밝힌다. 아도니야의 이런 태도는 그의 시도가 실패로 끝나게 되는 근본적인 원인이 된다. 왕의 권세는 위로부터 주어진다는 것이 성경의 가르침이다. 신명기는 여호와께서 택하신 자가 왕이 되어야 할 것을 규정하고 있다(신 17:15). 그러므로 하나님의 뜻에 순종하지 않고 욕심으로 권력을 쟁취하고자 하는 자의 미래가 밝을 수 없다. 그런 자는 결국 권력의 희생자가 될 수밖에 없다. 사사시대 기드온의 아들 아비멜렉이 그 대표적인 예이다(삿 9장 참조). 아도니야가 아비멜렉의 행적에 주의를 기울였더라면 스스로를 높여 왕이 되고자 하는 어리석음을 범하지 않았을 것이다.

본문에 따르면 아도니야는 "에느로겔 근방 소헬렛 바위 곁"에서 자신을 추종하는 세력들을 모아놓고 잔치를 벌였다고 한다.[36] 이 잔치는 반역을 도모하기 위한 것으로 보인다. 압살롬도 반역을 도모하기 위해 한 장소(헤브론)에 추종자들을 모으고 제사를 드린 적이 있다

---

36) "에느로겔"(עֵין רֹגֵל, spring of the fuller, cleaner)은 유다와 베냐민의 접경지에 있었으며 이름으로 미루어 보아 샘이 있던 장소였을 가능성이 크다. 이곳은 솔로몬이 왕으로 기름부음을 받았던 "기혼"에서 약 650 미터 떨어진 곳이라고 한다(AnBD 2, 503–504).

(삼하 15:11,12). 이처럼 아도니야는 스스로를 왕으로 선포하기 위해 추종자들과 더불어 회합을 가졌다. 선지자 나단이 밧세바에게 한 말 또한 같은 사실을 뒷받침한다: "학깃의 아들 아도니야가 왕이 되었음을 듣지 못하였나이까"(왕상 1:11).

아도니야가 반역을 꾀하면서 솔로몬과 그의 측근들을 멀리하였다는 사실은 시사하는 바가 크다.[37] 그것은 아도니야가 솔로몬에 대하여 경쟁심 내지는 적대감을 가지고 있었다는 뚜렷한 증거이다. 이런 적대감은 대개 잔혹한 피의 숙청으로 마무리되는 권력투쟁을 낳게 된다. 나단 선지자가 밧세바를 찾아가 "솔로몬의 생명을 구할 계책"을 강구한 것도 살벌한 권력투쟁의 이면을 염두에 둔 것이다(왕상 1:12). 밧세바가 다윗에게 한 다음 말도 마찬가지다: "내 주 왕께서 그의 조상들과 함께 잘 때에 나와 내 아들 솔로몬은 죄인이 되리이다"(왕상 1:21).

아도니야가 솔로몬에 대해 적대감을 가졌다는 것은 그가 솔로몬이 왕이 될 것을 어느 정도 눈치 채고 있었음을 의미한다. 나단과 밧세바의 대화(1:11−14)와 밧세바와 다윗의 대화(1:15−21)를 통해 알 수 있듯이 다윗은 솔로몬을 후계자로 삼을 계획을 가지고 있었다. 다윗이 언제 그런 계획을 가지게 되었는지는 분명치 않다. 솔로몬이 태어났을 당시 하나님이 나단 선지자를 통해 그가 특별히 하

---

37) 학자들에 따라 아도니야와 솔로몬의 갈등을 다양하게 이해한다. 노트는 그것을 헤브론에서 태어난 아도니야로 대표되는 수구세력과 예루살렘에서 태어난 솔로몬으로 대표되는 신진세력 사이의 대립으로 본다(Noth 1983²:17). 유사한 견해가 프로방과 브루거만에게서도 발견된다(Provan 1995:114; Brueggemann 2000:12). 다른 한편, 멘덴할은 아도니야와 솔로몬의 갈등관계를 '야웨주의'와 '여부스−가나안적 이념' 사이의 대립으로 이해한다(Mendenhall 1975:164).

나님의 사랑을 입은 자란 사실을 다윗에게 알리신 일이 있다(삼하 12:24, 25). 아마도 다윗은 이 때를 전후하여 솔로몬을 후계자로 삼을 생각을 하였고, 밧세바와 신복들에게 그의 생각을 알렸을 것이라고 추측해볼 수 있다.[38] 아무튼 밧세바가 다윗에게 과거의 맹세 – "네 아들 솔로몬이 반드시 나를 이어 왕이 되어 내 왕위에 앉으리라" – 를 상기시키며 솔로몬의 왕위계승을 확증하고자 한 것을 보면 왕위계승에 대한 다윗의 의도가 당시 궁정사람들에게 알려져 있었음을 알 수 있다.

이것이 사실이라면 아도니야의 행위는 더욱 더 문제가 된다. 그것은 명백히 아버지 다윗의 뜻에 대한 불복이다. 가족적인 부자관계를 떠나 정치적인 군신관계에서 보자면 그것은 왕에 대한 반역행위나 다름 없다. 아도니야가 다윗의 재가도 없이 스스로 왕이 되고자 한 것은 그의 행위가 반역이었다는 뚜렷한 증거이다. 아마도 아도니야는 다윗이 늙어 노쇠한 것을 알고 그 틈을 노려 왕이 되고자 하였을 것이다. 무엇보다도 아도니야가 솔로몬이 하나님의 특별한 사랑을 입은 자란 사실을 알고도 솔로몬에 대해 적대감을 품었다면 – 정황으로 미루어 상당히 개연성이 있는 추측이다 – 그의 행위는 하나님께 대한 반역이 된다. 하나님의 선지자인 나단을 적대시 한 것도 그가 하나님을 두려워하지 않았다는 사실을 잘 나타낸다.

3) 나단과 밧세바의 개입(1:11-31)

---

38) 역대기 기자는 솔로몬이 태어나기도 전에 하나님께서 다윗에게 그가 태어날 것과 그가 성전을 지을 일까지 알려주셨다고 전한다. 또한 역대기 기자는 솔로몬이란 이름까지도 하나님께서 직접 지어주신 것이라고 밝힌다(대상 22:9-10).

아도니아의 움직임이 심상치 않다는 사실을 알아차린 것은 선지자 나단이었다. 나단은 밧세바와 더불어 다윗 왕에게 간언한다. 우선 밧세바는 다윗에게 그가 솔로몬을 후계자로 삼을 것이라고 '여호와를 가리켜 맹세한' 일을 상기시킨다(1:17). 그런 다음 "이제 아도니야가 왕이 되었어도 내 주 왕은 알지 못하시나이다"라며 현재의 어처구니 없는 상황을 이야기 한다. 그러니까 밧세바는 다윗이 아도니아의 하는 일을 방치하면 결국 여호와의 이름으로 한 맹세를 깨는 것이 된다고 말하고 있다.

여호와의 이름으로 한 맹세는 이유여하를 막론하고 지켜져야 한다. 특히 왕의 경우 더더욱 그러하다. 구약 이스라엘에서 왕은 하나님을 경외하는 것을 최고의 통치 이념으로 삼아야 했다. 이를 통해 하나님이 의도하신 왕국이 건설될 수 있기 때문이다. 이런 관점에서 보면 왕이 여호와의 이름으로 한 맹세를 깨는 것은 심각한 문제라고 아니할 수 없다. 사울은 여호와의 이름으로 한 맹세를 깨고 기브온 족속을 공격하였기에 가정적으로나 국가적으로 큰 재난을 불러왔다(삼하 21:1). 만일 다윗이 후계자를 결정하는 중대한 문제에서 여호와의 이름으로 한 맹세를 깨었다면 이는 다윗 왕가나 왕국 전체에 큰 재앙을 몰고 올 일이 될 수밖에 없다.

밧세바가 말하고 있는 동안 나단이 들어와 거든다. 그는 아도니야의 행위를 한층 더 심각하게 묘사한다: "저가 오늘 내려가서 수소와 살찐 송아지와 양을 많이 잡고 왕의 모든 아들과 군대장관들과 제사장 아비아달을 청하였는데 저희가 아도니야 앞에서 먹고 마시며 아도니야 왕 만세를 불렀나이다"(25절). 이어서 나단은 이 모든 일이 왕의 지시에 의한 것이라면 왜 선지자인 자신과 상의하지 않았는지를 따져 묻는다. 사실 이스라엘의 왕권은 선지적 장치의 감독하에 시행되어야 했다. 왕이 하나님의 말씀을 대언하는 기관인 선지자의 감독을 받지 않으면 하나님의 대리통치자로서 자기 본연의 임무를 수행할 수가 없다. 그런 까닭에 이스라엘에 왕정이 세워지면서 선지적 장치가 함께 활성화되기 시작했던 것이다.

이런 사실을 고려하면 다윗이 후계자를 세우는 일을 함에 있어 선지자 나단과 상의하지 않았다는 것은 있을 수 없는 일이다. 따지고 보면 다윗 자신도 선지자 사무엘에 의해 왕으로 세움을 입은 것이 아닌가? 이런 맥락에서 보자면 새로 세워질 왕이 통치자로서의 정통성을 인정받기 위해서라도 반드시 선지자의 개입이 있었어야 한다. 선지자와 무관하게 누군가 왕이 세워진다면 그것은 하나님이 세우신 왕권이라고 보기 어렵다. 신정국가의 왕으로서 다윗은 이것을 너무도 잘 알고 있었을 것이다. 그러기에 다윗은 밧세바와 선지자 나단의 말을 듣자 바로 솔로몬을 왕으로 삼겠다는 자신의 맹세를 실행에 옮겼다.

어떤 주석가들은 열왕기상 1장에서 나단이 거짓을 꾸며 노쇠한 왕을 기만하는 것으로 묘사된다고 본다. 이들의 주장에 따르면 다윗은 솔로몬을 후계자로 삼으리라는 맹세를 한 적이 없고, 다윗이 했다고 하는 맹세는 실상 나단이 자신의 정치적 목적을 이루기 위해 "꾸며낸 속임수"(an act of deliberate deception)에 불과하다고 한다 (Gunn 1975:31).[39] 그들은 다윗이 너무 늙어 기력이 쇠하고 사려분별을 할 수 없는 상태에 있었기에 나단은 밧세바와 더불어 작당을 꾸며 왕권을 찬탈하려 했다고 본다. 이들이 이렇게 주장하는 이유는 크게 세 가지이다. 첫째, 본문에서 다윗은 매우 노쇠한 자로 묘사

---

39) 같은 주장을 브루그만의 글에서도 찾아볼 수 있다(Brueggemann 2000:14).

된다. 둘째, 본문은 나단이 다윗에게 과거의 맹세를 상기시키기보다 그것에 대한 생각을 불어넣는다는 인상을 준다. 셋째, 본문과 구약의 다른 곳에서 다윗이 왕위계승과 관련하여 한 맹세의 구체적인 증거를 찾을 수 없다.

그러나 이 주장들은 다음과 같이 반박될 수 있다. 첫째, 열왕기상 1-2장에서 다윗이 육체적으로는 노쇠한 자로 묘사되는 것이 사실이지만 정신적으로는 그렇지 않다. 다윗이 위기상황(아도니야의 반역)에서 매우 신속하게 적절한 조치를 취한 사실(1:32-37)과 임종이 임박하자 솔로몬에게 하나님 앞에서 그리고 정치적으로 매우 중요한 일들을 유언으로 당부한 사실(2:1-9)에서 이를 알 수 있다. 둘째, 나단이 다윗의 마음을 움직이기 위해 각본을 꾸민 것은 불순한 의도에서가 아니라 당시의 긴박한 상황에서 비롯된 것이다.[40] 셋째, 침묵에 의한 논증은 효과적인 논증방식이 아니다. 증거의 부재가 부재에 대한 증거가 될 수 없기 때문이다. 또한 다윗이 처음부터 솔로몬을 후계자로 삼을 생각을 했을 것이란 증거가 없지 않다. 솔로몬이 태어났을 때 하나님은 선지자 나단을 다윗에게 보내어 그의 이름을 '여디디야'로 짓게 하시고 그를 특별히 사랑하신다는 뜻을 나타내신 적이 있다(삼하 12:25). 이 사건을 계기로 다윗이 밧세바에게 솔로몬을 후계자로 삼겠노라고 말하였을 것이라는 추측이 얼마든지 가능하다 (cf. Ahlström 1961:123).

---

40) 아도니야가 반역을 꾀하고 있었지만 밧세바와 다윗은 아무 것도 모른 체 지내고 있었다. 이런 상황이라면 누구라도 앞장서서 방책을 강구하지 않을 수 없었을 것이다. 더욱 중요한 것은 나단이 다윗과 단독으로 면담한 내용이다. 여기서 나단은 다윗이 한 맹세에 대해 아무런 언급도 하지 않는다. 그가 맹세에 대해 다윗의 생각을 조종하려 했다면 왜 이 기회를 활용하지 않았겠는가?

4) 솔로몬의 등극(1:32-53)

밧세바와 나단으로부터 뜻밖의 소식을 듣고 사태의 심각성을 인식한 다윗은 곧바로 결단을 내린다. 다윗은 제사장 사독과 선지자 나단, 그리고 여호야다의 아들 브나야를 부르고 그들에게 왕의 신하들과 더불어 솔로몬을 자신의 노새에 태어 기혼으로 인도하여 내려가라고 명한다(32-33절).[41] 솔로몬으로 하여금 왕의 노새를 타도록 한 것은 왕권의 정통성과 권위를 부여하는 행위라고 할 수 있다. 또한 기혼으로 가게 한 것은 이곳이 에느로겔과 마찬가지로 샘물이 있었던 관계로 사람들이 모이기에 용이한 장소였기 때문일 것이다(Patterson & Austel 2009:646-647).

마침내 솔로몬은 기혼에서 기름부음을 받아 이스라엘의 왕으로 세워졌다. 솔로몬이 다윗의 명에 따라 제사장 사독과 선지자 나단에게서 기름부음을 받았다는 것은 그가 왕으로서의 정통성을 얻게 되었다는 것을 의미한다. 특히 솔로몬이 선지자에 의해 기름부음을 받았다는 사실이 중요하다. 그것은 그가 하나님의 뜻에 따라 왕이 되었음을 단적으로 입증해준다. 다윗도 선지자 사무엘의 기름부음으로 왕이 되었지 않은가? 솔로몬은 선지자의 기름부음으로 인해 합법적인 왕이 되었을 뿐만 아니라 하나님과 특별한 관계에 있는 메시아의 위치에 놓이게 되었다.[42]

---

41) 구약 이스라엘에서는 노새와 같은 잡종을 만드는 일이 율법으로 금지되어 있었다(레 19:19). 따라서 노새를 타기 위해서는 수입에 의존해야 했을 것이며, 이러한 상황은 자연히 왕과 같은 높은 신분의 사람들만 이 동물을 사용할 수 있도록 만들었을 것이다(DeVries 1985:16).

42) 기름부음에 대해서는 김진수, 『우리에게 왕을 주소서』(수원: 합신대학원출판부, 2011), 128-130, 169-172를 참조하라.

솔로몬이 왕이 되었다는 소식은 신속하게 아도니야에게 전해졌
다. 아도니야가 있던 에느로겔은 솔로몬이 기름부음을 받은 기혼으
로부터 불과 650 미터 정도밖에 떨어지지 않았다. 이는 솔로몬 진영
에서 들려오는 소리를 듣고도 남을 거리이다. 더군다나 수많은 백성
들이 땅이 갈라질 정도의 큰 소리로 솔로몬의 등극을 환호했다고 한
다(1:40). 아도니야가 이 소리를 듣고 어리둥절하여 있을 때 제사
장 아비아달의 아들 요나단이 와서 자세한 소식을 전하였다. 그가 전
한 소식은 충격적인 것이었다. 솔로몬이 다윗의 뜻에 따라 왕으로 세
워졌다는 것이다. 요나단은 솔로몬이 "그렛 사람과 블렛 사람"의[43]
호위를 받으며 기혼으로 가 제사장 사독과 선지자 나단으로부터 기
름부음을 받은 사실과, 백성들이 그것으로 인해 환호한 사실과, 신
하들이 다윗 왕에게 나아와 축하의 메시지를 전한 사실을 소상하게
전하였다.

이 소식을 들은 아도니야는 모든 것이 끝났다고 생각하고 맥이 풀
렸을 것이다. 반역을 도모하는 중이었기에 여세를 몰아 상대와 힘의
대결을 벌여볼 수도 있었겠지만 그것은 누가 보아도 무모한 일이었
다. 다윗이 솔로몬의 왕위계승을 공식화하였고, 백성들이 솔로몬의
등극을 환호하고 있는 상황에서 무엇을 어떻게 더 할 수 있었겠는가?
더군다나 다윗의 엘리트 부대 그렛 사람과 블렛 사람이 솔로몬을 호
위하고 있었다. 이런 상황에서 아도니야가 할 수 있는 일이란 아무 것
도 없었다. 그랬기에 아도니야와 함께한 모든 사람들은 저마다 두려
움에 사로잡혀 흩어졌다.

---

43) "그렛 사람과 블렛 사람"은 "그레데 사람과 블레셋 사람"(Cretans and
Philistines)을 가리키는 듯하다. 이들은 이방인 용병들로서 다윗의 친위부대였
다(cf. Bright 20004:205; Miller & Hayes 2006:177-178).

아도니야에게 남은 것은 솔로몬으로부터 관대한 처분을 바라는 길 뿐
이었다. 마침내 그는 성소의 제단 뿔을 잡고 솔로몬에게 목숨을 구걸
하기에 이른다. 솔로몬은 "저의 가운데 악한 것이 보이면 죽으리라"
는 조건을 달고 살려준다. 솔로몬의 이런 조치는 신중한 것이라고 보
아야 한다. 아도니야와 같이 허영심이 많고 권력욕이 강한 사람을 쉽
게 풀어준다면 순진함을 넘어 경솔하다고 해야 할 것이다. 더군다나
아도니야는 반역을 시도하기까지 한 인물이 아닌가? 혹자는 솔로몬의
위협이 지나친 것이 아니냐고 반문할지도 모른다. 그러나 역모를 꾀
한 자를 당장 극형에 처하지 않은 것만으로도 관대하다고 해야 할 것
이다.

5) 다윗의 유언과 죽음(2:1-12)

솔로몬이 왕으로 등극한 후 얼마의 시간이 지나자 다윗의 임종이 가
까웠다. 이에 다윗은 솔로몬에게 유언을 남긴다. 유언은 크게 두 가
지이다. 하나는 "여호와의 명을 지켜 그 길로 행하여 그 법률과 계
명과 율례와 증거를 모세의 율법에 기록한대로 지키라"는 것이며,[44]
다른 하나는 정적들(요압과 시므이)을 처리하고 공신들(길르앗 바르
실래의 아들들)을 대우하는 문제이다. 요압에 대하여 다윗은 그가

---

44) 여기서 다윗은 왕위의 존속여부가 율법에 대한 왕의 태도에 달려있다고 말
　　한다. 이것은 다윗에게 영원한 왕권을 약속하고 있는 사무엘하 7장의 내
　　용과 상반되는 것처럼 보인다. 그곳에서 하나님은 다윗의 위가 "영원히 견
　　고하리라"고 하셨다(삼하 7:16). 그러나 카일이 말한 것처럼 사무엘하 7장
　　은 다윗 계열의 왕이 중단 없이 연속된다는 의미라기 보다 그의 왕권이 완
　　전히 근절되지 않고 그리스도 안에서 영원히 존속할 것이라는 의미이다(Keil
　　1865:23).

이전에 아브넬과 아마사를 죽인 일을 언급하며 "그의 백발이 평안히 스올에 내려가지 못하게 하라"고 하였고, 시므이와 관련하여서는 한 때 그가 압살롬을 피해 도망하던 자신을 저주한 일을 언급하며 "그의 백발이 피 가운데 스올에 내려가게 하라"고 명한다. 정치적 보복을 연상케 하는 이 두 가지 진술 사이에 길르앗 바르실래의 아들들이 압살롬의 난 때 다윗을 도운 일을 상기시키며 그들을 선대할 것을 당부한다.

얼핏 보면 이 유언에는 당혹스러운 면이 없지 않다. 하나님의 말씀을 지켜 행하라는 명령과 함께 무서운 보복의 명령이 어떻게 함께 주어질 수 있을까? 이런 문제로 인해 본문에 묘사된 다윗의 모습을 부정적으로 보는 학자들이 있다.[45] 그들에 따르면 솔로몬에게 복수를 당부하는 다윗의 태도는 올바르지 않은 것이다. 프로방(I. W. Provan)은 다윗이 바르실래 못지 않게 자신에게 충성한 인물인 요압을 제거하라고 한 것은 부당하다고 본다(Provan 1995:109-111). 존슨(J. A. Johnson)은 다윗이 시므이에 대해 말 바꾸기를 시도하였다고 비판한다(Johnson 2005:110). 과거 다윗은 시므이를 아무런 조건 없이 용서해주었는데(삼하 19:23), 여기서는 "칼로 죽이지 않겠다"고 말했다고 함으로써 교묘하게 자신의 말을 바꾸고 있다는 것이다. 즉 교묘한 말 바꾸기(무조건 → 칼로는)를 통해 시므이를 죽일 수 있는 방책 -"방법만 달리하면 얼마든지 시므이를 죽일 수 있다!" - 을 꾸몄다는 말이다. 심지어 다윗의 유언이 솔로몬의 유혈숙청을 정당화하기 위한 후대의 편집으로 여기는 이들도 있다(Seibert 2006:135; Würthwein 1994:38).

---

45) 이에 대한 보다 자세한 소개는 졸고, '열왕기상 1-2장에 나타난 솔로몬의 왕위계승에 대한 연구,' 신학정론 제30권 1호 (2012/6), 28-31에서 볼 수 있다.

그러나 다윗의 유언이 후대에 이루어진 편집의 산물이란 관점은 문제를 해결하기보다 더 복잡하게 만든다. 아들(솔로몬)의 행위를 정당화하기 위해 아버지(다윗)의 이미지에 손상을 가하는 내용을 첨가했다고 보는 것은 여러 모로 이치에 맞지 않아 보인다. 그렇다면 요압과 시므이에 대한 다윗의 숙청명령을 어떻게 평가해야 하는가? 요압이 다윗에게 바친 충성을 고려할 때(삼하 12:26-31; 24:3), 그리고 다윗이 시므이에게 했던 옛 맹세를 염두에 둘 때(삼하 19:16-23), 그것은 과연 부당하다고 보는 것이 옳지 않은가? 그러나 다윗의 유언을 그 역사적 배경 속에서 살펴보면 그렇지 않다는 사실을 알 수 있다.

먼저 요압의 경우를 생각해보자. 다윗의 말대로 요압은 태평 시대에 전쟁의 피를 흘린 자이다. 그는 다윗과 더불어 화평을 맺으러 온 아브넬을 야비한 속임수로 잔인하게 살해하였다(삼하 3:26-27). 요압의 입장을 백 번 이해하여 이를 동생 아사헬의 죽음(아사헬은 아브넬의 손에 죽었다, 삼하 2:23)에 대한 복수라고 치자. 그럼에도 불구하고 그의 행위는 정당화될 수 없다. 왜냐하면 아브넬이 아사헬을 죽인 것은 어디까지나 전쟁의 상황에서 벌어진 부득이한 일이었기 때문이다. 전쟁의 교전상황에서 있었던 일을 가지고 평화의 때에 협상을 위해 온 자를 보복한다는 것이 도무지 말이 되는 일인가? 더군다나 당시 아브넬은 다윗과 나라의 통일이란 중대한 문제를 놓고 협상을 진행하던 중이었다. 그런 상황을 고려하면 요압의 행위는 왕께 대한 항명이자 반역에 해당하는 일이라고 할 수밖에 없다.

그렇다면 요압이 아마사에게 한 일은 어떤가? 아마사는 원래 압삽롬의 군대 지휘관이었으나, 압살롬의 난이 평정된 후 요압을 대신하여 군대 지휘관이 되었던 인물이다(삼하 17:25; 19:13). 다윗이 요

압 대신 아마사를 등용한 것은 두 가지 이유 때문이었던 것으로 추정
된다. 요압이 다윗의 당부에도 불구하고 압살롬을 죽였다는 것이 첫
째 이유이고, 아마사를 등용하는 것이 분열된 나라의 화합을 위해 필
요한 일이었다는 것이 둘째 이유이다. 그런데 후에 세바가 난을 일으
키자 요압은 이 때를 이용하여 아마사를 제거하고 군대 지휘관의 자
리를 되찾는다. 당시의 상황을 소개하는 사무엘하 20장을 읽어보면
요압의 행위가 매우 자의적이고, 야비하며, 잔인하다는 인상을 지울
수 없다. 아마사에게 미심쩍은 요소가 없는 것은 아니다. 그러나 그
미심쩍은 요소라는 것이 기껏해야 정해진 시간 안에 군사들을 모으지
못했다는 것뿐이다. 그럼에도 불구하고 요압은 왕의 재가도 없는 상
태에서 독단적으로 아마사를 속임수로 잔인하게 살해한다.

　　위에서 살펴본 대로 적어도 아브넬과 아마사에 대한 요압의 행위
는 무도하고, 독단적이며, 잔인하기 이를 데 없는 것이었다. 그것은
분명 천인공노할 악행이자 정죄 받아 마땅한 범죄행위이다. 그러므로
다윗이 요압에 대하여 한 말 ―"그가 그들을 죽여 태평 시대에 전쟁의
피를 흘리고 전쟁의 피를 자기의 허리에 띤 띠와 발에 신은 신에 묻혔
으니"(왕상 2:5절하) ― 은 전혀 과장된 것이 아니다. 사실상 요압은
아브넬과 아마사를 죽임으로써 무죄한 피를 흘린 죄를 지었다고 할
수 있다. 다윗의 말에 자주 언급되는 "피"가 이를 암시한다. 결국 아
브넬과 아마사의 "핏소리"가 땅에서부터 요압에 대하여 보응을 호소
하고 있었으며(창 4:10), 요압은 피의 복수(blood vengeance) 제
도가 요구하는 저주아래 있었다(민 35장).[46)]

---

46) 민수기 35장은 억울하게 죽은 자의 가까운 친척이 죽은 자를 대신하여 '피의 복
　　수'를 할 수 있도록 규정하는 율법을 담고 있다.

이 경우 요압의 죄가 정당하게 다루어지지 않으면 다윗 왕가 자체가 요압의 피 흘린 죄에 연루되는 결과를 피할 수 없다(민 35:33-34; 신 21:1-9). 요압은 다윗 왕국의 핵심인물이었고, 다윗은 왕으로서 요압의 행위를 공의로 심판해야 할 책임이 있었기 때문이다. 이런 관점에서 보면 다윗이 솔로몬에게 요압의 제거를 당부한 것은 단순한 정치적 숙청이 아니라 나라를 율법이 요구하는 공의의 터 위에 세우고자 하는 의도에서 나온 것이었다고 할 수 있다. 요압에 대한 다윗의 명령이 율법순종에 대한 권면을 배경으로 주어지고 있다는 점 또한 이를 뒷받침해준다.

이제 시므이에 대한 다윗의 명령을 생각할 차례이다. 시므이는 베냐민 지파에 속한 사람으로서 다윗이 압살롬의 난을 피해 도망할 때 악한 말로 다윗을 저주했던 인물이다(삼하 16:5-8). 후에 압살롬의 난이 평정되자 그는 신속히 다윗에게 나아와 자신의 잘못을 뉘우치고 다윗으로부터 용서를 받아내기도 하였다(삼하 19:16-23). 그러나 정황상 그가 자신의 잘못을 진심으로 뉘우쳤다고 보기는 힘들다. 그의 뉘우치는 듯한 태도는 불리해진 상황에서 목숨을 건지기 위한 궁여지책이었다고 보는 것이 옳다. 그럼에도 불구하고 다윗은 그의 잘못을 너그러이 용서해 주었으며, 그것을 보증하기 위해 맹세까지 하였다. 다윗의 이런 모습은 지나치게 단순하고 심지어 경솔해 보이기까지 한다.

그러나 왕자의 난이 가까스로 평정되고 모처럼 백성들의 환영 가운데 예루살렘으로 귀환하는 상황에서 누군가에게 엄벌을 내리기란 쉽지 않았을 것이다. 더군다나 시므이는 자신의 친족인 베냐민 사람 천 명과 함께 한 상태였다(삼하 19:16, 17). 이런 상황에서 다윗이 시므이를 처단하였더라면 정치적으로 걷잡을 수 없는 사태가 일어났을 수도 있었다. 얼마 후 역시 베냐민 사람이었던 비그리의 아들 세바가 일으킨 반란이 비교적 쉽게 진압될 수 있었던 것도 다윗이 시므이에게 내린 관대한 처분과 무관하지 않다는 생각이 든다. 그러므로 당시 다윗이 시므이를 용서한 것은 정치적으로 매우 현명한 판단이었다고 볼 수밖에 없다.

비록 시므이를 용서한 다윗의 판단이 옳았다 하더라도 시므이에게 죄가 없어지는 것은 아니다. 그는 여호와의 기름부음을 받은 왕을 저주한 죄에 연루된 자이며, 재판장을 모독하지 말고 백성의 지도자를 저주하지 말라는 율법을 어긴 자이다(출 22:28). 다윗이 솔로몬에게 "그를 무죄한 자로 여기지 말지어다"(왕상 2:9절상)라고 한 것은 이것을 염두에 둔 것이 분명하다. 더군다나 시므이의 뉘우치는 듯한 태도가 - 정황으로 미루어 짐작할 수 있듯이 - 임기응변 식의 처세였다면 문제는 더욱 심각하다. 특별한 변화/조치가 없을 경우 시므이는 다윗 왕가에게 계속해서 잠재적인 위협으로 존재할 것이 뻔하다. 이는 솔로몬의 왕위가 정의롭게 견고히 세워지기 위해서는 시므이의 죄가 적절히 다루어지지 않으면 안 된다는 것을 의미한다. 시므이에 대한 다윗의 유언은 이런 숙고에서 나온 것으로 보아야 한다.

따라서 율법을 지키라는 명에 이어 요압과 시므이를 심판하라는 지시가 주어진 것은 지극히 당연한 것이다. 그 둘은 모순되지 않는다. 죄인들을 각자의 죄에 따라 심판하는 것은 율법이 요구하는 정의의 원리에 어긋나지 않는다. 왕이 율법에 따라 정의롭게 판결할 때 나라가 견고해지는 것은 당연한 이치이다. 다윗은 솔로몬에게 요압과 시므이를 심판하라는 명령과 함께 길르앗 사람 바르실래의 아들들을 선대하라는 부탁을 한다. 바르실래는 압살롬이 난을 일으켰을 때 다윗을 도왔던 인물로서 다윗에게는 충성된 신하이자 은인이기도 했다

(삼하 17:27-29). 다윗은 이 사람의 일을 잊지 않고 솔로몬에게 그의 아들들을 선대하기를 당부하였다.

이처럼 다윗은 유언을 남기면서 어느 한편으로 치우치지 않는다. 그는 악인들을 심판하라고 하면서도 충성된 사람들에 대한 배려를 잊지 않는다. 어쩌면 다윗은 악인들에 대한 심판 보다 충성된 사람들에 대한 배려를 더 중요하게 생각하였는지도 모른다. 이는 악인들에 대한 심판을 명령하는 말 한 가운데 충성된 사람들을 위한 배려의 말이 나타나는 것에서 읽어낼 수 있는 바이기도 하다. 다음은 다윗의 유언에 나타나는 구조적 특징을 도식화한 것이다:

A 요압에 대한 심판의 말(왕상 2:5-6)
   B **바르실래의 아들들에 대한 배려의 말**(왕상 2:7)
A‘ 시므이에 대한 심판의 말(왕상 2:8-9)

이 도식에서 나타나는 구성상의 특징은 다윗의 유언이 매우 신중하고, 균형이 잘 잡혀 있으며, 충성된 자에게 초점을 맞춘다는 점을 잘 보여준다. 그런 만큼 요압과 시므이에 대한 다윗의 명령은 더욱 정당한 것으로 독자들에게 다가온다.

여기서 본문을 사무엘하 23:1-7과 비교하는 것이 유익하다(김진수 2012:15-20). 후자는 "다윗의 마지막 말"(דִּבְרֵי דָוִד הָאַחֲרֹנִים)을 담고 있기에 다윗이 임종에 임박하여 한 말인 본문의 내용과 비교할 만하다. 두 본문을 비교해보면 두 본문은 구조면에서 놀라운 유사성을 보인다. 두 본문은 모두 세 부분으로 이루어진다: 도입부(삼하 23:1-2; 왕상 2:1), 왕직을 성공적으로 수행하는 길(삼하 23:3-5; 왕상 2:2-4), 왕국에 걸림돌/도움이 되는 자(삼하 23:6-7; 왕상 2:5-

9). 둘째 부분("왕직을 성공적으로 수행하는 길")에서 두 본문은 모두 정의로운 통치가 왕직의 성공적인 수행에 본질적인 것이라고 밝힌다. 셋째 부분에서 사무엘서의 본문은 왕권/왕국에 걸림돌이 되는 "사악한 자"(בְּלִיַּעַל)에 대해 언급하며, 열왕기의 본문은 실제로 악을 행했던 자들의 이름(요압, 시므이)을 구체적으로 언급한다.

이런 비교를 통해 드러나는 것은 열왕기에 등장하는 요압과 시므이가 사무엘서가 이야기하는 바로 그 "사악한 자"에 해당한다는 것이다. 더욱 더 중요한 것은 사무엘서의 본문이 다윗의 유언을 성령의 감동에 의한 것으로 소개한다는 사실이다. 사무엘하 23장 2절에서 다윗은 "여호와의 영이 나를 통해 말씀하시며 그의 말씀이 내 혀에 있도다"라고 말한다. 이는 "사악한 자"에 대한 다윗의 유언이 사적인 것으로 그치지 않고 하나님께서 다윗의 입을 빌어 하시는 말씀으로서 무게를 갖는다는 것을 의미한다. 이렇게 보면 요압과 시므이를 벌하라는 다윗의 말은 그들에 대한 그의 개인적인 복수의 감정에서 나온 것이 아니라 "사악한 자"에 대한 하나님의 뜻을 나타내는 "계시"라는 사실을 알 수 있다.

다윗의 유언에 대해 한 가지 더 생각해야 할 것이 있다. 다윗은 솔로몬에게 유언을 남기면서 "강하여라, 남자가 되어라"(2절)는 말과 함께 "모세의 율법에 기록된 대로 지키라"(3절)고 명한다. 이는 모세의 후계자 여호수아에게 주어진 하나님의 말씀에도 나타나는 내용이다. 여호수아 1장에서 하나님은 여호수아에게 강하고 담대할 것과 율법을 지켜 행할 것을 명하신다. 하나님은 또한 모세에게 여호수아를 강하게 하고 담대하게 하라고 말씀하시기도 했다(신 1:38; 3:28). 이 말씀에 따라 모세는 "너는 강하고 담대하라"고 하며 여호수아를 격려하였다(신 31:7). 이런 맥락에서 보면 다윗은 과거 모세가 여호수아에게 그랬던 것처럼 솔로몬을 격려하고 있음을 알 수 있다. 말하자면 다윗은 제 2의 모세로서 제 2의 여호수아인 솔로몬에게 유언을 남기고 있다. 이런 이해는 독자들로 하여금 다윗-솔로몬의 역사에서 모세-여호수아의 역사가 이어지고 있다는 관점을 갖게 해준다. 하나님의 역사는 단절되지 않는다. 그것은 최종목적에 도달할 때까지 계속 이어진다.

솔로몬이 왕으로 등극하면 과거 여호수아에게 필요했던 것이 그에게도 절실해진다. 무엇보다도 그는 정의롭게 통치하여 나라를 견고한 반석 위에 올려 놓아야 한다. 뿐만 아니라 그는 아버지 시대에 이루어지지 못했던 성전건축을 해야 했다. 이 일을 성공적으로 수행함으로써 출애굽(모세), 정복전쟁(여호수아), 그리고 왕국건설(다윗)이 그 의도된 목표지점에 이를 수 있게 된다. 따라서 솔로몬은 율법을 지키는 가운데 강하여야 한다. 그가 율법에서 떠나 좌로나 우로 치우치지 않을 때만 그에게 주어진 시대적 사명을 성공적으로 감당할 수 있다. 이것은 사도들의 뒤를 이어 복음전도의 사명을 맡은 새 언약의 일꾼들에게도 해당되는 중요한 내용이다. 바울 사도는 믿음 안에서 강하게 되는 것과(고전 16:13), 그리스도 예수 안에 있는 은혜 속에서 강하게 되는 것(딤후 2:1)을 말하였다.

유언이 있고 난 다음 다윗은 죽어 다윗의 성(시온산성)에 장사되었다(왕상 2:10). 이로써 그리스도 이전 가장 위대한 왕의 시대가 끝나고 그 아들 솔로몬 시대가 열렸다. 열왕기 사가는 "솔로몬이 그 아비 다윗의 위에 앉으니 그 나라가 심히 견고하니라"(왕상 2:12)고 한다.

6) 솔로몬왕권의 견고화(2:13-46) [47]

솔로몬은 왕으로 등극하고 난 다음 다윗의 유언을 실행에 옮기는 한편 자신의 이복 형이자 왕권의 경쟁자였던 아도니야를 처형한다. 앞에서 소개한 것처럼 이 처형은 동서고금을 막론하고 권력승계과정에서 흔히 있어왔던 냉혹한 피의 숙청처럼 보이기에 비평가들 사이에 많은 논란이 되어왔다. 따라서 여기서는 이들 처형사건들을 하나씩 살펴보고자 한다.

먼저 살펴보고자 하는 것은 아도니야의 처형이다. 아도니야는 왕이 되기 위해 반역을 꾀하다가 솔로몬의 관대한 처분으로 생명을 보존할 수 있었던 인물이다(왕상 1:50-53 참조). 그런데 얼마 후 그가 밧세바를 찾아가 수넴 여자 아비삭을 아내로 얻을 수 있도록 솔로몬을 설득해달라는 부탁을 한다. 밧세바는 이 부탁을 받고 솔로몬을 설득하려 하지만 솔로몬은 아도니야의 요구를 반역으로 간주하고 그를 처형하기에 이른다. 솔로몬의 이런 판단과 결정을 어떻게 이해해야 할까? 구약에서 왕의 여인을 취하는 것은 곧 반역으로 간주되는 것이었기에 솔로몬의 판단은 타당해 보인다(삼하 3:7; 16:21-23).

그러나 여러 비평가들은 1) 수넴 여인을 다윗의 하렘으로 볼 수 없으며, 2) 아도니야가 밧세바에게 중재를 청하였고 밧세바는 그의 요구에 응하였으며, 3) 아도니야가 솔로몬이 왕이 된 것을 하나님의 뜻으로 인정하고 있기에(왕상 2:15절하) 그의 행위를 반역으로 간주할 수 없으며 다만 솔로몬이 그것을 자신에게 불편한 존재를 제거할 기회로 삼았을 뿐이라고 주장한다.

그러나 아도니야가 밧세바에게 한 말을 보면 그에게 왕권에 대한

---

47) 이 단락은 졸고, '열왕기상 1-2장에 나타난 솔로몬의 왕위계승에 대한 연구,' 신학정론 제 30권 1호 (2012.6), 31-36을 일부 수정하여 옮긴 것이다.

욕심을 다 버렸다고 보기 힘든 요소들이 있다. 그는 "왕권은 나의 것이었고 온 이스라엘이 내가 왕이 되기를 기대하였지만 왕권이 돌이켜 내 아우의 것이 되었다"(왕상 2:15)고 함으로써 왕권을 빼앗긴 것에 대한 아쉬움을 표현하고 있다. 가장 문제가 되는 것은 그가 왜 수넴 여인 아비삭을 아내로 얻고자 했는가 하는 것이다. 아비삭이 비록 다윗과 성적인 관계를 맺은 것은 아니지만 그럼에도 불구하고 그녀는 다윗의 품에 누웠던 마지막 여인으로 상징적인 위치에 있는 인물이었다(왕상 1:1-4). 아도니야가 그런 여인을 아내로 얻고자 한 의도가 무엇이었겠는가? 그는 얼마 전까지만 하더라도 왕이 되기 위해 온갖 수단과 방안을 다 강구하였던 인물이 아니던가?

비록 아도니야가 솔로몬을 왕으로 인정하며 그에게 허락을 구한 것이 사실이지만 그의 태도를 순수한 것으로 여기는 것은 권력을 향한 인간의 야심이 지닌 이중적 속성을 간과하는 순진한 태도가 아니겠는가? 아도니야는 솔로몬이 어머니의 요구는 거절하지 못하리란 치밀한 계산 하에 밧세바에게 접근하였는지도 모른다. 그렇다면 밧세바가 아도니야의 요구에 순순히 응한 이유는 무엇일까? 혹시 밧세바는 아도니야의 숨은 의도를 알고 솔로몬에게 그것을 알리려 했던 것은 아닐까? 그러나 "작은 일을 구하니 들어 달라"며 아도니야의 청을 전달하는 그녀의 간곡한 태도에서 이중적인 인상이란 찾아보기 힘들다(왕상 2:20). 아마도 밧세바는 동정심이 많고 사람들의 말을 쉽게 믿는 단순한 성격의 소유자였을 가능성이 크다. 아무튼 아도니야의 숨은 의도는 솔로몬의 눈을 피하지 못하고 죽음으로써 대가를 치러야 했다. 그의 시도는 명백히 왕권에 대한 도전이자 솔로몬을 왕으로 택한 하나님의 뜻에 대한 반역이었기 때문이다(왕상 2:23-24).[48]

아도니야를 처형한 후 솔로몬은 아비아달을 제사장의 직분에서 파
직하고 고향(아나돗)으로 귀향 보낸다. 내레이터는 이를 통해 과거 실
로의 제사장이었던 엘리 집안에 대한 예언이 성취되었다고 함으로써
솔로몬의 조치가 하나님의 뜻에 따른 것임을 시사해준다(왕상 2:26-
27). 그런데 뒤이어 나오는 요압의 처형에는 이해하기 힘든 것이 있
다. 그의 죽음은 이미 다윗의 유언에서 예고되었고 그 이유가 충분히
설명되었다. 솔로몬 또한 요압의 처형이 단순히 개인적인 적대감의
차원이 아니라 정의의 문제(무죄한 피를 흘린 것에 대한 보응)라는 것
을 분명히 한다(왕상 2:31-33). 그럼에도 불구하고 독자들을 혼란
스럽게 만드는 것은 다름 아닌 요압의 처형방식이다. 요압이 처형당
한 곳이 다름 아닌 성소의 제단이었기 때문이다.

구약의 율법에 따르면 성소가 고의로 사람을 죽인 자에게 도피처
의 기능을 하는 것은 아니다(출 21:13-14). 구약율법은 고의로 사
람을 죽인 경우 살인자를 "제단에서 끌어내려" 형을 집행하라고 가르
친다(출 21:14절하). 브나야가 제단으로 피신한 요압을 선뜻 처형
하지 못한 것(왕상 2:30)도 이런 율법의 가르침과 무관하지 않을 것
이다. 후에 요아스 시대에 독재자 아달랴가 처형되는 경우를 보더라
도 성전에서 사람을 죽이는 일이 금기시 되었던 것을 알 수 있다(왕하
11:15). 솔로몬은 이런 율법전통을 벗어나 성소의 제단 안에서 요압
을 죽이도록 명하였다(왕상 2:31). 물론 요압이 제단에서 죽기를 원
했고 (비록 속마음은 달랐을지라도) 그의 죄가 심각한 것도 사실이었

---

48) 열왕기상 2장 23-24절은 솔로몬이 자신의 왕권을 하나님이 다윗에게 주신 약
  속 - "여호와가 너를 위하여 집을 짓고"(삼하 7:11) - 의 성취로 이해하고 있으
  며 아도니야의 행위를 그런 하나님의 뜻에 대한 도전으로 이해하고 있음을 보
  여준다(Waltke and Yu 2007:707-708).

지만, 성소의 제단에서 형을 집행하도록 한 솔로몬의 명령에는 지나친 면이 없지 않았다는 생각이 든다. 즉 솔로몬은 요압을 처형하는 과정에서 율법에 온전히 충실하지 못했다는 말이다.

시므이에 대한 조치는 어떠한가? 솔로몬은 다윗의 유언에 따라 매우 지혜롭게 시므이를 다룬다.[49] 우선 솔로몬은 시므이를 불러 예루살렘을 떠나지 말라고 하며 "기드론 시내를 건너는 날에는 반드시 죽으리라"고 하였다(왕상 2:36-37).[50] 그런데 삼 년 후 시므이는 블레셋 땅으로 도망친 두 종을 찾기 위해 예루살렘을 떠나게 되고 결국 이것이 화근이 되어 죽게 된다. 솔로몬은 시므이를 처형하는 과정에서 "내가 어찌하여 여호와를 두고 한 맹세와 내가 네게 이른 명령을 지키지 아니하였느냐"(왕상 2:43)고 함으로써 그의 죽음이 스스로의 책임임을 강조한다. 학자들 가운데는 시므이가 예루살렘을 떠났지만 기드론 시내를 건넌 것은 아니므로 솔로몬의 판결이 자의적이라고 비판하는 이들이 있다. 그러나 솔로몬은 분명 기드론 시내를 건너지 말라는 명령 외에도 예루살렘을 떠나 "어디든지" 가지 말라는 명령까지 했다(왕상 2:36). 그러므로 도망친 종을 찾는 일이었다고는 하나 무단으로 예루살렘을 떠난 것은 분명 왕의 명령을 소홀히 여기고 맹세를 어긴 일에 해당한다.

요컨대 솔로몬이 내린 일련의 조치들에서 크게 문제되는 일은 보이지 않는다. 아도니야는 밧세바까지 이용하여 권력을 잡으려 애쓰다

---

49) 이것은 아마도 시므이가 사울 집안과 베냐민 지파, 더 나아가 나머지 북쪽 지파들과 연결된 인물이었기 때문일 수도 있다(Konkel 1999:58; DeVries 1985:36).

50) 솔로몬이 이런 명령을 내린 것은 시므이가 베냐민 지파와의 접촉을 통해 세력을 형성하지 못하도록 하기 위한 것으로 풀이될 수도 있다(Waltke and Yu 2007:708; Noth 19832:37).

가 죽은 욕망의 희생자이며, 요압은 피의 복수가 요구하는 정의의 원리에 따라 심판을 받은 인물이다. 시므이 또한 왕의 명령을 소홀히 여기고 여호와로 한 맹세를 어김으로 죽게 되었다. 다만 요압을 처형하는 과정에서 율법이 정한 한계를 넘어가는 모습이 보인다는 것은 부인하기 어렵다. 또한 다윗의 공신 바르실래의 아들들에 대한 보상의 문제도 언급되지 않는다. 솔로몬의 통치초기에 엿보이는 이런 과오와 의혹은 후에 가시화될 그의 어두운 면을 미리 예측하게 해주는 것일 수도 있다. 그러나 전체적으로 솔로몬의 결정들은 그의 왕권을 견고히 하는 긍정적 결과를 가져온 것이 분명하다.

이것은 아도니야로부터 시작하여 시므이로 끝나는 심판의 이야기의 처음과 끝에 **그의 나라가** 심히 **견고하니라**(왕상 2:12절하), "이에 **나라가** 솔로몬의 손에 **견고하여지니라**"(왕상 2:46절하)와 같은 표현이 오는 것에서도 확인된다. 놀랍게도 이 표현은 오래 전 선지자 나단을 통해 다윗에게 주어졌던 하나님의 약속에 나오는 표현과 유사하다. 사무엘하 7장 12절에서 하나님은 다윗에게 "네 수한이 차서 네 조상들과 함께 누울 때에 내가 네 몸에서 날 네 씨를 네 뒤에 세워 **그의 나라를 견고하게 하리라**"고 말씀하셨다. 이 사실로부터 독자들은 다윗에게 주어진 약속이 솔로몬에게서 문자적으로 성취되었음을 알게 된다.

이제 일생 동안 여호와의 전쟁을 훌륭히 수행한 다윗의 시대가 지나가고 평화와 안식의 시대인 솔로몬의 통치가 시작되었다. 그러나 이런 평화의 시대가 잔혹하고도 무서운 피의 심판과 더불어 시작되었다는 사실에서 다시금 역사의 아이러니를 발견한다. 이는 죄와 불순종으로 하나님을 등진 세상에 하나님의 의로운 통치가 실현되는 일은 결코 평화로운 모습만을 할 수 없다는 의미로 우리에게 다가온다(마

10:34 참조). 또한 솔로몬이 정의를 세우고 왕권을 견고히 세우는 과정에서 조차 과오에서 완전히 자유롭지 못했다는 사실은 솔로몬 왕권이 가진 한계를 미리 보여주며, 우리로 하여금 모든 불의를 종식시키고 이 땅 위에 하나님의 통치를 온전히 실현시킬 참된 왕의 도래를 고대하게 만든다.

3. 솔로몬의 초기치세(3:1-28)

앞에서 솔로몬이 어떻게 왕위를 물려받았으며, 지혜롭게 정적들을 다스려 자신의 왕권을 견고하게 하였는가를 보았다. 이제는 솔로몬이 왕으로 등극한 후 어떻게 나라를 다스렸는지를 살펴볼 차례이다.

1) 어두운 그림자(3:1-3)

솔로몬의 후기통치는 세속화와 우상숭배로 특징지어진다. 그런데 그런 잘못된 발전의 성향은 이미 처음부터 솔로몬 왕권에 내재해 있었던 것 같다. 외교적으로 솔로몬은 바로 왕의 딸을 맞이하는 혼인정책을 통해 나라의 실리를 추구하고자 하였다.[51] 모세는 왕의 제도에 대해 말하면서 애굽과의 관계를 경계하였고, 왕이 아내를 많이 두지 말아야 한다고 하였다(신 17:16-17). 모세 율법의 관점에서 보면 솔로몬은 이미 통치초기부터 올바른 왕도에서 떠나고 있었다고 할 수 있다. 더욱이 열왕기 사가는 솔로몬이 산당에서 제사한 사실을 언급

---

51) 여기에 언급된 바로는 이집트 21왕조의 끝에서 두 번째 파라오였던 Siamun을 가리킨다(DeVries 1985:50).

한다. 이것은 아직 예루살렘 성전이 건축되지 않은 당시 상황을 고려하면 문제 삼을 필요가 없는 일이기도 하다. 그럼에도 불구하고 저자는 솔로몬이 산당에서 제사하고 분향한 것을 다소 부정적인 뉘앙스를 담아 소개한다: "솔로몬이 여호와를 사랑하고 그 부친 다윗의 법도를 행하되 오히려 산당에서 제사하며 분향하더라"(3:3).[52]

2) 기브온 산당에서의 제사(3:4-15)

내레이터는 솔로몬이 산당에서 제사하는 습관을 가졌다는 사실을 언급한 후 곧바로 그가 기브온 산당에 가서 제사 드린 일을 소개한다. 내레이터에 따르면 솔로몬이 기브온으로 간 이유는 그곳에 있는 산당이 컸기 때문이라고 한다(4절). 아마도 솔로몬은 그가 드리고자 하는 "큰 제사"(일천 번제) 때문에 "큰 장소"가 필요하다고 생각하였던 것 같다.[53]

"일천번제"가 정확히 어떤 형태로 드려졌는지는 알 수 없다. 아마도 솔로몬은 일천 마리의 번제물을 제사장들에게 제공하여 그들로 하여금 번제를 드리도록 하였을 것이다(Wiseman 1973: 84). 솔로몬이 일천 번제를 드렸다는 것은 하나님을 향한 그의 사랑과

---

52) 이 구절은 산당에 대한 솔로몬의 "장기적 헌신"(long-term commitment)의 태도를 가리키는 것으로 볼 수 있다(House 1995:109). '산당'을 뜻하는 히브리어 낱말('바마')은 본래 '등 또는 어깨'를 가리키며(신 33:29, …), 해부학적 용어로서 건축학적이고 지형학적인 맥락에 적용된 사례들 중의 하나에 해당한다. 따라서 '산당'은 산꼭대기 같이 높은 곳에 세워진 옥외 제의장소를 가리킨다"(Hamilton 2005:508).

53) 역대하 1장 5-6절에 따르면 솔로몬이 기브온으로 간 것은 그곳에 모세 시대에 만들어졌던 회막과 훌의 손자 브살렐이 만든 놋 제단이 있었기 때문이라고 한다.

헌신된 태도를 잘 보여준다. 그런 솔로몬에게 하나님은 밤에 꿈속에 나타나셔서 말씀하셨다: "내가 네게 무엇을 줄꼬 너는 구하라"(3:5b). 이 말씀에서 보듯 하나님은 솔로몬의 태도에 대하여 대단히 만족해하셨다. 하나님은 그에게 "백지수표"와도 같은 선물을 주셨다.

솔로몬의 대답은 하나님을 더욱 기쁘시게 하는 것이었다. 솔로몬은 먼저 하나님이 부친 다윗에게 베푸신 "큰 은혜"에 대해 언급한다. 그는 다윗이 하나님 앞에서 "진리"와 "의"와 "마음의 정직함"으로 행하였기에 하나님께서 그에게 "큰 은혜"를 베푸셨고, 그에게 왕위를 이을 아들을 주셨다고 말한다(6절). 그런 다음 솔로몬은 자신은 아직 어린 아이와 같아서 수많은 백성들을 어떻게 다스려야 할지 알지 못하겠노라며 자신의 부족함을 고백한다(7-8절). 이러한 고백에서 솔로몬은 자신이 왕이 된 것을 하나님께서 다윗에게 베푸신 "큰 은혜"의 맥락에서 이해하고 있으며, 그런 만큼 왕으로서 자신의 직분에 더욱 큰 책임감을 느끼고 있었다는 사실을 알 수 있다.

이런 책임감 속에서 솔로몬은 자신의 소원을 말한다: "누가 주의 이 많은 백성을 재판할 수 있사오리이까 듣는 마음을 종에게 주사 주의 백성을 재판하여 선악을 분별하게 하옵소서"(9절). 솔로몬은 백성들에게 정의를 시행하기 위해 "듣는 마음"(לֵב שֹׁמֵעַ)과 "선악을 분별하는" 능력을 구하고 있다. 정의를 시행하는 것은 왕의 본질적인 역할에 해당한다. 왕이 정의를 시행하지 않으면 백성들이 혼란에 빠지게 될 것은 너무도 자명하다. 그런데 정의로운 통치가 가능 하려면 무엇보다도 백성들의 소리에 귀를 기울이고 하나님의 말씀에 경청하는 "듣는 마음"이 필요하다. 그래서 선과 악이 무엇인지를 분별할 줄 알아야 한다.

이렇듯 솔로몬은 왕에게 핵심적인 일을 잘 이해하여 그것을 구하고 있다. 솔로몬의 이런 태도는 에덴 동산에서 아담의 반역적인 태도와 뚜렷한 대조를 이룬다. 아담은 하나님의 말씀에 경청하는 "듣는 마음"을 지키지 못하고 하나님이 금하신 나무의 실과를 따먹었다. 아담은 선악을 알게 하는 나무의 실과를 먹음으로써 선악을 아는 일에 자율적(autonomous)이고 독단적(arbitrary)이 되었다. 하지만 솔로몬은 하나님께 "듣는 마음"과 "선악을 분별하는" 지혜를 구한다. 솔로몬은 하나님의 뜻 안에서 선과 악을 분변하는 왕이 되기를 소원하고 있다. 솔로몬의 이런 모습은 하나님의 뜻 아래서 천지 만물을 다스려야 할 인간 본연의 모습을 구현하는 것이다. 따라서 솔로몬에게서 아담의 실패가 극복된다고 해도 지나친 말이 아니다. 이는 솔로몬 시대에 낙원이 되돌아왔다는 인상을 주는 기록들에서 암시되는 일이기도 하다(왕상 4:20-28).

하나님은 솔로몬의 태도를 보시고 대단히 만족해 하셨다. 10절의 "하나님이 보시기에 좋았더라"(וַיִּיטַב הַדָּבָר בְּעֵינֵי אֲדֹנָי)-개역개정역에서는 "그 말씀이 주의 마음에 든지라"- 는 타락전 창조의 모습에 대한 묘사와 유사하다. 이는 이제 곧 타락이 극복되고 세상이 하나님이 보시기에 좋은 원래의 모습대로 회복된다는 암시처럼 보인다. 하나님은 솔로몬에게 부나 장수나 영광이나 원수의 생명 멸하기를 구하지 않고 "송사를 듣고 분별하는 지혜"를 구하였다고 칭찬하셨다. 그리고는 "지혜롭고 총명한 마음"[54] 이외에도 부와 영광과 장수까지 선물로 주셨다(3:10-14). 이처럼 하나님의 마음에 합한 것을 구하면 하나님은 다른 필요한 것들까지도 다 채워주시는 분이시다(마 6:33

---

54) "The adjective *hākām*, though referring, like its Arabic cognate, to discrimination in judgment, also connotes familiarity with the facts of a case and their relative

참조).

　　물론 솔로몬이 받은 축복들이 그에게서 모든 의무와 책임을 면제시켜주는 것은 아니다. 그가 받은 축복들이 진가를 발휘할 수 있기 위해서 솔로몬은 다윗의 행함 같이 하나님의 길로 행하여야 했고 하나님의 법도와 명령을 지켜야 했다(14절). 그의 지혜와 총명 또한 마찬가지이다. 하나님이 그에게 주신 지혜와 총명은 일차적으로 왕으로서 나라를 다스리는데 필요한 통치자적 지혜와 총명이었다. 이러한 통치자적 지혜와 총명이 여호와를 경외하는 참된 지혜의 안내를 받지 않으면 세속적인 정치수완 정도로 전락될 수밖에 없다(잠 1:7 참조). 따라서 앞으로 솔로몬 왕권의 성패는 그가 여호와를 경외함으로써 자신에게 주어진 지혜와 지식의 은사들을 올바르게 사용할 것인가에 달려 있다. 기브온 산당에서 하나님의 놀라운 약속과 축복을 받은 후 솔로몬은 예루살렘으로 돌아와 다시 언약궤 앞에서 번제와 화목제를 드리고, 모든 신하들을 위해 잔치를 배설하였다(3:15).

3) 솔로몬의 지혜(3: 16-28)

기브온 산당에서의 제사에 대한 기사 이후 솔로몬이 하나님께로부터 받은 지혜와 총명을 보여주는 사건이 소개된다. 그것은 곧 솔로몬이 한 아이에 대해 서로 친모권을 주장하는 두 여인을 재판하여 참과 거짓을 가려내는 소송사건이다. 이 소송사건의 내용은 다음과 같다. 매춘부 두 사람이 한 집에 살고 있었다. 이들은 삼일 간격으로 각각 남자 아이를 낳게 된다. 그런데 늦게 아이를 낳은 여인이 밤에 잠을 자

---

significance; *nābōn* ('understanding) refers rather to discrimination in judgment, being etymologically related to the preposition *bēn* ('between')"(Gray 1977[3]:126).

다가 실수로 자기 아이를 죽게 하는 일이 발생했다. 이 여인은 몰래 자기의 죽은 아이를 다른 여인의 아이와 바꾸었다. 그러나 다음날 아침 날이 밝자 그 여인은 곧바로 아이가 바뀐 것을 알아챘다. 이렇게 해서 두 여인 사이에 시비가 붙게 되었고, 마침내 솔로몬 왕에게 판결 해주기를 청하게 되었다.

솔로몬은 두 여인의 주장을 들은 다음 전혀 예상치 못한 해결책을 제시한다. 칼로 살아있는 아이를 절반으로 나누어 두 여인으로 하여 금 각각 절반씩 갖게 하라는 것이 그것이다. 이런 해결책을 제시받자 두 여인은 서로 정반대의 태도를 보였다. 한 여인은 아이를 죽이지 말 것을 간청하며 그 아이를 상대방 여인에게 주라고 한 반면, 다른 여인 은 아이를 칼로 나누어 아무도 아이를 갖지 못하도록 하라고 하였다. 이 모습을 지켜본 솔로몬은 아이를 살리고자 하는 여인이 그 아이의 친모라고 판결하였다. 뜨거운 애정을 가지고 아이를 살리고자 하는 모습 속에서 자식을 향한 어머니의 모정을 읽었던 것이다.

이렇게 솔로몬은 모성애라는 지극히 기본적인 인간의 심리현상을 이용하여 지혜롭고 명쾌하게 아이의 친모가 누구인지 밝혀내었다. 이 사실을 알게 된 온 백성들은 솔로몬에 대하여 존경심을 갖게 되었다: "온 이스라엘이 … 왕을 두려워하였으니"(28절). 백성들이 이처럼 솔 로몬을 존경하게 된 것은 그들이 보기에 솔로몬이 "하나님의 지혜"로 써 선악을 분별하여 정의로운 판결을 내렸기 때문이다. 왕이 백성들 로부터 존경을 받는다는 것은 곧 왕권의 강화를 의미한다. 여기서 왕 에게 가장 본질적인 것이 무엇인지를 다시금 확인하게 된다. 그것은 다름 아닌 왕은 하나님의 지혜로써 정의롭게 백성들을 다스려야 한다 는 것이다.

만일 솔로몬이 지혜롭지 못하게 그릇된 판결을 내렸더라면 어떻게 되었을까? 한 여인은 일생 동안 자식을 잃고 한 맺힌 삶을 살아야 했을 것이며, 어린 생명은 자신을 낳아준 어머니의 품을 떠나 파렴치하고 야만적인 악인의 손에서 자라는 불행한 일이 일어났을 것이다. 왕이 바르게 재판하는 것은 이처럼 백성들에게 중대한 영향을 미친다. 그러기에 이 소송사건은 왕에게 지혜와 총명이 있어 정의롭게 백성을 다스리는 것이 얼마나 중요한 일인지를 잘 보여준다. 구약 선지자들은 재판관들이 판결을 굽게 하는 일에 대해 특별히 날카롭게 질책하였다(사 28:7-8; 59:4; 렘 5:28; 애 3:34-36; 미 3:11).

다른 한편 솔로몬의 지혜로운 재판에서 우리는 온 세상을 지혜로 다스리시는 하나님의 통치를 생각하게 된다. 솔로몬이 지혜로 재판하여 의인과 죄인을 구분하여 내듯이 하나님께서도 그의 완전하신 지혜로 온 세상 사람들을 공의로 판단하신다. 그분의 판단에는 실수나 오류가 없으시다. 어떤 숨겨진 죄라 할지라도, 심지어 마음 속 깊은 곳에 있는 죄라 할지라도 하나님 앞에서는 벌거벗은 것같이 드러난다. 이 사실을 아는 믿음의 사람들은 하나님을 신뢰하는 가운데 그분께 우리의 소송사건을 맡겨드릴 수 있다(롬 12:19). 하나님의 의롭고 지혜로운 판결이 가장 뚜렷이 나타난 사건은 예수 그리스도의 십자가 사건이다. 이 사건을 통하여 하나님은 죄를 심판하실 뿐만 아니라, 죄인들을 의롭게 하는 길을 여셨다.

4. 솔로몬의 치적 I (4:1-34)

열왕기상 3장은 솔로몬이 "하나님의 지혜"를 가진 대단히 지혜로운 왕이라는 점을 부각시킨다고 한다면, 열왕기상 4장은 솔로몬의 왕권이 이룩한 영광스러운 성취를 소개하는데 초점을 맞춘다.

1) 솔로몬의 관료(4:1-19)

1-6절은 중앙관료를 소개한다: 왕, 대 제사장(הַכֹּהֵן, the high priest),[55] 서기관(סֹפְרִים, secretaries),[56] 사관(הַמַּזְכִּיר, one who keeps in remembrance),[57] 군사령관(עַל־הַצָּבָא, over the army), 제사장들(כֹּהֲנִים, priests),[58] 지방장관의 두령(עַל־הַנִּצָּבִים, over the deputies), 왕의 벗(רֵעֶה הַמֶּלֶךְ, the king's friend),[59] 궁내대신(עַל־הַבָּיִת, over the palace), 노동 감독관(עַל־הַמַּס, over the forced workers). 7-19절은 열 두 장관으로 구성된 지방관료를 소개한다.

---

55) 개역개정역의 "사독의 아들 아사리아"는 "사독의 손자 아사리아"로 이해되어야 한다(대상 6:8-10[BHS 5:34-36]). 솔로몬이 왕이 되었을 때 사독은 이미 나이가 많았고 사독의 아들 아히마아스는 죽었거나 직분을 수해할 수 없는 상황이었기에 아사리아가 대신 대제사장직을 수행하였을 것이다(Patterson & Austel 2009:667).

56) "서기관"은 대내외적으로 국가의 중대한 업무를 맡아 처리한 고위관료였다. 3절의 "시사의 아들 엘리호렙과 아히야"에서 엘리호렙은 분명히 애굽식 이름이다. 특히 "시샤"는 서기관을 뜻하는 애굽어 ss의 히브리어식 읽기라고 한다. 따라서 "시사의 아들"이란 표현은 "서기관의 아들" 즉 "서기관 단체의 회원"을 뜻한다고 보아야 한다(DeVries 1985:69). 솔로몬의 관료들과 관련하여 언급된 애굽식 이름들은 솔로몬이 정치적으로 애굽의 바로와 크게 영향을 주고 받는 관계에 있었다는 사실을 간접적으로 확인해준다.

57) "사관"은 "공식 의례관"(the official protocol officer)"으로서 왕실의 의전을 담당하고, 왕에게 공적인 필요를 보고함과 동시에 왕의 명령을 전달하는 고위관료였다(DeVries 1985:69; Patterson & Austel 2009:667).

58) 아바아달이 제사장의 명단에 남아있는 것은 "솔로몬의 통치 초기에 민감한 정치적 상황 때문"이었을 수 있다(House 1995:115).

59) 이들은 "왕의 특별한 조언자"(special counsel to the king)"이다(House 1995:115).

이들은 주로 왕과 왕실을 위하여 양식을 공급하는 일을 하였으며, 각 지방에서 일년에 한 달씩 봉사하는 방식이었다.

중앙집권적 통치체제의 확립은 열 두 지파를 중심으로 하는 전통적인 행정구역에 변화를 가져왔다. 솔로몬의 통치하에 새롭게 나누어진 열 두 지방은 부분적으로만 전통적인 지역구분과 일치한다(Patterson & Austel 2009:668). 이제 각 지파의 장로들 대신 중앙에서 임명된 관료들이 각 지역을 관할하였다. 관료들은 주로 친 다윗-솔로몬적 성향의 사람들이었다: 사독과 사독의 아들들, 나단의 아들들, 브나야, 솔로몬의 사위들, 다윗의 친구 후새의 아들(Hamilton 2005:513). 이는 지파의 세력을 약화시키고 왕권을 강화시키는 결과를 가져왔을 것이다. 확실히 왕권의 강화는 효과적인 국정운영을 위해 필요하다. 하지만 그것은 어디까지나 왕이 하나님의 뜻을 받들어 지혜롭게 통치한다는 전제하에서이다.

2) 솔로몬의 영화(4:20-28[MT 4:19-5:8])

본문기자는 솔로몬 시대에 유다와 이스라엘의 인구가 바닷가의 모래같이 많아졌다는 점을 강조한다(20절). 그는 또한 솔로몬이 "그 강"(유브라데스)에서부터 블레셋 사람의 땅과 애굽 지경에 미치기까지의 모든 나라를 다스렸다고 증언한다.[60] 이는 옛날 하나님께서 아브라함을 비롯한 족장들에게 주신 약속을 상기시킨다(창 15:5, 18; 26:4; 28:13-14; 35:11-12). 저자는 이를 통하여 솔로몬 시대

---

60) "…that Solomon's dominance in the region of Syria and Palestine, while real enough, was not necessarily a result of the use of force or a matter of the possession of land. … Rulers can

에 아브라함에게 주어진 하나님의 약속(언약)이 성취되었다는 사실을 암시한다.

본문에는 또한 솔로몬 시대에 이룩된 물질적 풍요(4:22-23절)와 정치, 사회적 평화가 언급된다(4:24-25). 모든 백성들이 "먹고 마시고 즐거워하였으며"(4:20절하), "각기 포도나무 아래와 무화과 나무 아래에서 안연히 살았다"(4:25절하). 더 나아가 솔로몬이 주변의 모든 민족들을 관할하였고, 그들은 솔로몬에게 조공을 바쳤다(4:21). 이런 진술들은 솔로몬 시대가 갖는 구속사적 의미를 밝혀준다. 솔로몬 시대는 풍요와 평화가 함께하는 이상적인 나라가 이루어진 시대이다. 이 이상적인 나라는 타락 이전 풍요와 평화가 지배하던 에덴 동산의 모습과 방불하다. 따라서 솔로몬 시대는 읽어버린 에덴 동산의 축복이 회복된 시대로서의 의미를 갖는다고 하겠다.

요컨대, 솔로몬 시대는 족장들에게 주어진 하나님의 약속(아브라함 언약)이 성취된 시대이며, 더 거슬러 올라가 태초에 인류를 위해 에덴동산을 건설하신 하나님의 창조계획(창조 언약)이 성취된 시대라는 것이 저자의 신학적 관점이다. 여기서 주전 8 세기의 선지자 미가가 그의 시점에서 미래에 이루어질 낙원에 대해 예언한 것을 살펴볼 필요가 있다:

"끝날에 이르러는 여호와의 전의 산이 산들의 꼭대기에 굳게 서며 작은 산들 위에 뛰어나고 민족들이 그리로 몰려갈 것이라/ 곧 많은 이방

"dominate" without "subjecting" (assuming that occupation is implied by the latter), and one way of doing this, of course, is to fortify cities in the proximity of those being dominated"(Provan a.o. 2003:253).

사람들이 가며 이르기를 오라 우리가 여호와의 산에 올라가서 야곱의 하나님의 전에 이르자 그가 그의 도를 가지고 우리에게 가르치실 것이니라 우리가 그의 길로 행하리라 하리니 이는 율법이 시온에서부터 나올 것이요 여호와의 말씀이 예루살렘에서부터 나올 것임이라/ 그가 많은 민족들 사이의 일을 심판하시며 먼 곳 강한 이방 사람을 판결하시리니 무리가 그 칼을 쳐서 보습을 만들고 창을 쳐서 낫을 만들 것이며 이 나라와 저 나라가 다시는 칼을 들고 서로 치지 아니하며 다시는 전쟁을 연습하지 아니하고/ **각 사람이 자기 포도나무 아래와 자기 무화과나무 아래에 앉을 것이라** 그들을 두렵게 할 자가 없으리니 이는 만군의 여호와의 입이 이같이 말씀하셨음이라"(미 4:1-4).

이사야 2장 2-4절과 거의 동일한 이 본문은 종말론적 메시아 왕국에 대한 예언을 담고있다. 현재의 논의와 관련하여 특히 주목해야 할 내용은 4절상의 진술이다: **각 사람이 자기 포도나무 아래와 자기 무화과나무 아래에 앉을 것이라.** 놀랍게도 이 구절은 앞에서 인용한 열왕기상 4장 25절하(솔로몬 시대를 묘사하는 말)와 대동소이하다. 이로부터 미래의 메시아 왕국과 솔로몬 시대를 연결 짓는 선지자의 역사이해를 엿볼 수 있다. 구약의 선지자들에게 솔로몬 왕국은 종말론적인 메시아 왕국을 앞당겨 보여주는 예시적 성격을 갖는 것이었다. 신약의 복음서는 다윗의 후손으로 오신 예수 그리스도 안에서 선지자들이 고대한 종말론적 메시아 왕국이 도래하였다고 가르친다(마 3:2; 4:17).

그런데 특이하게도 본문은 솔로몬에게 병거의 말과 마병이 많았다는 사실을 강조한다(4:26-28). 이는 솔로몬이 군사적 영역에 있어서도 하나님의 축복을 누리고 있었다는 사실을 보이기 위한 것일까? 문맥에 비추어볼 때 솔로몬 시대를 긍정적으로 묘사하는 것이 본문의 의도임을 부인하기란 어렵다. 그러나 이곳에 묘사된 솔로몬의 군사정책은 신명기의 가르침과 어긋나는 것 또한 사실이다. 신명기는 "왕 된 자는 말을 많이 두지 말라"고 가르친다(신 17:16). 그러므로 말과 병거와 마병을 많이 가진 솔로몬 왕권은 그 자체 안에 반 언약적 요소를 지니고 있었다고 볼 수 있다. 예수께서 "솔로몬의 모든 영광으로도 입은 것이 이 꽃 하나만 같지 못하였느니라"(마 6:29)고 하신 것은 솔로몬 왕권이 가진 이런 한계와 모순들을 염두에 두셨기 때문일 것이다.

3) 솔로몬의 지혜(4:29-34[MT 5:9-14])

하나님께서 솔로몬에게 "지혜"와 "심히 많은 총명"(תְבוּנָה הַרְבֵּה מְאֹד)을 주셨고, "바닷가에 있는 모래와 같이"(כַּחוֹל אֲשֶׁר עַל־שְׂפַת הַיָּם) "넓은 마음"(רֹחַב לֵב)을 주셨다. 특히 그의 지혜는 동방 모든 사람들과 애굽 사람들의 지혜보다 더 뛰어났다.[61] "동방과 애굽"은 팔레스타인을 중심으로 상극(相剋)을 이루는 지역이다. 따라서 그것은 중근동 전체지역을 지칭하기 위한 수사법(상극법, merism)에 해당한다. 즉 솔로

---

61) 동방 메소포타미아에서는 주전 2000년경에 만들어진 Man and his God (called the "Sumerian Job")와 주전 14-12세기에 만들어진 Ludul Bel Nemeqi (I will praise the lord of wisdom, the Babylonian Job) 등이 지혜문헌에 속한다. 욥과 그의 세 친구들이 동방사람이었다는 점도 주목할만한 일이다(욥 1:3). 이는 적어도 구약 이스라엘 사람들에게 동방은 지혜의 장소로 간주되었음을 입증해주는 일례에 해당한다. 이집트에서는 고 왕조 시대에 고관 Ptahhotep이 기록한 The Instruction of Ptahhotep, 주전 3000년대 말경 Kehty 왕이 자기 아들 Merikare에게 통치에 관해 교훈한

몬의 지혜가 온 세상 모든 사람들(예스라 사람 에단, 마홀의 아들[62] 헤만, 갈골, 다르다)의 지혜보다 더 뛰어났다는 말이다. 두 말할 나위 없이 이 지혜는 이스라엘의 하나님 여호와가 주신 것이다. 그러므로 솔로몬의 지혜가 뛰어났다는 말은 결국 여호와가 진정한 지혜의 주인 이라는 의미다.

솔로몬은 삼천 잠언과 천 다섯 편의 노래를 지었으며 식물학과 동 물학 분야에도 방대한 식견을 가지고 있었다(4:32-33). 이는 솔로 몬이 언어 예술적 재능과 함께 자연 과학적 지식도 두루 갖추고 있었 다는 의미이다. 솔로몬이 이처럼 탁월한 재능과 방대한 지식을 갖출 수 있었던 것은 물론 하나님 때문이었다. 다니엘과 그의 세 친구들도 하나님으로 인해 지식을 얻었다고 하지 않는가? 다니엘 1장 17절은 이렇게 설명한다: "하나님이 이 네 소년에게 학문을 주시고 모든 서 적을 깨닫게 하시고 지혜를 주셨으니 다니엘은 또 모든 환상과 꿈을 깨달아 알더라." 솔로몬에게 하나님의 지혜가 함께 하였기에 그의 통 치를 받는 백성들은 복이 있었다(왕상 10:8). 후에 선지자 이사야는 "지혜와 총명의 신"이 함께하는 메시아의 도래를 바라보았다. 신약의 복음서는 예수를 놀라운 지혜를 소유한 메시아-왕으로 묘사한다(눅 2:47, 52). 그분은 솔로몬보다 더 크신 분으로 자기 백성들을 완전

Instruction of Merikare, 주전 1200년경에 기록된 "행복에 대한 교 훈"인 Instruction of Amenemope 등이 지혜문헌에 속한다(Walton 1989:170-174).

62) '마홀의 아들'은 찬양대원을 가리키는 말일 수 있다(DeVries 1985:74; Sweeney 2007:101). 사전적으로 "마홀"(מָחוֹל)은 "윤무"를 의미한다 (HALAT). 예스라 사람 에단과 헤만 또한 찬양과 관련된 인물이었다 (시 88:1; 89:1). 역대상 2장 6절은 에단과 헤만을 "세라의 아들"로 소개 하는데, 이 때 "세라"(זֶרַח)는 "예스라"(אֶזְרָחִי)의 변형일 수 있다(Sweeney 2007:101).

한 지혜와 총명으로 다스리시는 분이시다(마 12:42).

5. 성전 건축(5:1-9:9)

열왕기 사가는 솔로몬 왕국의 영광을 소개한 다음 그가 이룩한 가장 중요한 업적인 성전건축에 대해 비교적 상세하게 기술한다. 성전건축의 중요성은 그것이 솔로몬 역사(왕상 1-11)의 중심부에 위치한다는 사실에서도 드러난다. 이야기는 크게 다음 다섯 부분으로 이루어진다: ① 준비(5:1-18), ② 성전/왕궁건축(6:1-7:51), ③ 언약궤의 성전안치(8:1-11), ④ 봉헌식(8:12-66), ⑤ 하나님의 약속과 경고(9:1-9).

1) 건축 준비(5:1-18)

성전이 건축되기 전에 하나님의 임재를 상징하는 법궤는 장막(또는 성막)에 있었다. 장막은 이동이 가능하기에 광야생활과 같이 불안정한 상황에 적합한 구조물이었다. 그러므로 성전을 건축할 시기가 이르렀다는 것은 더 이상 이동이 필요 없는 안정되고 평화로운 시대가 되었다는 의미이다. 하나님이 다윗에게 성전을 건축하지 못하게 하신 것도 같은 이유에서였다. 다윗시대는 그 이전시대에 비해 더 안정된 것이 사실이지만, 그는 여전히 사방의 적들과 더불어 전쟁(여호와의 전쟁)을 해야만 했다(왕상 5:3; 대상 22:8 참조). 전쟁할 때는 하나님이 신적 전사로서 백성들 앞서 나아가 이방 적들을 물리치신다. 이는 하나님의 임재를 상징하는 법궤에 대한 민수기의 다음 말씀이 잘

나타내 보여준다:

> "**궤가 떠날 때에는** 모세가 말하되 여호와여 일어나사 주의 대적들을 흩으시고 주를 미워하는 자가 주 앞에서 도망하게 하소서 하였고/ **궤가 쉴 때에는** 말하되 여호와여 이스라엘 종족들에게로 돌아오소서 하였더라"(민 10:35-36).

위의 말씀에서 보는 바와 같이 하나님은 직접 전쟁에 참여하신다. 그러기에 성경은 때때로 하나님을 용사로 칭하기도 하고(출 15:3), 전쟁은 여호와께 속하였다고도 하며(삼상 17:47), 전쟁에 능한 여호와라고도 말씀한다(시 24:8). 따라서 전쟁의 때에 하나님의 궤는 야전 사령관이 군대막사에 거하듯 장막(텐트)에 머물러야 했다. 그러나 전쟁이 지나가고 평화의 때가 도래하면 더 이상 그럴 필요가 없어진다. 이제 하나님의 궤는 성전에서 안식을 얻게 된다. 이런 이유로 구약에서 성전은 하나님이 쉬는 안식의 장소로 일컬어진다.

> "여호와께서 시온을 택하시고 자기 거처를 삼고자 하여 이르시기를/ 이는 내가 영원히 **쉴 곳**이라 내가 여기 거주할 것은 이를 원하였음이로다"(시 132:13-14).

> "여호와께서 이와 같이 말씀하시되 하늘은 나의 보좌요 땅은 나의 발판이니 너희가 나를 위하여 무슨 집을 지으랴 내가 **안식할 처소가** 어디랴"(사 66:1).

다윗시대는 아직 안식할 때가 아니었다. 그 때는 이스라엘이 주변 민족들과 전쟁을 해야만 했던 때이다. 그러나 솔로몬 시대가 이르자 상황은 완전히 바뀌었다. 다음 솔로몬의 말이 이를 입증해준다: "이 제 내 하나님 여호와께서 내게 사방의 태평을 주시매 대적도 없고 재 앙도 없도다"(왕상 5:4). 이제 성전을 건축할 시기가 무르익었던 것 이다. 솔로몬 또한 이 사실을 잘 알고 있었다. 무엇보다도 그는 하나 님께서 선왕 다윗에게 하신 약속 - "내가 너를 이어 네 자리에 오르 게 할 그가 내 이름을 위하여 성전을 건축하리라"(5절하, 삼하 7:13 참조) - 을 기억하였다. 이 약속에 근거하여 솔로몬은 성전을 건축하 는 것이야말로 자신에게 주어진 시대적 사명이라고 생각하였다. 그는 "내가 내 하나님 여호와의 이름을 위하여 성전을 건축하려 한다"고 하 며 성전건축 의지를 밝힌다. "내 하나님"이란 표현은 하나님께 헌신된 그의 마음가짐을 잘 나타내 보여준다.

그런데 솔로몬은 왜 "여호와의 이름을 위하여"(לְשֵׁם יְהוָה) 성전 을 건축한다고 하였을까? 소위 신명기의 "이름 신학"(the Name Theology) 이론을 따르는 해석은 이 표현이 여호와께서 직접 성 전에 거하시는 것이 아니라 그의 이름이 하나의 독립된 "실체 "(hypostasis)로서 여호와를 대신하여 성전에 거한다는 관점을 반영 한다고 풀이한다(von Rad 1953; 38).[63] 그러나 판 데어 우드(van

---

⁶³⁾ "이름 신학"(the Name Theology) 이론에 따르면 신명기의 진술 "여호와께서 **자기 이름을 두시려고** 택하실 그 곳"(신 12:11; 14:23; 16:2, 6, 11; 26:2)은 하 나님이 물리적으로 성소에 거한다는 고대의 미숙한 생각을 교정한 신명기의 신학적 입장을 반영한다(von Rad 1953:37-44; Eichrodt 1957:58-59). 이 이론에 반대하여 리히터는 "이름을 둔다"란 표현은 고대 근동의 왕들이 정복 한 땅에 대해 그랬던 것처럼 가나안 땅에 대한 여호와의 주권과 명성을 강조 하기 위해 사용되었다고 주장한다(Richter 2002:217). 그러나 리히터의 주장 은 성전이 일차적으로 하나님이 거하시는 장소란 사실과 조화되기 어려워 보 인다.

der Woude 2004[6]:954)가 잘 지적하였듯이 신명기에서 성전에서 행해진 제의 행위가 "여호와의 이름 앞에서"가 아닌 "여호와 앞에서" (לִפְנֵי יְהוָה) 행해진 것으로 설명된다(신 12:7, 12, 18; 14:23, 26; 16:11; 26:10). 그러므로 신명기에서 성전과 함께 언급된 여호와의 "이름"은 "제의 장소에서 스스로를 나타내시는 여호와의 인격적인 임재"를 가리키며, 따라서 그것은 "특히 제의 언어에서 여호와와 바꿀 수 있는 개념"이라고 할 수 있다. 결론적으로 솔로몬의 말 "여호와의 이름을 위하여"는 사실상 "여호와를 위해"와 같은 의미라고 보아야 한다.

이런 관점은 성전의 바른 이해를 위해서도 중요하다. 하나님은 결코 "이름"으로서만 성전에 계시지 않는다. 그분은 실질적으로 성전에 거하신다. 솔로몬이 성전을 건축하고 그곳에 법궤를 안치하였을 때 하나님의 영광이 성소를 가득 채운 사실이 이를 입증해준다(왕상 8:10, 11). 물론 하나님의 임재가 전적으로 성전에 제한된다고 생각해서도 안 된다. 하나님은 영이시므로 물리적인 공간에 제한될 수 없는 분이시다(요 4:21-24). 그는 온 우주에 편재하신다(시 139:7-10). 하지만 하나님은 특별히 성전에 실재로 임재하신다는 점이 인정되어야 한다. 결론적으로, 하나님의 임재에 대한 다음 두 가지 오해를 피해야 한다: ① 하나님은 멀리 하늘에 계시는 분으로서 성전에 계시지 않는다는 생각, ② 하나님은 전적으로 성전에만 현존하신다는 생각. 하나님은 예배 장소에 실재로 임재하시지만, 그러나 물질적인 장소에 한정되시는 분은 아니다. 성전이 "하나님의 이름"을 위한 곳이란 말씀은 이런 사실을 암시한다고 할 수 있다(Brueggemann 2000:76).

6-18절은 두로 왕 히람과의 교역을 통해 성전건축을 위한 물자

와 일군들을 준비하는 솔로몬의 모습을 보여준다. 솔로몬은 우선 히람과의 교역을 통하여 건축에 필요한 백향목과 잣나무를 확보한다.[64] 히람은 다윗과 우호관계에 있던 사람이다(삼하 5:11). 레바논의 백향목은 높이 사십 미터, 둘레 사 미터에 이르는 침엽수이며, 잣나무는 내구성이 뛰어나기에 고급 건축자재로 사용되었다고 한다(LzB 1754, 1792). 건축자재를 공급받는 대가로 솔로몬은 히람에게 많은 양의 궁정 음식물을 제공하였다: 해마다 밀 이만 고르(125,000 부쉘, 1 부쉘은 36 리터), 맑은 기름 이십 고르(700,000 겔론, 1 겔론은 약 3.8 리터). 열왕기 사가는 이러한 교역의 성사를 솔로몬의 지혜에다 돌린다: **"여호와께서 그 말씀대로 솔로몬에게 지혜를 주신 고로 히람과 솔로몬이 친목하여 함께 약조를 맺었더라"**(왕상 5:12). 다음으로, 솔로몬은 성전건축을 할 일군들의 준비하였다: 역군(סַם, body of forced labors) 삼 만과[65] 그들의 감독관 아도니람, 짐꾼 칠 만, 산에서 돌을 뜨는 석공 팔 만, 일하는 백성들을 감독하는 관리들 삼 천 삼 백, 그발 사람.[66] 일군들은 삼 개월 단위(한 달 일하고

---

64) 5:7-9에 묘사된 히람의 제안과 5:13-18에 묘사된 솔로몬의 정책을 비교하면 히람의 제안이 솔로몬에게 받아들여지지 않았음을 알 수 있다. 따라서 히람에 비해 솔로몬이 우월한 위치에 있었다는 추론이 가능하다: "The cumulative picture of Solomon that is painted here, then, is of a king who is happy to negotiate with Hiram to a certain extent, but also quite prepared to ignore terms that do not suit him. Cooperation is present, but that as exists between junior and senior partners, the former of which has no ultimate ability to resist the latter's will"(Provan a.o. 2003:252).

65) 이들은 이스라엘 백성들 가운데 있던 가나안 원주민들에 해당한다(왕상 9:15-22 참조).

66) "그발 사람들"은 기원전 3000년 경부터 이집트인들에게 "목재 항구"(a timber port)로 알려진 비블로스의 유명한 퇴니키아인 도시 "그발"(Gebal) 사람들을 가리킨다(Gray 1977³:156).

두 달 쉼)로 일하였다. 이는 백성들의 부담을 최대한 덜어주기 위한 나름대로의 지혜로운 방책이었다고 볼 수 있다.

2) 성전 건축(6:1-13)

성전건축은 이스라엘 자손이 애굽에서 나온 지 480년이자[67] 솔로몬이 이스라엘의 왕이 된지 사 년 시브월(현재의 4~5월)에 시작되었다. 틸레(E. R. Thiele)의 연대계산에 따르면 이 때는 주전 966년이다(Merrill 1987:67). 열왕기 기자는 왜 성전건축을 출애굽과 연결시키는 것일까? 그것은 그가 성전건축을 출애굽의 완성으로 이해하기 때문이다(DeVries 1985:93). 출애굽기는 이스라엘 자손들이 애굽의 노예생활에서 해방되어 하나님만을 섬기는 거룩한 백성이 되도록 하는데 출애굽의 목적이 있다고 밝힌다(출 3:12; 4:23). 이스라엘 백성들이 출애굽한 이후 광야에서 성막을 건설한 것은 바로 이 목적에 따른 것이었다. 출애굽한 이스라엘 자손들은 그들 가운데 하나님이 계시며 하나님이 그들을 다스리고 통치하신다는 표시로 성막을 건설했다. 성막의 그런 기능을 그대로 이어받는 것이 성전이다. 다만 성전은 평화의 시대에 적합한 건축물이란 점에서 성막과 다를 뿐이다. 따라서 열왕기 기자가 성전건축을 출애굽과 연결한 것은 지극히

---

67) 480년에 대한 해석으로는 다음 세 가지가 대표적이다; 1) 문자적 해석, 2) 이스라엘 지파들의 수 12에 전통적으로 한 세대에 해당하는 40을 곱한 것이라는 견해, 3) 성전건축을 출애굽부터 바벨론 포로기까지 이스라엘 역사의 중심으로 보는 편집자의 관점을 반영한다는 견해: 출애굽에서 성전건축 시작까지 480년 – 성전건축 – 왕정이 존속한 기간과 바벨론 포로기를 합한 480년(Gray 1977³:59). 이 중에서 첫 번째가 가장 성경에 충실한 견해이다.

당연한 일이다.

성전건축이 출애굽의 완성으로서 의미를 갖는다고 해도 그것 자체가 하나님의 백성들이 도달해야 할 최종목표는 아니다. 아무리 화려하고 웅장한 건물이 지어진다고 해도 그것만으로는 하나님을 섬기는 데 충분치 않다. 성전은 하나님이 자기 백성들 가운데 거하신다는 사실을 확인시켜주는 건물이다. 무엇보다도 성전은 지상에 세워진 하나님의 왕궁이다. 그런 만큼 인간 왕은 하나님의 뜻을 받드는 대리 통치자(청지기) 역할을 수행해야 하며, 백성들도 왕의 인도하에 하나님을 섬기는 삶을 살아야 했다. 그렇지 않으면 건물 성전은 무용지물이 되고 만다. 이런 이유 때문에 열왕기 기자는 성전건축을 묘사하는 중간에 하나님의 율례와 계명을 지켜 행하는 것의 중요성을 강조한다(왕상 6:11-13).

이제 성전의 구조와[68] 규모를 살펴보기로 하자. 성전의 전체구조는 울람(אוּלָם, 낭실/현관), 헤칼(הֵיכָל, 성소), 데비르(דְּבִיר, 지성소/내소)로 이루어져 있으며 데비르와 헤칼 사이에 감람나무로 만들어진 문이 있었다(31절). 데비르는 하나님의 왕좌로 간주되는 궤가 있는 곳으로서 가장 거룩한 장소에 해당한다(삼하 6:2). 데비르에 가까울수록 더 거룩한 장소로 여겨졌다(Brueggemann 2000:86). 성전의 규모는 길이 60 규빗(약 30 미터), 너비 20 규빗(약 10 미터), 높이 30 규빗(약 15 미터)이었으며, 성소의 주랑은 길이가 20 규빗(약 10 미터), 너비 10 규빗(약 5 미터)였다.

성전의 세부구조를 살펴보면 다음과 같다. 성전의 전면을 제외

---

68) 역대기 기자는 성전과 성전의 기물들이 하나님께서 다윗에게 계시해주신 설계에 따라 만들어졌다는 사실을 알려준다(대상 28:11-19).

한 나머지 삼면에 삼층 다락방이 있었다. 일층의 너비는 다섯 규빗(약 2.5 미터), 이층의 너비는 여섯 규빗(약 3 미터), 삼층의 너비는 일곱 규빗(약 3.5 미터)이었으며, 각 다락방의 높이는 다섯 규빗(약 2.5 미터)이었다. 다락방으로 난 문은 성전 오른 쪽에 있었다고 하는데 정확한 위치는 설명되지 않고 있다. 바라보는 관점이 성전 안쪽이냐 바깥쪽이냐에 따라 위치가 다를 수 있다. 안전문제를 고려할 때 아마도 이 문은 성전 내부에서 다락방 쪽으로 나있었을 가능성이 크다(Gray 1977[3]:166). 각 층은 '룰'(לול - hapax.)을 통해 연결되어있었다고 한다(6:8). "룰"이 나사 모양의 층계를 가리키는 말일 수도 있으나 "치켜 올리는 뚜껑 문"(trapdoor)을 의미할 수도 있다. 이곳은 성전의 기물들을 보관하는 장소로 사용되었다.

다음은 성전의 구조를 그림으로 옮긴 것이다:

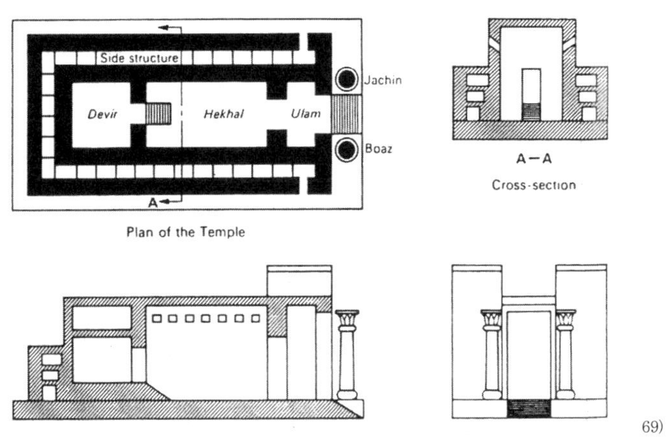

69)

---

69) 그림은 다음 책에서 가져온 것이다: Interpreler's Dictionary of the Bible, Vol. 4, 537.

9절의 "성전의 건축을 마치니라"는 성전내부 장식이나 성전의 여러 기구들을 제외한 건물의 완성을 의미한다고 보아야 한다. 건축하는 동안 성전 안에서 방망이 소리나 도끼 소리나 기타 철 연장 소리가 들리지 않았다는 것은 거룩한 장소에 걸맞게 최대한 경건한 분위기 가운데 건축작업이 진행되었다는 것을 말해준다(6:7). 그것은 또한 성전에 거하실 분의 권세와 위엄에 합당한 예를 표하는 일이었다고 할 수 있다. 하박국 선지자는 온 땅을 다스리시는 하나님의 권세와 위엄을 깨닫고 그분 앞에서 잠잠하기를 촉구하였다: "오직 여호와는 그 성전에 계시니 온 땅은 그 앞에서 잠잠할지니라 하시니라"(합 2:20).

성전 건물이 완공되자 하나님께서 솔로몬에게 다시금 말씀하셨다(11-13절). 그 말씀의 내용은 율법준수에 관한 것이었다. 하나님은 세 가지 다른 단어 "법도"(חֻקָּה), "율례"(מִשְׁפָּט), "계명"(מִצְוָה)을 사용하여 율법준수의 중요성을 강조하셨다. 이를 통하여 하나님은 성전 건물이 왕권의 안정과 백성들의 축복을 위한 확실한 보장이 되지 않는다는 사실을 분명히 하셨다. 하나님께서 다윗에게 약속하신 대로 왕권이 번영을 누리고 백성들이 하나님의 임재의 축복을 얻기 위해서는 무엇보다도 율법에 나타난 하나님의 뜻에 순종하는 것이 필수적이다.

어떤 주석가는 토라신학과 성전신학의 긴장을 말하기도 한다(Brueggemann 2000:89). 그러나 성전은 토라의 가치를 제도적으로 구현한 것이기에 토라 신학과 성전신학은 근본적으로 충돌될 수 없다. 다만 토라와 불가분의 관계에 있는 성전의 참된 의미를 놓치게 될 때 성전을 절대시하는 잘못된 "성전신학"으로 발전하게 된다. 솔로몬 이후 이스라엘의 역사는 성전이 본래의 기능을 상실하고 다만 형식적인 제도의 차원에 머물고 말았다는 것을 보여준다(렘 7:1-15). 율법에 대한 순종 없이 제도적인 장치로만 하나님의 임재를 확보할 수 있다고 생각하는 것은 성경의 계시종교와 무관하다. 하나님은 성전이 이처럼 오용될 수 있다는 것을 아셨기에 처음부터 율법준수의 중요성을 강조하신 것이라고 할 수 있다.

3) 성전의 내부장식(6:14-36)

먼저, 성전의 마루와 벽과 천장을 백향목 널판으로 입히고 돌이 보이지 않게 하였으며, 백향목 널판에는 박과 핀 꽃을 아로새겼다(15절). 다음으로, 성전의 뒤쪽에서 20 규빗(약 10 미터) 되는 곳에 마루에서 천장까지 백향목 널판으로 가로막아 지성소를 만들었다(16절). 지성소는 가로와 세로가 다같이 20 규빗(약 10 미터)인 정방형체였다(20절). 성전 전체 높이가 30 규빗(15 미터)이므로 지성소는 10 규빗(약 5 미터) 높이의 단 위에 만들어졌거나 또는 지성소 위와 성전 천장 사이에 10 규빗 크기의 공간이 있었을 것이다. 지성소는 하나님의 임재와 통치를 상징하는 언약궤를[70] 안치하기 위한 장소였다(19절, 출 25:22 참조). 때때로 언약궤는 하나님의 보좌로 여겨지기도 하였다(삼상 4:4; 삼하 6:2). 그러므로 지성소는 왕궁에서 왕의 옥좌가 있는 곳과 같다고 하겠다.

---

70) "언약궤"는 길이 두 규빗 반(약 1.25 미터), 너비와 높이가 각각 한 규빗 반(약 0.75 미터)인 상자로서 아카시아 나무로 만들어졌다(출 25:10). 이 상자는 "증거 궤"로 불리기도 하는데, 그 이유는 상자 안에 모세가 하나님께로부터 받은 "두 증거판"(שְׁנֵי לֻחֹת הָעֵדֻת)을 넣어두었기 때문이다(출 25:21; 31:18). 증거궤가 언약궤로 불린 까닭은 그 안에 들어있는 증거판이 하나님과 이스라엘의 언약관계를 규정하는 언약법을 담고 있었기 때문이다.

지성소의 사면 벽과 지성소에 속한 제단은 순금으로 도금되었다. 순금은 하나님의 거룩과 영광을 상징한다. 하나님은 지극히 순결하시고 거룩하시며 영광스러운 분이시다. 내소 앞의 금사슬은 지성소가 함부로 접근해서는 안 될 곳이라는 사실을 알려주기 위한 장치일 것이다. "제단"(מִזְבֵּחַ)은 지성소 맞은편 성소에 위치한 "분향단"(מִזְבַּח הַקְּטֹרֶת)을 가리킨다(출 30:1-10 참조). 20절에서 이 제단이 마치 지성소에 속한 것처럼 묘사된 것은 그것이 기능적으로나 상징적으로 지성소와 연결되어있기 때문이라고 할 수 있다(Patterson & Austel 2009:685).

내소에 감람나무로 높이가 10 규빗(약 5 미터)인 두 그룹들이 만들어지고 금으로 도금되었다(23-28절). 그들은 각자 양쪽에 5 규빗(약 2.5 미터) 길이의 펴진 날개를 가지고 있었으며, 이편 그룹의 날개와 저편 그룹의 날개가 성소의 중앙에서 서로 맞닿는 모습이었다. 또한 각 그룹의 다른 날개는 성소의 벽에 닿게 되어 있었다. "그룹"(כְּרוּב)은 인간과 동물의 형상을 한 복합적인 존재이다(겔 1:4-14; 10:1-22 참조). 그들은 만물을 다스리시는 하나님의 "궁정 수행원"에 해당한다(Brueggemann 2000:91). 그들은 하나님의 수행원들로서 지성소와 법궤를 지키는 역할을 하였다(출 25:22; 37:7-9). 이는 그룹들이 범죄한 아담과 하와가 생명나무에 접근하지 못하도록 에덴동산을 지킨 것과 비교된다(창 3:24). 따라서 지성소를 장식하는 그룹들은 지성소가 에덴동산에 버금가는 장소라는 사실을 상징적으로 보여준다고 할 수 있다(Sweeney 2007:115).[71]

---

71) Cf. Vos 2000:27-28: "The garden is 'the garden of God', not in the first instance an abode for man as such, but specifically a place of reception of man into fellowship with God in God's own dwelling-place. The God-

열왕기 기자는 지성소와 성소의 벽들과 문들에도 그룹 형상들이 새겨졌다고 말한다. 특히 성소의 벽들과 문들에는 그룹들뿐만 아니라 종려나무와 핀 꽃의 형상이 아로새겨졌다. 여기에 더하여 각종 나무들(감람나무, 잣나무, 백향목)이 성소의 재료로 사용되었다는 점이 강조된다. 이 모든 것은 지성소와 성소를 포함한 성전 전체가 에덴 동산의 모형으로 의도되었음을 알려준다. 다른 말로 하면 에덴 동산은 성전의 원형이요, 성전은 에덴 동산의 모형이다. 이로부터 이스라엘 땅에 성전이 세워지도록 하신 하나님의 뜻을 깨달을 수 있다. 창조시 에덴 동산을 창설하신 하나님의 계획은 인간의 타락에도 불구하고 여전히 유지되고 있으며 언젠가 때가 이르면 온전히 성취될 것이다. 구약 이스라엘 백성들은 성전을 건축함으로써 그런 하나님의 계획에 참여하는 축복을 얻었다. 신약의 요한 계시록은 하나님의 계획이 완성되었을 때 세상이 태초의 에덴 동산과 유사한 모습(상징적인 의미에서)을 하게 될 것이라고 알려준다(계 22:1-5).

성전 내, 외소의 장식에 대한 설명에 이어 성전 안 뜰에 대한 설명이 나온다. 성전 안 뜰은 다듬은 돌 세 켜(옆으로 줄지은 층)와 백향목 들보(beams) 한 켜를 둘러 만들었다(36절). 성전건축 기간은 솔로몬 즉위 사 년 시브월(ziv, 2월)부터 십일 년 불월(bûl, 8월)까지 모두 칠 년 육 개월이었다(37-38절).

4) 왕궁 건축(7:1-12)

성전을 건축한 다음 솔로몬은 자신의 왕궁을 십삼 년에 걸쳐 건축하

---

centred character of religion finds its first, but already fundamental, expression in this arrangement."

였다. 흥미롭게도 왕궁의 이름은 "레바논 숲의 집"(בֵּית יַעַר הַלְּבָנוֹן, the House of the Forest of Lebanon)으로 불렸다(왕상 10:21).[72] 그 이유는 아마도 이 왕궁의 외관(줄지어 서 있는 백향목 기둥)이 레바논의 백향목 숲을 연상케 하였기 때문일 것이다. 왕궁의 구조가 어떠했는지를 정확히 재구성하는 데는 어려움이 있다. 본문의 설명에 따르면 왕궁은 대략 다섯 부분으로 이루어진 "복합 건물"의 모습을 하고 있었다: ① 레바논 숲의 집(2-5절), ② 전실이 딸린 큰 주랑(6절), ③ 보좌의 주랑(7절), ④ 솔로몬이 거처할 왕궁과 바로의 딸을 위한 집(8절), ⑤ 큰 뜰(9-12절).[73]

각 건물의 규모를 살펴보면 레바논 숲의 집의 경우 길이 백 규빗(약 50 미터), 너비 오십 규빗(약 25 미터), 높이 삼십 규빗(약 15 미터)이었으며, 전실이 딸린 큰 주랑은 길이가 오십 규빗, 너비가 삼십 규빗이었다. 나머지 건물들의 규모는 밝혀져있지 않다. 각각의 건물들이 어떻게 서로 연결되었는지 자세히 알기가 쉽지 않다. 아마도 레바논 숲의 집과 전실이 딸린 큰 주랑이 서로 연결되어있었을 것이다. 전자는 그 규모로 미루어 보아 왕과 신하들(경우에 따라 외국의 사신들을 포함하여)이 모이는 회집의 장소로 사용되었을 것이다. 벽 쪽에 만들어진 삼층의 방들(각 층마다 15개)은 무기들이나 보물들을 보관하는 장소로 사용되었을 가능성이 있다(왕상 10:17, 21; 사 22:8).[74]"보좌의 주랑"의 위치가 불분명하다. 만일 그것이 레바논 숲

---

72) 개역개정역의 "그가 레바논 나무로 왕궁을 지었으니"(2a)는 오역에 가까운 번역이다. 원문에 충실한 번역은 "그가 레바논 숲의 집(궁)을 지었으니"이다.

73) 고고학의 발굴에 따르면 솔로몬 왕궁의 건축양식은 주전 10~8세기경 북 시리아와 아나톨리아 남부지역에 사용되었던 "비트-힐라니"(bît-ḥilāni) 양식과 유다하다고 한다(Patterson & Austel 2009:687).

의 집과 연결된 것이라면 전실이 딸린 큰 주랑 반대편에 만들어졌을 가능성이 있다. 비교적 분명한 것은 보좌의 주랑이 솔로몬이 거처할 왕궁과 인접해 있었다는 점이다(8절상).

보좌의 주랑(אוּלָם הַכִּסֵּא)은 재판의 주랑(אֻלָם הַמִּשְׁפָּט)으로 불리기도 했다(7절). 이름에서 알 수 있듯이 왕은 이곳에 설치된 보좌에 앉아 백성들을 재판하는 일을 했다. 재판은 왕이 해야 할 가장 중요하고도 엄숙한 일이었다. 따라서 보좌의 주랑은 건물의 성격에 걸맞게 장엄한 외관을 갖도록 설계되었다(왕상 10:18-20 참조). 그러나 장엄한 외관 못지않게 중요한 것은 왕이 정의롭게 재판하는 일이다. 왕이 바르게 재판하여 정의를 세우지 못하면 백성들 가운데 불의가 판치고 나라가 어지럽게 될 것은 자명한 일이다. 무엇보다도 왕이 판결을 굽게 하면 고아와 과부, 그리고 가난한 자들이 가장 큰 피해를 입게 된다(시 72:1-4; 82:2-4 참조). 그러므로 왕은 사회, 경제적 약자들이 억울하게 피해를 입지 않도록 정의의 파수군이 됨으로써 그들의 "아버지"가 되시는 하나님의 청지기 역할을 충실히 수행하여야 한다(시 68:5, 6). 요컨대, 왕은 하나님이 주신 율법에 따라 정의를 굳게 세우고, 이를 통해 하나님의 뜻이 밝은 빛처럼 온 백성을 환하게 비추는 세상 곧 하나님의 나라가 세워지도록 해야 한다.

---

74) 개역개정역의 "기둥 위에 있는 들보 사십오 개"(3절상)에 해당하는 히브리어 원문은 "기둥 위에 있는 방들 사십오 개"로 번역될 수도 있다. 다음은 그레이의 설명이다: "The only explanation of the MT reading '4 rows of pillars (v. 2) ··· 45, 15 to each row' (v. 3) would be that 45 (3 x 15) refers to the number of side-chambers on each long side. In this case, 'rows'(ṭūrīm) in the second instance would refer to rows not of pillars but of side-chambers, of which v. 4 indicates that there were three storys, the doors and windows of which faced one another directly(v. 5)."(Gray 1977³:178; cf. Wray Beal 2014:122).

그러나 본문에는 솔로몬이 하나님의 청지기 역할을 잘 수행할 것인지에 대해 의구심을 갖게 하는 면들이 소개된다. 솔로몬이 바로의 딸을 위해 집을 지었다는 것이 그 중 하나이다(8절하). 브루거만이 지적한대로 이는 하나님과의 언약관계 안에서 왕직을 수행해야 하는 솔로몬의 사명과 "반어적 관계"(ironic relation)에 있다(Brueggemann 2000:95). 본문은 왕궁건축이 값비싼 자재들(귀하고 다듬은 돌, 백향목)이 사용되었다는 사실을 강조한다. 이 또한 솔로몬 왕권에 잠재해 있는 세속적 성향을 나타내는 것이 아닐까? 브루거만의 설명을 들어보자:

"본문에서 사라진 것은 왕적 기능이나 왕적 의무 또는 정치 권력이 지닌 종교적 차원의 유지에 대한 감각이다. 사실상, 열왕기상 3-11장의 전체 솔로몬 이야기는 인간의 가치와 목적이 아무런 관심을 얻지 못하는 철저한 상업화를 보여준다. 솔로몬의 공공정책에 나타나는 그런 사회적 지평은 무관심과 착취로 이어질 뿐이다. 분명히 이러한 상업화는 출애굽기에 있는 바로의 그것과 비교된다. 솔로몬은 애굽 공주와의 혼인을 통해 바로의 상업화와 유대를 맺고 있다"(Brueggemann 2000: 96).

솔로몬이 왕궁을 건축한 기간은 모두 십삼 년이었다(12절). 이는 성전건축 기간(칠 년 육 개월)의 두 배에 가까운 기간이다. 건축 기간뿐 아니라 건물 규모에 있어서도 - "레바논 숲의 집" 하나만 놓고 보더라도 - 왕궁의 크기(50 미터, 25 미터, 15 미터)는 성전의 그것(30 미터, 10 미터, 15 미터)보다 월등하게 크다. 이는 바로의 딸과의 결혼과 마찬가지로 솔로몬에게 있는 세속적 관심을 보여주는 것이라 할 수 있다(House 2001:130-131).

5) 성전의 설비(7:13-51)

성전의 설비에 대한 기록이 왕궁건축에 대한 기록(7:1-12) 다음에
배치된 것이 특이하다. 이는 성전의 여러 물건들이 왕궁건축 이후에
만들어졌다는 것을 암시한다(Wray Beal 2014:122). 그렇다면 왕
궁건축은 언제 시작되었던 것일까? 성전이 준공된 다음에 공사가 시
작되었을 수도 있고 성전건축과 함께 시작되었을 가능성도 있다. 만
일 성전과 왕궁이 동시에 건축되기 시작했다면 성전의 설비들은 성전
이 준공된 후 5년 6개월이 지난 다음 만들어졌을 것이다. 이는 성전
봉헌식(왕상 8:12-66)의 시점 또한 왕궁건축 이후였다는 의미이다.

솔로몬은 놋쇠 대장장이 히람을 데려와 성전 기물들을 만들도록
하였다. 이 사람은 납달리 지파 과부의 아들로서 아버지는 두로 사
람이었다(14절).[75] 14절은 그가 "모든 놋일에 지혜와 총명과 재능
을 구비한 자"라고 소개한다. 이방사람의 피가 섞인 인물이 성전기물
을 만드는 일을 맡은 것을 어떻게 보아야 하는가? 광야시대에는 유다
지파 출신의 브살렐과 단지파 출신의 오홀리압이 남다른 지혜와 재능
으로 성막과 성소의 기물을 만드는 일을 하였다(출 31:1-11). 패터
슨과 오스텔은 히람의 재능이 하나님께서 성막건설의 임무를 위해 특
별히 준비하신 브살렐의 재능과 매우 유사하다는 점을 지적하며, "본
문에 분명히 언급되어있지는 않지만 히람은 하나님이 이 특별한 일을
위해 예비하신 인물로 보는 것이 적절하다"고 설명한다(Patterson

---

75) 역대하 2장 14절에 따르면 히람의 모친은 원래 단 지파 출신이었으나 납달
리 사람과 결혼하여 납달리 지파에 속하게 되었던 여인이다. 그녀는 남편이
죽자 두로 사람과 재혼하여 히람을 낳았다(Keil 1865:72). 납달리와 두로는
인접지역이다.

& Austel 2009:690). [76]

히람은 먼저 성전 주랑 앞에 대략 9미터 정도 높이와 6미터 정도 둘레의 놋으로 된 두 기둥을 만들었다(15-22절). 이 놋기둥의 꼭대기에 약 2미터 50센티 높이의 머리가 만들어졌으며, 각 머리는 격자 무늬의 그물과 꼰 실 일곱 가닥으로 장식되었다. 또한 기둥 꼭대기의 머리를 덮기 위해 각 격자 무늬 그물 둘레에 석류 이백 개가 "두 줄"(שְׁנֵי טוּרִים)로 만들어졌다. 그 밖에도 기둥 머리의 네 규빗(약 2미터)은 백합화 모양의 무늬로 장식되었다. 각 기둥에는 이름이 주어졌는데, 오른편 기둥은"야긴"(יָכִין – כּוּן의 히필형으로서 '그가 세울 것이다'란 의미)이며, 왼편 기둥은 "보아스"(בֹּעַז – בּוֹ와 עַז의 합성어로서 '그분께 힘이 있다')였다.

"야긴"과 "보아스"에 대해서는 의견이 분분하다. 그레이는 두로에서 발견된 한 신전의 기둥이 밤에 불을 밝히는 역할을 하였다는 사실에 근거하여 솔로몬 성전의 두 기둥에도 여호와의 임재를 상징하는 "성스러운 불"이 있었을 것이라고 본다. 다음은 그레이의 설명을 옮긴 것이다: "따라서 성전에 들어갈 때 오른 편 기둥(야긴)은 여호와의 임재를 상징하며, 밖으로 나올 때 이것의 오른 편에 있는 다른 기둥(보아스)은 불로써 다윗 왕가를 상징한다. 후자의 위치는 왕이 하나님의

---

76) 히람의 경우 브살렐과 오홀리압과 달리 하나님의 영에 대한 언급이 없고 그저 "놋 기술자"(Künstler in Erz)로 언급되었을 뿐이다(Keil 1865:73, cf. Seow 1999:67). 브루거만은 히람이 다문화 가정 출신이란 사실을 언급하며 성전건축이 이스라엘적 요소와 푀니키아적 요소의 혼합물이라고 본다: "This bicultural enterprise, reflecting the pedigree of the builder, is both the glory and the dilemma of Solomon's temple, for it is purported to be a temple for Yahweh, and yet it is an elaborate, hierarchally ordered sanctuary that is in principle inimical to Yahweh" (Brueggemann 2000:96-97). 그러나 비록 솔로몬의 성전건축에 이런 문제가 내재되어있었다고 해도 열왕기 기자는 이를 노골적으로 드러내지 않는다.

오른 편에 있는 것을 상기시킨다(시 110:1). 쌍둥이 기둥의 이름은 하나님과 왕의 관계를 반영한다. 야긴('그가 세우신다')은 하나님의 주도권을 가리키며, 보아스("그분으로 인해 그는 강하다")는 왕의 의존성을 표현한다"(Gray 1977³:187).

여러 면에서 흥미로운 것이긴 하지만 그레이의 설명은 본문이 언급하지 않은 바(성스러운 불)를 이야기한다는 점에서 너무 멀리 나아간다는 인상을 준다. 그러나 두 기둥이 각각 하나님의 주도권과 왕의 의존성을 상징한다는 그의 설명은 참고로 할만하다. 그레이와는 달리 존스(G. H. Jones)는 언약의 관점에서 두 기둥의 의미를 해석한다. 그는 언약의 맥락에서 기둥들이 언급되는 경우가 있다는 사실에 근거하여 "야긴"과 "보아스"를 언약에 대한 증거의 돌들에 해당하는 것으로 본다: "그러므로 기둥들은 언약을 증거하기 위해 세워진 돌의 잔재로서(수 24:26ff.) 하나님과 그의 백성, 특히 하나님과 다윗 왕조 사이의 언약을 상징한다고 볼 수 있다"(Jones 1983:183). 하나님과 다윗의 언약관계에 근거한 존스의 설명은 본질상 그레이의 설명과 다르지 않다. 언약관계에서 핵심은 하나님의 주도권과 인간 파트너의 의존성이기 때문이다.

브레이 빌(Wray Beal 2014:123)은 "야긴"과 "보아스"의 의미를 두 가지로 해석할 수 있다고 본다: "만일 따로 읽으면 보아스는 백성들 가운데 있는 여호와의 힘을 지시한다. 백성들은 그분의 힘을 높이며, 왕은 그것을 즐거워한다(시 21:1, 13[2, 14]). 반면 야긴은 여호와께서 성전 또는 성전과 연결된 다윗 왕조를 세우신 것을 확증한다. … 또 다른 가능성은 이름들을 하나의 구절로(오른 쪽에서 왼 쪽으로)서, 즉 '그가 능력으로 세우신다'는 의미로 읽는 것이다. 이렇게 되면 기둥들은 땅의 기초와 여호와의 주권으로 인한 창조의 안정성을 나타낸다(시 82:5; 잠 8:29; 사 24:18; 렘 31:37; 미 6:2)." 설명의 방식에 다소 차이가 있긴 하지만 브레이 빌의 설명도 본질상 존스의 설명과 다르지 않다고 보아야 한다.

결론적으로 "야긴"과 "보아스"는 하나님께서 주도적으로 다윗 왕가를 세우시며, 다윗 왕가의 존립은 전적으로 하나님의 능력에 의존한다는 사실을 상징적으로 나타낸다고 할 수 있다. 두 기둥은 하나님이 세우시고자 하는 왕국의 계획은 확고 불변하다는 것을 나타내는 상징물과도 같다. 카일의 다음 설명도 같은 관점을 반영한다: "기둥들은 외형적인 건물로서의 성전이 아니라 오히려 성전을 통해 이스라엘에 구체화되는 하나님의 나라가 성전을 자기 백성들 가운데 자신의 거처로 택하신 여호와를 통해 얻는 견고함과 강함을 상징한다"(Keil 1865:77).

놋 기둥에 이어 히람은 "이천 밧"(45000 리터)을 담을 수 있는 "바다"(ם) 하나를 만들었다(23-26절). 바다의 물은 제사장들이 제사를 전후하여 자신들을 씻는 용도로 사용하였다(대하 4:6 참조). 모양은 열 두 마리의 소가 동, 서, 남, 북 네 방향에서 각각 세 마리씩 바다를 떠받치는 모습이다. 열 둘은 이스라엘 지파나 솔로몬 왕국의 행정구역을 상징하는 것일 수 있다(House 1995:134). 그것은 물론 단순히 장식용이었을 가능성도 있다.

히람은 또한 "사십 밧"(96 리터)의 물을 담을 수 있는 물두멍(대야) 열 개와 물수레 열 대를 만들었다(27-39절). 물두멍의 물은 번제에 속한 물건들을 씻는데 사용되었다(대하 4:6 참조). 물두멍에 만들어진 여러 가지 장식들(물수레의 사자, 소, 그룹, 그리고 바퀴)은 그것이 기능성과 예술성을 함께 갖춘 기물이었음을 말해준다. 다음은 장식물에 대한 브루거만의 설명이다: "다른 한편, 그룹들은 여호와의 임재를 예술적으로 표현한다. 그것들은 보이지 않는 임재(the invisible Presence) 주변에 모인 하위 궁정수행원들을 나타내기 때문이다. … 사실상 바퀴의 의미에 대해서는 알 수 없다. 그러나 그것들이 임재의 주장(a claim of Presence)과 연결되는 것은 분명하다"(Brueggemann 2000:100-101).

물두멍 외에도 성전의 여러 기구들이 만들어졌다(40-50절). 40-47절은 앞에서 언급된 물건들 – 주로 성전 뜰에서 사용되는 제의도구들 – 을 부연 설명하는 듯하다. 48-50절은 주로 성소에 있는 물건들과 제의도구들의 제작에 대한 설명이다. 첫번째로 언급되는 기물은 "금 단"(מִזְבַּח הַזָּהָב)이다. 이는 향을 사르는 분향 제단을 의미한다(출 30:1-4). 광야시절 아론이 아침과 저녁에 이 제단에 향을 살랐다(출 30:7-8). 향을 사르는 일은 기도를 상징한다(House 134). 시편에서 성도의 기도는 분향에 비교된다: "나의 기도가 주의 앞에 분향함과 같이 되며 나의 손 드는 것이 저녁 제사 같이 되게 하소서"(시 141: 2).[77] 같은 사실이 신약에서도 확인된다: "또 다른 천사가 와서 제단 곁에 서서 금 향로를 가지고 많은 향을 받았으니 이는 모든 성도의 기도와 합하여 보좌 앞 금 제단에 드리고자 함이라 향연이 성도의 기도와 함께 천사의 손으로부터 하나님 앞으로 올라가는지라"(계 8:3-4).

"진설병의 금 상"은 이름이 말해주듯 "임재의 떡"(לֶחֶם הַפָּנִים)을 진설해두는 상(床)이다. 하우스는 "이 떡이 택한 백성들 가운데 여호

---

77) 신구약 중간기에는 기도가 희생제사를 대신하였다고 전해진다: "Nach dem Aufhören der Opfer nimmt das Gebet dessen Stelle ein. Das tägliche Morgengebet, die *šaḥᵃrît* (Morgendämmerung), tritt an die Stelle des abendlichen *tāmîd*, das *minḥāh*-Gebet an die Stelle des abendlichen *tāmîd*"(Rendtorff 2001:224).

와의 임재와 그들을 위한 여호와의 공급을 나타내었다"고 설명한다
(House 2001:134). 레위기 24장 5-9절에 의하면 제사장들이 이
떡을 먹었다. 이는 그것이 하나님께로부터 백성들에게 공급되는 양식
을 상징하였다는 것을 뒷받침해준다(레 24:5-9 참조). 역대하 4장
8절은 "임재의 떡"을 위한 "금 상"이 성소 오른 쪽과 왼 쪽에 각각 다
섯 개씩 도합 열 개 만들어졌다고 알려준다. 레위기 24장 5-6절에
따르면 각 상에는 열 두 개의 떡이 여섯 개씩 두 줄로 진설되었다. 카
이저는 "열 두 덩이의 떡은 항상 여호와의 살피심과 돌보심과 보호하
심 아래 있는 이스라엘 열 두 지파를 상징한다"고 설명한다(Kaiser
2008:515). 이스라엘 백성들은 하나님의 "공급하시는 가까이 계
심"(his giving nearness)을 인정하며 진설상을 차렸다(Durham
1987:362). 구원역사의 관점에서 "임재의 떡"은 택한 백성들에게
영원한 양식이 되시기 위해 하늘로부터 오신 예수님을 가리킨다고 할
수 있다(요 6:32-35).

열 개의 "정금 등잔대" 또한 주목할만한 성전 설비이다(49절). 이
들 등잔대는 내소 앞 좌우로 다섯 개씩 진열되었다. 등잔은 꽃 모양
이었다. 출애굽기 25장 31-40절을 참고하면 그것이 아몬드 꽃 모
양의 등잔임을 알 수 있다.[78] 아몬드 꽃은 중근동 지역에서 가장 이른
봄에 피는 흰색 꽃으로 알려져 있다. 예레미야의 소명기사(렘 1:11-
12)에서 아몬드 나무는 "생명을 약속하는 '각성'의 나무"로 언급된다
(Durham 1987:364).[79] 등잔의 불 또한 생명을 상징하는 것일 수

---

78) 개역개정역에 "살구꽃 형상"으로 번역된 "므슉카딤"(מְשֻׁקָּדִים)은 "아몬드 꽃 모
  양"(shaped like almond blossoms)을 의미한다.

79) 아몬드 나무를 뜻하는 "샤케드"(שָׁקֵד)는 "깨어서 방심하지 않고 지킨다"는
  의미의 동사(칼분사형) "쇼케드"(שֹׁקֵד)와 발음이 유사하다. 그러므로 예레
  미야의 소명기사에서 "샤케드"(아몬드 나무)는 하나님께서 자신의 말씀을

있다(요 1:4 참조). 하우스는 허니컷(R. Honeycutt)의 말을 인용하여 등잔대에 대하여 다음과 같이 설명한다. 등잔대는 "세 가지 목적에 이바지한다: (1) 기능적으로 어두운 곳에 빛을 준다; (2) 미학적으로 성소에 항시 필요하고 적합한 '영광과 미'를 제공한다; (3) 상징적으로 생명과 빛의 나무를 통해 생명의 개념을 전달한다"(House 2001:135). 이 설명이 옳다면, "정금 등잔대"는 에덴 동산의 생명나무를 상징한다고 할 수 있다. 동시에 그것은 세상의 빛과 생명으로 오신 예수 그리스도를 모형적으로 지시하는 것으로 이해될 수 있다(요 1:1-14).

카일의 설명방식은 조금 다르다. 그는 일곱 가지를 가진 정금 등잔대가 이스라엘 백성을 상징한다고 본다: 이스라엘은 "빛의 그릇이자 담당자인 밝은 등잔들 안에서 항상 스스로를 밤 같은 세상에 빛을 비추는 백성으로서 여호와께 나타내야 한다"(Keil 1865:556). 이런 이해 속에서 카일은 등잔의 기름을 성령의 상징으로 본다. 그는 "성령의 능력으로 이스라엘이 여호와와의 언약 안에서 하나님을 아는 지식과 영적 깨달음의 빛을 땅의 모든 민족들 앞에 비추어야 한다"고 설명한다(Keil 1865:556). 카일은 스가랴의 환상(슥 4장)에 등장하는 일곱 등잔을 가진 순금등대와 두 올리브 나무에 대해서도 같은 설명을 제시한다. 순금등대는 언약백성 (이스라엘)이며 두 올리브 나무는 백성들에게 성령이 역사하는 통로, 즉 왕과 제사장이다(Keil 1865:557). 이런 관점은 새언약백성의 모임인 교회를 하나님의 보좌 앞에 있는 "일곱 금 촛대"와 동일시하는 신약의 관점과 일치한다(계 1:20).

반드시 지키신다는 사실을 각성시키기 위한 수단(언어유희)으로 사용되었다.

51절은 성전 기물을 만드는 일이 모두 끝났음을 밝힌다. 아울러 이 구절은 솔로몬이 다윗이 드린 모든 물건들을 성전창고에 보관하였다는 언급을 덧붙인다. 이는 다윗에게 주신 약속이 모두 성취되었다는 암시일 것이다. 하나님을 향한 다윗의 헌신이 그의 아들 솔로몬에게서 완성됨으로써 다윗의 씨가 하나님의 이름을 위해 성전을 지을 것이란 하나님의 약속이 그대로 이루어졌다. 이스라엘의 하나님 여호와는 약속하시고 그 약속을 이루시는 신실한 하나님이시다.

6) 언약궤의 성전안치(8:1-11)

성전이 건축되자 솔로몬은 먼저 시온에 있던 언약궤를 성전으로 메어 올리고자 하였다. 그는 지도층 인사들(이스라엘의 원로들, 각 지파의 지도자들, 이스라엘 자손들의 족장들)을 모두 소집하였다. 시점은 유대력 에다님 월(7 월) 절기 때였다. 성전 건축이 불 월(8월)에 끝났으므로(왕상 6:38), 이곳에 언급된 시점은 그 후의 - 정확히 얼마 동안인지는 알 수 없지만 - 어느 시점이었을 것이다.[80] 여기에 언

---

80) 칠십인역은 성전봉헌식이 거행된 시점이 왕궁건축 이후라고 밝힌다: καὶ ἐγένετο ἐν τῷ συντελέσαι Σαλωμων τοῦ οἰκοδομῆσαι τὸν οἶκον κυρίου καὶ τὸν οἶκον ἑαυτοῦ μετὰ εἴκοσι ἔτη τότε ἐξεκκλησίασεν ὁ βασιλεὺς Σαλωμων πάντας το ὶς πρεσβυτέρους Ισραηλ ἐν Σιων τοῦ ἀνενεγκεῖν τὴν κιβωτὸν διαθήκης κυρίου ἐκ πόλεως Δαυιδ αὕτη ἐστὶν Σιων (And it came to pass when Solomon had finished building the house of the Lord and his own house after twenty years, then king Solomon assembled all the elders of Israel in Sion, to bring the ark of the covenant of the Lord out of the city of David, this is Sion). 카일 또한 이 견해를 지지한다. 그 이유는 다음과 같다: 열왕기상 9장 1절 이하에는 성전 봉헌 이후 하나님이 솔로몬에게 나타나셔서 말씀하신 내용을 소개하고 있다; 그런데 그 시점이 성전건축과 왕궁건축이 모두 끝난 다음이었다; 그렇다면 성전 봉헌 또한 왕궁건축 이후

급된 절기는 초막절(חג הסכות)이다: "그것은 추수 축제였다. 더욱 중요한 것은 그것이 광야의 방랑이 끝나고 하나님이 자기 백성을 약속의 땅으로 인도하셨다는 사실, 즉 하나님께서 그들에게 안식을 주셨다는 사실을 기리는 축제였다는 것이다(신 12:8-11). … 다른 말로 하면, 초막절은 하나님의 약속이 성취되어 이스라엘이 하나님의 메시아 아래 그 땅에 자리 잡은 것을 기리는 축제이다. 그러므로 그것은 성전건물을 완공하기에 완벽한 시점이다"(Patterson and Austel 2009:699).

한 때 다윗은 새 수레로 언약궤를 운반하다가 재앙을 당한 일이 있었다(삼하 6장). 그 일은 다윗을 비롯한 이스라엘 백성들에게 하나님이 정하신 규례에 순종하는 것이 얼마나 중요한 일인지를 교훈해주었다(민 4:15). 인간은 언제나 하나님의 뜻에 순종해야 할 위치에 있지 스스로 모든 일을 판단하고 주관하는 위치에 있지 않다. 솔로몬도 예외가 아니다. 그가 비록 성전을 건축하고 언약궤를 성전에 안치하는 일을 하였지만 혹이라도 스스로 모든 일을 주관한다고 생각했다면 그것이야 말로 큰 착각이다. 그러나 다행히도 솔로몬은 다윗의 실수를 반복하지 않았다. 그는 하나님이 정하신 규례에 따라 제사장들이 언약궤를 메도록 하였다.

언약궤를 메어 올리는 동안 솔로몬과 백성들은 언약궤 앞에서 양

에 이루어졌을 가능성이 있다(Keil 1865:89). 그러나 다른 많은 주석가들은 성전건축이 끝나고 11개월이 지난 후 봉헌식이 있었을 것으로 생각한다. 그들은 칠십인역의 읽기는 날짜를 맞추기 위한 인위적 시도이며, 열왕기상 9장 이하의 내용은 성전봉헌과 관련된 것이 아니라고 주장한다(House 2001:137-38 참조). 하지만 열왕기상 7장 13-51절의 위치가 암시하듯 성전의 설비들이 왕궁건축 이후에 만들어졌다고 보면 봉헌식의 시점 또한 왕궁건축 이후로 보는 것이 자연스럽다. 다만 성전과 왕궁이 동시에 건축되기 시작했을 가능성이 고려되어야 한다.

과 소로 셀 수 없이 많은 제사를 드렸다(5절). 과거 다윗이 오벳 에돔의 집에서 예루살렘으로 법궤를 메어 올릴 때의 일을 상기하면 솔로몬은 아마도 매 여섯 걸음 마다 제사를 드렸을 수 있다(삼하 6:13 참조).[81] 이런 행위는 언약궤를 메어 올리는 일이 다만 형식적인 제의 행위 이상의 것임을 나타낸다. 언약궤는 하나님의 임재를 상징하는 성물인 만큼 언약궤 행렬은 하나님이 그 백성 가운데 임하는 신적인 왕의 행차에 해당하는 것이었다. 즉 언약에 신실하신 하나님이 자기 백성과 맺은 언약에 따라 그들과 함께 거하시고자 임하시는 것이 언약궤 행렬에 담긴 의미였다는 말이다.

마침내 언약궤가 성전의 지성소에 안치되었다. 언약궤가 더 이상 장막에 머물지 않고 성전에 안치되었다는 것은 방랑과 전쟁의 시대가 끝나고 평화와 안식의 시대가 도래하였다는 것을 의미한다(민 10:33-36 참조). 이제 백성들은 자기들 가운데 거하시는 하나님과 더불어 함께 하며, 그분의 의로운 다스림 속에서 평화를 누리게 될 것이다. 그러므로 언약궤가 성전의 지성소에 안치된 이 사건은 구속사의 **한 정점**에 해당한다고 해도 과언이 아니다. 다만 이 때는 하나님의 임재와 통치가 물질적인 요소들(성전, 언약궤 등)로 표상되는 정도였기에 아직 **마지막 정점**은 미래의 일로 남아있었다는 점이 간과되어서는 안 된다.

여기서 궤 안에 언약의 말씀이 기록된 두 돌 판이 들어 있었다는 사실에 주목할 필요가 있다. 궤가 이처럼 언약의 말씀을 보관하고 있

---

81) 많은 주석가들은 법궤를 운반하는 제사장들이 처음 여섯 걸음을 갔을 때 한 번 제사가 드려졌고 그 후에는 궤가 곧바로 목적지로 운반되었을 것이라고 생각한다. 그러나 멕카터를 비롯한 다른 학자들은 궤가 운반되는 동안에 줄곧 제사가 드려졌을 것이라고 본다(McCarter 1984:171).

다는 것은 그것이 이스라엘과 하나님과의 언약관계에 대한 보증으로 이해될 수 있음을 의미한다. 더 나아가 그것은 자기 백성들 가운데 거하시며 그들을 통치하시는 하나님의 임재 방식에 대해서도 빛을 던져 준다. 언약의 말씀을 담은 궤가 성전에 안치되었다는 사실은 이제 하나님께서 언약의 말씀 안에서, 그리고 그 언약의 말씀을 통해 백성들과 함께 하신다는 것을 의미한다. 그러므로 궤가 성전에 안치된 것은 훗날 "말씀이 육신이 되어 우리 가운데 거하신"(요 1:14) 일의 그림자에 해당한다고 할 수 있다. 예수께서 자신의 몸을 가르쳐 성전이라고 말씀하신 것 또한 구약 성전과 관계된 일들이 자신을 지시한다는 사실을 뒷받침해준다(요 2:19-22).

언약궤가 성전에 안치되자 영광의 구름이 성전을 가득 채웠다. 그 영광이 어찌나 컸던지 제사장들이 능히 서서 섬기지 못할 정도였다. 시내산에서 성막이 완공되었을 때도 영광의 구름이 나타나 성막을 가득 채우므로 모세가 들어갈 수 없을 정도였다고 한다(출 40:34-35). 훗날 사도 요한은 구약 성전이 예시하였던 실체가 이 땅에 오셨을 때 그를 가리켜 다음과 같이 말하였다: "말씀이 육신이 되어 우리 가운데 거하시매 우리가 그 영광을 보니 아버지의 독생자의 영광이요 은혜와 진리가 충만하더라"(요 1:14). 여기에 언급된 예수님의 영광은 구약에서 성막과 성전을 가득 채웠던 그 영광과 같은 것이다. 특히 "말씀이 육신이 되어 우리 가운데 거하시매"에서 "거하시매"는 "장막을 치다"는 의미의 성막언어인 까닭에 더더욱 그러하다. 구약에서 말씀은 법궤 안에 보관되어 지성소에 머물렀다. 이 말씀은 때가 되자 예수님의 육신을 성전 삼아 우리 가운데 계셨다. 그러므로 예수님이 하나님의 영광으로 충만한 것은 구약 성전이 하나님의 영광으로 충만하였던 것과 같은 의미를 갖는다는 말은 결코 과장이 아니다.

한 가지 더 생각하여야 할 것이 있다. 신약은 믿음으로 예수 그리스도와 연합된 신자들도 성전이라고 가르친다(고전 3:16-17; 고후 6:16; 엡 2:20-22). 그러므로 신자들은 영광스러운 자들이며, 영광으로 충만해야 하는 자들이다. 성전은 하나님의 영광이 머무는 곳이기 때문이다. 신자들이 영광스럽지 못하게 되는 이유는 각종 부정한 것들로 스스로를 더럽히기 때문이다. 솔로몬이 지은 성전도 온갖 우상숭배로 더럽혀졌을 때 영광을 잃고 말았다. 에스겔의 환상은 하나님의 영광이 지성소를 떠나 성전의 문지방과 성전으로 들어가는 동쪽 문을 지나고 예루살렘 동편 산으로 이동해가는 비극적인 모습을 보여준다(겔 9:3; 10:18-19; 11:22-23). 이렇게 떠난 하나님의 영광은 나중에 성전이 정화되자 떠나간 순서 그대로 원래의 자리에 되돌아 온다(겔 43:1-5). 이는 신자들에게 많은 것을 시사해준다. 신자들이 온갖 세속적인 것들과 부정한 것들로부터 스스로를 정화하면 다시 하나님의 영광으로 영광스럽게 될 것이다.

7) 성전 봉헌식(8:12-66)

법궤를 성전에 메어 올린 다음 성전 봉헌식이 거행되었다. 솔로몬은 먼저 이스라엘백성들에게 성전을 건축하게 된 배경에 대하여 설명한 다음(12-21절), 성전과 관련하여 긴 기도를 하나님께 올린다(22-53절). 이어서 솔로몬은 백성들을 향하여 축복과 권면의 말을 하고 (54-61절), 끝으로 각종 제사를 드리며 백성들과 더불어 칠일씩 두 번, 도합 십사일 간 축제를 벌인다(62-66절).

(1) 솔로몬의 연설(8:12-21)

먼저 솔로몬은 하나님께서 다윗에게 하신 말씀을 인용하여 성전을 건축하게 된 경위를 설명한다: "내가 내 백성을 애굽에서 인도하여 낸 날부터 내 이름을 둘 만한 집을 건축하기 위하여 이스라엘 모든 지파 가운데서 아무 성읍도 택하지 아니하고 다만 다윗을 택하여 내 백성 이스라엘을 다스리게 하였노라"(16절). 이 말씀은 과거 하나님께서 선지자 나단을 통해 다윗에게 하신 말씀이다(삼하 7:4-16 참조). 여기서 솔로몬이 말하고자 하는 바는 크게 세가지다: 1) 성전 건축은 출애굽의 궁극적인 목표이며, 2) 이를 위해 하나님은 다윗을 왕으로 세우셨으며, 3) 마침내 솔로몬 자신을 통해 그 일을 성취하셨다.

이처럼 솔로몬은 약속과 성취의 관점에서 성전건축을 바라보고 있다. 이러한 솔로몬의 언약적 관점이 그의 연설 마지막에 다시금 강조된다: "내가 또 그곳[성전]에 우리 열조를 애굽 땅에서 인도하여 내실 때에 저희와 세우신 바 여호와의 언약 넣은 궤를 위하여 한 처소를 설치하였노라"(21절). 이 말에서 알 수 있듯이 솔로몬은 하나님께서 조상들과 맺은 언약을 상기하면서 성소에 안치된 궤가 그 언약의 보증이란 사실을 강조하고 있다. 이것은 솔로몬이 성전을 건축하고 궤를 성소에 안치한 것을 언약의 성취란 관점에서 이해하고 있었음을 분명히 해준다.

(2) 솔로몬의 기도(8:22-53)

연설이 끝난 다음 솔로몬은 하나님께 기도를 드린다. 이 기도는 다윗 왕가를 위한 기도(22-26절)와 일반 백성들을 위한 기도(27-53절)로 나누어진다. 다윗 왕가를 위한 기도에서는 왕위를 이을 자가 끊어지지 않기를 기도한다. 이 기도를 드림에 있어 솔로몬은 하나님께서 다윗에게 주신 약속에 호소한다. 즉 솔로몬은 하나님의 언약적 신실함에 근거하여 기도하고 있다.

이 기도에서 다윗 왕가에 대한 하나님의 약속이 조건적인 것으로 바뀐다: "네 자손이 자기 길을 삼가서 네가 내 앞에서 행한 것 같이 내 앞에서 행하기만 하면"(8:25). 그러나 이것은 다윗 언약의 수정이 아니다. 오히려 그것은 다윗 언약의 의미를 더 분명하게 해준다. 솔로몬의 말을 통해 다윗 언약을 재해석하면 다음과 같다: 다윗 왕권은 궁극적으로 무너지지 않을 것이지만, 그럼에도 불구하고 왕들이 범죄할 경우 그들에게서 일시적으로 왕권이 박탈될 수도 있다.[82]

백성들을 위한 기도에서는 주로 죄 가운데서 혹은 고통과 환난 가운데서 드리는 기도를 들어달라는 내용이다. 다음은 백성들이 드리는 기도내용이다: 1) 소송사건(31-32), 2) 범죄로 인해 적국에 패함(33-34), 3) 범죄로 인한 천재(35-36), 4) 질병과 재앙(37-40), 5) 회심한 이방인들(41-43), 6) 전쟁(44-45), 7) 포로로 사로잡힘(46-53). 솔로몬은 백성들이 성전에 나아와 기도하거나 혹은 성전이 있는 곳을 향하여 기도할 때 그 기도를 들어달라고 기도한다. 여기서 "솔로몬이 성전의 일차적 기능으로 희생제사의 기능보다는 기도의 기능을 앞세우고 있음을 확인할 수 있다"(Hamilton 2005:524).[83]

또한 솔로몬은 "하늘에서 들으시고"라는 표현을 반복한다. 이것은 성전을 염두에 두고 기도하는 상황과 동떨어진 표현인 것처럼 보인다.

---

82) 이 문제에 대한 더 자세한 논의는 졸고, "다윗언약의 조건성에 대한 연구", 「신학정론」 33권 2호(2015), 89-108을 참조하라.

83) 이사야가 전한 "내 집은 만민이 기도하는 집이라 일컬음이 될 것임이라"(사 56:7)는 말씀은 솔로몬의 기도에서 강조된 바를 염두에 둔 것이라고 할 수 있다.

"지성소에서 들으시고"가 현재의 상황에 더 적합한 표현이 아닐까? 그러나 솔로몬의 표현은 하나님의 초월성에 대한 바른 인식에서 나온 것이다. 그는 하나님께서 성전에 거하신다는 사실을 부인하지 않았지만 또한 하나님은 성전이 다 용납할 수 없을 정도로 크신 분이라는 사실 또한 알고 있었다. 그는 "하나님이 참으로 땅에 거하시리이까 하늘과 하늘들의 하늘이라도 주를 용납지 못하겠거든 하물며 내가 건축한 이 전이리이까"라고 하였다(8:27).

백성들을 위한 기도 또한 다윗 왕가를 위한 기도와 마찬가지로 언약에 기초한 기도이다. 기도의 초두(27-30)와 말미(51-53)에서 솔로몬은 하나님이 자기 이름을 성전에 두셨다는 사실과 하나님이 이스라엘 백성들을 애굽에서 구원하신 사실을 언급한다. 이런 봉입구조는 기도의 전체 내용이 이스라엘과 하나님과의 관계에 기초하고 있음을 잘 보여준다.

(3) 솔로몬의 축복과 권면(8: 54-61)

기도를 마친 후 솔로몬은 "온 이스라엘의 회중"을 축복하였다. 그의 축복은 하나님을 찬송하는 것으로부터 시작한다. 찬송의 핵심은 하나님이 말씀대로 자기 백성 이스라엘에게 "안식"(מְנוּחָה)을 주셨다는 내용이다. 성전은 하나님이 쉬는 "안식의 장소"(מְקוֹם מְנוּחָה)인 점을 고려할 때(사 66:1; 시 132:14 참조), 성전 봉헌식에서 솔로몬이 "안식"을 언급한 것은 지극히 당연한 일이다. 솔로몬은 또한 하나님이 모세를 통해 주신 모든 말씀들 가운데 하나도 헛되지 않았다고 하며 하나님을 찬송한다. 하나님이 모세를 통해 주신 말씀이란 이스라엘 백성이 약속의 땅에서 안식을 얻을 것이란 약속을 가리킨다고 보아야 한다(신 3:20; 12:9-10; 25:19 참조). 더 나아가 솔로몬이 모세의 이름을 언급한 것은 성전건축이 출애굽 의 완성이라는 점을 다시 한번 상기시키는 효과를 갖는다고 볼 수도 있다.

하나님께 대한 찬송에 이어 백성을 향한 축복의 메시지가 뒤따른다. 그 내용은 네 가지로 요약된다: 1) 하나님께서 조상들과 함께 하셨던 것처럼 이스라엘 백성과 함께 하시기를 축복, 2) 왕과 백성들의 마음을 주장하셔서 하나님을 향하게 하시고 하나님의 모든 말씀을 지키시기를 축복, 3) 솔로몬이 하나님 앞에서 간구한 기도의 말이 늘 하나님께 가까이 있기를 축복, 4) 백성들의 필요를 채워주시기를 축복. 이 모든 축복의 궁극적 목적은 온 세상 사람들이 오직 여호와만 하나님이신 것을 알게 되도록 하는 것이다. 하나님의 백성들이 하나님께로부터 받기를 기대하는 모든 축복의 궁극적인 목적은 하나님 자신에게로 귀착되어야 한다.

끝으로, 축복의 메시지는 권면으로 연결된다. 권면의 내용은 이스라엘 백성들이 마음을 여호와께 온전히 바쳐 법도를 행하고 계명을 지키라는 것이다. 하나님은 자기 백성들과 온전한 관계를 가지기 원하신다. 그러므로 하나님은 그들의 마음에서 우러나오는 헌신과 충성을 기대하신다. 하나님을 향한 헌신과 충성은 그분의 법도와 계명을 행하고 지키는 것으로 표현된다.

(4) 희생제사와 축제(8: 62-66)

솔로몬은 성전 봉헌식을 거행하면서 하나님께 각종 제사를 드렸다. 열왕기 기자에 따르면 솔로몬은 "희생제사"(זֶבַח)를 드렸다. 희생제사

는 짐승을 잡아서 제물로 드리는 제사를 가리킨다. 이 제사에 속하는
것으로 "번제"(עלה), "화목제"(שְׁלָמִים), "속죄제"(חַטָּאת), "속건제"(אָשָׁם)를 들
수 있다.

희생제사들 중 솔로몬이 드린 것은 번제와 화목제였다. 특히, 본
문은 솔로몬이 화목제를 드렸다는 사실을 강조한다.[84] 화목제는 속
죄와 관련되기도 하지만 주로 제사 드리는 자와 하나님, 그리고 제
사 드리는 사람들 상호간의 친교와 관련된다(Dillard & Longman
1997:117). 구약 이스라엘 백성들은 이 제사를 드림으로써 하나님
과 온전한 관계를 누리고, 백성들 상호간의 연합과 친목을 돈독히 하
였다. 따라서 솔로몬이 성전 봉헌식을 함에 있어서 특별히 화목제를
드린 것은 지극히 당연한 일이라 하겠다. 성전은 하나님과 이스라엘
의 언약관계를 보증하고 언약공동체의 연합과 결속을 강화하는 상징
적 장소였기 때문이다.

앞에서 밝힌 것처럼 솔로몬은 화목제 이외에 번제도 드렸다. 번제
는 그 목적이 주로 속죄를 위한 제사였다(레 1:4). 그러므로 솔로몬
이 성전 봉헌식을 행하며 번제를 드린 것은 자신을 포함한 온 백성들
의 죄를 속죄하기 위함이었다고 볼 수 있다. 이것은 성전이 죄를 용
납하지 않는 거룩하신 하나님이 거하시는 장소란 사실과 통한다. 거
룩하신 하나님과의 온전한 관계를 위해서는 무엇보다도 속죄가 필수
적이다. 죄가 있는 사람은 그 누구라도 속죄를 통하여 거룩을 회복하
지 않는 한 하나님의 임재의 영광 앞에 설 수 없다. 솔로몬이 성전 봉

---

84) 개정개역은 8장 64절에서 번제와 소제와 함께 "감사제물의 기름"을 언급하
고 있다. 여기서 "감사제물"은 히브리어 שְׁלָמִים을 번역한 것으로 보인다. 그
런데 שְׁלָמִים은 일반적으로 화목제/친목제로 번역된다. 8장 63절에서는 개정
개역 또한 이 단어를 화목제로 번역하고 있다.

헌식에서 번제를 드린 것은 이처럼 하나님은 거룩하신 분이란 인식에 따른 행위로 이해될 수 있다.

솔로몬은 또한 소제(素祭)를 드렸다. 소제는 육류를 제외한 곡식으로 음식(가루, 무교병, 무교전병 등)을 만들어 제물로 삼는 제사를 의미한다. 그러나 이 제사의 히브리어 명칭은 "민하"(מִנְחָה)로서 그 기본적 의미가 "선물"이다(HALAT 568). 따라서 소제는 백성들이 하나님께 감사와 경배의 의미로 바치는 예물에 해당하는 것이라 할 수 있다. 더욱이 "민하"가 때때로 통치자에게 바치는 "세금"의 의미로 사용되었다는 사실은 이 제사가 백성들이 그들의 참 왕이신 하나님께 드리는 "공물"의 성격을 가졌다는 것을 알려준다. 이렇게 볼 때 솔로몬이 성전 봉헌식에서 소제를 드린 의미가 더욱 분명해진다. 솔로몬은 소제를 드림으로써 성전에 임재하시는 하나님이 이스라엘의 참된 왕이란 사실을 증거하였다.

솔로몬은 제사를 드리기 위해 특별히 성전 앞뜰 가운데를 거룩히 구별하였다. 이는 솔로몬이 봉헌식을 위해 기존의 제단 외에 별도의 제단을 임시로 만들었음을 의미한다.[85] 솔로몬이 이렇게 한 이유는 제사 드리는 제물의 양이 너무 많아 기존의 제단으로는 수용이 불가능하였기 때문이다.[86]

봉헌식과 더불어 "절기"(feast)도 지켜졌다. 앞에서 언급한 것처럼

---

85) 열왕기에는 성전의 제단을 만든 것에 대한 설명은 나타나지 않는다. 그러나 역대기 기자는 솔로몬이 놋 제단을 만든 일을 빼놓지 않고 있다(대하 4:1 참조).

86) 열왕기 기자는 봉헌식에 사용된 화목제의 희생제물에 대하여 소가 이만 이천 마리, 양이 십이만 마리였다고 밝힌다(63절 참조). 이 수치는 과장된 것으로 보일 수 있지만 화목제의 성격이 제사 드리는 자가 제물을 나누어먹는데 있었다는 사실을 고려하면 이해가 불가능한 것도

이 절기는 초막절(the Feast of Tabernacles)이었다. 역대기 기자의 말에 따르면 칠일간은 봉헌식이 행해졌고, 이어서 칠일간 초막절 절기행사가 있었다(대하 7:8-9). 이스라엘이 성전 봉헌식과 아울러 초막절 절기를 지킨 것은 우연이 아니다. 앞에서도 설명한 것처럼 초막절은 광야의 방랑생활을 끝내고 약속의 땅에서 마침내 안식을 얻은 것을 기념하고 축하하는 절기이므로 성전 봉헌과 함께 이 절기를 지키는 것은 지극히 당연한 일이다. 성전은 이스라엘 백성이 그들 가운데 임재하시는 하나님의 통치하에 안식과 평화를 누리는 것을 상징하기 때문이다.

성전 봉헌식과 초막절 절기를 위해 온 이스라엘 백성들이 모두 예루살렘에 모였다. 열왕기 기자는 이스라엘 북단(하맛)으로부터 시작하여 남단(애굽)에 이르기까지 온 이스라엘 백성들이 봉헌식과 절기에 참여하였다고 한다. 축제일이 모두 끝나자 백성들은 왕을 축복하며 각기 기쁘고 즐거운 마음으로 집으로 돌아갔다: "여호와께서 그 종 다윗과 그 백성 이스라엘에게 베푸신 모든 은혜를 인하여 기뻐하며 마음에 즐거워하였더라"(66절). 하나님의 임재를 상징하는 성전이 지어졌으므로 백성들이 기뻐하고 즐거워하는 것은 당연한 일이다. 한 시편기자의 고백처럼 말이다: "주의 앞에는 충만한 기쁨이 있고 주의 오른쪽에는 영원한 즐거움이 있나이다"(시 16:11).

아니다. 스위니는 본문에 묘사된 고기의 양은 약 십만에서 이십만의 인구를 먹일 수 있으며, 이는 당시 예루살렘에 거주한 인구를 감안할 때 무리한 양이 아니라고 한다. 스위니에 따르면 기원전 8세기경 예루살렘의 인구는 약 십만에서 사십만 정도로 추정된다고 한다(Sweeney 2007:136).

8) 하나님의 약속과 경고(9: 1-9)

과거 솔로몬이 기브온에서 일천 번제를 드렸을 때와 마찬가지로 성전과 왕궁 건축이 모두 끝나자 하나님께서 다시 솔로몬에게 나타나셔서 말씀하셨다: "네 기도와 네가 내 앞에서 간구한 바를 내가 들었은즉"(3절상). 이것은 일천 번제와 마찬가지로 성전건축이 하나님을 기쁘시게 한 일이었음을 의미한다.

먼저 하나님은 자기 이름을 영영히 성전에 두시고, 항상 그곳을 바라보시며 기억하실 것이라고 말씀하신다. 이 말씀은 앞서 솔로몬이 기도한 내용에 상응하는 것이다: "주께서 전에 말씀하시기를 내 이름이 거기 있으리라 하신 곳 이 성전을 향하여 주의 눈이 주야로 보시오며 주의 종이 이 곳을 향하여 비는 기도를 들으시옵소서"(8:29). 이처럼 하나님은 솔로몬이 구한 그대로 응답하고 계신다.

앞에서 우리는 솔로몬의 기도가 다윗 왕가와 이스라엘 백성들을 위한 기도로 나누어진다는 사실을 언급하였다. 그런데 솔로몬의 기도에 대한 응답에서도 다윗 왕가와 이스라엘 백성이 함께 언급되고 있다. 우선 4-5절에서 하나님은 솔로몬이 다윗처럼 하나님 앞에서 "온전한 마음으로"(בְּתָם־לֵבָב), "정직하게"(בְּישֶׁר) 행하면 그의 왕위가 영원히 견고하게 될 것이라고 말씀하신다. 하나님이 솔로몬에게 요구하시는 이러한 태도/행위는 다시금 율법을 지켜 행하는 것과 관계된다: "내가 네게 명령한 대로 모든 일을 행하며 내 율례(חֹק)와 규례(מִשְׁפָּט)를 지키면"(4절하). 6절은 하나님이 말씀하시는 율법이란 일차적으로 우상숭배와 관련된다는 사실을 밝혀준다.

다른 한편, 하나님은 백성 일반에 대해서도 말씀하신다. 하나님은 이스라엘이 우상숭배에 빠질 경우 그들을 약속의 땅에서 "끊어 버릴 것"이라고 경고하신다(7절상). 여기서 "끊어 버린다"는 말은 언약을 맺는 행위를 묘사하는 동사 כרת의 사역형에 해당한다. 이처럼 언약체결과 관련된 단어가 이곳에서 사용된 이유가 무엇일까? 그것은 우상숭배는 언약을 깨는 일에 해당하며, 따라서 이스라엘 백성이 우상숭배와 같은 반언약적 행위를 할 경우 언약의 저주를 받아 약속의 땅에서 추방당하게 되고 말 것이란 사실을 분명히 하기 위함이다.

놀랍게도 하나님은 이스라엘이 우상숭배를 일삼을 경우 심지어 자신의 이름을 위하여 거룩히 구별한 성전까지라도 버리실 것이라고 말씀하신다. 이 말씀에서 특별히 이혼의 맥락에서 남편이 아내를 버리는 행위를 묘사하는 단어(שלח의 피엘형)가 사용되고 있다는 점이 주목할 만하다. 이것은 훗날 에스겔 선지자가 성전의 파괴를 상징화하는 일환으로서 사랑하는 아내를 잃게 된 일을 연상케 한다(겔 24:15-27). 결국, 본문이 말하고자 하는 바는 이스라엘이 우상을 섬길 경우 하나님이 아끼고 사랑하는 성전이라도 버림받을 것이라는 내용이다.

성전건물 자체가 하나님의 임재의 영광을 확보하고 누리는 확고한 보증이 될 수 없다. 하나님은 이방의 헛된 우상들과 달리 살아계신 분이시므로 그분과 함께하는 복을 누리기 위해서는 무엇보다도 율법에 제시된 그분의 뜻에 따르는 것이 중요하다. 그렇지 않을 경우 성전은 오히려 이스라엘의 수치를 드러내고 극대화시키는 도구가 될 수도 있다. 이방인들이 무너진 성전을 바라보며 여호와께 버림받은 이스라엘의 모습을 조롱하게 될 것이기 때문이다: "이스라엘은 모든 민족 가운데서 속담 거리와 이야기 거리가 될 것이며"(7절하).

6. 솔로몬의 치적 II (9:10-10:29)

솔로몬은 20년 만에 왕궁건축과 성전 건축을 모두 마쳤다. 열왕기상 9장 10절 이하에는 이 건축사업 이외 솔로몬이 이룬 여러 업적들에 대한 기사가 나타난다. 여기에는 솔로몬과 히람과의 교역(9:11-14), 기타 건축사업과 해운사업(9:15-28), 스바 여왕과의 교류(10:1-13), 솔로몬의 부귀영화(10:14-29) 등이 언급된다.

1) 히람과의 교역(9:10-14)

솔로몬은 히람에게 갈릴리 땅의 성읍 스무 곳을 주었다. 원래 솔로몬은 성전과 왕궁 건축에 도움을 준 대가로 히람에게 밀과 기름을 제공하기로 하였었다(왕상 6장). 이곳에 언급된 것은 솔로몬이 앞서 제공하기로 했던 음식물의 일부를 땅으로 대신 지급한 이야기일 수도 있고(House 1995:157), 공사가 진행되는 동안 늘어난 비용을 땅으로 대신 갚은 이야기일 수도 있다(Patterson & Austel 2009:716). 그런데 히람은 솔로몬이 제공한 땅을 보고 불만을 표시하며 – "내 형제여 내게 준 성읍들이 이러한가"(13절상) – 그 지역 이름을 '가불'(כָּבוּל)이라 불렀다.[87] 역대기에 따르면 히람은 이 지역들을 다시 솔로몬에게 되돌려주었다고 한다(대하 8:2).

솔로몬이 갈리리 땅의 일부를 히람에게 준 것을 어떻게 보아야 할까? 카일(Keil 1865:106)이 언급한 것처럼 이 지역에는 주로 이방인들이 살았을 가능성이 크다(삼하 24:7 참조). 그럼에도 불구하고 이 지역은 아셀지파에 속한 곳으로 하나님이 이스라엘 백성들에게 주

---

87) '가불'은 전치사 k^e ('like')와 bal('not')의 합성어로"아무 것도 아닌"("like nothing")이란 의미로 풀이될 수 있다(Sweeney 2007:144).

신 약속의 땅의 일부라는 사실에는 변함이 없다. 그러므로 솔로몬이 히람과의 교역을 위해 그 땅을 내어준 것은 그다지 바람직한 일이었다고 보기는 어렵다. 그런데 놀랍게도 본문기자는 히람이 솔로몬에게 금 일백이십 달란트를 보낸 일을 급하고 있다(14절). 당시 솔로몬은 이웃 나라와의 관계에서 지배적인 위치에 있었다.

2) 건축사업과 해운사업(9:15-28)

이 단락은 솔로몬이 성전과 왕궁건축을 비롯하여 여러 가지 건축사업을 벌인 일을 소개하고 있다. 주목할 만한 일은 솔로몬이 예루살렘, 하솔, 므깃도, 게셀에서 건축사업을 버렸다는 15절의 진술이다. 고고학은 여기에 언급된 지역들 중 세 곳(하솔, 므깃도, 게셀)에서 주전 10세기의 것으로 추정되는 건축물들을 발굴하였다. 흥미롭게도 이 건축물들은 모두 이중의 벽을 갖추고 네 개의 출입구와 여섯 개의 방이 딸린 성문을 갖는 구조적 특징을 갖는다.

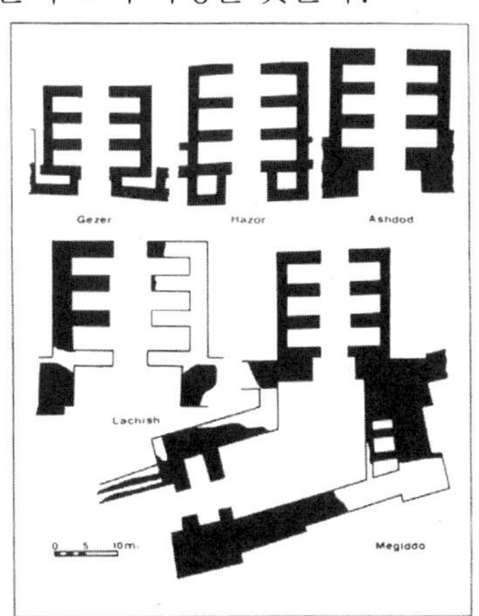

여섯 개의 방이 딸린 성문[88]

---

88) 솔로몬 시대의 것으로 추정되는 여섯 개의 방이 딸린 성문구조. (Dever 1990:105)

위의 그림이 보여주는 바와 같이 하솔, 므깃도, 게셀 세 지역에서 발견된 성문들은 모두 동일한 구조를 가지고 있다. 역사학자 데버(W. G. Dever)가 지적한 것처럼 이는 솔로몬이 이 지역들에서 건축사업을 벌였다고 전하는 열왕기 기자의 말이 역사적 사실에 근거한 것임을 확인해준다(Dever 1988:245-246).

20-22절은 솔로몬이 이들 건축사업을 위해 일으킨 **역군**(מַס, body of forced labors)이 이방인이었다는 사실을 강조한다. 이 기록에 따르면 이스라엘 백성은 부역에 동원되지 않았다. 그러나 열왕기의 다른 부분은 이스라엘 사람들 또한 일군으로 투입되었다는 인상을 준다(5:13-16; 12:1-4). 이러한 차이로부터 다음과 같은 추론이 가능하다: 이스라엘 백성들은 윤번제로 돌아가며 일을 한 반면 이방 거주자들은 노예와 같이 지속적으로 노역에 참여하였을 것이다. 히브리어 성경에 나오는 "섬기는 역군"(מַס־עֹבֵד)이란 표현이 이 사실을 뒷받침해준다.[89]

24절에 따르면 솔로몬은 바로의 딸을 위해 별도의 궁을 건축하고 그녀로 하여금 그곳에 거하도록 하였다. 본문상의 증거 - "다윗 성에서부터 올라와"- 로 미루어 보아 이 궁전은 다윗 성과 떨어진 장소에 위치하였던 것 같다. 역대기 기자에 따르면 솔로몬이 바로의 딸을 위해 별도의 궁을 지은 것에 대해 그녀가 이방인이므로 여호와의 궤가 있는 거룩한 장소에 있어서는 안 된다는 생각에서였다고 밝힌다(대하 8:11). 이러한 솔로몬의 의도는 높이 살만한 것이지만, 그러나 그가

---

[89] 어떤 이들은 솔로몬이 남은 가나안 족속들을 '노예'로 부린 사실에 대해 "외국인 공포증"(xenophobia) 또는 "열광적 애국주의"(chauvinism)라며 부정적으로 평가한다(DeVries 1985:133). 그러나 모압 평지에서 모세가 가나안 입성을 앞둔 이스라엘 백성들에게 가나안 족속을 다 멸하라는 명령을 내린 것을 상기하면 솔로몬의 조치를 부당하다고 볼 수 없다(신 7:1-4 참조).

이방여인과 통혼한 것을 정당화해주지는 못한다.[90]

　　25절은 솔로몬이 여호와를 위해 쌓은 제단에 해마다 세 번식 번제와 화목제를 드리고 또한 여호와 앞에서 분향하였다고 소개한다. 여기에 언급된 세 번의 제사는 무교절, 맥추절, 수장절을 가리킨다고 보아야 한다(출 23:14-19). 이 구절(25절) 끝에 있는 표현 – וְשִׁלַּם אֶת־הַבָּיִת – 은 문자적으로 "그가 그 집을 끝마쳤다"는 말이다. 개역개정역은 이를 "이에 성전 짓는 일을 마치니라"로 번역하였고, 다수의 영역본(NAS, RSV)과 독일어역본(ELB, LUT) 또한 마찬가지이다. 그러나 이 번역이 옳다면 이 구절이 왜 이곳에 왔는지 이해하기 곤란하다. NIV는 이 구절을 솔로몬이 성전의무를 다 이행한 것을 언급하는 진술로 보고 다음과 같이 번역한다: "and so fulfilled the temple obligations." 이 구절 바로 앞에 솔로몬이 드린 제사들이 언급되고 있다는 사실 또한 이 번역을 지지한다(House 1995:159).

　　26-28절은 솔로몬이 두로 왕 히람과 더불어 해운사업을 벌인 일을 소개하고 있다. 솔로몬은 홍해 연안의 항구도시 에시온게벨에서 배들을 건축하고 히람은 바다에 익숙한 숙련된 사공들을 제공하였다. 이 해상무역을 통해 솔로몬은 많은 부를 축적할 수 있었던 것으로 보인다. 본문은 솔로몬이 이 해상무역을 통해 금 사백이십 달란트를 얻었다고 소개한다(28절).

3) 스바 여왕과의 교류(10:1-13)

---

[90] 본문에 언급된 바 솔로몬이 건축한 "밀로"(מִלּוֹא)는 도시 둘레에 지어진 제방과 같은 것으로 군사적인 방어시설에 해당한다(HALAT 556; LzB 1073).

솔로몬 시대에 그의 명성은 중근동지역 널리 퍼져나갔던 것으로 보인다. 열왕기 기자는 특별히 아라비아 반도 남단의 여러 국가들 중 하나인 스바의 여왕까지 솔로몬의 명성을 듣고 그를 만나보기 위해 찾아온 사실을 소개한다.[91] 그런데 이런 솔로몬의 명성은 하나님과 긴밀하게 연결되어있는 것이었다. 본문은 솔로몬의 명성을 여호와의 이름과 연결함으로써 – אֶת־שֵׁמַע שְׁלֹמֹה לְשֵׁם יְהוָה – 그것이 그가 "여호와의 이름을 통하여 혹은 여호와가 그에게서 영광을 받으신 사실을 통해 얻게 된 명성"이란 사실을 분명히 한다(Keil 1865:18). 하늘과 땅을 통틀어 하나님의 이름보다 더 영광스런 이름은 없다. 참되게 그분의 이름을 부르는 자들은 그분의 영광에 참여하게 된다.

본문 1절하에 따르면 스바 여왕이 솔로몬을 찾은 것은 그의 지혜를 시험하기 위해서였다고 한다. 그러나 아무리 솔로몬의 지혜가 뛰어났다고 하더라도 일국의 여왕이 단순히 그의 지혜를 테스트하기 위해 국사를 제쳐놓고 먼 길을 찾아왔다는 것은 납득하기 어려운 일이다. 스바 여왕의 방문에는 분명 나름대로 외교적인 목적이 있었을 것이다. 스위니는 솔로몬과 스바 여왕이 묻고 대답하는 과정에서 서로의 관계를 규정하였을 것이라고 하며(Sweeney 2007:150), 그레이는 그러한 대화가 "당시의 외교적 만남의 일부"(part of the diplomatic encounters of the day)였다고 한다(Gray 1977³:60). 스바 여왕의 입장에서는 이스라엘이 북쪽으로는 다메섹

---

91) 과거에는 스바가 에티오피아를 가리킨다는 생각이 지배적이었다. 요세푸스도 스바 여왕을 이집트와 에티오피아의 여왕으로 보았다. 에티오피아의 설화인 Kebra Nagast ("Glory of the Kings")는 에티오피아를 지배해온 왕조의 기원이 스바 여왕과 솔로몬 사이에 태어난 메넬릭 왕(King Menelik)으로 소급된다고 전한다(Sweeney 2007:149). 그러나 오늘날에는 스바를 사베아인들이 세운 아랍의 한 국가로 보는데 이견이 없다(Bright 2000⁴:215).

에 이르는 교역로를 장악하고 있고, 해상으로는 아카바만을 중심으로 세력을 확장하고 있었기에 솔로몬과의 외교적 관계가 절실하였을 것이라고 볼 수 있다.[92]

솔로몬을 찾아 온 스바 여왕은 여러 가지 어려운 문제들을 가지고 질문을 하였다. 이 질문들은 솔로몬의 지혜와 지식을 알아보기 위한 다양한 문제들을 포함하고 있었을 것이다. 이 모든 질문들에 대해 솔로몬은 막힘 없이 대답하였다. 그뿐만 아니라 솔로몬은 스바 여왕에게 자신이 건축한 성전과 왕궁을 보여주고 궁정생활의 모습들을 소개하여주었다. 이에 스바 여왕은 솔로몬의 지혜에 대하여 탄복하며 다음과 같이 고백하였다: "내가 내 나라에서 당신의 행위와 당신의 지혜에 대하여 들은 소문이 사실이로다 내가 그 말들을 믿지 아니하였더니 이제 와서 친히 본즉 내게 말한 것은 절반도 못되니 당신의 지혜와 복이 내가 들은 소문보다 더하도다"(6-7절).

이어서 스바 여왕은 솔로몬의 백성들과 신하들이 복이 있다고 말한다. 이유인즉 백성들과 신하들이 항상 솔로몬 앞에서 그의 지혜를 들을 수 있기 때문이라고 한다. 왕에게 지혜가 있을 때 신하들과 백성들이 복을 받게 되는 것은 당연한 일이다. 특히 왕에게 하나님의 지혜가 있을 때는 더욱 그러하다. 온 백성들에게 하나님의 지혜가 미쳐 그들이 안정되고 평화로운 삶을 살 수 있을 것이기 때문이다. 말하자

---

92) 스바 여왕을 수행한 사람들이 매우 많았다는 점과 그녀가 가지고 온 물품들(향신료, 금, 보석)의 양이 대단하였다는 사실 또한 그녀의 외교적 의도를 알려주는 것이라 할 수 있다.(2절) 당시 아라비아에서 생산된 값진 상품들과 향신료들이 메카, 메디나, 케이바르와 테이마와 같은 오아시스 지역들을 통해 다메섹까지 수송되었으며, 벧엘에서 발견된 기원전 9세기 경의 아라비아산 점토 도장은 이스라엘 왕정 초기에 벧엘에서 이루어진 향료 교역에 대해 증언해준다(Gray 1977[3]:259).

면 백성들은 왕의 지혜로운 통치 안에서 하나님의 복된 통치에 참여하게 되는 셈이다. 이런 측면에서 솔로몬은 "이스라엘을 위한 하나님의 영원한 사랑"의 증거라 말해도 지나친 말이 아닐 것이다(House 1995:162).

따라서 누구보다도 찬양을 받아야 할 분은 하나님이시다. 솔로몬에게 비록 놀라운 지혜가 있을지라도 그것은 하나님의 영원한 지혜를 반영하는 것으로서 의미와 가치를 갖는다. 솔로몬은 하나님께서 이스라엘을 사랑하사 자기에게 지혜를 주셨고, 그 지혜로써 백성들에게 "정의와 공의"(מִשְׁפָּט וּצְדָקָה)를 행하게 하고자 하셨다는 사실을 잊어서는 안 된다. 비록 이방 사람인 스바 여왕이 한 말이긴 하지만 그녀가 여호와를 송축하여 한 말이 이것을 잘 표현하고 있다: "당신의 하나님 여호와를 송축할지로다 여호와께서 당신을 기뻐하사 이스라엘 왕위에 올리셨고 여호와께서 영원히 이스라엘을 사랑하시므로 당신을 세워 왕으로 삼아 정의와 공의를 행하게 하셨도다"(9절).

후에 예수님은 스바 여왕을 예로 들어 복음에 귀 기울이지 않는 사람들을 책망하셨다(마 12:42; 눅 11:31). 스바 여왕은 지혜자 솔로몬의 명성을 듣고 먼 남방지역에서 아라비아 사막을 거쳐 예루살렘까지 찾아왔으나 예수님 당시에는 솔로몬 보다 말할 수 없이 더 지혜로운 분이 곁에 계셨음에도 불구하고 그분의 말에 아무도 귀 기울이지 않았다. 세상이 이처럼 어지럽고 혼란스러운 것은 여전히 복음서에 기록된 그분의 음성에 귀 기울이는 이들이 적기 때문이다.

솔로몬은 스바 여왕의 방문을 받은 후 그녀에게 후한 예물을 주어 돌려보낸다. 아마도 이 방문은 두 나라의 관계를 외교적인 협력관계로 발전시키는 계기가 되었을 수 있을 것이다. 열왕기 기자가 밝히고 있는 바와 같이 솔로몬이 스바 여왕이 "구하는 모든 바램"(כָּל־חֶפְצָהּ אֲשֶׁר שָׁאָלָה

אֶת־כָּל־)을 들어주었다고 한다(13절). 아마도 이 "바램" 속에는 교역을 비롯한 외교관계도 포함되어있었을 것이다.

솔로몬이 스바 여왕의 질문에 잘 대답하여 그의 지혜의 탁월함을 입증한 일은 이전 한 아이를 놓고 서로 자신의 아이라고 다투는 여인들을 재판함으로써 자신의 지혜를 나타낸 일과 구조적으로 상응관계에 있는 것 같다. 두 에피소드에서 모두 여인들이 솔로몬의 지혜를 드러내는 역할을 한다는 점에서도 유사점이 인정된다(Hamilton 2005:527). 두 에피소드는 각각 솔로몬의 영광스러운 업적의 시작(3:16-28)과 결미(10:1-13)를 장식하고 있다는 점에서 일종의 인클루지오 기능을 한다고 볼 수도 있다.

4) 솔로몬의 부귀영화(10:14-29)

동서고금을 통틀어 솔로몬은 최고의 부귀와 영화를 누렸던 왕으로 기억되고 있다. 본문 14-22절은 그런 솔로몬의 찬란한 영광을 그려 보여준다. 14-15절과 22절은 이 단락의 처음과 끝 부분에서 솔로몬의 수입원이 무엇이었는지를 소개하고, 그 사이에 오는 16-21절은 그 수입원을 바탕으로 솔로몬이 누린 부와 영광을 알려준다. 우선, 14절에 따르면 솔로몬에게 "한 해에" 육백육십육 달란트(25톤)의 금이 수입으로 들어왔다고 한다.[93] 이 엄청난 수입은 솔로몬이 벌인 다양한 사업들과 백성들로부터 거두어들인 세금에서 온 것으로 추정된다. 15절은 각종 상인들과 무역상들로부터 거두어들인 세금과 아라비아

---

93) 역대기에 따르면 솔로몬 시대에는 예루살렘에 금이 마치 돌과 같이 흔하였다고 한다(대하 1:15 참조).

의 여러 왕들과 통치자들부터 받은 조공들 또한 솔로몬의 중요한 수입원이었음을 밝힌다. 다른 한편, 22절은 솔로몬이 두로 왕 히람과 더불어 벌인 해운사업을 통해 얻은 수입에 대해 언급한다. 흥미롭게도 본문은 상아, 원숭이, 공작까지 솔로몬의 수입품에 포함되었다고 밝힌다. 이를 통해 솔로몬이 아프리카나 인도 지역과도 교역하였음을 알 수 있다.

16-21절은 위에서 언급한 수입을 배경으로 펼쳐지는 이스라엘의 "황금시대"를 생생하게 소개한다. 먼저, 16-17절은 솔로몬이 금으로 만든 "큰 방패"와 "작은 방패"에 대해 언급한다. 이 방패들은 실전에 사용된 무기였다기 보다 특별한 행사 때 사용된 의전용이었을 것이다(Sweeney 2007:151). 다음으로, 18-20절은 솔로몬의 아름답고 장엄한 보좌에 대해 설명한다. 이 보좌는 상아로 만들어졌고, 순금으로 도금되었으며, 양쪽 팔걸이 곁에 사자가 서있는 모양이었다. 또한 이 보좌는 여섯 층계로 이루어진 계단 위에 있었으며, 각 계단 좌우편에는 사자 형상이 하나씩 서있었다. 이 모든 것은 왕의 위엄과 권세를 상징하는 것이었다. 열왕기 기자는 보좌에 대해 "어느 나라에도 이같이 만든 것이 없었더라"(20절하)라고 함으로써 솔로몬의 권세와 위엄이 탁월한 것이었다는 사실을 강조한다. 끝으로, 21절은 솔로몬이 마시는 그릇과 왕궁의 그릇들이 모두 순금으로 만들어졌다고 한다. 특별히 본문(21절하)은 솔로몬 시대에 은을 귀하게 여기지 않을 정도로 금이 많았다고 함으로써 솔로몬의 부귀와 영화를 다시금 강조한다.

솔로몬이 누린 부귀에 대한 기록에 이어 23-25절에서는 다시 솔로몬의 지혜에 대한 언급이 나타난다. 이 구절에 따르면 솔로몬의 재산과 지혜가 세상의 어느 왕보다도 컸다고 한다. 이처럼 놀라운 부와 지혜는 물론 모두 하나님께로부터 온 것이었다. 따라서 솔로몬이 누린 엄청난 부와 지혜는 하나님의 측량할 수 없는 부와 지혜를 반영하는 것이라고 할 수 있다. 본문은 "온 땅"이 하나님께서 솔로몬에 주신 지혜를 듣기 위해 그를 찾아왔다고 전한다. 특히 본문은 이들 "온 땅"에서 온 사람들이 금은보화를 비롯하여 온갖 값진 예물들을 가지고 와 솔로몬에게 예를 표하였다고 말한다. 놀랍게도 오랜 후에 이 땅에 "왕 중 왕"(King of kings)이신 분께서 탄생하셨을 때에도 머나먼 동방의 현자들이 예물을 들고 찾아왔다고 한다(마 2:1-10). 두 사건 사이에 있는 이런 유사성은 솔로몬 왕권이 장차 예수 그리스도를 통해 세워질 영원한 왕권의 그림자요 예표란 사실을 암시한다 (Brueggemann 2000:138).

26-29절은 솔로몬이 군사적인 영역에서도 눈부신 성과를 거두었다고 밝힌다. 이 기록에 따르면 솔로몬은 천사백 대의 병거와 만 이천 명의 마병을 두고 있었다. 이처럼 강한 군사력은 솔로몬 왕권과 이스라엘을 안전하게 지켜주었을 것이다. 그런데 본문은 솔로몬의 말들과 병거들이 애굽에서 들여온 것이란 사실을 부언하고 있다. 이는 왕에 대한 모세의 가르침과 상충된다. 모세는 왕에 대하여 "그는 병마를 많이 두지 말 것이요 병마를 많이 얻으려고 그 백성을 애굽으로 돌아가게 하지 말 것이라"고 가르친 바 있다(신 17:16절하). 과연 본문은 군사력을 강화하기 위해 애굽으로부터 말과 병거를 수입한 솔로몬의 행위를 문제삼고 있는 것일까? 현재의 본문에는 비판의 목소리가 선명하게 드러나지는 않는다. 오히려 본문은 솔로몬이 군사적인 영역에서도 하나님의 축복을 누리고 있었다는 점을 이야기하는 것 같다. 그러나 적어도 애굽에서 들여온 말과 병거는 솔로몬 왕권이 가진 잠재적 문제점을 암시하는 측면이 없지 않다고 하겠다

(Hamiltion 2005:528). 이 문제점은 다음 단락(11장)에서 더 구체화 된다.

7. 솔로몬의 후기치세(11:1-25)

앞서 언급한 것처럼 열왕기상 11장에는 솔로몬의 부정적인 모습이 전면에 나타난다. 이들 부정적인 모습은 크게 두 가지로 요약된다: 이방인과의 통혼과 우상숭배. 솔로몬은 처음부터 이방 여인들과 결혼함으로써 주변국들과 적극적인 교류에 나섰던 것으로 보인다. 애굽왕 바로의 딸과의 결혼이 대표적인 사례라 하겠다. 물론 솔로몬이 이런 개방정책을 추진하였을 때 종교적인 개방까지 염두에 두었던 것은 분명 아닐 것이다. 바로의 딸이 이방인이란 이유로 그를 위해 따로 궁을 지은 사실이 이를 잘 뒷받침해준다(왕상 9:24; 대하 8:11). 그러나 시간이 지나면서 확고하던 솔로몬의 믿음과 생각에도 서서히 변화가 오기 시작했다. 단순히 정치적 목적으로 맺은 관계가 마침내 마음과 정신까지 사로잡는 올무로 돌변하고 말았다. 솔로몬이 아내로 맞이하였던 이방 여인들이 그의 마음을 사로잡아 순수한 여호와 신앙에서 떠나도록 하였기 때문이다.

1) 실익정치와 우상숭배(11:1-8)

솔로몬은 애굽의 바로 이외에도 주변의 여러 나라 왕들과 통혼정책을 폈다: 모압, 암몬, 에돔, 시돈, 헷. 그런데 솔로몬은 자신이 아내로 맞이한 여인들을 단순히 정치적 수단으로만 생각하지 않고 그들과 더불어 더 깊은 유대관계를 가졌다. 본문은 솔로몬이 그 여인들을 사랑하였다는 사실을 거듭 강조하고 있다. 정상적인 부부관계에서 사랑이란 칭찬할 만하고 권장할 만한 일이겠지만 솔로몬의 경우는 그렇지 않다. 그는 하나님께서 금하신 혼인관계를 맺고 있었기에 금지된 사랑을 하는 비정상적인 인물로 간주될 수밖에 없다.

또한 솔로몬이 이방여인들을 사랑한 것은 그의 육체적 욕망을 잘 보여주는 것이라 할 수 있다. 이것은 솔로몬이 엄청나게 많은 아내와 첩을 두었다는 사실에서 입증되는 바이기도 하다. 본문의 증거에 따르면 솔로몬은 "아내 곧 왕비"(נָשִׁים שָׂרוֹת)가 칠백인, "첩"(פִּלַגְשִׁים)이 삼백인이나 되었다고 한다(3절상). 이렇게 많은 아내와 첩들의 존재는 무엇을 말해주는가? 솔로몬이 육체의 즐거움에 탐닉했던 인물이라는 것을 말해주는 것이 아닌가? 더 나아가 솔로몬이 그처럼 많은 여인들을 가까이한 것은 신명기가 가르치는 왕의 도리와 배치되는 것이기도 하다. 신명기는 왕이 아내를 많이 두어서는 안 된다고 분명히 가르친다(신 17:17).

잘못된 관계는 잘못된 결과를 초래하기 마련이다. 특히 우상숭배자를 사랑하여 그들과 더불어 육체의 낙을 즐긴다면 그 결과 어떻게 될 것이란 사실은 불 보듯 뻔한 일이다. 육체의 방종은 곧바로 영적인 매춘행위(우상숭배)로 이어질 수밖에 없다. 그러기에 하나님은 자기 백성들에게 이방인과의 통혼을 엄히 금하셨던 것이다(신 7:3, 4). 본문 또한 이 사실을 상기시키며 솔로몬의 잘못된 사랑을 문제삼고 있다: "여호와께서 일찍이 이 여러 백성에 대하여 이스라엘 자손에게 말씀하시기를 너희는 그들과 서로 통혼하지 말며 그들도 너희와 서로 통혼하게 하지 말라 그들이 반드시 너희의 마음을 돌려 그들의 신들을 따르게 하리라 하셨으나 솔로몬이 그들을 사랑하였더라"(2절).

5-7절은 솔로몬이 빠진 우상숭배에 대하여 말해준다: 시돈의 여신 아스다롯(עַשְׁתֹּרֶת),[94] 암몬의 밀곰(מִלְכֹּם)과 몰렉(מֹלֶךְ),[95] 모압의 그모스(כְּמוֹשׁ).[96] "가증한 것"(שִׁקֻץ)이란 표현은 그것들이 하나님 앞에 심히 혐오스러운 것임을 나타낸다. 본문에는 또한 "여호와의 눈 앞에서"(בְּעֵינֵי יְהוָה)란 표현이 사용된다. 이를 통해 본문은 하나님이 솔로몬의 모든 행위들을 지켜 보셨으며, 그 행위들은 하나님 보시기에 심히 악하고 가증한 것이었다는 사실을 강조한다.

솔로몬은 하나님이 택하여 세운 왕답게 하나님을 "따라야" 했었다. 그의 부친 다윗은 그랬었다. 다윗에게도 오점이 없는 것은 아니지만 적어도 우상숭배의 모습은 발견되지 않는다. 이런 점에서 다윗은 온전히 여호와를 따른 왕으로 평가될만하다. 그러나 솔로몬은 그렇지 못했다. 그는 아버지 다윗과 다르게 우상을 따르는 어처구니 없는 일을 하고 말았다. 지혜와 지식에 있어서 타의 추종을 불허할 정도로 탁

---

94) 바벨론, 앗시리아에서는 Ischtar로 알려진 여신. 바벨론과 마찬가지로 푀니키아, 가나안에서 '아스다롯'은 사랑과 풍요의 여신이었으며, 앗시리아와 블레셋에서 그것은 전쟁의 여신이었다. 헬레니즘 시대에 사람들은 Ischtar를 그리이스의 Aphrodite와 동일시했다. 이 신이 숭배되는 곳에서는 제의적인 매음행위도 이루어졌다고 한다.

95) "밀곰"과 "몰렉"은 모두 같은 신을 지칭하며, "왕"을 의미하는 단어 *mlk*에서 온 이름들이다. 특히 "몰렉"의 경우 맛소라 학자들이 *mlk*에다 *boschet* (치욕, 불명예)의 모음을 붙인 것일 수 있다. 몰렉(또는 밀곰) 숭배에서는 아이들을 불에 사르는 일이 행해졌다.

96) 모압 왕 메사의 비문(대략 주전 850년경, 현재 루불 박물관에 소장되어 있음)에 언급된 신의 이름이기도 하다. 열왕기하 3장 27절에 따르면 메사는 이스라엘과의 전쟁에서 위험에 처하자 그 아들을 번제로 드렸다고 한다.

월했던 그가 그처럼 어리석고 우매한 일을 저지른 것은 아이러니라 아니할 수 없다.

본문에는 솔로몬이 어떻게 우상들을 따라갔는지 더 자세히 소개된다. 4절에 따르면 솔로몬이 본격적으로 우상숭배에 빠져든 것은 노년기였다: "솔로몬의 나이가 많을 때에." 즉 솔로몬은 나이가 들어 늙자 분별력을 잃고 아내로 맞이한 이방 여인들의 미혹에 이끌려 우상숭배에 빠지게 되었다는 말이다. 불의를 가까이하게 되면 언젠가 반드시 그 불의에 물들게 될 수밖에 없다.

솔로몬은 또한 이방여인들을 위하여 산당을 지었다. 놀랍게도 본문은 솔로몬이 예루살렘 앞 산에 우상숭배를 위한 산당을 지었다는 사실을 언급한다. 여기에 언급된 "산"이란 기드론 계곡 건너편에 있는 감람산을 가리킨다(Sweeney 2007:155). 그렇다면 솔로몬은 하나님의 성전이 마주 보이는 장소에다 우상의 산당을 지은 셈이다. 이 얼마나 어처구니 없는 일인가? 이것은 출애굽의 기적을 체험한 이스라엘이 금송아지 우상을 만든 것에 버금가는 일이라 할 수 있다. 솔로몬이 예루살렘에 우상의 산당을 지은 것은 출애굽의 완성을 상징하는 성전의 의미를 무효화시킨 일이라고 해도 지나친 말이 아니다.

2) 하나님의 진노와 심판(11:9-25)

한때 하나님을 위하여 성전을 지었던 이가 이제 하나님을 등지고 우상을 따라가는 모습을 보았을 때 하나님의 마음이 어떠했을까? 솔로몬의 우상숭배는 마치 "면전에 주먹을 들이대는 것"(a blow to the face)과 같이 패륜아적 반역행위였다(House 2001:166). 본문이 밝히고 있듯이 하나님은 과거 두 차례나 솔로몬에게 나타나셔서 '다른 신을 따르지 말라'고 명령하셨다.[97] 그럼에도 불구하고 솔로몬은 보란 듯이 그 명령을 어기고 하나님께 등을 돌리고 말았다. 솔로몬을 향한 하나님의 기대와 관심이 진실된 것이었던 만큼 그의 배신행위에 대한 실망과 분노 또한 클 수밖에 없다: "여호와께서 그에게 진노하시 니라"(9절상).

하나님의 진노는 단순히 진노로만 끝나지 않는다. 그것은 필연적 으로 중대한 변화를 초래하게 된다. 이 변화를 통해 당연하게 여겼던 것들이나 혹은 인간 자신의 능력과 지혜로 이루었다고 생각한 모든 것들, 더 나아가 우상들에게 돌렸을지도 모를 세상의 성취와 유익들 이 결국 하나님이 베풀어주신 은혜의 선물이었다는 사실이 확인된다. 솔로몬의 경우도 마찬가지다. 솔로몬이 아내들과 첩들의 유혹에 넘어 가 우상숭배에 발을 들여놓았을 때 그간 왕으로서 누렸던 모든 영광 과 권세가 하나님께로부터 말미암은 것이었다는 사실을 까마득히 잊 어버리고 있었을 것이다. 어쩌면 그는 그런 성취를 이루어낸 자신의 지혜와 능력에 대해 만족하고 있었는지도 모른다. 그런 그에게 하나 님께서 말씀하신다: "내가 반드시 이 나라를 네게서 빼앗아 네 신하에 게 주리라"(11절하).

언약의 관점에서 보면 우상을 따라간 솔로몬의 행위는 하나님과의 언약관계를 깬 것에 해당한다. 하나님은 다윗과 더불어 언약을 맺으 시고 다윗 계열의 왕에 대하여 "나는 그에게 아버지가 되고 그는 내게 아들이 되리니"라고 하셨다(삼하 7:14). 솔로몬이 이스라엘의 왕이 된 것은 바로 하나님과 다윗 사이에 맺어진 이 언약에 근거한 것이었

---

97) 하나님이 두 차례 솔로몬에게 나타나신 사건은 기브온 산당에서의 신현(왕 상 3:1-15)과 성전봉헌 이후의 신현 사건(왕상 9:1-9)을 가리키는 것으로 보인다.

다. 그런데 언약관계를 무시하고 우상을 쫓는 행위를 하였기에 솔로
몬은 언약의 저주를 받아야 마땅하다. 솔로몬이 먼저 언약을 파기한
이상 왕권을 빼앗긴다 해도 그에겐 아무 항변할 말이 없다.

솔로몬이 언약을 지키지 못하였지만 하나님은 언약에 신실하신 분
이다. 하나님은 징계의 일환으로 나라를 솔로몬에게서 빼앗을 것이지
만 다윗을 위하여 솔로몬이 아닌 그의 아들(르호보암) 시대에 그렇게
하실 것이라고 말씀하신다. 죄의 성격으로 미루어 당장 왕국이 붕괴
되어야 마땅하겠지만 다윗과 맺은 언약을 기억하셔서 심판이 연기되
도록 하셨다는 말이다. 그뿐이 아니다. 하나님은 솔로몬의 아들에게
서 나라를 모두 빼앗지 않고 그에게 한 지파를 남겨줄 것이라고 하신
다. 그 이유는 역시 다윗과 맺은 언약 때문이다. 하나님은 솔로몬에
게 "내 종 다윗과 내가 택한 예루살렘을 위하여 한 지파를 네 아들에
게 주리라"고 하셨다(13절하). 이 모든 사실에서 우리는 다윗 왕가의
죄에도 불구하고 불변하는 하나님의 언약적 신실함을 발견할 수 있다
(Keil 1865:128).

과거 하나님은 다윗에게 그의 후손 중 누군가가 범죄하면 "사람의
매와 인생의 채찍"[98]으로 징계할 것이지만 사울에게서 은총을 빼앗은
것처럼 빼앗지는 않을 것이라고 말씀하셨다(삼하 7:14 참조). 이 말
씀과 같이 하나님은 솔로몬에게 여러 가지 징계의 채찍을 드셨다.
먼저 본문 14-22절은 하나님께서 에돔 사람 하닷을 일으켜 솔로몬
을 징계하신 일을 소개하고 있다. 하닷은 에돔의 왕손으로서 다윗 시

---

98) "사람의 매와 인생의 채찍"이란 인간 아버지가 자식을 징계하는 것을 염두
　　에 둔 표현에 해당한다(Baldwin 1988:216). 그렇지 않으면 그것은 인간
　　이 "매" 혹은 "채찍"의 수단이 될 수 있다는 것을 암시하는 표현일 수 있다
　　(Gordon 1986:240).

대에 이스라엘의 공격으로부터 가까스로 살아남아 애굽으로 피신하였던 인물이다. 그는 애굽에서 바로의 환대를 받았으며 왕실의 여인(왕비의 여동생)과 결혼하는 행운을 얻기도 했다. 후에 하닷은 다윗과 요압이 죽은 것을 알고 다시 에돔으로 돌아와 솔로몬을 괴롭히기 시작하였다. 본문에 의하면 하닷은 솔로몬에게 "사단"(שָׂטָן) 곧 "대적"(adversary)이 되었다고 한다. 솔로몬의 징계를 위해 에돔 사람 하닷이 예비되는 과정을 보면서 하나님의 오묘한 섭리에 놀라지 않을 수 없다.

다음으로 본문 23-25절은 수리아 왕 르손이 솔로몬을 괴롭힌 일을 소개한다. 르손은 소바 왕 하닷에셀을 섬겼던 자로 다윗이 소바를 공격하자 사람들을 모아 다메섹으로 도망하여 그곳에서 수리아 왕이 되었던 인물이다(삼하 8:3-6 참조). 본문은 이 사람이 에돔의 하닷과 마찬가지로 솔로몬을 괴롭히는 "대적"이 되었다고 한다. 흥미로운 것은 하닷의 에돔은 이스라엘의 남쪽지역인데 반해 수리아는 북쪽지역이다. 여기서 우리는 하나님이 솔로몬으로 하여금 남쪽과 북쪽 양방향에서 어려움을 겪도록 하였다는 것을 알 수 있다. 그러나 이것이 전부가 아니다. 뒤이어 나오는 내용은 솔로몬의 가장 큰 대적이 이스라엘 내부, 더 구체적으로 말하자면 자기 신하들 가운데서 일어났다는 사실을 알려준다.

8. 르호보암의 왕위 계승(11:26-43)

11장의 나머지 부분은 솔로몬의 신하들 가운데서 솔로몬을 대적하는 자가 일어난 것(26-40절)과 솔로몬의 죽음 및 왕위계승(41-43

절)에 대해 알려준다. 그런 만큼 이 단락은 앞부분(11:9-25)에서 다룬 내용 - 하나님의 진노와 심판 - 과 연결된다. 그러나 여기에는 새로운 요소들도 있다. 먼저, 도입방식이 앞 부분과 다르다. 앞에서는(14, 23절) 하나님이 솔로몬에게 대적을 일으켰다는 사실이 먼저 언급되지만(וַיָּקֶם יְהוָה שָׂטָן לִשְׁלֹמֹה...), 여기서는(26절) 솔로몬의 대적이 누구인지에 대한 소개가 먼저 나타난다(...וְיָרָבְעָם בֶּן־נְבָט אֶפְרָתִי). 다음으로, 여기서는 솔로몬 이후에 있을 왕위계승과 왕국분열 문제가 구체적으로 언급된다. 따라서 11장 26-43절은 다윗의 죽음과 솔로몬의 왕위계승을 소개하는 1-2장과 내용상 상응관계에 있다고 볼 수 있다. 이 단락은 솔로몬 내러티브(1-11장)를 종결 짓는 역할을 한다.

1) 여로보암의 반역(11:26-40)

앞에서 솔로몬을 대적하는 자가 이스라엘의 남쪽과 북쪽 양 방향에서 일어났으며, 이들은 모두 이방사람들(에돔, 아람)임을 보았다. 그런데 여기에 등장하는 솔로몬의 대적은 이스라엘 내부에서 일어난 자로 솔로몬의 신하들 가운데 한 사람이었다. 이렇게 솔로몬 왕권은 주변뿐만 아니라 중심으로부터 흔들리고 있었다. 더욱이 여기에 언급된 솔로몬의 대적은 선지자 아히야의 말에 힘입어 솔로몬에게 반기를 든 자이다. 그런 만큼 이 반역은 하나님의 직접적인 개입에 의한 것이었다고 할 수 있다. 요컨대, 솔로몬을 향한 하나님의 진노는 주변으로부터 중심으로, 간접적인 방식에서 직접적인 방식으로 강화되었다.

솔로몬의 대적 여로보암에 대해 더 살펴보자. 그는 에브라임 지파 출신이며, 솔로몬의 건축사업(밀로의 건축과 다윗 성의 수축)에 동원되었던 역군들 중 한 사람이었다. 뿐만 아니라 그는 "큰 용사"(גִּבּוֹר חַיִל)로서 무용(武勇)에 뛰어난 사람이기도 했다.[99] 특별히 본문은 여로보암이 일을 잘하였기에 – "그 청년이 일하는 것을 솔로몬이 보고"(28절) – 솔로몬의 고위관료로 발탁되었다는 사실을 강조한다. 여로보암이 솔로몬의 관료로서 특별한 위치에 있었다는 것은 그가 요셉 족속(에브라임, 므낫세)의 모든 일을 책임지고 있었다는 사실에서도 확인된다. 종합하면, 여로보암은 에브라임 지파 사람으로서 다방면에서 유능한 사람이었고, 왕의 신임을 얻어 백성들의 리더가 될 만큼 자질을 갖추고 있었던 인물이었다.

그렇다면 여로보암이 솔로몬을 향해 반기를 든 이유는 무엇일까? 그가 에브라임 지파 사람이었고 부역에 동원된 요셉 지파 사람들을 감독하는 일을 하였다는 사실을 상기할 필요가 있다. 추측하건대 그는 에브라임 사람으로서 유다 지파를 기반으로 하는 다윗 왕가에 대해 반감을 가지고 있었고, 더 나아가 솔로몬이 펴는 무리한 정책들(건축사업)에 대해 불만을 가졌을 것이다. 그러나 여로보암이 반역을 꾀하게 된 직접적인 이유는 다른 데 있다. 실로 사람 선지자 아히야가 여로보암을 만나 그가 앞으로 이스라엘 열 지파의 왕이 될 것이라는

---

99) 히브리어"깁보르 하일"(גִּבּוֹר חַיִל)은 "강한 용사"(mighty one of valour) 또는 "토지의 소유자"(Grundbesitzer)를 의미한다 (DOCH II 303; HALAT 299). 그레이에 따르면 "깁보르 하일"은 "재력이 있는 사람으로서 전쟁의 의무도 가졌다"(Gray 1977³:294). 코스말라(Kosmala)의 설명은 유사하지만 더욱 신중하다: "It can mean strength (of a warrior or of military forces), ability (in war or in some vocation), or wealth (possessions), but the meaning must be determined by the context. Thus a *gibbôr ḥayil* can be …an able man in any aspect, especially with regard to work (Jeroboam I, 1 Kings 11:28)"(Patterson & Austel 2009:736).

뜻밖의 메시지를 들려주었던 것이다. 선지자 아히야는 자신이 입고 있던 새 옷을 열 두 조각으로 찢고 이 중 열 조각을 여로보암에게 주는 상징행위를 통하여서 그가 장차 이스라엘의 왕이 될 것이라는 하나님의 뜻을 전달하였다.

앞에서 언급한 것처럼 여로보암은 에브라임 지파 사람으로서 태생적으로 다윗 왕가에 대해 반감을 가지고 있었고 또한 솔로몬의 정책에 대해서도 불만을 가지고 있었다(삼하 19:40-43; 왕상 12:1-20 참조). 그러던 차에 선지자 아히야가 전한 뜻밖의 메시지를 듣고 용기를 얻어 반역을 꾀하게 되었던 것 같다. 여로보암은 선지자 아히야의 말을 반역을 꾀하라는 요구로 받아들였을까? 선지자 아히야는 어떤가? 그가 여로보암을 만나 상징행위를 하며 하나님의 메시지를 전하였을 때 반역을 부추기려는 의도가 있었을까? 본문에는 아히야에게 그런 의도가 있었다는 그 어떤 단서도 나타나지 않는다. 아히야는 다만 하나님께서 이스라엘 열 지파를 여로보암에게 주실 것이라는 메시지를 전하였을 따름이다: "내가 이 나라를 솔로몬의 손에서 찢어 빼앗아 열 지파를 네게 주고"(31절하).

그럼에도 불구하고 여로보암은 스스로 손을 들어 솔로몬 왕을 대적하고 나섰다. 그는 하나님이 나라를 자기 손에 맡기시기를 기다리는 대신 스스로 나서서 나라를 취하고자 하였다. 물론 여로보암의 반역행위를 통해 솔로몬을 벌하고자 하시는 하나님의 뜻이 성취된 것은 사실이다. 그러나 그렇다고 해서 그의 과격한 행위가 정당화되는 것은 아니다. 그가 하나님의 말씀을 이루기 위해 순종하는 마음으로 반역하였다고 보아서는 더더욱 안 된다. 그가 반역을 시도한 것은 솔로몬의 통치에 대한 불만과 스스로 왕이 되고자 하는 야심 때문이었다. 여로보암이 아히야의 말을 듣고 반역을 꾀한 것은 다윗이 사무엘의 말을 듣고도 끝까지 사울을 존중한 것과 강한 대조를 이룬다. 따라서 다윗이 훌륭한 왕의 모델이 된 반면 여로보암이 악한 왕의 모델이 된 것은 결코 우연에 의한 일이 아니다.

하나님은 우상숭배에 빠진 솔로몬을 징계하시면서도 그에게 긍휼 베푸시기를 잊지 않으신다. 하나님은 솔로몬의 손에서 나라를 모두 빼앗지 않으시고 한 지파를 남겨주시겠다고 하신다.[100] 그뿐만 아니라 하나님은 솔로몬이 죽고 난 다음 그의 아들 시대에야 비로소 예고된 재난이 일어나도록 하겠다고 말씀하신다. 하나님이 이처럼 심판을 완화하시고, 더 나아가 심판을 연기하신 까닭은 다름 아닌 다윗과 예루살렘을 기억하셨기 때문이다: "오직 내 종 다윗을 위하고 이스라엘 모든 지파 중에서 택한 성읍 예루살렘을 위하여"(32절상).

하나님은 다윗왕권을 택하셨기에 솔로몬에 대한 심판을 연기하고 완화시키셨다. 이것이 34절에서 더 구체적으로 설명된다: "그러나 **내가 택한 내 종 다윗**이 내 명령과 내 법도를 지켰으므로 내가 그를 위하여 솔로몬의 생전에는 온 나라를 그의 손에서 빼앗지 아니하고 주관하게 하려니와." 하나님의 선택에 따른 다윗왕조의 지속은 36절에서도 강조된다: "내 이름을 두고자 하여 **택한 성읍 예루살렘**에서 내 종 다윗이 항상 내 앞에 등불을 가지고 있게 하리라." 여기서 '등불'(נִיר)은 "하나님의 은혜로 인해 점화된 빛"으로서 "다윗의 합법적인 통치"를 일컫는 은유라 할 수 있다(Patterson & Austel 2009:735). 이 등불이 "항상" 있을 것이란 말이 암시하는 바와 같이 다윗의 통치는 그의 후손들을 통해 지속될 것이다.

---

100) 여로보암이 열 지파를 취하게 될 것이란 말씀으로 미루어볼 때 두 지파가 솔로몬에게 속하게 될 것이라고 보아야 한다. 실제로 솔로몬의 아들 르호보암은 유다와 베냐민 두 지파의 왕이 된다(왕 12:21, 23 참조).

　　다윗왕가의 지속에 대한 보장은 다윗계열의 왕들에게 무제한의 자유가 주어졌다는 의미로 이해되어서는 안 된다. 하나님의 선택에는 인간의 책임이 뒤따른다. 다윗왕가는 하나님께 선택 받은 이상 더욱 하나님의 말씀에 순종하여야 했다. 이 사실을 분명히 하고자 하나님은 다윗이 선택 받은 인물임과 동시에 하나님의 명령과 법도를 지켜 행하였다는 사실을 강조하신다(34절상). 그러므로 다윗계열의 왕이 하나님의 명령과 법도를 저버릴 경우 징계가 불가피하다. 솔로몬이 징계를 받는 것도 같은 이유에서이다. 열왕기서는 왕들의 범죄는 왕국의 분열뿐 아니라 멸망까지 초래한다는 것을 보여준다.

　　그러나 위에서 설명한 것처럼 다윗 왕조에 임할 징계와 심판은 임시적인 것에 지나지 않는다. 하나님은 "다윗이 항상 내 앞에 등불을 가지고 있게 하리라"고 말씀하신다(36절하). 왕국의 분열은 다만 다윗 왕가를 "괴롭게 하기"("낮추시기") 위함이다; 분열은 영원히 지속되지 않고 왕국은 언젠가 다윗의 통치하에 다시 통일을 이루게 될 것이다: "내가 이로 말미암아 다윗의 자손을 괴롭게 할 것이나 영원히 하지는 아니하리라"(39절).[101]　이 약속은 다윗 왕권의 궁극적인 회복을 내다보고 있다. 따라서 아히야의 예언은 다윗에게 영원한 왕권을 약속한 나단 선지자의 예언(삼하 7:16)과 다르지 않다. 신약의 복음서는 다윗의 등불이 꺼지지 않을 것이라는 말씀 그대로 그의 후손 가운데서 마침내 '세상의 빛'이 오셨다는 사실을 선포하고 있다(요 1:9 참조).

---

101) 37-38절에 따르면 여로보암도 다윗처럼 하나님의 율례와 명령을 지키면 하나님께서 그에게 "견고한 집"을 세워주실 것이라고 한다. 이 약속의 말씀은 왕에게 있어서 하나님의 말씀에 순종하는 것이 얼마나 중요한 것인가를 강조하는 것이라 할 수 있다

아히야 선지자의 말에 힘입어 여로보암은 솔로몬을 향해 반기를 들었다. 그가 선지자의 말을 듣고 반기를 들었다고 해서 그의 행위가 정당하다든지 칭찬할만한 것이란 이야기는 아니다. 앞에서 언급한 것처럼 다윗은 사무엘 선지자로부터 기름 부음을 받았고 사울이 하나님께 버림받았다는 것을 알았지만 스스로 나서서 반역을 꾀하지 않았다. 그는 오히려 믿음으로 하나님이 정하신 때를 기다렸다. 그러나 여로보암은 하나님을 믿고 기다리는 대신 반역을 꾀하는 길을 택하였다. 이런 사람에게서 하나님의 말씀을 따르는 왕이 되기를 기대할 수 있겠는가? 여로보암이 반역을 꾀하였지만 솔로몬에겐 아직 그를 제압할 힘이 있었다. 여로보암이 애굽으로 도망하여 시삭에게 몸의 의탁한 것을 보면 이 사실을 알 수 있다. [102]

2) 솔로몬의 죽음과 르호보암의 등극(11:41-43)

열왕기 기자는 "솔로몬의 나머지 사적" 곧 "그가 행한 모든 일"과 "그의 지혜"가 "솔로몬의 실록"(סֵפֶר דִּבְרֵי שְׁלֹמֹה)에 기록되었다고 언급한다. 이 진술은 열왕기상 1-11장의 내용이 솔로몬의 사적들 가운데 선별된 일부란 사실을 알려준다(요 21:25 참조). "솔로몬의 실록"은 솔로몬의 사적을 보다 더 상세하게 기록한 궁정문서였을 가능성이 있다. 유다 왕 웃시아의 사적을 이사야 선지자가 기록했다는 역대기(대하 26:22)의 설명을 참고하면 "솔로몬의 실록" 또한 선지자(나단이나 아히야?)의 기록이라고 추측해볼 수 있다. 열왕기 기자는 이 기록으로

---

102) 시삭은 이집트의 22대 왕조인 리비아왕조(the twenty-second Lybian dynasty)의 창시자인 쇼생크 1세(940-919 BC)이다.

부터 필요한 부분을 발췌하여 "솔로몬 내러티브"의 자료로 삼았을 것이다.

대개 열왕기 기자는 한 왕의 통치기록을 마무리하면서 그 왕이 남긴 주요업적이나 특이사항들을 간략하게 언급한다. 솔로몬의 경우 "그가 행한 모든 일"과 "그의 지혜"가 언급된다. 전자에는 다양한 건축 사업과 외교활동이 포함될 것이다. 성전건축의 예에서 볼 수 있듯이 솔로몬의 건축사업은 통치자로서 그의 지도력과 유능함이 가장 훌륭하게 발휘된 분야였음에 틀림없다. 그럼에도 불구하고 그가 벌인 수많은 건축사업은 백성들을 고역에 시달리게 하였고, 그 결과 백성들의 원성을 불러일으키는 원인이 되었다. 지도력이 적절하게 행사되지 않으면 독재가 되고 만다. 하나님께서 주신 능력이라 할지라도 남용될 위험은 언제나 도사리고 있다. 최선의 방책은 청지기의 자세로 하나님의 뜻에 따라 백성들의 유익을 위하여 주어진 권력을 정의롭게 사용하는 일일 것이다.

열왕기 기자는 솔로몬의 사적과 관련하여 특히 그의 지혜를 언급한다. 지혜는 왕으로서 솔로몬의 자질을 특징짓는 대표적인 요소이다. 그는 왕으로 등극하자 무엇보다 먼저 하나님께 선악을 분별하여 백성들을 올바르게 재판할 수 있도록 "듣는 마음" 곧 "지혜"를 구하였다(왕상 3:9). 하나님께서는 솔로몬의 기도를 기쁘게 받으시고 그에게 전무후무한 지혜를 허락해주셨다. 그가 죽은 아이 문제로 송사하는 두 여인(창녀)을 재판하여 슬기롭게 문제를 해결한 것은 그에게 "하나님의 지혜"가 주어졌다는 산 증거이다(왕상 3:8). 또한 아라비아 반도 남단의 스바 여왕이 솔로몬의 명성을 전해 듣고 그와의 우호적 관계를 위해 그를 찾은 것은 당시 중근동 지역 전체를 놀라게 한 솔로몬의 탁월한 지혜를 가늠하게 해주는 대표적 사건이다(왕상

10:1-10).

솔로몬에게 그런 지혜가 있었기에 그의 시대에 이스라엘 역사상 유례를 찾아볼 수 없는 평화가 이룩되었다. "솔로몬"(שְׁלֹמֹה)이란 이름이 잘 나타내듯이 그의 시대는 말 그대로 "평화의 시대"였다. 아담은 간사한 뱀의 지혜를 쫓다가 평화와 풍요가 함께 있는 안식의 땅 에덴 동산을 잃어버렸다(창 3). 그런데 솔로몬이 하나님의 지혜로 왕의 직무를 수행하자 그 땅에 다시 평화와 풍요가 함께 하는 낙원이 건설되었던 것이다. 열왕기 기자가 솔로몬 시대를 묘사하는 방식은 그의 시대에 인류가 잃어버린 안식의 땅 에덴 동산이 되돌아왔다는 인상을 강하게 준다(왕상 4:20-25). 인간이 그 본연의 자리로 돌아올 때, 즉 인간이 하나님의 형상대로 창조된 본래의 의도에 따라 하나님의 뜻에 순종하여 살아갈 때 낙원의 축복을 얻는다. 잠언이 가르치는 대로 여호와를 경외하는 것이 지혜의 근본인 이유가 여기에 있다(잠 9:10).

여기서 솔로몬에게 있었던 지혜가 "하나님의 지혜"(חָכְמַת אֱלֹהִים)였다는 사실을 상기할 필요가 있다. 솔로몬을 통해 나타난 지혜가 사실은 하나님의 지혜였다는 말이다. 이는 솔로몬 치하의 백성들이 하나님의 지혜의 다스림을 받는 영광과 혜택을 누렸다는 의미이다. 하나님의 지혜가 백성들에게 골고루 미치니 정의로운 세상이 이루어질 수밖에 없다. 불의한 일들이 교묘하게 감추어질 수 없고, 무죄한 의인들이 억울하게 고통당하는 일도 있을 수 없다. 사람들이 "각기 포도나무 아래와 무화과나무 아래에서 평안히 살았다"(왕상 4:25b). 신약의 성도들은 솔로몬 시대 이스라엘 백성들보다 훨씬 더 복있는 위치에 있다. 그들은 솔로몬 보다 더 지혜로우신 예수 그리스도의 통치를 받기 때문이다. 예수님은 하나님의 아들로서 지혜 그 자체이시기에(마 11:19; 눅 7:34, 35), 어디까지나 지혜의 수혜자일 수밖에 없는 솔로몬과는 애당초 비교가 되지 않는다. 신약의 성도들이 모든 상황 속에서 묵묵히 인내할 수 있는 까닭은 이 때문이다(롬 12:19-21).

비록 솔로몬에게 하나님의 지혜가 있었던 것이 사실이지만 그가 언제나 하나님이 주신 지혜를 바르게 사용했던 것은 아니다. 그가 주변의 여러 민족들과 통혼정책을 편 것에서 알 수 있듯이 그는 하나님의 뜻을 받들기보다 세속적인 목적을 위해 자신의 지혜를 사용한 경우들이 적지 않았다. 솔로몬의 입장에서 통혼정책은 단순히 정치적 수완의 하나였는지 모르지만 그것은 결국 왕실을 우상숭배의 온상으로 타락시키는 참담한 결과를 가져왔다. 말년에 이방여인들의 꾐에 휘둘려 우상숭배를 일삼는 솔로몬의 모습에서 성경독자들은 역사상 가장 지혜로웠던 인물이 변하여 가장 우매한 자가 될 수 있다는 반어적 교훈을 얻는다.

열왕기 기자는 솔로몬이 회개하고 악에서 돌이켰다고 말하지 않는다. 그는 다만 솔로몬이 하나님께로부터 여러 차례 거듭되는 징계를 받았다는 사실만을 알려준다. 이것은 일찍이 하나님께서 다윗에게 하셨던 말씀 – "그가 만일 죄를 범하면 내가 사람의 매와 인생의 채찍으로 징계하려니와"(삼하 7:14) – 과 일치한다. 징계가 변화를 가져왔을까? 열왕기는 이 문제에 대해 침묵하고있지만, 그렇다고해서 부정하는 것도 아니다. 열왕기 기자는 하나님께서 다윗을 생각하사 심판을 연기하셨을 뿐만 아니라 다윗에게 항상 등불을 남겨두시겠다고 말씀하신 사실을 언급한다(왕상 9:12, 13; 11:34-36). 언약에 신실하신 하나님을 생각할 때 솔로몬에게 회개의 기회가 주어졌을 것이라고 추측해 볼 수 있지 않을까? 열왕기 기자가 솔로몬의 역사를 마무리하면서 그의 업적과 지혜를 언급한 것은 전체적으로 그의 사적을 긍정적으로 평가해야 한다는 암시처럼 보인다.[103]

솔로몬의 재위기간은 사십 년이었다(42절). 이것은 그의 부친 다윗의 재위기간과 같은 기간이다. 결코 짧지 않는 재위기간이지만, 그럼에도 불구하고 그것은 이어지는 왕들의 역사 가운데 지극히 작은 일부에 지나지 않는다. 수 백년, 수 천년 계속되는 역사의 흐름 속에서 사십 년이란 얼마나 덧없고 짧은 시간인가? "우리의 연수가 칠십이요 강건하면 팔십이라도 그 연수의 자랑은 수고와 슬픔뿐이요 신속히 가니 우리가 날아가나이다"(시 90:10)라고 한 모세의 탄식 어린 고백은 실로 빈말이 아니다. 이렇게 곧 지나갈 짧은 인생을 살면서 세상의 부귀영화를 추구한다는 것은 얼마나 우매하고 어리석은 일인가? 온갖 영욕이 교차하는 사십 년의 통치기간을 죽음으로 마감하는 솔로몬의 역사는 다음 전도자의 교훈을 가슴에 새기도록 만든다:

"일의 결국을 다 들었으니 하나님을 경외하고 그의 명령들을 지킬지어다 이것이 모든 사람의 본분이니라 하나님은 모든 행위와 모든 은밀한 일을 선악 간에 심판하시리라"(전 12:13, 14).

---

103) 글리아슨 아처(G. L. Archer)는 전도서가 솔로몬의 저작이라고 주장한다. 이 주장이 옳다면 솔로몬이 잘못을 뉘우치고 돌이킨 증거로서 전도서를 들 수 있을 것이다. 현창학 교수는 전도서의 저작권에 대한 여러 견해들을 살핀 다음 아처의 입장을 존중하면서 "회당과 교회가 오래 견지해 온 전통을 존중하는 것은 또 하나의 지혜가 될 수 있을 것이다"라고 말한다(현창학 2009:156).

제 3장

분열왕국의 역사 Ⅰ : 왕상 12장 – 왕하 1장

제3장
분열왕국의 역사 I
: 왕상 12장 – 왕하 1장

솔로몬의 죽음과 더불어 통일 이스라엘 왕국의 역사는 막을 내리게 된다. 그의 아들 르호보암이 왕으로 등극하자 곧이어 솔로몬의 통치에 불만을 품었던 세력들이 여로보암을 대표로 내세워 다윗 왕가로부터 독립을 선언하였다. 다윗을 기억하사 그에게 항상 "등불"을 남기시려는 하나님의 뜻이 아니었더라면 다윗 왕가는 존립조차도 불가능하게 되었을 것이다(왕상 11:36). 에브라임을 비롯한 열 지파가 떨어져 나가 이스라엘 왕국을 세웠고, 다윗 왕가에는 오직 유다와 베냐민 두 지파만이 남게 되었다(왕상 12:23). 왕국이 다윗과 솔로몬 시대의 찬란한 영광을 잃어버리고 이렇게 분열을 겪게 된 것은 왕이 하나님의 뜻을 받드는 신정국가의 이상을 저버리고 실익정치에 메달리는 세속화의 길을 갔기 때문이다.

더욱 불행한 것은 왕국의 분열이란 뼈아픈 경험을 하고서도 후세대의 왕들은 이전 역사가 주는 심각한 교훈을 가슴에 새기지 못했다는 사실이다. 왕들은 하나같이 모세의 율법에 기초하여 정의의 원리가 언약적 사랑(인애) 안에서 작동하는 나라를 건설하는 데는 무관심하고 부와 권력을 유지하고 확장하기에만 급급하였다. 분열된 두 왕국의 상황이 비슷하였지만 이스라엘의 상태는 훨씬 더 심각하였다. 열왕기 기자는 이스라엘 백성이 마침내 여호와께서 그들 앞에서 물리친 이방 사람들같이 되고 말았다고 알려준다(왕하 17:7-18). 그러므로 여로보암의 반역으로 시작된 북 왕국(이스라엘)의 역사는 결국 형제 국가인 유다만을 남긴 체 멸망으로 끝맺고 만다.

1. 구성과 메시지

분열왕국의 역사는 열왕기상 12장부터 열왕기하 17장까지 길게 서술된다. 앞에서 소개한 것처럼 사브란(G. Savran)은 이 단락이 오므리 왕가의 바알숭배 문제를 다루는 부분(왕상 16:23 - 왕하 12)을 중심 축으로 대칭구조를 이룬다고 설명한다. 다소 수정된 것이긴 하지만 왈쉬(J. T. Walsh)의 구조이해도 이 제안을 따른다. 여기서는 왈쉬의 수정된 구조이해를 바탕으로 다음과 같이 단락을 나누고자 한다:

  A 왕국의 분열(왕상 12:1-24)

     B 유다와 이스라엘의 왕들(왕상 12:25-16:34)

        C 오므리 왕조와 바알 종교(왕상 17-왕하 11)

     B´ 유다와 이스라엘의 왕들(왕하 12-16)

  A´ 북왕국의 멸망(왕하 17)

위의 구조분석이 보여주는 것처럼 오므리 왕가의 바알숭배 문제
와 엘리야-엘리사의 선지자적 활동이 전체 단락의 중심을 차지한다.
이를 통해 다음 두가지 사실이 강조된다: 1) 바알숭배는 왕국의 멸망
을 가져올 수밖에 없으며, 2) 왕국의 미래는 오직 선지자들이 대표하
는 여호와의 뜻에 달려있다. 전체내용이 분량상 방대하므로 이 장에
서는 열왕기하 1장까지의 내용만을 다루고자 한다. 열왕기하 1장은
일생동안 아합 왕가의 바알숭배에 맞서 선지자적 활동을 펼쳤던 엘리
야가 마지막으로 아합 왕가에게 한 활동을 보여주는 까닭에 단락구분
을 위해 적절한 곳이라고 하겠다. 다음은 이 장에서 살펴볼 단락(왕상
12-왕하 1)의 구성을 보다 세분하여 도식화한 것이다:

A 왕국의 분열

  1. 왕국의 분열(왕상 12:1-24)

B 유다와 이스라엘의 왕들

  2. 이스라엘의 왕 여로보암(왕상 12:25-14:20)

  3. 유다의 왕들: 르호보암, 아비얌, 아사(왕상 14:21-15:24)

  4. 이스라엘의 왕들: 나답부터 아합까지(왕상 15:25-16:34)

C 오므리 왕조와 바알종교

  5. 엘리야와 아합 왕가 I (왕상 17-19)

  6. 엘리야와 아합 왕가 II (왕상 20-왕하 1)

솔로몬의 범죄는 왕국의 분열이란 비극적인 결과를 낳았다. 그가
여호와의 이름을 위해 성전을 건축하는 중요한 일을 하기도 하였지
만, 그것이 왕국의 분열을 막는 공로로 작용하지는 못하였다. 그나
마 왕국이 분열되는 선에서 문제가 일단락 될 수 있었던 것도 사실상

다른 이유 때문이었다. 그 이유는 다름이 아니라 하나님께서 다윗 왕가를 택하시고 그와 더불어 영원한 언약을 맺으셨기 때문이다(왕상 11:36). 왕국 분열 이후의 상황도 마찬가지다. 솔로몬의 손자 아비얌은 누구 못지 않게 악을 행한 왕이었다. 그럼에도 불구하고 그가 그의 아들 아사에게 왕위를 물려줄 수 있었던 것은 순전히 다윗 때문이라고 열왕기 기자는 밝힌다(왕하 15:4, 5). 이는 왕국 분열 이후에도 하나님께서 다윗과 더불어 맺으신 언약은 여전히 유효하다는 의미로 독자들에게 다가온다.

북 왕국의 경우는 조금 다르다. 남 왕국은 르호보암부터 여호사밧에 이르기까지 다윗 왕가의 순조로운 지속을 본 반면 북 왕국은 비교적 짧은 이 기간 동안에만 세 차례의 정치적 격변을 겪는다: 바아사의 난, 시므리의 난, 오므리의 난. 모든 문제의 출발은 여로보암에게 있었다. 여로보암은 왕으로 세워지자 마자 남왕국과의 차별화 정책을 쓴다는 생각하에 그가 새롭게 고안한 종교로 전통적인 여호와 신앙을 대체하고자 시도하였다. 이 그릇된 시도는 정치적으로나 사회적으로 나라를 더욱 불안정하게 만드는 결과를 가져왔다. 여로보암은 자신이 아직 왕이 되기 전 아히야 선지자가 일러준 대로 모세의 율법에 입각한 정책을 구상하고 하나님 나라의 건설에 초점을 맞춘 정치를 폈어야 했다. 그러나 여로보암을 비롯한 북왕국의 왕들에게 정책과 정치는 한낱 권력의 유지와 확장을 위한 수단에 불과했으며, 그 결과로 나타난 것이 사회적 혼란과 정치적 격변이었다.

남 왕국과 북 왕국 사이의 이런 대조는 하나님의 관심이 여전히 다윗 왕가에 있다는 것을 암시하는 표시이기도 하다. 즉 열왕기 저자가 동시 연대기란 수단을 사용하여 두 왕국의 역사를 함께 서술한 것은 왕국의 분열이 임시적인 특단의 조치에 해당하며, 왕국의 미래는 결국 다윗 왕가에 달려있다는 것을 알려주기 위함이라는 것이다. 물론 열왕기 기자가 생각하는 왕국의 미래란 어떤 것인가에 대해서는 더 생각해 보아야 할 문제이다. 그러나 열왕기 기자의 생각 속에 다윗 왕가의 지속에 대한 기대가 깊이 자리하고 있었다는 것은 의심의 여지가 없다. 아울러 열왕기 기자가 동시 연대기의 수단을 통해 북왕국의 상황을 자세히 서술하려고 노력한 것은 유다와 함께 이스라엘도 동일한 하나님의 왕국에 속한다는 점을 나타내는 것이라고 보아야 한다.

끝으로, 선지자의 활동 또한 중요한 신학적 의미를 갖는다. 사실 왕국의 분열은 아히야 선지자가 한 예언의 성취로 보는 것이 옳다. 열왕기는 선지자가 어떤 예언을 하고 그 예언이 그대로 성취되는 것을 여러 차례 보여준다. 여로보암 시대 유다에서 온 한 선지자가 벧엘에 있는 제단을 향하여 예언하였는데, 그 예언은 훗날 요시야 왕에 의해 그대로 성취된다(왕상 13:2; 왕하 23:15, 16). 또한 아합 시대에 엘리야가 수 년간 비가 오지 않을 것을 예언하자 그대로 되었고(왕상 17:1-7), 그가 예언하자 다시 비가 내렸다(왕상 18:41-46). 더 나아가 아합 왕가는 엘리야가 예언한대로 아람과의 전쟁 및 예후의 반락으로 몰락하게 된다(왕상 19:15-17; 21:17-26; 22:37, 38; 왕하 9-11). 이 모든 일들은 역사를 움직이는 동인은 선지자가 선포하는 하나님의 말씀이란 사실을 가르쳐준다.

2. 왕국의 분열(12:1-24)

1) 르호보암의 어리석은 판단(12:1-15)

이스라엘 백성들이 여로보암을 앞세우고 르호보암에게 나아와 자신들의 요구를 들어줄 것을 간청하였다. 그들의 요구인즉 선왕 솔로몬처럼 백성들에게 무거운 짐을 지우지 말아달라는 것이었다(4절). 이에 르호보암은 신하들에게 자문을 구하였다. 연륜이 깊은 신하들은 우선 백성들의 요구를 들어주라고 조언하였다: "왕이 만일 **오늘**(הַיּוֹם) 이 백성을 섬기는 자가 되어 그들을 섬기고 좋은 말로 대답하여 이르시면 **영원히**(כָּל־הַיָּמִים) 왕의 종이 되리이다"(7절). 백성들의 충성심을 이끌어내는 길이 무엇인지를 간파한 지혜로운 조언이다.

반면 연륜이 짧은 신하들은 오히려 백성들을 더욱 더 엄하게 다스려야 한다고 조언한다: "왕은 대답하기를 내 새끼 손가락이 내 아버지의 허리보다 굵으니 내 아버지께서 너희에게 무거운 멍에를 메게 하였으나 이제 나는 너희의 멍에를 더욱 무겁게 할지라 내 아버지는 채찍으로 너희를 징계하였으나 나는 전갈 채찍으로 너희를 징계하리라 하소서"(10절하-11절). 이것은 대단히 경솔하고 사려 깊지 못한 조언이다. 열왕기 저자는 이들 신하들을 "소년들"(הַיְלָדִים)이라 부름으로써 그들의 미숙함을 우회적으로 강조하고 있다.

어리석게도 르호보암은 젊은 신하들의 미숙한 조언을 따랐다. 그만큼 그에게는 통치자적 자질이 갖추어져 있지 않았다. 열왕기 저자는 이 일이 여호와께로 말미암은 일이라고 평가하고 있다(15절). 즉 하나님께서 솔로몬의 죄와 관련하여 자신의 선지자를 통해 말씀하신 것을 이루시고자 르호보암이 그릇된 선택을 하도록 하셨다는 말이다. 그렇다고 해서 르호보암을 억울한 희생양으로 볼 필요는 없다. 그는 분명 스스로의 선택에 의해 어리석은 길로 걸어갔고 그러한 그의 선택이 하나님의 뜻을 이루는 결과를 낳게 되었다. 하나님의 주권적 섭리는 인간으로부터 모든 책임을 면제해주지 않는다.

2) 분열된 왕국(12:16-24)

르호보암의 대답에 실망하고 분노한 백성들은 마침내 다윗 왕가에 등을 돌리고 만다. 그들은 "우리가 다윗과 무슨 관계가 있느냐 이새의 아들에게서 받을 유산이 없도다 이스라엘아 너희의 장막으로 돌아가라 다윗이여 이제 너는 네 집이나 돌아보라"고 하며 다윗 왕가와의 결별을 선언한다(16절). 이스라엘 백성들의 이 말은 다윗 시대 베냐민 지파 비그리의 아들 세바가 반란을 일으킬 때 한 말과 대동소이하다(삼하 20:1). 이로 보건대 유다 지파와 나머지 이스라엘 지파들은 오래 전부터 알게 모르게 긴장관계에 있었던 것이 분명하다(삼하 19:40-43 참조). 이러한 긴장관계가 점점 악화되어 돌이킬 수 없는 상태로 발전한 것이다.

기대했던 바와 달리 상황이 발전하자 르호보암은 사태를 수습하기 위해 몇 가지 조치를 취한다. 그렇지만 그것은 모두 그가 처한 상황이 절망적이라는 것을 확인시켜주었을 뿐이다. 르호보암이 역군의 감독관인 아도람을 보내 백성들에게 압력을 가하려 하자 그들은 도리어 아도람을 돌로 쳐 죽였다(18절). 그래도 현실을 제대로 직시하지 못하고 르호보암은 군사들을 모아 무력으로써 나라를 회복하고자 하였다. 이미 북쪽 열 지파가 반역에 가담한 상황이었으므로 그것은 무모한 시도에 지나지 않는 것이었다.[104] 르호보암이 만일 선지자 스마야의 말을 듣고 물러서지 않았더라면 더 굴욕적인 일을 당하였을지도 모른다.

---

104) 르호보암 편에 선 지파는 유다와 베냐민 두 지파였다. 그러나 북이스라엘 열 지파 가운데도 르호보암을 추종하는 사람들이 없지 않았던 것 같다(12:23).

3. 이스라엘 왕 여로보암(12:25-14:20)

1) 금송아지 우상(12:25-33)

한편 여로보암은 북쪽에서 왕이 되었다. 그런데 그의 마음에는 백성들이 예루살렘에 있는 성전 때문에 결국 마음이 바뀌지 않을까 하는 염려가 생겼다. 이 때 그가 왕이 되리라고 예언하였던 아히야 선지자의 말을 기억했더라면 좋았을 것이다. 당시 아히야 선지자는 여로보암이 하나님의 뜻에 따르기만 하면 그의 나라가 견고하게 될 것이라고 말했었다(왕상 11:38).

그러나 여로보암은 선지자의 말을 믿고 따르기보다 인위적인 방법으로 자신의 통치기반을 굳히고자 하였다. 그가 생각해낸 방법은 예루살렘에 버금가는 제의 중심지를 북 이스라엘에 세우는 것이었다. 그리하여 벧엘과 단에 두 금송아지 우상을 만들고 그 외 여러 지역에 산당을 세워 백성들로 하여금 그곳에서 제사를 드리도록 했다. 뿐만 아니라 레위 사람이 아닌 자들로 제사장들을 삼았으며 자의적으로 정한 절기를 지키도록 하였다. 이 모든 것은 하나님께서 모세를 통해 주신 규례와 다른 것으로서 말 그대로 배도에 해당하는 것이었다. 여로보암이 금송아지 우상을 만들면서 한 말은 출애굽 당시 아론이 금송아지 우상을 만들면서 했던 말과 같다: "이스라엘아 이는 너희를 애굽 땅에서 인도하여 올린 **너희 하나님**(אֱלֹהֶיךָ)이라"(왕상 12:28; 출 32:4). 여로보암의 행위는 출애굽 당시 이스라엘 백성들의 그것만큼이나 반역적인 것이었다.

여로보암은 왜 송아지 모양의 우상을 만들었을까? 당시 가나안 지역에서 송아지는 주로 바알 종교와 관련되어 있었고, 남성의 힘과 생

식력, 풍요 등을 상징하였다. 여
로보암은 그런 가나안 종교의 영
향으로 금송아지 모양의 우상을
만들었을 것이다. 여로보암이 애
굽에 체재한 적이 있었다는 점
도 고려할 필요가 있다. 애굽 사
람들이 신으로 숭배한 Apis와
Hathor는 각각 "황소"와 "암소"
형상을 하고 있었다. 여로보암이
금송아지를 만든 것은 이와 같은
애굽의 종교적 관행과 무관하다

송아지상(예루살렘 박물관) [105]

고 보기 어렵다. 어떻든 여로보암은 백성들에게 자신이 만든 금송아
지를 가리키며 "너희 하나님"이라고 하였다. 그는 출애굽사건에 뿌리
를 둔 이스라엘의 역사적 신앙을 계승하는듯 가장하였지만 실상은 그
것을 우상종교로 변질시켰다. 자신의 정치적 목적을 위해서 말이다.
자신의 욕심을 위해 종교를 수단화하는 모든 시도는 여로보암의 행위
와 본질상 같다고 보아야 한다. 앞에서 언급한 것처럼 가나안 지역에
서 송아지는 바알 종교와 밀접한 관계에 있었으므로 여로보암의 행위
는 이스라엘에 바알종교의 만연을 가져오는 촉매제가 되었을 것이 분
명하다.

2) 하나님의 심판 메시지(13:1-32)

---

105) 동으로 만들어진 것이며 여로보함이 만든 금 송아지보다 크기가 작다.
(Miller & Hayes 2006[2]:275).

하나님은 이제 갓 태어난 북왕국 안에서 일어나고 있는 일을 좌시할 수 없으셨다. 비록 다윗 왕가에서 떨어져 나가긴 했지만 그들 또한 엄연히 하나님의 택하신 백성들이었기 때문이다. 하나님은 무명의 선지자 한 사람을 유다로부터 벧엘로 보내시어 때마침 그곳에서 제사하던 여로보암을 쳐서 예언하게 하고 표적을 보이셨다. 예언의 내용은 놀랍게도 먼 미래(대략 300년 후)에 나타날 요시야 왕에 대한 것이었다. 장차 요시야라 이름하는 왕이 일어나서 벧엘의 제단을 헐고 그곳에서 제사하는 제사장들을 멸하리라는 것이다(13:2).

신앙심이 없는 여로보암에게 이 예언은 터무니 없는 것처럼 보였을 것이다. 그래서 선지자를 사로잡고자 하였다. 이에 하나님은 여로보암의 손을 마르게 하시고 다시금 그 마른 손을 낫게 하심으로(선지자의 기도를 통해) 선지자를 보낸 이가 누구인지를 분명히 하셨다(13:4, 6). 나아가서 하나님은 제단이 갈라지는 표적을 보이심으로써 선지자의 예언이 참되다는 것을 확증하셨다(13:3, 5).

선지자를 통해 나타나는 신적 권능에 압도되어 여로보암은 마침내 선지자에게 예를 표하였다. 독자들은 그가 태도를 바꾸어 선지자를 자기 집으로 초청하고 그에게 예물을 주겠다고 말하는 모습을 발견한다(13:7). 그런데 선지자의 반응은 의외이다. 그는 하나님의 명령에 따른 것이라고 하며 왕과 함께 갈 수 없고 벧엘에서 떡도 먹지 못하고 물도 마시지 못하며 심지어 왔던 길로 되돌아 가서도 안 된다고 대답한다(13:8-9). 하나님의 이 명령이 의미하는 바가 무엇인지 정확히 알기란 쉽지 않다. 아마도 우상 숭배의 중심지가 된 벧엘이 하나님 앞에서 그처럼 가증한 곳이 되고 말았다는 것을 나타내기 위한 것이었다고 봄이 옳을 것이다(Sweeney 2007:181).

그런데 더욱 난해한 것은 다음 장면이다. 그것은 벧엘의 한 늙은 선지자가 유다에서 온 무명의 선지자에 대한 이야기를 전해 듣고 그를 파멸에 이르게 하는 내용이다. 그는 자신에게 새로운 하나님의 계시가 임하였다고 하며 무명의 선지자를 자기 집으로 초청한다. 무명의 선지자는 새로운 하나님의 계시가 임하였다는 말에 혹하여 늙은 선지자를 따라가 그와 더불어 먹고 마신다. 이 때 늙은 선지자는 느닷없이 무명의 선지자를 책망하며 그가 하나님의 말씀을 어겼으므로 비명횡사 할 것이라고 말한다(13:21-22). 이윽고 무명의 선지자는 늙은 선지자의 말과 같이 유다로 돌아가다가 사자에게 물려 죽고 만다. 이 전체 이야기가 보여주는 것은 무엇인가?

우선 늙은 선지자를 어떻게 보아야 하는지가 문제이다. 그의 행동에는 모호한 것이 한 두 가지가 아니다. 왜 무명의 선지자를 거짓말로 속였는가? 그는 거짓 선지자인가? 그렇다면 무명의 선지자가 하나님의 말씀을 어긴 것을 책망하고 그의 죽음을 정확히 예언한 것을 어떻게 보아야 하는가? 또한 무명의 선지자의 죽음을 슬퍼하며 그가 한 예언의 진정성을 재삼 보증하는 모습은 어떤가? 더 나아가서 자신이 죽으면 그의 무덤에 함께 매장해달라는 말은 무슨 뜻인가? 여러 정황을 고려할 때 아마도 늙은 선지자는 하나님의 보내심을 받아 유다에서 온 선지자를 시험하고자 했다고 보는 것이 좋을 듯하다.

그렇다면 하나님께서 자신의 선지자를 시험하고자 하신 이유는 무엇인가? 또한 이 사건이 왜 그처럼 중요하게 다루어지는가? 아마도 하나님은 유다 출신의 그 선지자가 자신의 명령을 얼마나 중하게 여기는지 확인하고 이를 통하여 하나님의 말씀에 전적으로 순종하는 것의 중요성을 강조하고자 하신 듯하다(신 13:3 참조). 사실 무명의 선지자의 행동을 보면 경솔한 면이 없지 않다. 벧엘의 늙은 선지자가 아무리 새로운 계시를 받았다고 하더라도 그 계시의 내용이 자신의 것과 다른 이상 그것을 선뜻 믿고 따른 것은 하나님의 말씀을 맡은 선지자로서 취해야 할 올바른 행동이 아닌 것이다. 아마도 무명의 선지자는 하나님의 말씀 앞에 가져야 할 순종과 충성의 자세를 충분히 가지고 있지 못하였던 것으로 보인다. 그렇지 않았던 들 새로운 계시가 있다 하여 자기가 이미 받은 계시를 무시하지는 않았을 것이다. 따라서 유다 출신의 선지자가 죽은 것은 하나님의 말씀을 경홀히 여기는 것이 얼마나 심각한 문제를 야기하는 것인지를 보이는 예에 해당한다고 할 수 있다.

앞에서 우리는 하나님께서 무명의 선지자에게 벧엘에서는 마시지도 말고 먹지도 말며 왔던 길로 되돌아가지도 말라고 하신 이유가 벧엘에서 자행된 타락한 종교행위의 악함을 강조하시기 위함이었다고 말한 바 있다. 그렇다면 무명의 선지자가 한 행위는 벧엘의 죄악상을 극적으로 폭로하고자 하시는 하나님의 뜻을 저버린 것이 된다. 따라서 하나님은 자신의 명령에 불신실한 선지자를 심판하심으로써 자신의 명령의 엄중함과 벧엘에서 행해진 여로보암의 배교행위의 심각성을 드러내셨다고 할 수 있다.

그렇다고 해서 유다 출신의 무명의 선지자를 거짓 선지자로 낙인찍을 필요는 없는 듯하다. 그는 비록 하나님의 말씀을 온전히 순종하는데 실패하였지만 벧엘의 늙은 선지자뿐 아니라 내레이터까지 계속해서 그를 "하나님의 사람"으로 부르고 있다(13:26, 29). 그 외에도 늙은 선지자는 그를 '형제'라 부르며 그의 죽음을 슬퍼하였고 그와 함께 같은 무덤에 묻히기를 원하기까지 하였다. 훗날 요시야 왕은 이 선지자의 무덤을 특별히 돌보아 주었다(왕하 23:17, 18). 이 모든 사실들은 무명의 선지자가 비록 하나님의 말씀을 맡은 자로서 온전하지는 못했지만 여전히 '하나님의 사람'으로 인정되어야 한다는 것을 암시한다.

3) 돌이키지 않는 여로보암(13:33-34)

벧엘에서 일어난 모든 일들에도 불구하고 여로보암은 돌이키지 않았다. 그는 여전히 자신의 반율법적 정책을 고수하였다. 모세의 율법은 왕권의 유지를 위해 도움이 되지 않는다는 정략적 계산 때문이었다. 그래서 레위인이 아니더라도 아무나 원하기만 하면 제사장이 되게 했다. 금 송아지 숭배를 지속했다는 것은 재론할 필요도 없다. 여로보암에게는 자신이 의지하는 모든 것을 내려놓고 하나님만을 믿는 믿음이 없었다. 그 결국이 어떠하리라는 것은 불 보듯 뻔하다. 열왕기 저자는 다음과 같이 말한다: "이 일이 여로보암 집에 죄가 되어 그 집이 땅 위에서 끊어져 멸망하게 되니라"(13:34).

4) 여로보암 집안에 임한 재앙(14:1-20)

마침내 하나님은 여로보암 집에 재앙을 내리기 시작하셨다. 하나님은 먼저 여로보암의 아들 아비야를 병들게 하셨다. 아비야는 아버지와는 달리 하나님 앞에서 선한 뜻을 품었던 사람이었다고 한다(14:13). 그럼에도 불구하고 아버지 여로보암의 죄가 워낙 심각한 것이었기에 하나님은 그의 아들 아비야를 병들게 하셨다. 이와 유사한 사례가 다윗의 역사에서도 발견된다. 다윗이 밧세바를 범한 일로 인해 하나님은 그들 사이에서 태어난 아들을 죽게 하셨다. 이러한 예들은 부모의 죄로 인해 자식이 죽지 아니할 것이라는 신명기의 율법에 어긋나는 것처럼 보인다(신 24:16). 그러나 하나님은 죄의 심각성과 죄에 대한 진노를 나타내시기 위해 평상시에 적용되는 일반적인 원칙을 넘어서시는 경우가 종종 있다(출 34:7; 신 5:9).

아들이 죽을 병에 들자 여로보암도 별수 없었다. 그는 자기 아내를 선지자 아히야에게 보내 아들의 운명을 알아보고자 하였다. 그가 이렇게 한 것은 이 선지자의 예언대로 자신이 왕이 되었기에 그에게 앞날을 예견하는 특별한 능력이 있다고 생각했기 때문일 것이다. 그런데 여로보암은 선지자의 눈을 속이기 위해 자기 아내를 변장시키는 얄팍한 꾀를 부렸다. 이것을 보면 그는 선지자가 자기(아내)를 알아볼 경우 그에게서 좋은 말을 듣지 못할 것이라고 생각했던 것 같다(Keil 1865:157). 그도 그럴 것이 그가 왕이 되고 난 후에 한 일은 선지자 아히야가 일러준 말과 정면으로 반대되는 것이었기 때문이다(왕상 11:38 참조). 이유야 어찌되었건 선지자를 속이려 한 여로보암의 태도는 선지자에 대한 그의 생각이 바르지 않았다는 것을 나타낸다. 특히 여로보암이 선지자로부터 기대한 것은 아이의 운명에 대해 아는 것이 고작이다(14:3). 이것은 여로보암이 선지자를 미래의 일을 점치는 신통한 인물 정도로 이해하였다는 증거라 할 수 있다.

그러나 선지자는 단지 미래의 일을 예견하는 점장이가 아니다. 그는 모든 것을 살피시는 하나님과 긴밀한 관계 가운데 있는 '하나님의 사람'이다. 하나님은 아히야로 하여금 - 비록 나이가 많아 눈이 어두웠지만 - 여로보암의 아내의 정체를 폭로하게 하심으로써 이 사실을 분명히 하셨다. 그와 동시에 하나님은 여로보암의 죄악 - 특히 우상 숭배 - 을 책망하시며 그의 집안에 임할 저주를 선포하신다. 아이(아비야)가 곧 죽을 뿐 아니라 여로보암에게 속한 모든 사내가 다 끊어질 것이며 그의 집이 '거름 더미'(הַגָּלָל, 오물)처럼 취급될 것이라고 한다.

또한 하나님은 "여로보암에게 속한 자가 성읍에서 죽은즉 개가 먹고 들에서 죽은즉 공중의 새가 먹으리라"고 말씀하신다(14:11). 이 저주의 말씀은 신명기에 나타나는 언약의 저주와 대동소이하다(신 28:26 참조). 특히 하나님은 여로보암의 죄로 인하여 이스라엘이 약속의 땅에서 쫓겨나게 될 것을 말씀하신다(14:15, 16). 이것은 이스라엘이 여로보암의 죄를 답습하다 결국 망하게 될 것이라는 의미이다. 그러므로 아비야의 죽음은 이스라엘의 멸망을 앞당겨 보여주는 전조와도 같은 것이라 할 수 있다.

선지자의 예언대로 아비야는 죽는다(14:17, 18). 여로보암 또한 이십 년간 나라를 다스린 후에 죽는다(14:19-20). 그는 수단과 방법을 가리지 않고 자신의 왕권을 영구화 하고자 하였지만 그 자신은 유한한 존재일 따름이었다. 그가 자신의 유한성을 미리 깨닫고 영원하신 하나님을 경외하는 삶을 살았더라면 얼마나 다행스러운 일이었겠는가!

4. 유다의 왕들: 르호보암, 아비얌, 아사(14:21-15:24)

1) 르호보암(14:21-31)

르호보암은 사십일 세에 왕이 되어 십칠 년간(930-913 BC) 통치하였다. 그의 재위기간에 백성들은 예루살렘에서 예배하지 않고 높은 산들과 잎이 무성한 나무들 아래서 우상숭배를 일삼았다고 한다. 이러한 우상숭배에는 성적으로 문란한 행위까지 포함되어있었다. 한글 성경의 '남색하는 자'는 원래 '성소의 남창'(קָדֵשׁ male templeprostitute)을 의미한다. 열왕기 저자는 그러한 행위들이 '여호와께서 이스라엘 자손 앞에서 쫓아내신 국민의 모든 가증한 일'이라고 평가한다(14:24). 이것은 유다 백성들 또한 그 땅에서 쫓겨날 수 있음을 암시한다.

르호보암 5년(926/925)에 애굽왕 Shishaq(or Shoshenq)의 침공이 있었다고 한다(14:25-28). Karnak에 있는 Amon 사원의 한 부조에는 Shishaq의 팔레스타인 원정에 대한 기록이 남아있다. 이 기록에 따르면 Shishaq은 유다와 이스라엘에서 모두 154개의 성읍과 도시들을 파괴하였다고 한다(Sweeney 2007:189). 다른 한편 열왕기 저자는 유다와 이스라엘 사이에 전쟁이 끊이지 않았다고 말한다(14:30). 이제 다윗과 솔로몬 시대의 평화가 지나가고 또 다시 밖으로 외압에 시달리고 안으로 분쟁에 휩싸이는 혼란의 시대가 시작된 것이다. 하나님을 배반하고 평화를 바랄 수는 없다!

2) 아비얌(15:1-8)[106]

그의 어머니는 아비살롬(압살롬)의 딸 '마아가'라고 한다. 압살롬에겐 '다말'이란 딸만 있었으므로(삼하 14:27) '마아가'는 다말의 딸이자 압살롬의 손녀딸을 가리킨다고 보는 것이 옳다(Dillard 1999:106). 그는 여로보암 재위 십팔 년에 유다의 왕이 되어 삼 년(913-910 BC)을 다스렸다. 열왕기 기자는 아비얌이 르호보암의 죄를 답습하였으며 그의 마음이 하나님 앞에서 온전치 못하였다고 평가한다

---

106) 역대기에는 '아비얌' 대신 '아비야'란 이름이 사용된다(대하 12:16). 이러한 차이는 단순한 '철자법상의 차이'(orthographic variant)라 할 수 있다 (Dillard 1987:101).

(15:3). 그러나 하나님께서 다윗을 생각하사 그의 아들 아사로 하여
금 왕통을 있게 하셨다고 한다.

3) 아사(15:9-24)

아사는 여로보암 재위 이십 년에 유다의 왕이 되어 사십일 년간
(910-869 BC) 통치하였다. 그의 어미니로 언급된 압살롬의 딸 마
아가는 사실상 그의 할머니로 이해되는 것이 바람직하다. 왜냐하면
마아가는 앞에서 아비얌의 어미니로 소개되었기 때문이다(Dillard
1999:106). 아비얌과 달리 아사는 선정을 베풀었다. 그는 성소의
남창들을 몰아내고 우상숭배를 근절하는 등 종교개혁을 단행하였다.
그는 또한 자신과 자신의 아버지가 구별해놓은 성물들을 성전에 바
침으로써 하나님께 대한 충성을 보였다. 산당을 없애지 않은 것은 문
제점으로 지적되고 있지만 전반적으로 아사는 긍정적으로 평가된다:
"아사의 마음이 일평생 여호와 앞에 온전하였으며"(15:14).

열왕기 기자는 아사가 이스라엘 왕 바아사와 더불어 벌인 전쟁
을 비교적 자세히 소개하고 있다. 바아사가 유다를 침공하여 라마(예
루살렘에서 북쪽으로 대략 5 마일 떨어진 베냐민 땅의 도시)를 건축
하고 아사를 압박하였다. 바아사의 이 같은 조치는 이스라엘 백성들
이 아사와 접촉하는 것을 막기 위한 것이었다고 한다(15:17). 여기
서 왕국분열 이후에도 이스라엘 사람들이 유다로 왕래하였다는 것을
알 수 있다. 아사는 아람을 끌어들여 바아사의 의도를 좌절시키고 그
가 남긴 건축자재로 베냐민의 게바와 미스바를 건축하였다(15:22).
역대기 사가는 이 일을 아사의 중요한 실책으로 다룬다(대하 16:7-
10). 그가 하나님을 의지하는 대신 이방 왕을 의지하였다는 것이

다. 열왕기 사가는 아사가 늙어서 발에 병이 들었다고 일러준다(왕상 15:23). 아사의 뒤를 이은 왕은 여호사밧이다(15:24).

5. 이스라엘의 왕들: 나답부터 아합까지(15:25-16:34)

이곳에는 나답부터 아합까지 모두 여섯 명의 이스라엘 왕들이 소개된다: 나답, 바아사, 엘라, 시므리, 오므리, 아합.

1) 나답(15:25-32)

여로보암의 아들 나답은 왕이 되어 이 년 동안(909-908 BC) 나라를 다스린 후 잇사갈 지파 아히야의 아들 바아사의 반란으로 죽었다. 바아사는 나답 이외에도 여로보암 집안에 속한 사람을 모두 죽였다. 이로써 선지자 아히야가 여로보암에 대하여 한 예언이 모두 성취되었다(왕상 14:10-11 참조).

2) 바아사(15:33-16:7)

나답을 죽이고 쿠데타에 성공한 바아사는 디르사에서 왕이 되어 이십사 년 동안(909/8-886/85 BC) 나라를 다스렸다. 열왕기 사가는 이러한 정치적인 격변도 하나님의 주권 하에 있음을 밝히고 있다: "내가 너를 티끌에서 들어 내 백성 이스라엘 위에 주권자가 되게 하였거늘"(16:2). 아이러니하게도 바아사는 이 사실을 깨닫지 못한다. 그는 역사의 주관자이신 하나님의 뜻을 따르지 않고 여로보암의 길로 행한다. 따라서 하나님은 선지자 예후를 보내시어 과거 선지자 아히야가 여로보암 집을 대하여 한 저주의 예언과 꼭 같은 예언을 하게 하신다: "바아사에게 속한 자가 성읍에서 죽은즉 개가 먹고 그에게 속한 자가 들에서 죽은즉 공중의 새가 먹으리라"(16:4).

열왕기 기자는 하나님이 이렇게 하신 이유를 이렇게 설명한다: "그가[바아사] 여로보암의 집과 같이 여호와 보시기에 모든 악을 행하며 그의 손의 행위로 여호와를 노엽게 하였음이며 또 그의 집을 쳤음이더라." 여기서 "그의 집"은 여로보암의 집을 가리킨다고 보아야 한다. 그렇다면 바아사가 여로보암의 집을 친 것이 왜 문제가 되어야 하는가? 여로보암의 집이 망한 것은 하나님께서 선지자 아히야를 통해 하신 말씀의 성취가 아닌가?

바아사가 여로보암에 대한 하나님의 심판을 집행하는 도구였던 것은 사실이다. 그러나 바아사 자신도 여로보암과 같은 사람이었다는데 문제가 있다. 열왕기 기자는 "바아사가 여호와 보시기에 악을 행하여 여로보암의 길로 행하며 그가 이스라엘에게 범하게 한 그 죄 중에 행하였더라"(15:34)고 밝힌다. 이런 이유 때문에 바아사가 여로보암의 집을 친 것이 한 편으로 하나님의 뜻을 이루는 것이었지만 다른 한편으로는 자신에게 죄가 되는 일이었던 것이다.

3) 엘라(16:8-14)

바아사가 죽자 그의 아들 엘라가 디르사에서 왕이 되어 이년(886-885 BC)을 다스린다. 그는 정사는 제대로 돌보지 않고 방탕한 생활을 일삼았다. 결국 신하들 중 한 사람인 시므리의 반란으로 죽는다. 시므리는 왕위에 오르면서 바아사의 온 집안을 숙청한다. 이로써 선지자 예후의 말이 그대로 응하였다.

4) 시므리(16: 15-20)

시므리는 엘라를 제거하였지만 제대로 왕 노릇을 해보지 못했다. 시므리의 반란 소식을 듣고 그의 부하들 중 한 사람인 오므리가 들고 일어나 디르사를 공격하였다. 이에 시므리는 왕궁을 불지르고 그 안에서 죽으니 왕이 된지 칠일 만이었다. 열왕기 기자는 그가 죽은 이유에 대하여 "여호와 보시기에 악을 행하여 범죄하였기 때문이라"(19절상)고 밝힌다. 또한 본문은 "그가 여로보암의 길로 행하여 그가 이스라엘게 죄를 범하게 한 그 죄 중에 행하였더라"(19절하)고 평가한다.

5) 오므리(16:21-28)

오므리는 시므리를 제거하는데 성공하였지만 또 다른 장애물이 그를 가로막았다. 기낫의 아들 디브니라 하는 자가 백성들의 절반을 자기편으로 만들고 왕이 되고자 하였던 것이다. 결국 디브니의 세력은 오므리에 의해 평정된다. 하지만 그것은 간단한 일이 아니었다. 오므리는 시므리가 제거된지 사 년 후인 유다 왕 아사 삼십일 년(881 BC)에야 명실공히 이스라엘의 왕으로 등극할 수 있었다.

디브니의 세력을 평정하고 왕이 된 오므리는 아합, 아하시야, 여호람(요람)으로 이어지는 오므리 왕조를 열었다. 그는 디르사에서 왕이 되어 육 년을 다스린 후 수도를 사마리아로 옮겨 다시 육 년을 다스렸다. 사마리아는 이스르엘 계곡과 해안 평지로의 접근이 편리한 곳이다. 그곳은 또한 지중해권과 서부 소아시아 지역과의 교역에 유리한 장소였다. 고고학적 발굴에 의하면 구 세기 중반에 사마리아

오므리의 사마리아 천도(Aharoni 2011:99)

에 왕도가 건설된 흔적이 있다고 한다(Sweeney 2007:204). 오므리는 사미리아를 자신의 개인소유로 삼음으로써 보다 효과적으로 통치권을 수행할 수 있었다. 오므리가 정치적으로 탁월한 능력을 발휘하였다는 증거는 그가 죽은 지 오랜 후에 작성된 디글랏빌레셀 3세(Tiglath-pileser III, 744-727 BC)의 연대기에 이스라엘이 "오므리의 땅"으로 불렸다는 사실에서도 확인된다(AnNE 265).

오므리는 정치적 수완에 비해 신앙적으로 문제가 많은 인물이었다. 열왕기 기자는 그가 **"그 전의 모든 사람보다 더욱 악하게 행하였다"**고 평가한다. 열왕기 기자는 또한 오므리가 여로보암의 길로 행하였다고 비판한다. 26절에 언급된 "그들의 헛된 것들"은 우상들을 가리키는 듯하다. 오므리는 여로보암과 마찬가지로 우상숭배를 행하며 백성들로 하여금 우상숭배를 하게 하였다.

6) 아합(16:29-34)

아합은 사마리아에서 왕이 되어 이십이 년간(874-853 BC) 통치하였다. 그는 여로보암의 죄를 따랐으며, 시돈 왕 '엣바알'(אֶתְבַּעַל, with Baal)의 딸 이세벨을 아내로 삼았다. '엣바알'이란 이름에서 알 수 있듯이 시돈은 바알 숭배의 본고장이었다. '엣바알'은 두로의 히람 왕가를 무너뜨리고 주전 887-856년에 푀니키아를 다스렸다고 한다(Sweeney 2007:206). 이스라엘의 입장에서 푀니키아와 손을 잡는 것은 교역을 확대하고 아람을 견제하는 이중효과를 얻는 것이었다. 아합은 이런 정치적 이유로 시돈의 왕가와 혼인관계를 맺었다. 이것은 곧바로 종교적 타락으로 이어졌다. 아합은 적극적으로 시돈 사람의 종교를 수용하여 사마리아에 바알 신전을 지었을 뿐 아니라 "아세라"[107]상까지 만들었다. 이것은 하나님을 배반하는 파렴치한 행위였다. 열왕기 기자는 그가 **"그 이전의 모든 사람보다 여호와 보시기에 악을 더욱 행하였다"**(30절)고 평한다.

34절("터를 쌓을 때에 맏아들 아비람을 잃었고 그 성문을 세울 때에 막내 아들 스굽을 잃었으니")은 벧엘 사람 히엘이 여리고 성을 건축할 때 맏아들과 막내 아들을 희생제물로 바쳤다는 의미로 풀이될 수도 있다. 고대 근동에서는 건축물을 지을 때 아들들을 "토대 제물"(foundation offerings)로 바치는 풍습이 있었다고 한다(Patterson & Austel 2009:769). 따라서 여러 주석가들은 히엘의 경우를 "토대 제사"(foundation sacrifice)로 이해한다(Gray 1977³:370-71; Sweeney 2007:206-07; DeVries 1985:204-05). 그러나 히엘

---

107) "아세라"는 여신을 상징하는 어떤 제의물건으로서 나무기둥이나 나무, 또는 형상이나 심지어 음경형상이었을 수도 있다(DOHB 140).

이 여리고 성을 건축할 때 뜻하지 않게 아들들을 잃게 되었을 가능성도 없지 않다(Patterson & Austel 2009:769).

어찌되었건 이 사건은 여리고 성과 관련된 여호수아의 예언적 저주가 그대로 성취되었다는 것을 증언해준다.(수 6:26 참조) 더 나아가 이 사건은 아합 시대의 형편을 반영한다. 아합이 이스라엘의 신앙전통과 하나님의 말씀을 존중하였더라면 자기 치세 하에 여리고 성이 재건되는 것과 같은 일이 일어나지 않았을 것이다. 만일 본문의 내용이 "토대 제사"와 관련된다면 이는 아합시대의 종교적 부패상을 반영한다고 하겠다. 아합 당시 이스라엘에는 가나안의 풍습을 본받는 일이 비일비재했던 것으로 보인다.

6. 엘리야와 아합 왕가 I (17-19장)

열왕기상 17장부터 열왕기하 1장까지 아합 왕가를 상대로 한 엘리야의 선지자적 활동이 소개된다. 엘리야의 활동은 주로 아합 왕가의 바알 숭배정책과 맞서는 것이었다. 나봇의 포도원 이야기에서 밝혀지듯이 아합 왕가의 사회, 경제적 불의에 맞서는 것 또한 엘리야의 선지자적 역할 가운데 하나였다. 그러나 이 단락 전체가 엘리야의 활동에만 초점을 맞추는 것은 아니다. 아합의 군사, 외교 문제를 다루는 장들(왕상 20, 22장)에서는 무명의 선지자들과 이믈라의 아들 미가야 선지자가 아합에게 맞서는 영적 지도자들로 나타난다.

1) 비와 생명의 주관자(17장)

(1) 엘리야의 등장과 가뭄(17:1-7)

엘리야는 구약의 선지자들 가운데 대표적이라고 할 만큼 유명한 선지자이다. 선지자 말라기는 "여호와의 크고 두려운 날"이 이르기 전 다시 엘리야가 나타나리라고 예언하였다(말 4:5). 또한 변화산에서 모세와 함께 나타나 예수님이 예루살렘에서 돌아가실 일을 이야기한 선지자도 엘리야였다(눅 9:28-36). 이처럼 중요한 인물이 처음 등장하는 곳이 열왕기상 17장이다.

그런데 놀랍게도 그의 등장은 너무나 소박하고 단순하다: "길르앗에 우거하는 자 중에 디셉 사람 엘리야가"(1절상). 그의 가계나 신분에 대한 언급이 거의 없다. 다만 길르앗 지방의 디셉 사람(הַתִּשְׁבִּי)으로 소개될 뿐이다.[108] 사실상, 선지자에게 중요한 것은 명망 있는 가문과 화려한 배경이 아니다. 그가 하나님의 말씀을 대언하는 자라는 사실만이 중요하다. 자신의 신분을 드러내는 것은 그의 관심사가 아니다. 그는 하나님의 말씀을 대언하는 "하나님의 목소리"이므로, 그를 통해 다만 하나님의 목소리가 들려지는 것이 중요하다(사 40:3; 마 3:3 참조).

엘리야는 아합을 향해 가뭄을 선포하였다: "여호와께서 살아계심을 두고 맹세하노니 내 말이 없으면 수년 동안 비도 이슬도 있지 아니하리라"(1절하). 이 선언의 이유와 의도를 알기 위해서는 먼저 시대적 배경을 이해할 필요가 있다. 당시 아합 왕가를 중심으로 하는 이스라엘 백성은 바알 숭배에 깊이 빠져 있었다. 우가릿 신화에서 바알이 "구름을 타는 자"로 묘사되는 것에서 알 수 있듯 가나안 사람들에게 바알은 비를 주관하고 풍요를 가져다주는 신이었다. 아합 왕가가 바알 숭배에 열을 올린 것도 마찬가지 이유에서였다. 왕을 비롯하여 대

---

108) 전통적으로 "디셉"은 얍복 강에서 북으로 약 십삼 킬로 떨어진 El-Istib과 동일시 되어왔다(Wray Beal 2014:231; AnBD 6, 578).

다수 백성이 비를 주관하는 신으로 바알을 섬기고 있을 때 엘리야가 등장하여 가뭄을 선포하였던 것이다. 그의 말대로 수년 동안(삼 년) 땅에 비가 내리지 아니하였다.

이 사건이 갖는 극적인 의미는 분명하다. 그것은 비를 주관하시는 이가 이스라엘의 하나님 여호와라는 사실과 바알 숭배가 얼마나 헛되고 어리석은 일인지를 생생하게 드러내기 위함이었다. 더 나아가, 신명기에서 "비"는 하나님의 말씀을 지키는 자들에게 약속된 "축복"이며(신 28:12), "가뭄"은 하나님과의 언약을 깬 언약파기자들에게 임하는 "저주"이다(신 28:23-24). 그러므로 아합 시대에 이스라엘 땅에 임한 기근은 우상숭배로 언약의 하나님을 저버린 자들에게 내린 언약의 저주에 해당한다고 보아야 한다. 이스라엘 백성들은 이 무서운 저주를 통하여 징계를 받고 하나님께로 돌이켜야 한다. 그런 점에서 가뭄은 하나님이 자기 백성을 향하여 드시는 사랑의 매라고 할 수도 있다. 딜러드(Dillard 1999:21)가 말한대로 하나님으로부터 버림받는 것보다 그분께 꾸지람을 듣고 매를 맞는 것이 훨씬 더 낫다. "징계는 선택의 대가이다"(Chastening is the price of election).

기근이 임하자 그 땅에 물과 양식이 고갈되기 시작하였다. 하나님은 엘리야를 요단 강 동쪽 그릿 시내로 보내시어 그곳에서 물과 양식을 공급받을 수 있도록 배려하셨다(3-4절). 하나님은 자신의 종들을 돌보시고 그들의 필요를 채워주신다. 그분은 공중의 새에게도 먹을 것을 주시고 들풀도 입히시는 자비로운 분이다(마 6:25-34). 그런데 하나님은 왜 하필이면 까마귀를 통해 엘리야에게 떡과 고기를 공급해주셨을까? 특히 까마귀는 하나님의 백성이 먹지 못하도록 금지된 부정한 동물이 아니던가? 아마도 "이것은 엘리야가 이방 여인 즉 사렙다의 과부로부터 공궤받게 될 일을 상징한다"고 볼 수도 있을 것이다 (Seow 1999:129).

(2) 풍요의 주관자(17:8-16)

시간이 지나자 그릿 시내의 물도 말랐다. 이에 하나님은 엘리야를 이 방지역인 시돈 땅의 사르밧에 있는 한 과부에게로 보내셨다. 시돈은 아합의 부인 이세벨의 고향으로서 바알 숭배의 본거지이다. 하나님께서 그곳에 자신의 선지자를 보내신 것이 의미심장하다. 하나님은 바알 숭배의 본고장인 시돈 땅에 자신의 선지자를 보내심으로써 바알의 실상을 폭로하고자 하셨다. 이와 관련하여 주목할만한 것은 시돈 땅에도 가뭄이 극심하였다는 사실이다. 바알이 비를 주관한다고 믿는 사람들이 사는 땅에 기근이 임하였다는 것은 무엇을 의미하는가? 시돈 사람들이 신으로 믿는 바알은 비도 내리지 못하는 허수아비와 같은 존재라는 것이다.

엘리야는 하나님의 지시에 따라 사르밧의 한 과부에게로 갔다. 사르밧의 과부를 만난 엘리야는 다짜고짜로 마실 물과 먹을 것을 요구한다. 이러한 엘리야의 행위는 다른 이의 형편과 사정을 생각하지 않는 몰상식이자 몰염치인 것처럼 보인다. 그러나 엘리야가 그렇게 한 것은 이기적인 욕심 때문이 아니라 하나님의 말씀에 대한 믿음 때문이었다. 하나님께서 그에게 "너는 일어나 시돈에 속한 사르밧으로 가서 거기 머물라 내가 그곳 과부에게 명령하여 네게 음식을 주게 하였느니라"고 말씀하셨기에 그는 비록 처음 보는 사람이자 이방인이요 불쌍한 과부이지만 주저 없이 먹을 것을 청할 수 있었다.

여인의 반응 또한 놀랍다. 그녀는 오랜 가뭄에 마실 물이 넉넉지 않았을 것임에도 불구하고 선뜻 엘리야에게 마실 물을 주고자 한다. 더 나아가서 여인은 엘리야에게 떡까지 만들어 대접한다. 놀랍게도 이 떡은 그녀에게 마지막 남은 밀가루와 기름으로 만든 것이었다. 그녀의 말에 따르면 그녀와 그녀의 아들은 남은 밀가루와 기름으로 마지막 떡을 만들어 먹고 죽으려던 참이었다. 그녀가 이렇게 마지막 남은 것으로 엘리야를 대접한 이유는 무엇일까?

이 여인이 엘리야와 나눈 대화를 살펴보면 그녀는 선지자가 전한 하나님의 말씀을 믿었던 것이 분명하다. 엘리야는 그 여인에게 "이스라엘 하나님 여호와의 말씀이 나 여호와가 비를 지면에 내리는 날까지 그 통의 가루가 떨어지지 아니하고 그 병의 기름이 없어지지 아니하리라 하셨느니라"(17:14)고 하였다. 이 말을 듣고 여인은 엘리야를 대접하였다. 만일 여인이 엘리야의 말을 허무맹랑한 것으로 받아들였더라면 다른 태도를 보였을 것이다. 따라서 여인이 엘리야를 대접할 수 있었던 것은 그의 말에 대한 믿음 때문이라고 할 수 있다.

사르밧 여인에게 어떻게 이런 믿음이 생겼을까? 다른 시돈 사람들처럼 그녀 또한 바알숭배자였을 것이다. 그녀의 마음에 바알 신앙에 대한 회의가 생겼던 것일까? 비를 주고 풍요를 주관한다고 믿었던 바알이 계속되는 기근 앞에 무기력한 것을 보자 마음에 혼란이 생겼고, 이것이 그녀로 하여금 엘리야의 말에 귀 기울이도록 만들지 않았을까? 이 추측이 옳다면 당시 가나안 땅을 휩쓸었던 기근은 도리어 과부에게 무지의 늪에서 헤어나오게 하는 은혜의 수단이었다고 할 수 있다. 말하자면 하나님은 기근이란 수단을 사용하여 사르밧 과부의 마음을 일깨우시고 그녀로 하여금 엘리야의 말을 받아 들일 수 있도록 이끄셨다.

사르밧 과부에게 생긴 믿음이 하나님으로부터 말미암은 것이란 사실이 하나님께서 엘리야에게 주신 다음 말씀에서 더욱 분명히 드러난다: "너는 일어나 시돈에 속한 사르밧으로 가서 거기 머물라 **내가 그곳 과부에게 명령하여** 네게 음식을 주게 하였느니라"(왕상 17:9). 여기서 '하나님이 과부에게 명령하셨다'는 말은 하나님이 과부의 마음을 움직여 엘리야의 말을 믿고 받아들이도록 하셨다는 것과 같은 말이다. 결국 과부가 믿음을 갖게 된 것은 하나님이 하신 일이라는 것이다. 과부가 엘리야의 말대로 하자 놀랍게도 기적이 일어났다. 밀가루 통의 밀가루가 떨어지지 아니하고 기름병의 기름이 없어지지 아니하였다. 이를 통하여 풍요를 주관하시는 분은 바알이 아니라 하나님이란 사실이 더욱 명백해졌다.

여기서 딜러드가 말한 기적의 의미를 상기할 필요가 있다: "기적은 우선 하나님의 말씀이 참되다는 사실을 증거하는 기능을 한다. 하나님은 자신의 메신저들이 전한 말씀을 보증하시는 방편으로 기적을 일으키기도 하신다. 따라서 그것은 호기심이 많은 자들을 자극하기 위해 멋대로 연출되는 마술 쇼 같은 것이 아니다. 다음으로 기적은 구속적이다. 기적은 죄의 결과를 극복하고 죄로부터 자유로운 우주의 재창조를 내다본다. 구원 사건으로서 기적은 마지막에 있을 하늘과 땅의 갱신을 지시하며 예기한다. … 하나님께서 동산의 아담과 하와에게 부족함이 없이 공급해주셨듯이 새 예루살렘에서는 더 이상 죽음, 애통, 울부짖음이나 고통이 없을 것이다(계 21:4-5; 22:1-5). 사렙다 과부와 그녀의 아들은 장차 있을 일을 미리 맛본 것일 따름이다"(Dillard 1999: 25-26).

(3) 생명의 주인(17:17-24)

사르밧 과부와 그녀의 아들의 이야기는 이것으로 끝나지 않는다. 그녀의 아들이 병들어 앓다가 죽게 되었던 것이다. 왜 이런 일이 일어났을까? 믿음으로 엘리야의 말에 순종하여 자신이 가진 모든 것으로 선지자를 섬겼는데 왜 이런 불행이 그녀에게 닥쳤는가? 인간의 모든 불행이 의미가 있는 것이라면 그녀에 닥친 이 불행은 어떤 의미가 있는 것일까? 이 여인이 엘리야에게 말한 내용을 보면 그녀의 참담한 심경을 알 수 있다: "하나님의 사람이여 당신이 나와 더불어 무슨 상관이 있기로 내 죄를 생각나게 하고 또 내 아들을 죽게 하려고 내게 오셨나이까"(18절).

여인에게 생각난 죄는 무엇일까? 바알숭배일까? 그것이 무엇이든 그녀의 말에는 오해가 들어있다. 엘리야가 사르밧에 온 것은 과부의 죄를 들추어내고 그것을 벌하기 위해서가 아니다. 하나님이 엘리야를 보내신 이유는 다른데 있다. 당시 바알 숭배자들은 생명이 바알에게 달려있다고 생각하였다. 바알 신화에는 바알이 일정기간 죽어서 지하의 세계에 머물다가 다시 부활한다는 내용이 나온다. 바알이 죽을 때는 하늘에서 비가 그치고 모든 초목들이 시들며 땅이 갈라지는 등 죽음의 현상이 세상을 지배한다. 그러나 바알이 부활할 때 하늘에서 다시 비가 내리며 초목들이 다시 생기를 얻는 현상이 일어난다. 여기서 알 수 있듯이 고대 가나안인들은 생명이 바알에게 달려있다고 생각하였다.

하나님은 이처럼 잘못된 생각이 지배하는 세상에 자신의 선지자를 보내셨다. 하나님이 그렇게 하신 것은 바알이 생명의 주인이 아니라 하나님 자신만이 생명의 주인이신 것을 보이시기 위함이었다. 사르밧 과부의 아들이 일시적으로 죽게 된 것은 바로 이러한 맥락에서 일어난 일이다. 이 일을 통해 하나님은 죽이는 이도, 살리는 이도 하나님 자신인 것을 나타내고자 하셨던 것이다.

사르밧 과부는 아직도 하나님이 생명의 주인이란 사실을 알지 못했다. 그녀는 밀가루가 떨어지지 않고 기름이 마르지 아니하는 기적을 통하여 하나님이 풍요를 주관하시며 생명을 보존하신다는 사실을 어렴풋이나마 알았을 것이다. 그러나 아직은 하나님이 생명의 주인이란 사실을 분명하게 알지 못했다. 24절 말씀이 이를 뒷받침해준다: "내가 이제야 당신은 하나님의 사람이시요 당신의 입에 있는 여호와의 말씀이 진실한 줄 아노라 하니라"(17:24). 사르밧 과부는 자신의 아들에게 일어난 일을 통하여 하나님이 어떤 분이신지를 더욱 분명히 알게 되었다. 하나님은 이것을 위하여 자신의 선지자를 시돈 땅에 보내셨고, 사르밧 과부에게 일시적인 불행을 경험하게 하셨다.

사르밧 과부의 이야기에서 살펴보아야 할 것이 한 가지 더 있다. 그것은 엘리야가 죽은 아이를 위해 기도하는 모습이다. 19-21절을 보자: "엘리야가 그에게 그의 아들을 달라 하여 그를 그 여인의 품에서 받아 안고 자기가 거처하는 다락에 올라가서 자기 침상에 누이고 … 그 아이 위에 몸을 세 번 펴서 엎드리고 여호와께 부르짖어 이르되 내 하나님 여호와여 원하건대 이 아이의 혼으로 그의 몸에 돌아오게 하옵소서 하니." 엘리야는 아이 위에 자기 몸을 펴는 일을 세 번이나 반복하며 하나님께 기도한다. 엘리사도 이와 유사한 일을 한 적이 있다(왕하 4:32-37). 이 행위가 의미하는 것은 무엇인가?

주석가들 가운데는 이를 주술적 행위라고 폄하하는 이들도 있으나 그것은 오해이다. 오히려 그것은 구약에 자주 나타나는 선지적 상징 행위의 하나이다. 엘리야는 아이와 자신을 완전히 동일시하여 아이의 죽음을 자신의 것으로 취하고 자신의 생명과 호흡을 아이에게 준다는 의미에서 이런 특별한 행위를 하였다. 왈리스가 이를 잘 설명하였다:

"엘리야는 안타까운 동정심에 사로잡혀 간절히 기도하기에 이르렀다. 그는 심지어 몸으로도 자신과 아이를 동일시하기를 구하였다. 그리하여 그는 이 어린 것을 망하게 하는 저주와 질병을 자신이 직접 취하고 자신의 생명과 건강을 그 아이에게 불어넣고자 하였다(Wallace 1995:113).

엘리야의 행위는 선지사역의 성격이 무엇인지를 잘 보여준다. 선지자는 사망가운데 있는 사람들의 불행을 깊이 공감하며 그들에게 자신이 가진 소망, 비전과 생명을 나누어주기를 바란다. 이것은 선지자 중의 선지자이신 예수 그리스도의 모습에서 발견되는 모습이기도 하다. 예수님은 나사로의 죽음을 슬퍼하는 자들을 보시고 "심령에 비통히 여기시고 불쌍히 여기셨다"고 한다(요 11:33). 무엇보다도 예수님은 십자가 상에서 자기 백성들의 죄를 대신 담당하시고 죽으셨다. 그로 인하여 그들은 생명을 얻게 되었다. 그러므로 죽은 아이 위에 자기 몸을 펴는 엘리야의 모습은 세상 죄를 위하여 자기 몸을 십자가에 내어주신 예수 그리스도의 모습을 미리 보여주는 것이라고 할 수 있다.

2) 엘리야와 바알 선지자(18장)

(1) 하나님을 경외하는 자 오바댜(18:1-15)

"많은 날이 지나고 제삼 년에" --- 17장을 염두에 둘 때 "제 삼년"이란 이스라엘에 기근이 임한 기간을 가리킨다는 것을 알 수 있다. 그곳에서 하나님은 엘리야를 통하여 아합왕에게 "내 말이 없으면 수년 동안 비도 이슬도 있지 아니하리라"고 말씀하셨다. 이 기근은 매우 극심

한 것이었다: "그 때에 사마리아에 기근이 심하였더라."(2절) 5절에 보면 그 땅에 물 근원이 거의 말라버려서 짐승과 가축들이 풀을 뜯는 목초지를 구하기 어려운 형편이었다. 심지어 아합이 직접 물근원과 시내(와디)를 찾아 나서야만 하는 상황이었다.

이스라엘 땅에 이처럼 극심한 기근이 임한 이유는 왕과 백성들이 여호와를 버리고 바알신을 섬겼기 때문이다. 사람들이 비를 준다고 믿고 바알을 섬겼는데 오히려 기근이 임하였으니, 이것은 이스라엘의 어리석음을 들추어내는 하나님의 신랄한 조소/조롱이라 할 수 있다. 창조주이신 하나님께서 자연현상을 통해 바알숭배를 조롱하셨다면, 그 하나님의 대언자인 선지자는 언어를 통해 바알 숭배자들을 조롱한다: "정오에 이르러는 엘리야가 그들을 조롱하여 이르되 큰 소리로 부르라 그는 신인즉 묵상하고 있는지 혹은 그가 잠깐 나갔는지 혹은 그가 길을 행하는지 혹은 그가 잠이 들어서 깨워야 할 것인지 하매"(18:27).

헛된 것을 숭배하면 이처럼 조롱을 받을 수밖에 없게 된다. 한편으로는 물을 찾아 헤매는 고통 속에서 비참함을 겪게 되고, 다른 한편 모욕적인 비웃음 앞에서도 침묵할 수밖에 없는 수치를 당하게 된다. 의를 위해 이런 조롱을 받는다면 하나님께로부터 위로가 있겠지만 헛된 것을 구하는 자들은 그 무엇으로부터도 위로를 기대할 수 없다. 바알을 쫓다가 기근을 겪은 이스라엘 백성들의 모습은 평생 세상 욕심을 좇아 살다가 마침내 음부에서 손 끝의 한 방울 물을 갈구하며 허덕이는 한 부자의 모습과 흡사하다(눅 16:24 참조). 하나님을 저버리는 것은 "생수의 근원"을 저버리는 것과 같다는 사실을 기억해야 한다(렘 2:13; 17:13 참조).

이스라엘에 기근이 한창일 때 하나님은 다시금 엘리야를 아합에게 보내신다. 그런데 이번에는 엘리야를 바로 아합에게 보내시는 대신 오바댜라는 인물을 중개인으로 사용하신다. 즉 엘리야로 하여금 먼저 오바댜를 만나게 하시고 오바댜를 통해 엘리야가 아합을 만나도록 하셨다는 것이다. 하나님이 이렇게 하신 이유가 무엇일까? 아마도 오바댜가 매우 특별한 사람이었기에 그에게 관심을 불러일으키려는 의도였을 것으로 판단된다. 본문은 오바댜가 어떤 인물인지에 대해 비교적 상세한 설명을 제공한다.

오바댜는 아합 왕실의 일들을 책임지고 있던 고위관리였다. 그런데 놀랍게도 그는 하나님을 향한 믿음이 독실하였던 사람이다. 아합 왕과 같이 광적인 바알숭배자 곁에 어떻게 오바댜와 같은 사람이 있었는지 기이하기만 하다. 아합 왕과 가장 가까운 측근들 가운데 이런 신실한 믿음의 사람이 있었다는 것은 시사하는 바가 크다. 그것은 아무리 악한 시대라 할지라도 하나님이 택하신 경건한 백성들이 존재한다는 사실이다. 사실상 바알종교가 창궐하였던 아합시대에도 참된 신앙을 지켰던 사람들이 무려 칠천 명이나 되었다(왕상 19:18 참조).

3절에 따르면 오바댜는 "여호와를 지극히 경외하는 자"이었다. 그가 이처럼 여호와를 경외한 것은 "어려서부터"였다(12절 참조). 그가 여호와를 얼마나 두려움으로 섬겼는가 하는 것이 그의 행적 속에 잘 나타난다. 그는 아합의 왕실 사람이면서도 여호와 신앙을 저버리지 않았다. 이것은 양이 이리들의 소굴 속에 있는 것과 마찬가지로 위험 천만한 일이었다. 더욱이 그는 혼자서 여호와 신앙을 지키는 선에 머물지 않고 동료 선지자들을 돕는 일까지 하였다. 이세벨이 여호와의 선지자들을 멸하려 하자 선지자 백 명을 오십 명씩 나누어 동굴에다 숨기고 그들에게 떡과 물을 공급하는 일까지 하였다(4절).

오바댜가 참으로 하나님을 두려운 분으로 알지 못했더라면 그런 일을 하지 못했을 것이다. 그저 아합이 열렬히 신봉하는 바알 종교에 적당히 편승하여 편안하고 안락한 삶을 도모하였을 것이다. 그러나 그는 온갖 미신적인 거짓 가르침을 통해 다가오는 바알종교의 유혹도, 왕권이라는 절대 권력을 가지고 군림하는 아합의 권세에도 굴하지 않고 신앙을 지켰다. 그것은 그가 세상의 그 어떤 것보다도 하나님을 더욱 귀한 분으로, 그분을 가장 두려운 분으로 알았기 때문이다. 예수님께서 제자들에게 요구하신 신앙도 이런 것이었다: "몸은 죽여도 영혼은 능히 죽이지 못하는 자들을 두려워하지 말고 오직 몸과 영혼을 능히 지옥에 멸하실 수 있는 이를 두려워하라"(마 10:28).

(2) 바알 선지자와의 대결 I (18:16-29)

엘리야는 하나님을 경외하는 자 오바댜의 중개로 아합을 만나고자 하였다. 그러나 오바댜는 이 일이 지극히 위험한 일이라 생각하고 주저하였다. 엘리야가 있는 곳으로 아합을 데려온다 해도 하나님께서 엘리야를 숨기실 것이기에 결국 아합의 분노를 사게 될 것이라는 것이 그의 판단이었다. 여기서 우리는 아합이 엘리야에 대해 얼마만큼 적대감을 가지고 있었는지 알게 된다. 10절에 따르면 아합은 엘리야를 찾아 이스라엘 성읍들과 주변국들을 샅샅이 뒤졌고, 그들로부터 엘리야를 숨기지 않았다는 맹세까지 받아내었다. 아합이 이처럼 엘리야를 찾는데 혈안이 되어있었으므로 오바댜가 두 사람의 만남을 주선하기가 어려웠을 것이다. 그러나 엘리야의 입장이 단호하다는 것을 알고 그의 말에 따른다(15절 참조).

이렇게 해서 아합과 엘리야의 대면이 성사된다. 그런데 아합은 엘리야를 보자 말자 "이스라엘을 괴롭게 하는 자여 너냐"하며 강한 적대감을 드러낸다. 아합이 엘리야를 이렇게 평가한 것은 그가 아합이 장려하는 바알 종교를 정죄하고 나섰기 때문이다. 따라서 아합의 입장에서 엘리야는 왕의 정책에 반기를 드는 반역자요 눈에 가시와 같은 존재였다고 할 수 있다. 그러나 엘리야의 입장에서 보면 아합이 오히려 "이스라엘을 괴롭게 하는 자"였다. 왜냐하면 아합은 바알종교를 도입함으로써 백성들을 타락시키고 하나님의 진노를 불러 일으켰기 때문이다.

한편 아합을 만난 엘리야는 한 가지 제안을 한다. 바알 선지자 사백오십 명과 아세라 선지자 사백 명을 온 이스라엘 백성들과 함께 갈멜산으로 모아달라는 것이 그것이다. 아합은 이 제안에 선뜻 응하였다. 도합 팔백오십 명이나 되는 바알, 아세라 선지자 앞에서 엘리야가 어떻게 될 것인지 너무도 명백해 보였기 때문일 것이다. 그러나 이것은 큰 오산이었다. 하나님께는 숫자의 많고 적음이 문제가 되지 않는다는 사실을 아합은 모르고 있었다. 대개 거짓 종교를 추구하는 자들은 숫자의 크고 작음과 같은 외형적인 면에 치중한다. 그러나 참된 신앙은 외형적인 것보다도 하나님이 얼마나 크고 위대하신 분이신가를 바라보며 그분께 신뢰를 둔다.

엘리야의 제안대로 온 이스라엘 백성들을 비롯하여 바알과 아세라의 선지자들이 갈멜산으로 모였다. 갈멜산은 퓌니키아와 이스라엘의 경계지역으로 특별히 바알 종교에 신성한 장소로 여겨졌다고 한다(Wray Beal 2014:243). 그곳에서 엘리야는 먼저 이스라엘 백성들을 향하여 날카로운 질책의 말을 한다: "너희가 어느 때까지 둘 사이에서 머뭇머뭇 하려느냐 여호와가 만일 하나님이면 그를 따르고 바알이 만일 하나님이면 그를 따를지니라"(21절). 이 구절에서 "머뭇머뭇하다"는 히브리어 동사 "파사흐"(פָּסַח)를 번역한 것이다. 그런데 이 동사는 뒤에서(26절) 바알 선지자들이 제사의식에서 하는 행위를 묘사하는 말("뛰놀다")로 다시 사용된다.

히브리어 동사 "파사흐"(פָּסַח)는 "다리를 절다, 절뚝거리다"는 의미를 갖는다. 따라서 이 단어로부터 우리는 바알 숭배자들의 제사행위가 어떠했을지 추측해볼 수 있다. 그것은 아마도 제단 주변을 비정상적이고 변칙적인 몸동작을 하며 도는 것을 포함했을 것이다. 그러므로 엘리야가 이 단어를 사용하여 이스라엘 백성들을 책망한 것은 그들의 영적 상태가 마치 다리를 저는 것처럼 불안정하고 변칙적이며 비정상적이란 사실을 꼬집기 위함이었다고 볼 수 있다. 백성들은 선지자의 이 말을 듣고 아무 반응도 보이지 않았다. 그들은 정말 혼란스러운 상태에 있었다. 바알이 하나님인지 여호와가 하나님인지 분간을 하지 못하고 있었던 것이다.

백성들이 이렇게 된 이유가 어디 있는가? 아합 왕이 바알 종교를 장려하고 여호와 신앙을 말살하는 정책을 편 것이 직접적인 원인이었다고 할 수 있다. 아합은 여호와 신앙을 옹호하고 가르치는 선지자들을 박해하고, 바알과 아세라를 섬기는 제사장들과 선지자들을 대거 양성하였다. 뿐만 아니라 도처에 우상숭배를 위한 제단들이 만들어졌다. 이런 상황이 백성들의 영적 타락을 가속화시켰을 것이다. 누군가 나서서 이 흐름을 가로막아야만 했다.

엘리야가 바로 그런 인물이었다. 그는 백성들에게 한 특별한 제안을 한다. 송아지 둘을 가져 와 하나는 바알 선지자들이 제사할 제물로 삼게 하고 다른 하나는 엘리야 자신이 제사할 제물로 삼게 하되 다만 불은 허용하지 말라는 것이 그것이다. 엘리야가 이렇게 제안한 이유

는 어느 편이든 불로써 응답하는 편이 참
하나님인 것을 확증하려는 의도에서였다.
사실 엘리야의 이런 제안은 바알 선지자들
의 입장에서는 대단히 유리한 것이었다.
왜냐하면 그들은 바알이 그 오른 손에 번
개를 잡고 있는 신이라고 생각했기 때문이
다. 따라서 그들은 엘리야의 제안을 거절
할 수 없었을 것이다. 백성들 또한 엘리야
의 제안을 좋게 여겼다.

번개형상의 창을 든 바알
(루블 박물관, Miller &
Hayes 2006²:103)

이렇게 해서 바알 선지자들과 엘리
야와의 대결이 시작되었다. 먼저 바
알 선지자들이 송아지를 잡고 바알의
이름을 부르며 "바알이여 우리에게 응
답하소서"라며 부르짖었다. 아무리 부
르짖어도 반응이 없자 그들은 제단 주변을 불안정하고 비정상적
인 모습으로 돌기 시작했다. 이러한 모습은 거짓 신을 섬기는 자
들의 불안정한 상태를 반영해주는 듯하다. 여호와 하나님께 믿음
의 닻을 굳건히 내리지 못한 자들은 항상 불안정할 수밖에 없다.
(약 1:6-8 참조)

엘리야는 바알 선지자들의 의식을 지켜보고 있다가 조롱의 말을
한다: "큰 소리로 부르라 그는 신인즉 묵상하고 있는지 혹은 그가 잠
깐 나갔는지 혹은 그가 길을 행하는지 혹은 그가 잠이 들어서 깨워야
할 것인지 하매"(27절). 이런 조롱의 말을 듣자 바알 선지자들은 칼
과 창으로 자신들의 몸에 상처를 내며 저녁이 되기까지 광적인 행위
("미친 듯이 떠들어")를 하였으나 역시 아무 응답이 없었다. 바알은 존

재하지 않는 신이요, "아무 것도 아닌 것"(nothing)이었기 때문이다. 하나님 아닌 그 무엇을 하나님인 양 추구할 때 이와 같이 결국 "허무"로 끝나고 만다.

(3) 바알 선지자와의 대결 Ⅱ (18:30-40)

바알과 아세라 선지자들의 노력이 무위로 끝나자 이제 엘리야 선지자가 나섰다. 그는 그 자리에 있던 모든 백성들을 가까이 불러 모으고 먼저 무너진 여호와의 제단을 수축하였다. "무너진 여호와의 제단"이란 표현은 당시 여호와 신앙이 얼마나 황폐해진 상황이었는지를 잘 알려준다. 따라서 엘리야가 무너진 여호와의 제단을 수축하였다는 것은 단순히 물질적인 제단의 건축을 넘어선 영적인 신앙의 재건을 향한 사전작업이었다고 할 수 있다.

31절에는 제단에 대한 자세한 설명이 나온다. 이 설명에 의하면 엘리야는 특별히 이스라엘의 정체성을 환기시키는 방식으로 여호와의 제단을 수축하였다. 그는 야곱의 아들들의 수효대로 열 두 개의 돌을 취하여 그것으로 제단을 만들었다. 본문기자는 이런 엘리야의 의도를 분명히 하기 위해 "이스라엘"이란 이름의 유래에 대한 설명을 덧붙이고 있다: "이 야곱은 옛적에 여호와의 말씀이 임하여 이르시기를 네 이름을 이스라엘이라 하리라 하신 자더라"(31절하). 이처럼 '이스라엘'은 하나님이 족장 야곱에게 친히 지어주신 이름이다. 그러기에 이스라엘은 하나님께로부터 말미암은 나라이며 백성들은 하나님만을 섬겨야 한다. 엘리야가 만든 제단의 모양은 이런 사실들을 상징적으로 보여준다.

제단을 다 쌓은 다음 엘리야는 제단 둘레에 곡식 두 세아(약 24 리터)가 들어갈 정도의 도랑을 만들었다. 그리고는 각을 뜬 송아지를 나무 위에 올려 놓고 도랑에 물이 가득 차게 될 정도로 제물과 나무 위에 물을 길어다 붓도록 했다. 엘리야가 이렇게 한 이유는 분명하다. 그것은 하나님의 능력이 얼마나 놀라운 것인지를 뚜렷이 증거하기 위해서였다. 물에 흠뻑 젖은 나무와 제물에 불이 붙는다면 이것이야 말로 살아계신 하나님의 능력에 대한 뚜렷한 증거가 아니겠는가? 분명히 인간에게 불가능한 것일수록 하나님의 하나님 되심을 더욱 밝히 드러내는 역설적인 수단이 된다. 이런 측면에서 우리는 우리의 약함을 부끄러워하지 않아도 된다. 오히려 우리의 강함을 자랑하기 보다 우리의 약함을 자랑해야 할 것이다.

36-37절에서 엘리야의 기도가 소개된다. 엘리야는 하나님을 "아브라함과 이삭과 **이스라엘**의 하나님"으로 부른다. 원래 구약에서 "아브라함과 이삭과 **야곱**의 하나님"이 더 일반적인 표현인데 여기서는 '야곱' 대신 '이스라엘'이 사용되었다. 이것은 현재 이스라엘이 족장들의 후손이자 하나님의 택하신 백성이란 사실을 부각시키기 위한 수사법에 해당한다. 엘리야가 드린 기도의 내용은 모두 세가지 이다: 1) 여호와가 하나님 되심을 드러내실 것, 2) 엘리야가 여호와의 종이며 여호와의 명에 따라 이 모든 일을 행한다는 것을 드러내실 것, 3) 하나님이 백성들의 마음을 돌이키신다는 사실을 드러내실 것.

이 기도에서 우리는 엘리야가 하나님의 명예와 자신의 선지적 직분의 진정성을 옹호하고 이스라엘을 하나님께로 돌이키는데 깊은 관심을 가지고 있었다는 것을 알 수 있다. 무엇보다도 엘리야는 짧은 기도문 속에 여호와의 하나님 되심이 드러나기를 두 번씩이나 간구한다. 엘리야의 최고 최대의 관심사가 하나님의 명예였다는 사실을 잘 보여주는 대목이다. 엘리야는 과연 하나님을 향한 열심이 유별했던 사람이다(왕상 19:10,14 참조). 모름지기 하나님의 사람들에게 없어서는 안 될 가장 중요한 요소는 바로 '하나님을 향한 열심'이다.

엘리야의 기도에 이어 즉시 하나님께로부터 응답이 왔다: "이에 여호와의 불이 내려서 번제물과 나무와 돌과 흙을 태우고 또 도랑의 물을 핥은지라"(38절). 이것은 바알 선지자들의 기도와 강한 대조를 이룬다. 그들은 스스로의 몸을 상하기까지 온갖 수단들을 다 동원하여 온종일 바알에게 호소하였으나 아무 응답도 받지 못하였다. 그러나 엘리야는 즉각 응답받았다. 엘리야의 하나님은 살아계신 하나님이셨기 때문이다. 엘리야가 기도하였을 때 하나님은 귀 기울여 그의 기도를 들으셨고, 그 기도에 응답하셨다. 그분께는 관심을 끌기 위한 특별한 의식이나 행위가 필요하지 않다. 하나님은 사람의 중심을 보시는 분이시다. 그러므로 하나님의 뜻에 부합되고 진실성이 담긴 간절한 기도만으로도 충분하다.

하나님의 응답을 현장에서 목격한 백성들은 여호와가 하나님이심을 인정하지 않을 수 없었다. 그들은 엎드려 "여호와 그는 하나님이시로다 여호와 그는 하나님이시로다"라고 고백하였다. 마침내 백성들의 마음이 하나님께로 돌아온 것이다. 하나님이 엘리야의 기도에 불로써 응답하신 것은 이처럼 백성들을 하나님께로 돌이키기 위함이었다. 하나님은 잃어버린 백성을 찾기를 기뻐하신다. 바알 숭배에 물들어있던 그들이었지만 모든 수단을 다 동원하여 그들을 돌이키고자 하신 사실에서 자기 백성을 향한 하나님의 큰 사랑을 엿볼 수 있다.

아울러 본문은 하나님의 무서운 심판에 대해서도 이야기 한다. 백성들이 여호와가 참 하나님인 것을 깨닫고 바알 선지자들을 사로 잡았다. 그들은 바알 선지자들이야 말로 자신들을 미혹하는 거짓 선지자들이란 사실을 알게 되었다. 엘리야는 이들을 모두 기손 시내로 데려가 그곳에서 그들을 죽였다.[109] 이것은 잔인해 보이는 장면이지만 하나님의 의로운 심판으로 보아야 한다. 분명 죄에 대한 하나님의 심판은 이처럼 무서운 것이다. 특별히 사람들을 그릇된 길로 이끄는 자들에게 무서운 심판이 있다는 사실을 기억해야 한다(신 13:1-5; 18:20; 약 3:1 참조).

(4) 비를 내리신 하나님(18:41-46)

아합은 엘리야가 하늘로부터 불을 내리며, 바알 선지자들을 죽이는 과정을 모두 지켜보았다. 그의 눈앞에서 벌어진 광경은 그를 두렵게 하기에 충분하였을 것이다. 얼마전까지만 하더라도 엘리야를 향해 곧 달려들어 죽이려는 듯 기세등등하였던 그이지만 이제 그의 태도는 완전히 바뀌었다. 그는 마치 순한 양처럼 엘리야가 말하는 대로 고분고분 따랐다. 엘리야가 "올라가서 먹고 마시라"고 하니 그대로 하였고(41-42), "마차를 갖추고 내려가라"고 하니 그대로 하였다(44-45). 하나님의 권세 앞에 세상 왕이 얼마나 초라한 존재인지 잘 보여주는 모습이다. 아합이 먹고 마신 것은 하나님과의 관계를 새롭게 한다는 의미의 "언약식사"로 이해하는 것이 바람직하다(출 24:11; Wray Beal 2014:245).

　엘리야는 아합에게 "큰 비 소리가 있다"(41절하)고 하였다. 본문에 밝혀져있지는 않지만 하나님께서 엘리야에게 "큰 비 소리"를 들

---

109) 기손 시내는 다볼 산 서편지역과 길보아 산에서 발원하여 이스르엘 평원을 지나 갈멜산을 끼고 지중해로 흘러 들어가는 강이다(LzB 897).

게 하셨던 것으로 판단된다. 하나님은 종종 선지자로 하여금 보통 사람들이 볼 수 없고 들을 수 없는 바를 보고 듣게 하신다(왕하 6:12, 14-17). 주목할만한 것은 엘리야가 "큰 비 소리"를 들었음에도 하나님께 기도하였다는 사실이다. 그는 간절히("땅에 꿇어 엎드려 그의 얼굴을 무릎 사이에 넣고") 기도하였을 뿐만 아니라 기도응답의 증거가 나타나도록 끝까지("일곱 번까지") 기도하였다. 이는 기도의 중요성을 가르쳐준다. 하나님이 정하신 일이라도 기도는 반드시 필요하다(겔 36:37).

기도의 응답으로 마침내 비가 내렸다. 이 비는 이스라엘에 가뭄이 선포된지 삼년만에 내린 비이다(왕상 17:1; 18:1 참조). 하나님은 지난 삼년 간 가뭄이 들게 하심으로써 바알숭배에 빠진 백성들을 벌하셨다. 그런데 이제 갈멜산 사건으로 바알 종교가 심판 당하고 하나님과의 언약관계가 어느 정도 회복되자 하나님은 은혜롭게 비를 내리셨다. 이는 바알종교로부터 돌이키는 백성들을 향해 선지자 호세아가 예언한 바를 생각하게 만든다: "여호와께서 이르시되 그 날에 내가 응답하리라 나는 하늘에 응답하고 하늘은 땅에 응답하고 땅은 곡식과 포도주와 기름에 응답하고 또 이것들은 이스르엘에 응답하리라"(호 2:21, 22).

아합이 마차를 타고 이스르엘로 향하자 또 다시 놀라운 일이 일어났다. 갑자기 여호와의 능력(손)이 엘리야에게 임하였고, 엘리야는 하나님의 능력에 힘입어 아합이 탄 마차보다 앞서 이스르엘 어귀까지 달려갔다. 이 기이한 광경은 하나님의 능력과 권세는 세상 왕의 그것에 비할 바가 아님을 극적으로 생생하게 보여준다. 선지자를 "이스라엘의 병거와 마병"이라 부른 것도 같은 의미를 갖는다(왕하 2:12).

3) 호렙산의 엘리야(19장)

(1) 모세를 닮은 엘리야(19:1-8)

갈멜산에서 이스르엘로 돌아온 아합은 엘리야가 한 모든 일을 이세벨에게 알렸다. 이세벨은 엘리야가 바알과 아세라 선지자들을 모두 죽였다는 소식을 전해 듣고 분에 사로잡혔다. 그녀는 엘리야를 죽이지 않으면 "신들이 내게 벌 위에 벌을 내림이 마땅하니라"고 하며 엘리야를 향한 강한 적개심을 표출하였다. 그런데 뜻밖에도 이세벨은 엘리야를 죽이려는 자신의 생각을 곧바로 실행에 옮기는 대신 먼저 엘리야에게 사자를 보내 경고의 메시지를 전한다.

이세벨이 이처럼 여유 있는 태도를 보인 까닭이 무엇일까? 아마도 그녀는 엘리야를 죽일 생각을 하지 않았을 수도 있고, 엘리야를 죽일 수 없다고 생각했을 수도 있다. 갈멜산에서의 사건 이후 왕과 백성들이 엘리야를 새롭게 보게 된 상황에서 그를 죽인다는 것은 - 아무리 포악한 이세벨이었다 할지라도 - 결코 쉬운 일이 아니었을 것이다. 그러므로 이세벨은 다만 으름장을 놓아 "자신에게 부담이 되고 위협이 되는 사람"을 멀리 쫓아버리려고 했을 가능성이 크다(Keil 1865:188).

분명한 것은 아합 왕가에서 이세벨의 위치가 확고하였다는 사실이다. 지금은 갈멜산 사건을 통하여 백성들의 마음이 엘리야에게로 돌아섰고 아합 왕 또한 엘리야의 영적 권위에 압도당한 상황이다. 그럼에도 불구하고 이세벨은 뒤로 물러서지 않고 도리어 엘리야를 향해 더욱 공격적인 태도를 취하고 있다. 본문 1-2절의 묘사에 따르면 아합은 마치 신하들 중 한 사람처럼 이세벨에게 상황을 보고하는 자로 나타나고, 이세벨은 모든 권한을 손에 거머쥐고 통치권을 행사하는 왕과 같은 존재로 나타난다. 한 마디로 아합은 왕으로서 제 역할을 하지 못하고 이세벨의 치마폭에 놀아나는 무능하고 소심한 불량자였다고 볼 수밖에 없다.

한편 이세벨의 위협에 직면한 엘리야는 이스라엘을 떠나고자 하였다. 갈멜산 사건을 통해 여호와가 참 하나님이란 사실이 확인되었음에도 불구하고 회개하기는커녕 도리어 더 마음을 완고하게 하는 사람들을 보면서 엘리야는 깊은 좌절감과 허탈감에 빠졌던 것 같다. 다음은 절망감에 사로잡힌 그의 심경을 잘 나타내 보여준다: "여호와여 넉넉하오니 지금 내 생명을 거두시옵소서 나는 내 조상들보다 낫지 못하니이다"(4절하).

엘리야의 이런 태도는 갈멜산에서 승리의 영광을 경험하고 난 다음에 겪을 수밖에 없었던 심리적 "금단증상"(withdrawal symptoms)의 하나로서 지금까지 그를 지탱하고 있던 믿음과 비전이 약해졌기 때문에 생긴 "일시적 감정"의 표현일 수도 있다(Wallace 1995:130-31). 그렇지 않으면 그것은 갈멜산에서의 승리가 그에게 "터무니 없는 자만심"을 갖도록 하여 "스스로를 지나치게 중요하게 생각하도록" 만들었기에 나타난 "두드러진 영적 결함"일 수도 있다 (Patterson & Austel 2009:782).

그러나 모세도 이스라엘 백성들의 불평과 원망 앞에서 하나님께 죽기를 구하였던 적이 있다(민 11:15). 하나님께서는 어려움을 호소하는 모세를 나무라지 않으셨다. 오히려 하나님은 모세에게 그의 어려운 형편과 사정을 인정하시고 돕는 조력자를 허락해주셨다(민 11:16-17 참조). 엘리야의 경우에도 하나님은 여러 명의 협력자들 (하사엘, 예후, 엘리사)을 세우도록 하심으로써 그가 겪는 어려움에 공감을 표하셨다(왕상 19:15-16).[110] 물론 모세나 엘리야가 당면한 문제들 앞에서 의연하게 대처하지 못하고 탄식하며 어려움을 호소한 것은 그들 또한 "우리와 성정이 같은 사람"이었음을 보여주는 좋은 예가 될 것이다(약 5:17 참조). 그러나 본문에 그려진 엘리야를 두고 '영적 결함'을 말하는 것은 지나친 일이다.

엘리야의 탄식과 호소를 단순히 심리학적 관점에서 바라보는 대신 그것의 의미를 신학적으로 이해해야 할 필요가 있다. 선지자 예레미야의 경우에도 하나님의 메신저 역할을 수행하면서 많은 어려움을 겪었다. 그는 당대의 정치, 종교 지도자들로부터 매 맞고 투옥 당하며(렘 20:2), 심지어 진흙 구덩이에 던져지는 모욕과 학대를 받기도 하였다(렘 38:1-6). 욥의 탄식을 연상케 하는 다음 인용문은 예레미야가 당한 어려움의 깊이를 잘 보여준다:

"내 생일이 저주를 받았더면, 나의 어머니가 나를 낳던 날이 복이 없었더면, 나의 아버지에게 소식을 전하여 이르기를 당신이 득남하였다 하여 아버지를 즐겁게 하던 자가 저주를 받았더면, … 어찌하여 내가 태에서 나와서 고생과 슬픔을 보며 나의 날을 부끄러움으로 보내는고 하나라"(렘 20:14-18).

---

110) 하나님은 엘리야에게 다메섹으로 가서 하사엘에게 기름을 부어 아람 왕이 되도록 하고, 예후에게 기름을 부어 이스라엘의 왕이 되게 하고, 엘리사에게 기름을 부어 자신을 대신하여 선지자가 되도록 하셨다. 이들 가운데서 직접적으로 엘리야의 협력자가 된 것은 엘리사이다. 그러나 하사엘과 예후는 아합 왕가를 심판하는 도구로 사용되었으므로 그들 또한 아합 집안과 적대관계에 있는 엘리야의 협력자들이었다고 할 수 있다(왕상 9:17 참조).

이렇게 탄식하는 예레미야를 두고 "영적 결함"을 이야기 할 수 있을까? 페일스(H. G. L. Peels)는 예레미야의 불평과 탄식을 단순히 심리학적으로 접근해서는 안 되며, 그 자체를 선지적 메시지의 일부로 보아야 한다고 잘 지적하였다. 페일스의 견해에 따르면 선지자의 내적 고통과 번민은 하나님과 그의 백성들 사이의 일을 반영한다. 즉 선지자의 불평과 탄식 속에 백성들의 불신앙과 반역에 대한 하나님 자신의 불평과 탄식이 계시되고있다는 말이다(Peels 2012:112-113). 엘리야의 경우도 마찬가지가 아닐까? 골수에 사무친 듯한 엘리야의 좌절과 탄식은 단순히 그의 심리적 상태를 표현하는 것으로 그치지 않고 바알 숭배에 깊이 빠진 이스라엘 백성의 절망적인 형편에 대한 하나님의 심정을 노정하는 것일 수 있다.

이렇게 보면 엘리야가 이세벨의 위협을 피해 광야로 간 것에 대한 평가도 새롭게 이루어져야 한다. 얼핏 보면 그것은 믿음 없는 자의 비겁한 행동처럼 보인다. 하나님의 선지자가 죽음이 두려워 도망하다니! 그런데 이것이 과연 엘리야에 대한 정당한 평가일까? 본문에 묘사된 여러 정황을 고려하면 엘리야의 피신은 단순한 '도망'이 아니었다. 엘리야가 그저 자신의 목숨을 건지는 일에만 관심이 있었다면 굳이 광야가 아니라 유다의 한 성읍으로 피신하는 것만으로도 충분하였을 것이다. 또한 엘리야가 피신한 주된 목적이 생명유지였다면 하나님께 "지금 내 생명을 거두시옵소서"(4절하)라며 기도하지도 않았을 것이다.

더 나아가서 엘리야가 '계시의 산'인 호렙산까지 간 것을 보면 그의 여정에는 개인적인 문제해결의 차원을 넘어선 특별한 목적과 의도가 포함되어있었던 것이 분명하다. 물론 엘리야가 처음부터 호렙산을 목적지로 삼고 여정에 올랐는지는 불분명하다. 그러나 7절에서 하나님이 엘리야에게 "네 갈 길이 멀다"고 말씀하신 것을 보면 처음부터 엘리야가 호렙산을 여행의 목적지로 삼았을 가능성이 매우 크다(Keil 1865:190 참조).

호렙산은 출애굽 당시 이스라엘의 지도자 모세가 하나님을 만났던 장소로 유명하다. 모세는 이곳에서 이스라엘을 애굽 왕 바로의 권세에서 구원하라는 사명을 받았었고(출 3장 참조), 또한 출애굽 이후에는 그곳에서 하나님이 친히 돌 판에 기록해주신 율법을 수여 받기도 했다(출 33:6 참조). 무엇보다도 호렙산은 하나님께서 출애굽 한 이스라엘 백성들과 더불어 언약을 맺었던 장소로 유명하다(출 19장 참조). 이처럼 호렙산은 이스라엘의 선지자 역사에서 선지자들의 원형(prototype)에 해당하는 모세의 선지적 소명과 깊이 연관된 장소요, 하나님과 이스라엘이 서로 특별한 신뢰의 관계를 맺은 언약의 장소였다.

엘리야가 이처럼 역사적으로 뜻 깊은 곳에 가고자 한 이유는 무엇이었을까? 아마도 그는 호렙산으로 가면서 자신보다 앞서 선지사역을 감당하였던 모세를 생각하고, 이스라엘과 하나님의 언약관계를 되새겨보며, 자신과 이스라엘을 향한 하나님의 뜻을 찾고자 하는 간절한 기대와 바램을 마음에 간직하고 있었던 것으로 보인다. 그가 광야의 한 로뎀 나무 아래에서 하나님께 호소하기를 "나는 내 조상들보다 낫지 못하나이다"(4절하)라고 하였을 때에도 조상들 중 한 사람인 모세를 생각하였다고 보는 것이 옳다.

사실 본문에는 모세의 행적을 연상케 하는 내용들이 많이 나타난다. 앞에서 언급한 대로 엘리야가 선지적 사역의 어려움 때문에 "내 생명을 거두시옵소서"(4절하)라며 하나님께 호소한 것은 백성들의 원망 앞에서 죽기를 구하였던 모세와 닮아있고(민 11:15), 호렙산에 가기 위해 "사십 주 사십 야"가 걸린 것(8절하)은 모세가 시내산에서 율법을 받기까지 "사십 주 사십 야" 동안 산에 있었던 것과 유사하다(출 24:18). 더 나아가 호렙산의 한 동굴에서 엘리야가 하나님이 지나가시는 것을 본 것(11절상)은 시내산의 한 바위 틈에서 모세가 하나님의 영광이 지나가는 것을 본 것과 평행을 이룬다(출 33:21-23).[111] 끝으로 하나님께서 엘리야의 호소를 들으시고 그에게 협력자(엘리사)를 주신 것(16절하)은 모세에게 함께 일할 사람들(칠십 장로)을 세우도록 해주신 것과 통한다(민 11:16-17).

본문에 이처럼 모세와 엘리야 사이의 유사성이 부각되는 이유는 엘리야가 모세의 위치에서 위험에 처한 하나님과 이스라엘의 언약관계를 온전케 하기 위해 고군분투한 선지자란 사실을 보여주기 위한 것이라 여겨진다. 신약성경이 모세와 엘리야의 연관성을 강조하는 것도 같은 이유 때문이다. 예수께서 한 높은 산에서 영광스런 모습으로 변형되셨을 때 모세와 엘리야가 나타나 예수님과 더불어 담화를 나누었다(마 17:1-4; 막 9:1-5). 이 특별한 장면은 모세가 언약 중보자의 원형이요, 엘리야는 언약 수호자의 전형이며, 예수 그리스도는 언약을 완성하시는 분이란 사실을 드러내는 것이라 할 수 있다.

환언하면 엘리야는 모세와 마찬가지로 언약의 중보자로서 이스라엘을 하나님 앞에 바로 세우기 위해 혼신의 힘을 다 기울인 선지자였다. 이제 그런 자신의 노력이 이세벨의 거센 저항으로 인해 벽에 부딪히자 엘리야는 조상들 특히 모세를 생각하며 이스라엘과 하나님의 언

---

111) 저자는 "굴"에 정관사를 붙여놓았다: הַמְּעָרָה. 이것은 이 "굴"이 이미 알려져 있는 어떤 굴인 것을 암시한다. 따라서 이 '굴'은 모세가 하나님의 영광을 보았던 그 '바위 틈'과 같은 곳이었다고 할 수 있다(Gray 1977³:409).

약관계의 출발점인 호렙산으로 가고자 하였던 것이다. 하나님께서도 엘리야의 그런 의도를 아시고 그를 도우셨다. 힘든 광야 길에서 엘리야가 기진맥진하여 누웠을 때 하나님은 천사를 보내어 그를 돌보아주셨다. 여기서 주목할만한 것은 천사가 엘리야에게 "숯불에 구운 떡과 한 병 물"을 공급해주었다는 점이다(6절). 이것은 과거 엘리야가 시돈 땅 사렙다의 한 과부로부터 떡과 물을 공급받은 것(17:8-16)과 더 거슬러 올라가서 그릿 시냇가에서 까마귀로부터 음식을 공급받은 일을 상기시켜준다.

더 나아가서 엘리야가 광야에서 하나님께로부터 음식물을 공급받은 것은 과거 이스라엘 백성들이 광야생활 동안 하나님께로부터 식물을 공급받은 것을 기억나게 만든다. 브엘세바에서 호렙산까지의 거리는 60~70 킬로미터 정도에 불과한데 이 거리를 40일만에 갔다는 것은 엘리야의 여정이 이스라엘의 광야 사십 년 생활을 회고하게 하는 성격이 있었다는 것을 보여주기에 충분하다. 이것이 엘리야에게, 그리고 더 나아가 독자들에게 전달해주는 의미는 무엇일까? 하나님께서 극한 어려움 가운데서도 자기 백성을 돌보아 주셨고, 지금도 그렇게 하고 계시며, 앞으로도 그렇게 하실 것이라는 의미가 아닐까? 이렇게 보면 하나님은 브엘세바에서 호렙산에 이르는 엘리야의 여정 속에서 이미 엘리야가 가진 질문들에 대답하고 계셨던 것이라고 할 수 있다. 즉 하나님의 백성들이 아합 왕권 아래서 어려움을 겪고 있지만 하나님께서 결코 그들을 저버리지 않으시고 보존하실 것이라는 말이다. 그러나 더 깊고 자세한 응답은 '하나님의 산' 호렙에서 주어진다.

(2) 세미한 음성(19:9-18)

하나님이 공급해주신 음식에 힘입어 마침내 엘리야는 호렙산에 도착하였다. 호렙산에 당도한 엘리야는 한 동굴에 머물면서 하나님과 대면하는 놀라운 시간을 가진다. 앞에서 언급한 것처럼 이 동굴은 과거 모세가 하나님의 영광을 볼 때 있었던 장소이다. 당시 모세는 이스라엘이 금송아지 우상을 섬긴 사건을 경험한 직후 이곳에서 하나님의 영광을 보았다. 그런데 지금 엘리야는 이스라엘이 바알숭배에 빠진 것을 보고 같은 장소에서 하나님을 대면하고 있다. 따라서 이곳에 소개된 엘리야를 제 2의 모세라 하여도 될 것이다.

하나님은 먼저 "엘리야야 네가 어찌하여 여기 있느냐"고 질문을 던지신다. 그러자 엘리야는 격정에 찬 대답을 한다: "내가 만군의 하나님 여호와께 열심이 **유별하오니** 이는 이스라엘 자손이 주의 언약을 버리고 주의 제단을 헐며 칼로 주의 선지자들을 죽였음이오며 오직 나만 남았거늘 그들이 내 생명을 찾아 빼앗으려 하나이다"(10절).

엘리야의 말은 자심의 심경을 있는 그대로 드러낸 것으로 보인다. 앞 장(18장)에서 850명의 바알과 아세라 선지자들과 대결하였던 모습에서 확인할 수 있었던 것처럼 엘리야는 정말 하나님께 열심이었던 선지자였다. 백성들을 그릇된 길로 이끄는 거짓 선지자들을 가차 없이 처단하는 엘리야의 모습은 아론의 손자 비느하스와 닮았다. 비느하스는 이스라엘 온 회중이 보는 앞에서 미디안 여인을 가까이한 한 사람을 죽였다(민 25:7-8). 하나님은 그런 비느하스를 향하여 "내 질투심으로 질투하여 이스라엘 자손 중에서 내 노를 돌이켜서 내 질투심으로 그들을 소멸하지 않게 하였도다"(민 25:11)라고 하시며 칭찬하셨다. 여기서 '질투심'으로 번역된 히브리어 "킨아"(קִנְאָה)는 '열심'으로도 번역될 수 있다. 이런 점들을 고려할 때 바알 선지자들을 처형한 엘리야의 행위는 여호와를 향한 열심에서 나온 것이며, 그의 고백("내가 만군의 여호와께 열심이 유별하더니") 또한 진실한 것이라 할 수 있다.

다음으로, 이스라엘에 대한 엘리야의 평가 – "이는 이스라엘 자손이 주의 언약을 버리고 주의 제단을 헐며 칼로 주의 선지자들을 죽였음이오며" – 또한 사실과 부합된다. 열왕기상 18장 4절은 이세벨이 여호와의 선지자들을 멸한 사실을 언급하고 있기 때문이다. 그런데 엘리야의 마지막 말("오직 나만 남았거늘 그들이 내 생명을 찾아 빼앗으려 하나이다")에는 과장이 섞인 것이 분명하다. 얼마 전 엘리야는 아합의 신하 중 한 사람인 오바댜로부터 백 명의 선지자들이 살아있다는 소식을 들었기 때문이다(18:4, 13 참조). 엘리야가 이렇게 과장된 말을 하는 것을 보면 그의 마음이 매우 격앙된 가운데 있었으며, 더 나아가 북 이스라엘의 상황을 필요이상으로 심각하게 받아들이고 있었다는 것을 알 수 있다.

엘리야의 항변에 대한 하나님의 대답이 11-12절에 나타난다: "여호와께서 가라사대 너는 나가서 여호와의 앞에서 산에 섰으라 하시더니 여호와께서 **지나가시는데** 여호와의 앞에 크고 강한 바람이 산을 가르고 바위를 부수나 바람 가운데 여호와께서 계시지 아니하며 바람 후에 지진이 있으나 지진 가운데도 여호와께서 계시지 아니하며 또 지진 후에 불이 있으나 불 가운데도 여호와께서 계시지 아니하더니 불 후에 세미한 소리가 있는지라."

여호와의 "지나가시는" 모습을 묘사하는 단어 עבר는 출애굽기에서 모세 앞을 지나가는 여호와의 영광을 묘사하는 단어와 동일하다(출 33:22). 따라서 본문은 출애굽기와 마찬가지로 신현 (theophany)을 이야기하는 것이 분명하다. 사실상 본문에 소개된 '크고 강한 바람', '지진', '불'은 하나님이 현현하실 때 수반되는 현상들이다. 시내산에 하나님이 강림하실 때에도 불과 지진 현상이 동반되었다(출 19:16-19). 특히 '바람'과 '지진'과 '불'은 하나님의 심판과 관련해서 언급되는 현상들이다(나훔 1:3-6 참조). 그렇다면 본문에서 '바람'과 '지진'과 '불' 가운데 하나님이 계시지 않았다는 것은 무엇을 뜻하는가? 또한 "세미한 소리"(문자적으로 "가느다란 속삭임 소리" דְּקָקָה קוֹל דְּמָמָה)가 의미하는 것은 무엇인가?

우선 하나님께서 '바람' '지진' '불' 가운데 계시지 않았다는 것은 그러한 현상들이 하나님의 현현과 전혀 무관한 것들이란 의미로 받아들여져서는 안 된다. 위에서 언급한 것처럼 하나님이 임하실 때, 특별히 심판하시려 강림하실 때 '바람', '지진', '불'과 같은 현상들이 동반되었다. 앞 장(18장)에서 엘리야가 바알 선지자들과 대결하였을 때에도 하나님은 하늘에서 불을 내려 자신의 하나님 되심을 나타내 보이셨다. 그러므로 여기서(19장) 하나님이 바람, 지진, 불 가운데 계시지 않았다는 것은 이 본문의 특수한 상황을 배경으로 이해되어야 한다.

앞에서 설명한 것처럼 이 본문은 이스라엘의 절망적인 형편을 언급하며 하나님의 즉각적인 개입을 촉구하는 엘리야의 항변에 대한 대답의 성격을 갖는다. 이렇게 보면 하나님께서 바람과 지진과 불 가운데 계시지 않았다는 것은 하나님께서 엘리야가 기대하는 것처럼 그렇게 기적적인 방식으로 개입하셔서 아합 집안을 단번에 심판하시지 않으실 것이란 의미로 풀이되어야 한다. 오히려 "가느다란 속삭임 소리 같이" 고요하고, 두드러지지 않고, 은밀한 방식으로 아합 집안의 우상승배 문제가 다루어질 것이란 말이다.

본문의 구성 또한 이것을 말해준다. 엘리야와 하나님의 만남은 두 차례의 대화로 이루어지며, 각 대화는 세 부분(하나님의 질문, 엘리야의 대답, 하나님의 반응)으로 되어있다. 그런데 특이하게도 하나님의 질문과 엘리야의 대답은 두 대화에서 모두 동일하다. 하나님은 "엘리야야 네가 어찌하여 여기 있느냐"(9절하, 13절하)라고 질문하시며, 엘리야는 "내가 만군의 하나님 여호와께 열심이 유별하오니 이는 이스라엘 자손이 주의 언약을 버리고 주의 제단을 헐며 칼로 주의 선지자들을 죽였음이오며 오직 나만 남았거늘 그들이 내 생명을 찾아 빼앗으려 하나이다"라고 대답한다(10, 14). 차이점이 나타나는 곳은 하나님의 반응(11-12, 15-18)이다. 그런데 하나님의 질문과 엘리야의 대답이 두 대화에서 모두 동일하다는 것은 표면상 다르게 보이는 하나님의 응답 또한 같다는 것을 암시한다. 즉 "가느다란 속삭임 소리"가 들렸다는 11-12절의 설명은 15-18절에서 설명되는 내용과 같은 의미를 담고 있다는 말이다.

15-18절은 하나님께서 아람 사람 하사엘과 이스라엘 사람 예후와 선지자 엘리사를 통해 아합의 죄악을 심판하실 것이란 내용을 담고 있다. 즉 하나님은 초자연적인 능력을 사용하여 단번에 아합 집안을 심판하는 대신 역사의 흐름 속에서 조용히 외교적, 정치적 상황의 변화 속에서 아합 집안의 죄에 대한 책임을 물으시고, 그것을 심판하실 것이란 것이 15-18절이 말하고자 하는 바이다. 이렇게 볼 때 12절에 소개된 "가느다란 속삭임 소리"는 15-18절에 소개된 바 역사 안에서 진행되는 하나님의 은밀한 섭리의 손길을 가리킨다는 사실을 알 수 있다. 지금까지 설명한 내용을 그림으로 나타내면 다음과 같다:

대화	본문	질문, 대답, 반응	내용
	9절하	A 하나님의 질문	"엘리야야 네가 어찌하여 여기 있느냐"
대화 1	10절	B 엘리야의 대답	"내가 만군의 하나님 여호와께 열심이 유별하오니…"
	11-12절	C 하나님의 반응	**세미한 음성**
	13절하	A' 하나님의 질문	"엘리야야 네가 어찌하여 여기 있느냐"
대화 2	14절	B' 엘리야의 대답	"내가 만군의 하나님 여호와께 열심이 유별하오니…"
	15-18절	C' 하나님의 반응	**역사에서 이루어지는 심판**

본문에서 예고된 바와 같이 아합 왕가는 아람의 공격으로 많은 어려움을 겪었으며(왕상 20장), 아합 자신은 아람과의 전투에서 목숨을 잃게 된다(왕상 22장). 또한 아합의 아들 요람은 아람왕 하사엘과 더불어 싸우다가 부상을 당하고 결국 죽게 된다(왕하 9:14-16 참조). 무엇보다도 아합 왕가는 한 때 아합의 신하였던 예후의 유혈 쿠데타에 의해 몰락하고 만다. 이 때 아합의 아들 칠십 명이 살해 당하고 이세벨 또한 처참하게 죽는다(왕하 9, 10장 참조). 물론 이런 모든 정치적 격변 배후에서 엘리사 선지자가 하나님의 메신저로서 활약하였다는 것을 잊어서는 안 된다. 즉 아합 왕가의 몰락 배후에는 선지자 엘리사가 전한 하나님이 말씀이 예리한 검과 같이 작용하고 있었다는 말이다.

결론적으로 호렙산에서 하나님의 계시는 하나님의 심판이 반드시 즉각적으로 기적적인 방식으로 임하지 않을 수도 있으며, 하나님의 섭리 가운데 역사적 사건과 정치적 변화 등을 통하여 고요히 이루어 질 수도 있다는 점을 알려준다고 하겠다. 그러나 하나님의 기적적인 개입이든 은밀한 섭리이든 모든 일들이 하나님의 주권 하에 있다는 사실에는 변함이 없다. 온 세상이 하나님의 주권적인 통치하에 있다는 사실은 18절에서도 강조된다: "그러나 내가 이스라엘 가운데 칠천 인을 남기리니 다 무릎을 바알에게 꿇지 아니하고 다 그 입을 바알에게 맞추지 아니한 자니라."

이것은 이스라엘의 바알숭배와 아합 집안의 끈질긴 박해 속에 낙망하여 있는 엘리야에게 새로운 용기와 힘을 주었을 것이다. 그는 옛 언약의 중보자 모세가 계시를 받았고 이스라엘 백성들이 하나님과 더불어 언약을 맺었던 그곳 호렙 산에서 다시금 선지적 사명을 새롭게 하고 언약백성의 미래에 대한 소망을 확고히 할 수 있었다. 이제 엘리야는 온 세상을 다스리는 하나님의 주권에 대한 새로운 이해를 가지고 언약 중보자로서의 사명을 끝까지 감당할 것이다.

(3) 엘리야의 조력자 엘리사(19:19-21)

호렙산에서 하나님의 뜻을 알게 된 엘리야는 곧장 하나님의 명령을 실행에 옮긴다. 사밧의 아들 엘리사를 선지자로 세워 자신의 후계자로 삼는 것이 그것이다. 엘리야가 엘리사를 찾았을 때 엘리사는 열두 겨릿소를 앞세우고 밭을 가는 중이었다. 그가 열두째 겨릿소와 함께 있었다는 진술은 나머지 열 한 겨릿소는 다른 사람들(고용인들이나 종들)이 부렸다는 의미이다. 이것을 볼 때 엘리사는 어느 정도 재력이 있는 사람이었다고 볼 수 있다. 엘리야는 엘리사에게로 가서 겉옷을 그의 위에 던지는 특이한 행위를 한다. 이 행위는 엘리야가 엘리사를 자신의 후계자로 삼는다는 표시였을 것이다.

엘리사도 엘리야가 한 행위의 의미를 알아차렸던 것으로 보인다. 그는 주저없이 소를 버려두고 엘리야에게로 달려갔다. 이처럼 엘리사는 엘리야의 부름에 적극적으로 응하였다. 하나님의 일에 부름을 받은 자가 마땅이 가져야 할 태도이다. 예수님의 제자들도 부름을 받을 때 그물을 버려두고 예수님을 따르지 않았는가(마 4:20)? 그런데 엘리사의 경우 "나를 내 부모와 입맞추게 하소서 그리한 후에 내가 당신을 따르리이다"라고 엘리야에게 청하였다. 이 말은 그가 엘리야를 따르기를 주저하였다는 의미인가? 이어지는 내용은 그렇지 않았다는 것을 알려준다.[112] 그는 집으로 돌아가 한 겨릿소를 잡고 소의 기구를 땔감으로 삼아 고기를 요리하여 백성들을 대접하고 엘리야를 따라갔다. 엘리사의 이런 행동은 그가 과거와 완전히 결별하고 하나님을 섬기는 새로운 삶을 시작하였다는 것을 잘 나타낸다.

7. 엘리야와 아합왕가 II (20장 - 왕하 1장)

1) 아람과의 전쟁 I (20장)

이 장은 북 이스라엘이 아람과 더불어 싸운 두 차례의 전쟁을 다루고 있다. 이 전쟁이 역사적으로 언제 일어났었는지는 분명치 않다. 앗수르 왕 살만에셀 3세(Shalmaneser III, 858-824 BC)의 석비(the Monolith-Inscription)에 따르면 주전 853년 오론테스 강의 카르카르(Qarqar)에서 벌어진 전투에 아합의 군대가 아람의 동맹군으로 참가한 사실을 알려준다(AnNE 254). 이는 이스라엘과 아람의 적대관계를 이야기하는 열왕기의 내용과 상충되어 보인다. 이런 이유

---

112) 엘리야의 대꾸 - "돌아가라 내가 네게 어떻게 행하였느냐" - 는 주저하는 엘리사에 대한 책망이라기보다 엘리사의 뜻에 공감을 표하는 말이었다고 할 수 있다.

로 열왕기의 내용이 역사적 사실과는 관계없는 "분명히 잘못되었거나 전적으로 부정확하며 심지어 아마도 완전히 꾸며낸" 것이라고 주장하는 역사가도 있다(Grabbe 1997:26).

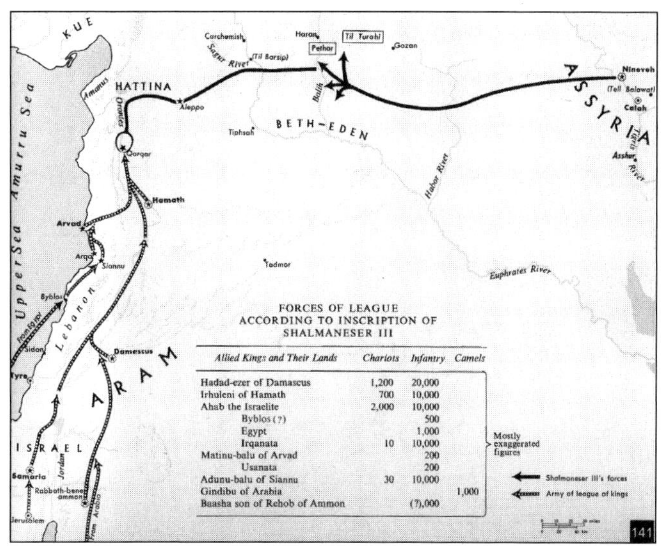

Allied Kings and Their Lands	Chariots	Infantry	Camels
Hadad-ezer of Damascus	1,200	20,000	
Irhuleni of Hamath	700	10,000	
Ahab the Israelite	2,000	10,000	
Byblos (?)		500	
Egypt		1,000	
Irqanata	10	10,000	
Matinu-balu of Arvad		200	
Usanata		200	
Adunu-balu of Siannu	30	10,000	
Gindibu of Arabia			1,000
Baasha son of Rehob of Ammon		(?),000	

카르카르 전투(Aharoni 2011:101)

이와 결부된 또 다른 어려움들이 있다. 우선 본문에 엘리야 대신 무명의 선지자들이 등장한다는 점이 독자들에게서 궁금증을 자아낸다. 열왕기상 17장 이후부터 엘리야는 아합왕가의 바알숭배에 대항하여 싸운 인물로서 관심의 초점이 되어왔다. 그는 아합왕가를 향해 기근을 선포하고(17장), 바알 선지자들을 심판하였으며(18장), 호렙산에서 계시를 받고 엘리사를 후계자로 삼았다(19장). 그런데 20장으로 넘어오면 엘리야는 온데간데 없고 무명의 선지자들만이 나타난다. 다음으로 특이한 것은 본문에 나타나는 아합의 칭호이다. 주변

문맥에서 아합은 거의 대부문 그의 이름으로 불린다.[113] 그러나 특
이하게도 본문에서 아합은 대부분 "왕" 또는 "이스라엘 왕"으로 불린
다. 이런 여러가지 이유들로 인해 본문의 내용은 원래 아합이 아닌 이
스라엘의 다른 왕과 관계되었을 가능성이 제기되곤 한다(DeVries
1985:248).

그러나 이러한 역사적, 문학비평적 문제제기가 절대적인 것은 아
니다. 먼저 열왕기에 묘사된 아람과 이스라엘의 적대관계가 살만에셀
3세가 남긴 석비의 내용과 상반된다는 주장은 지나친 단순화이다. 그
런 주장은 국가간의 친소관계가 정치적 형편에 따라 수시로 바뀔 수
있다는 점을 간과한 것이다. 아람과 이스라엘이 함께 힘을 합쳐야 했
던 카르카르 전투 이후 두 나라의 관계가 악화되었거나, 1, 2차 아
람전쟁(20장)과 3차 아람 전쟁(22장) 사이의 3년 동안 두 나라 사이
에 일시적 화해의 시간이 있었을 가능성도 배제할 수 없다(Provan
a.o. 2003:264; Long 2002:371).

문학비평적 문제와 관련하여서는, 본문에 비록 적은 빈도수이긴
하지만 아합이 이름으로 명시되어있고(2, 13, 14절) 이를 이차적인
것으로 간주해야 할 충분한 이유가 없다는 점이 강조되어야 한다. 본
문이 아합을 "이스라엘의 왕"으로 칭한 것은 그의 인물 됨됨이가 아람
왕 벤하닷과의 관계 속에서 묘사되기 때문인 것으로 풀이된다. 또한
이 본문에 선지자 엘리야가 등장하지 않는 것도 크게 문제시 될 것은
없다. 이 본문 직전에(19:19-21) 엘리사가 엘리야의 후계자로 등장
하고 있는 상황이 묘사되는데 이는 엘리야 시대의 막이 내릴 것을 예

---

113) 헤밀톤의 관찰에 따르면 주변 문맥에서 아합에게 "왕"이란 칭호가 사용
    된 예는 열왕기상 21장 1절과 18절에서 볼 수 있는 두 경우에 국한된다
    (Hamilton 2005:571-572).

고한다. 또한 열왕기하 2장은 엘리야를 중심으로 하는 선지자 그룹을 소개한다. 본문에 등장하는 무명의 선지자들은 이 그룹에 속한 인물들이었다고 볼 수도 있다.

(1) 아람의 침략(20:1-12)

본문에 따르면 아람 왕 벤하닷은 자신을 따르는 삼십 명의 다른 왕들과 함께 사마리아를 에워쌌다고 한다. 이 때 '벤하닷'은 유다 왕 아사와 교류했던 동일한 이름의 아람 왕과 다른 인물이라고 보아야 한다(왕상 15:16-22 참조). 두 사람을 같은 인물로 보기에는 시간적 간격이 너무 커 보인다. 아마도 '벤하닷'은 아람에서 사용된 공식적인 왕의 칭호였던 것 같다.[114] 벤하닷과 함께 한 삼십 명의 왕들은 벤하닷과 종주관계에 있는 지방 소군주였을 것이다. 본문은 벤하닷에게 말과 병거들이 있었다는 점도 밝힌다. 이로부터 아람이 수적으로나 군수물자에 있어서나 이스라엘에 비해 월등하였다는 것을 알 수 있다.

이 경우 아람이 승리하리라는 것은 명약관화한 사실이다. 벤하닷도 승리를 자신하였던 것 같다. 그는 아합에게 사신을 보내 마치 정복자인 것처럼 말한다: "네 은금은 내 것이요 네 아내들과 네 자녀들의 아름다운 자도 내 것이니라"(3절). 기세등등한 벤하닷 앞에 아합은 쉽게 항복의사를 밝힌다: "내 주 왕이여 왕의 말씀같이 나와 내 것은 다 왕의 것이니이다"(4절). 아합의 이런 비굴한 태도는 이세벨의 꼭두각

---

114) 아람에서 하닷은 '폭풍' 또는 '뇌우'의 신으로 숭배되었다. '벤하닷'은 '하닷의 아들'을 뜻하는 아람어 칭호 Bar-Hadad의 히브리식 표현이다(Ringgren 1979:226).

시처럼 행세한 그의 행적을 놓고 볼 때 새로운 것이 아니다. 그러나 아합이 그렇게 한 것은 왕권과 나라를 모두 포기하겠다는 의도는 아니었을 것이다. 다만 그는 벤하닷에게 조공을 바치는 정도의 관계를 생각했던 것으로 보인다.

하지만 벤하닷의 생각은 달랐다. 그는 아예 이스라엘을 통째로 삼킬 생각을 하고 있었다. 그는 아합에게 다시 사신을 보내 이스라엘에서 실질적인 주인행세를 하겠노라고 선언한다: "내일 이맘때에 내가 내 신하들을 네게 보내리니 그들이 네 집과 네 신하들의 집을 수색하여 네 눈이 기뻐하는 것을 그들의 손으로 잡아 가져가리라"(6절). 겁많은 아합이었지만 이것까지 수용하기는 어려웠다. 곤경에 처한 그는 마침내 나라의 장로들을 불러모아 해법을 찾고자 하였다. 그가 믿음이 있는 경건한 왕이었더라면 무엇보다도 먼저 하나님을 찾았을 것이다. 왕이 누구인가? 또한 왕이 해야 할 일이 무엇인가? 하나님의 뜻을 구하며, 하나님의 뜻을 받드는 일이 아니겠는가?

아합은 하나님께 도움을 청하기 보다 백성들을 의지하였다. 백성들은 벤하닷의 요구를 거절하여야 한다고 하였다. 백성들의 말에 용기를 얻은 아합은 벤하닷에게 거절의사를 밝힌다. 그러나 "왕이 처음에 보내 **종에게** 구하신 것은 내가 다 그대로 하려니와"(9절상)라는 말에서 읽을 수 있듯이 그는 속국이 되더라도 전쟁은 피하고 싶어하는 비굴한 심경을 넌지시 내비친다. 그는 심지어 벤하닷에게 자신을 종으로 비하하기까지 한다. 하나님을 의지하지 않는 자는 – 자기 백성이든 이방 왕이든 – 세상의 세력 앞에 비굴해질 수밖에 없다. 전쟁이 불가피해지자 아합은 비로소 "갑옷 입는 자가 갑옷 벗는 자같이 자랑하지 못할 것이라"(11절)고 하며 싸울 의사를 내보인다.

벤하닷에게 아합은 매우 가소롭게 보였을 것임에 틀림없다. 그는 조심스럽게 자신의 의사를 거절하는 아합에 대하여 허세를 부리는 듯 다음처럼 말한다: "사마리아의 부스러진 것(티끌)이 나를 따르는 백성의 무리의 손에 채우기에 족할 것 같으면 신들이 내게 벌 위에 벌을 내림이 마땅하니라"(10절). 이는 사마리아를 철저히 파괴시켜 아무것도 남게 하지 않겠다는 위협조의 말이다. 이스라엘에 대해 자신만만한 벤하닷의 태도는 그가 적들과 대치한 가운데 함께 한 자들과 더불어 술잔치를 벌였다는 데서 잘 드러난다. 그가 상대한 것이 단지 인간 아합일뿐이었다면 그것이 무슨 큰 문제가 되었겠는가? 그러나 이스라엘은 비록 자격 없는 왕의 지배하에 있었지만 여전히 하나님의 돌보심 하에 있는 나라였다. 벤하닷이 미처 생각하지 못했던 것은 바로 이것이었다.

(2) 1차 아람 전쟁(20:13-21)

하나님이 여전히 이스라엘을 돌보셨다는 것은 전쟁이 임박한 상황에서 갑작스레 한 선지자가 아합을 찾은 것에서 드러난다. 왕은 하나님을 찾지 않았지만 하나님 편에서 자신의 선지자를 보내셨다. 이것이야말로 큰 은혜가 아닌가? 아합은 그것을 깨달았을까? 그는 과연 이스라엘이 하나님이 눈동자와 같이 아끼시는 나라이며, 나라의 명운이 오직 하나님의 뜻에 달려있으며, 왕으로서 자신의 사명이 하나님을 받들어 섬기는 것이란 사실을 충분히 알고 있었을까? 이 이야기의 후반부에 이르면 그렇지 못했다는 것을 알게 된다. 그는 하나님의 뜻을 따르는데 무관심하고 자신의 명예를 좇기에 여념이 없는 세속 군주의 하나에 불과했다.

그러나 처음에 아합은 다행스럽게도 선지자의 말에 경청하는 태도를 보였다. 이는 갈멜산 사건 이후 선지자에 대한 그의 인식이 새로워졌기 때문이라고 풀이될 수 있다. 당시 그는 선지자의 말이 얼마나 권세와 능력이 있는지 직접 체험하였다. 그러기에 아합은 선지자의 말을 들을 경우 위기를 벗어날 수 있을 것이란 기대를 가졌음직 하다. 선지자에 대한 이런 인식이 하나님께 대한 믿음과 헌신으로 이어지면 그야말로 축복일 것이다. 그러나 종종 그렇지 못한 경우도 있다. 선지자를 통해 나타나는 하나님의 능력을 자신의 필요를 충족시키기 위한 수단으로만 여기는 경우가 없지 않다는 말이다. 그 대표적인 예가 아합이라 해도 과언이 아니다.

사실상 하나님께서 아람전쟁에 개입하시기로 작정하신 것도 아합으로 하여금 하나님이 누구이신지를 알게 하기 위한 목적이었다. 하나님은 선지자를 통해 아합에게 이렇게 말씀하셨다: "네가 이 큰 무리를 보느냐 내가 오늘 그들을 네 손에 넘기리니 너는 내가 여호와인 줄을 알리라"(13절하). 그러나 앞에서 언급한 것처럼 아합은 모든 수단을 다 동원해서라도 자신의 목적을 이루려 하는 자였지 하나님을 더 깊이 알고 그분을 섬기는 일에는 관심을 가진 자는 아니었다.

아합은 선지자가 일러주는 대로 "각 지방 고관의 청년들" 이백삼십이 명을 선발하고, 이스라엘 백성들 가운데서 칠천 명을 모아 전쟁을 시작하였다. 전자는 각 지방 관리들 직속의 엘리트 군사이며, 후자는 백성들 가운데서 징집된 일반 병사였을 것이다(DeVries 1985:249). 이처럼 아합은 하나님의 지시에 따라 선제공격을 시작하였다. 이와는 대조적으로 벤하닷은 자신과 함께 한 군주들과 함께 술잔치를 벌이기에 바빴다. 벤하닷의 이런 황당한 태도는 상대를 얕

보고 자신의 군사력을 지나치게 믿은 자만에서 비롯된 것이다. 따라서 전쟁의 결과는 불 보듯 뻔하다. 터무니없이 자만에 도취된 자가 하나님이 함께 하시는 군대의 적수가 되겠는가?

예상대로 전쟁은 이스라엘 편의 대승으로 끝났다. 아람 사람들이 이스라엘 군사들 앞에 도망하였으며, 벤하닷도 마병과 함께 말을 타고 도망하여 가까스로 목숨을 건졌다. 열왕기 기자는 이 때의 승리를 이렇게 알려준다: "이스라엘 왕이 나가서 말과 병거를 치고 또 아람 사람을 쳐서 크게 이겼더라"(21절).

(3) 2차 아람 전쟁(20:22-34)

아람군대가 패주하였으나 이것이 곧 전쟁의 끝을 의미하는 것은 아니었다. 앞의 선지자가 아합에게 벤하닷이 다시 침공해올 것이라고 알려준다. 여기서 열왕기 기자는 아람 왕실에서 진행되는 군사적 의논에 대해 소개한다. 이 놀라운 정보는 선지자를 통해 알려졌을 것이다(28절). 구약의 선지자들은 평범한 사람들에게는 없는 특별한 인식능력을 소유한 경우가 많으며(왕하 6:8-13절), 이는 그들이 모든 것을 다 아시는 하나님의 메신저란 사실과 관련이 있다.

아람 왕실에서 진행된 의논이란 그들의 패배이유에 대한 것이다. 그들이 보기에 이스라엘의 신은 "산의 신"이기에 산에서 싸우면 자신들에게 불리하고, 오히려 평지에서 싸울 때만 승산이 있다는 것이었다. 여기서 볼 수 있듯이 지금 문제가 되고 있는 것은 "하나님이 어떤 분이신가"에 대한 것이다. 아람 사람은 이스라엘의 하나님 여호와를 특정 지역에 매인 "지역 신"(a local god) 정도로 생각하였다. 다신교적 세계관에 속한 사람들에게 이런 생각은 특별한 것이 아니었겠지만, 그들의 생각은 분명 잘못된 것이었다. 그것은 하나님에 대한 전적인 오해이며, 하나님의 명예를 심각하게 손상하는 것이었다.

따라서 아람 왕실의 논의는 그 자체로 하나님의 진노를 불러일으키기에 충분하였다. 그들은 겁도 없이 "여호와가 누구이신가"하는 문제영역에 발을 들여놓았기에 패배를 자초한 셈이 되었다. 그들이 여호와를 "지역 신" 정도로 생각한 이상 하나님은 그들의 실패를 통해 자신이 누구인지를 드러내실 것이었다. 벤하닷은 나름대로 전력을 보강하기도 하였다. 응집력과 충성도 면에서 뒤떨어지는 봉신들을 왕이 임명한 관료들("총독")로 대치하고(Keil 1865:197), 군대와 말들과 병거들도 보충하였다. 그러나 이런 모든 노력들이 무슨 소용이 있겠는가? 그들이 상대하는 대상이 이스라엘과 온 세상을 다스리는 하나님 여호와가 아닌가?

해가 바뀌자 벤하닷은 보강된 군사력을 과시하며 다시 이스라엘을 침공했다. 열왕기 기자는 아람 군대의 위세를 이렇게 묘사한다: "이스라엘 자손은 두 무리의 적은 염소 떼와 같고 아람 사람은 그 땅에 가득하였더라"(27절하). 전쟁이 시작될 무렵 하나님의 사람이 다시 아합을 찾았다. 이 사람이 누구인지는 분명치 않으나 앞서 아합을 찾았던 그 선지자와 동일인일 가능성이 크다. 이 "하나님의 사람"은 벤하닷이 자신의 신하들과 의논한 내용 ─ "여호와는 산의 신이요 골짜기의 신은 아니라" ─ 을 폭로하며 하나님께서 아람군대를 아합의 손에 넘기실 것이라고 말한다. 하나님이 왜 그렇게 하시는 것일까? 단지 벤하닷의 신성모독을 벌하기 위해서일까? 본문의 설명을 들어보자: "너희는 내가 여호와인줄 알리라"(28절하). 하나님의 관심은 이스라엘에게 있었다. 하나님이 아람을 멸하고자 하신 것은 이스라엘이 하나님의 어떠하심을 깨달아 알도록 하기 위해서였다.

하나님의 사람이 알려준 대로 아합은 이 전쟁에서 대승을 거둔다. 전쟁이 시작된 지 이레째 되는 날 이스라엘은 하루 만에 아람 보병 십만 명을 죽였다. 남은 자들이 아벡으로 도망하여 성읍으로 들어가자 성벽이 무너지므로 이만 칠천 명의 군사들이 압사당하였다. 본문에 성벽이 무너진 이유가 밝혀져있지 않으나 하나님의 개입에 의한 것으로 이해되는 것이 바람직하다. "내가 이 큰 군대를 다 네 손에 넘기리니"(28절하)와 같은 말씀이 하나님의 개입을 암시하고 있기 때문이다. 과거 여리고 성의 경우처럼 하나님은 성벽이 무너지게 하심으로써 이스라엘 자손에게 큰 승리를 주신 것이다. 그러나 이 승리는 아직 불충분한 것이었다. 벤하닷이 죽지 않고 살아남아 피신한 상태였기 때문이다.

열왕기 기자는 벤하닷이 아벡에 있는 한 골방에서 함께 피신한 신하들과 나누는 이야기를 전해준다. 이 대화에서 신하들은 이스라엘의 왕은 "인자한 왕"(מַלְכֵי חֶסֶד)이므로 그의 자비심에 호소하면 목숨을 건질 수 있을 것이라고 조언한다. 하지만 그들은 "이스라엘의 신"에 대해서는 언급하지 않는다. 그들은 이스라엘의 신이 "산의 신"이란 자신들의 생각이 잘못되었음을 깨달았을까? 벤하닷은 왜 그들의 잘못을 지적하지 않았던 것일까? 아마도 그의 형편이 워낙 심각하였기에 신하들의 잘잘못을 따질 겨를이 없었을지도 모른다.

그러나 이번에도 그들의 조언이 잘못된 것이라면 어떻게 되는가? 사실상 아합에 대한 그들의 조언은 "여호와는 산의 신이요 골짜기의 신은 아니라"고 한 조언만큼이나 근거 없는 것이다. 아합의 인물 됨됨이를 아는 독자들에게 그들의 조언은 터무니 없는 것으로 들린다.

그럼에도 불구하고 신하들의 조언은 이번에는 적중한다. 그 이유는 아이러니 하게도 신하들이 옳았기 때문이 아니다. 아합은 그들이 예상한 것처럼 "인자한 왕"이 아니라 허영심과 세속적인 관심으로 가득 찬 사람이었다. 다만 그의 허영심이 벤하닷의 말과 행동에 의해 충족되었기에, 벤하닷은 아합으로부터 기대하던 "인자"를 얻을 수 있게 되었다.

아합은 벤하닷과 같은 강대국의 왕이 "내 생명을 살려주소서"라며 목숨을 구걸하는 것에 대해 은근히 만족했던 것 같다. 특히 벤하닷과 그의 신하들이 "굵은 베로 허리를 동이고 테두리를 머리에 쓰고" 나아왔을 때 아합은 자신이 마치 대단한 정복자라도 된 것처럼 생각했을 것이다. 이는 그가 벤하닷을 보자 그를 선뜻 자신의 병거에 태우는 모습에서 읽어낼 수 있는 바이다. 필시 아합은 벤하닷을 관대하게 대우함으로써 자신의 위신을 더 높일 수 있다고 생각했을 것이다 (Wallace 1995:145). 이 순간 아합이 만일 하나님의 명예를 생각하였더라면 어떻게 되었을까? 벤하닷은 하나님이 일개 "지역 신"인 것처럼 생각하였다. 이것은 아합 자신도 알고있는 일이다. 그가 제대로 된 이스라엘의 왕이었더라면 마땅히 그런 신성모독을 저지른 자를 극형으로 다스려야 했을 것이다.

그럼에도 불구하고 아합은 아무렇지도 않게 벤하닷을 맞이하였다. 그는 벤하닷이 마치 형제라도 되는 양 자신의 병거에 태웠다. 하나님이 이기게 하신 전쟁에서 하나님을 모욕한 자를 이렇게 대우한다는 것이 말이 되는가? 그것은 하나님을 모욕하는 처사이다. 아합에게는 하나님을 높이고자 한 마음이 조금도 없었다. 그의 마음 속에는 오직 자신을 높이고자 한 허영심뿐이었다. 벤하닷을 후대한 아합의 의도 속엔 정치, 경제적 목적도 없지 않았다. 이는 그가 (오므리 왕 때) 빼앗긴 성읍들을 되돌려 받고 다메섹에다 저잣거리를 만드는 조건으로 벤하닷과 조약을 맺은 사실에서 잘 나타난다. 이처럼 아합의 관심은 오로지 정치적, 경제적 이득에 사로잡혀있었다. 하나님의 이익은 그의 관심사가 아니었다.

(4) 심판선고(20:35-43)

하나님을 모욕한 자와 조약을 맺는 것은 하나님을 이중으로 모욕하는 것과 같은 행위이다. 그러므로 아합이 벤하닷과 조약을 맺은 것은 필연적으로 하나님의 진노를 볼러 올 수밖에 없는 일이었다. 이 단락은 아합에게 임할 하나님의 심판을 선지자적 상징행위와 비유를 통해 생생하게 예언하는 선지자들의 이야기를 담고 있다. 이 이야기는 세가지 에피소드들로 이루어져 있는데, 각각의 에피소드는 하나로 연결되어 아합에게 임할 하나님의 심판을 드러내도록 의도된 것으로 보인다. 더 구체적으로 말하자면, 처음 두 에피소드는 아합이 지은 죄의 성격을 드러내는 가운데 세번째 에피소드를 준비하는 기능을 한다.

우선 처음 두 에피소드를 살펴보자. 여기서는 선지자 무리 중의 한 사람 – 문자적으로는 "선지자의 아들들 가운데 한 사람"(אֶחָד מִבְּנֵי הַנְּבִיאִים) – 이 자기 친구 한 사람과 또 다른 한 사람에게 한 일이 각각 소개된다.[115] 이 "선지자의 아들"은 두 차례 모두 상대방에게 "너는 나를 치

---

115) "선지자의 아들들"에서 "아들"은 실제적인 아들관계를 표현하도록 의도된 것이 아니다. 그것은 엘리야나 엘리사와 같은 큰 선지자가 자신을 따르는 무리들과 갖는 긴밀하고도 친밀한 관계(스승과 제자의 관계)를 나타내도록 의도된 말이다(Young 1952:93).

라"는 특이한 요구를 한다. 물론 이 요구는 사사로운 것이 아니라 하나님의 말씀을 받드는 것이었다. 그러므로 그것은 이유여하를 막론하고 따라야만 하는 요구였다. 그런데 불행히도 첫번째 사람은 이 요구를 거절하여 사자에게 공격을 받아 죽게 된다. 두번째 사람은 이 요구에 응하여 불행을 피할 수 있게 된다. 그는 "선지자의 아들"을 상하도록 쳤다.

이 에피소드들은 벤하닷을 살려준 아합의 행위가 하나님의 심판을 볼러 올 것이란 사실을 상징적으로 보여준다. 하나님은 벤하닷을 아합의 손에 넘겨 심판하고자 하셨는데 아합은 하나님의 뜻을 저버리고 벤하닷을 살려주었다. 그러므로 아합이 벌을 받아야 한다. 아합의 죄는 선지자로부터 "나를 치라"는 말을 듣고도 치지 않은 사람의 죄와 동일하다. 따라서 아합은 사자의 공격에게 죽은 사람처럼 죽게 될 것이다. 이것이 이 에피소드에 담긴 메시지이다.

동시에 이 에피소드들은 세번째 에피소드를 위한 준비의 역할을 한다. 선지자가 동료에게 자신을 치라고 한 것은 세번째 에피소드에 묘사된 아합과의 만남을 준비하는 의미가 있다. 세번째 에피소드에서 선지자는 전장에서 온 자로 행세하며 아합을 만난다. 따라서 상처입은 몸으로 아합을 만날 경우 아합이 그의 말을 곧이곧대로 믿게 하는 극적인 효과를 얻게 될 것이고, 그 결과 그가 뜻하는 바를 효과적으로 이룰 수 있게 될 것은 자명하다(Brueggemann 2000: 251).

이제 세번째 에피소드의 내용을 살펴보자. 선지자는 전장에서 온 자의 모습으로 아합을 만나 준비한 이야기를 들려준다. 내용인즉 그가 전장에서 한 사람으로부터 어떤 사람을 맡아 달라는 부탁을 받았는데 그만 자신도 모르게 맡겨진 사람을 놓쳐버렸으며, 그 결과 자기 생명으로써 맡겨진 자의 생명을 대신하든지 아니면 은 한 달란트를

[116] 대가로 지불하여야 할 처지에 놓였다는 것이다. 이 말을 듣고 있던 아합은 너무 단순한 문제라고 생각하였는지 "네가 스스로 결정하였으니 그대로 당하여야 하리라"고 간단하게 대답하고 만다. 그러나 선지자가 한 말은 생각처럼 간단한 것이 아니었다. 그것은 바로 아합 자신과 관계된 이야기였다.

선지자는 아합의 죄를 들추어내기 위해 일종의 비유를 고안해내었던 셈이다. 이는 선지자 나단이 밧세바와 동침한 다윗의 죄를 폭로하기 위해 비유를 꾸몄던 일과 유사하다(삼하 12:1-6). 선지자가 자기에게 맡겨진 사람을 놓쳤기에 자신의 생명을 내놓아야 할 입장이라고 말한 것은 실은 마땅히 심판받아 죽어야 할 벤하닷을 놓아준 아합이 자기 생명으로써 벤하닷의 생명을 대신하여야 한다는 것을 밝히기 위해 꾸며낸 이야기였던 것이다. 아합은 이 사실을 까마득히 모르고 있었다. 그의 퉁명스러운 대답("네가 스스로 결정하였으니 그대로 당하여야 하리라")은 사실상 자기 스스로를 정죄하는 말이었다.

의도한 바대로 되자 선지자는 자신의 정체를 드러낸다. 그가 변장을 하고 아합을 찾은 것을 보면 아합과 일면식이 있었던 사람이었던 것이 분명하다. 어쩌면 이 선지자는 앞서 아람 전쟁과 관련하여 아합에게 말하였던 그 선지자인지도 모른다. 아무튼 이 선지자는 더 이상 자신의 신분을 숨기지 않고 노골적으로 하나님의 말씀을 전한다: "여호와의 말씀이 내가 멸하기를 작정한 사람을 네 손으로 놓았은즉 네

---

116) 한 달란트는 대략 3000세겔에 해당한다. 출애굽기 21장 32절에 따르면 구약 이스라엘에서 노예 한 사람의 값어치는 30세겔이었다. 따라서 "은 한 달란트"는 노예 100명의 값어치였다고 볼 수 있다(Gray 1977³:432-33).

목숨은 그의 목숨을 대신하고 네 백성은 그의 백성을 대신하리라"(42절). 이 말에서 보듯 하나님은 벤하닷을 "헤렘"(חֵרֶם, 진멸)의 대상으로 간주하신다. "헤렘"의 대상을 아끼는 자는 자신이 "헤렘"의 대상이 되어 진멸당하게 된다는 것은 정복전 당시 아간의 일화가 주는 교훈이기도 하다(수 7장).

뜻밖에 선지자로부터 하나님의 준엄한 심판을 선고받은 아합의 심정은 어떠했을까? 통회하며 회개했어야 마땅할 것이다. 그러나 열왕기 기자가 알려주는 그의 모습은 우리의 기대와 다르다: "이스라엘 왕이 근심하고 답답하여 그의 왕궁으로 돌아가려고 사마리아에 이르니라"(43절). 여기서 "근심하고 답답하여"에 해당하는 히브리어 원문(סַר וְזָעֵף)의 의미는 "언짢고 화가 난"(sullen and vexed)이다. 이것은 무엇을 말해주는가? 그가 노골적으로 선지자에게 분노를 표시한 것은 아닌 듯하다. 그렇다고 그가 두려워 떨며 회개하는 모습을 보인 것은 더더욱 아니다. 그는 선지자의 말 때문에 언짢아하며 기분이 상하였다.

2) 나봇의 포도원(21장)

아람전쟁 기사에서 우리는 군사, 외교 분야에서 드러나는 아합 왕가의 문제점을 볼 수 있었다. 아합의 문제점을 한마디로 요약하면 하나님께 대한 무관심이다. 전쟁이 발발하였을 때 아합은 하나님께 도움을 구하는 대신 장로들의 조언을 구하였고, 전쟁이 끝났을 때도 그는 하나님의 뜻을 따르는 대신 자신의 세속적 욕망을 추구하였다. 아합 왕가의 이런 문제점은 사회, 경제적인 영역에서도 그대로 나타난다. "나봇의 포도원" 이야기가 이것을 잘 보여준다.

(1) 아합의 탐욕(21:1-6)

아합은 사마리아 이외에도 이스르엘 지역에 왕궁을 가지고 있었던 것으로 보인다. 그런데 이스르엘 왕궁 곁에 나봇의 포도원이 있었고, 아합은 이 포도원을 가지고 싶어 하였다. 어떻게 할까 궁리하던 끝에 그는 나봇에게로 찾아가서 다음과 같이 말했다: "네 포도원이 내 왕궁 곁에 가까이 있으니 내게 주어 채소 밭을 삼게 하라 내가 그 대신에 그보다 더 아름다운 포도원을 네게 줄 것이요 만일 네가 좋게 여기면 그 값을 돈으로 네게 주리라"(2절). 얼핏 보면 이 말은 대단히 관대하고 너그러운 협상제안인 것처럼 보인다. 최소한 그는 강제로 포도원을 빼앗고자 하지 않았고, 정당하게 값을 주고 그 포도원을 얻고자 하였다.

그러나 아합의 제안에는 간과되어서는 안 될 문제가 있다. 옛 이스라엘에서 타인의 땅을 영구적으로 사들이는 일은 율법으로 금지되었다(레 25:23). 하나님은 자신만이 땅의 참된 주인이심을 나타내고, 백성들 모두가 생계의 걱정 없이 인간다운 삶을 살 수 있도록 하기 위해 어느 누구도 땅을 독점하거나 축재의 수단으로 사용하지 못하도록 법으로 정해놓으셨다. 그런데 아합은 이런 율법의 규정을 무시하고 이해득실만을 따져 땅을 사들이고자 했다. 그는 대가만 후히 쳐준다면 얼마든지 원하는 땅을 손에 넣을 수 있으리라고 생각했다. 이런 사고방식은 율법이 담아내고 있는 하나님의 뜻과 정면으로 배치되는 것이었다.

나봇은 아합의 제안에 선뜻 응하지 않았다. 만일 그가 이해타산만을 따졌다면 아합의 제안을 받아들일 수도 있었을 것이다. 그러나 그는 이해관계에 민감한 실용주의자가 아니었다. 오히려 그는 전통적인 신앙의 가치를 존중하며, 하나님의 말씀에 충실하고자 한 믿음의 사람이었다. 이는 나봇이 아합의 제안을 거절하며 한 말 속에 잘 나타난다: "내 조상의 유산을 왕에게 주기를 여호와께서 금하실 지로다"(3절하). 이 말 속에서 알 수 있듯이 나봇이 아합의 제안을 거절한 것은 경제적 손실을 염려해서도 아니고, 왕을 무시해서도 아니며, 오직 하나님의 말씀에 충실하고자 하였기 때문이다. 나봇의 이런 태도는 실용주의적 가치관이 높이 평가되는 세상에서 하나님의 백성들이 따라야할 모본이라 할 수 있다.

나봇의 태도에 대한 아합의 반응은 어떠하였을까? 열왕기 기자는 아합의 반응을 이렇게 소개한다: "이스르엘 사람 나봇이 아합에게 대답하여 이르기를 내 조상의 유산을 왕께 드릴 수 없다 하므로 아합이 **근심하고 답답하여** 왕궁으로 돌아와 침상에 누워 얼굴을 돌리고 식사를 아니하니"(4절). 여기서 눈에 띄는 것은 "근심하고 답답하여"란 말이다. 이 말은 앞에서 선지자가 전하는 심판의 메시지를 듣고 아합이 보인 반응을 묘사하는데 쓰인 말이기도 하다(왕상 20:43). 앞에서도 설명하였듯이 이 표현에 해당하는 히브리어 원문의 의미는 "언짢고 화가 난"이다. 결국 아합은 선지자가 전하는 하나님의 말씀 앞에서뿐 아니라 나봇을 통해 제시되는 하나님의 뜻 앞에서도 언짢아하고 분해하는 태도를 보였다. 마음의 욕심이 눈을 가린 결과 나타나는 어처구니 없는 모습이다.

이어지는 장면은 더 놀라운 사실을 보여준다. 아합이 왕궁에서 식음을 전폐하고 침상에 드러눕자 그의 아내 이세벨이 자초지정을 물었다. 이 때 아합의 입에서 나오는 말이 많은 생각을 불러일으킨다:

"내가 이스르엘 사람 나봇에게 말하여 이르기를 네 포도원을 내게 주되 돈으로 바꾸거나 만일 네가 좋아하면 내가 그 대신에 포도원을 네게 주리라 한즉 그가 대답하기를 내가 내 포도원을 네게 주지 아니하겠노라 하기 때문이로다"(6절).

이 말에서 보듯 아합은 나봇의 말을 그대로 전달하지 않는다. 그는 나봇이 "내 조상의 유산을 왕에게 주기를 여호와께서 금하실지로다"라고 한 말을 언급하지 않는다. 대신 그가 자신의 부탁을 거절한 것만을 부각시킨다. 이는 아합에게 하나님의 율법과 규례는 안중에도 없었다는 의미인가? 아니면 아합이 나봇의 말을 고의로 숨긴 것일까? 후자의 경우라면 아합에게 나봇의 말을 정당하게 여기는 양심이 있었고, 그 양심의 소리를 고의로 피하였다는 의미일 것이다. 어떻게 보든 아합은 하나님의 말씀을 무시한 사람이었다는 것만은 사실이다.

그러니 나라가 어떻게 되겠는가? 이스라엘이 어떤 나라인가? 하나님의 뜻을 받들어야 할 나라가 아닌가? 이 나라의 왕이라면 모름지기 하나님의 말씀에 귀 기울이고, 그 말씀 앞에 두려워 떠는 자세를 갖는 것이 마땅하다. 솔로몬은 왕이 되자 무엇보다 먼저 "듣는 마음"을 구하였다(왕상 3:9 참조). 다윗은 선지자 나단이 말하자 성전을 건축하는 일까지 포기할 정도로 "듣는 마음"이 남달랐다. 요시야 왕은 여호와의 전에서 발견된 율법서를 읽고 옷을 찢고 회개하며 개혁운동을 일으켰다. 이처럼 구약의 선한 왕들에게 공통적인 것은 그들에게 모두 "듣는 마음"이 있었다는 점이다. 그런데 아합은 하나님의 말씀을 듣기는커녕 그 말씀 앞에 분을 내고, 그 말씀을 끝끝내 외면하고자 하였다.

(2) 잔인한 이세벨(21:7-16)

나봇의 포도원 문제로 먹지도 않은 체 자리에 누워 속을 끓이고 있
는 아합의 모습을 본 이세벨은 이해할 수 없다는 듯 다음과 같이 말
한다: "왕이 지금 이스라엘 나라를 다스리시나이까"(7절상). 한편으
로 이세벨의 이런 비난은 옳은 것이다. 왕이라는 자가 겨우 포도원
하나에 그처럼 연연해하다니! 참으로 옹졸하고도 유치하기 그지 없
는 모습이 아닌가? 그런데 만일 이세벨이 '왕이 백성의 재산을 보호
해주지는 못할망정 어찌 그것을 탐내신단 말입니까'라고 타일렀다면
얼마나 좋았겠는가? 그러나 이세벨은 그처럼 현숙한 여인이 아니었
다. 이세벨에게 왕이 포도원 하나를 마음대로 하지 못한다는 것은 상
상조차 할 수 없는 일이었다. 그녀의 생각엔 왕은 얻고자 하는 것을
얼마든지 얻을 수 있어야 했다. 옳고 그름을 떠나 왕에게 불가능한
일이 있어서는 안 된다는 것이 그녀가 가진 '제왕 이데올로기'(royal
ideology)였다.

이세벨에 비하면 아합은 그나마 나은 사람이었다. 그는 나봇의 거
절 앞에 속이 상하고 분하긴 했지만 적어도 독재자처럼 절대적인 존
재인양 행세하지는 않았다. 그런 측면에서 아합에게 만일 경건한 아
내가 있었다면 그 자신은 물론이고 이스라엘 역사 또한 크게 달라졌
으리라고 말할 수 있다. 실로 아합이 이세벨과 결혼한 것은 엄청나게
큰 실수요 잘못이었다. 아합은 나름대로 이스라엘에게 덕이 된다는
명분을 가지고 바알 숭배의 본고장인 시돈 왕의 딸 이세벨과 정력결
혼을 하였을 것이다. 그러나 그의 잘못된 결정으로 인해 이스라엘에
바알종교가 뿌리를 내리고, 이방인들의 세속적인 가치관이 여호와신
앙에 바탕을 둔 건전한 삶의 방식을 잠식하는 불행한 사태가 벌어지

게 되었다.

이제 이세벨이 어떻게 하였는지를 살펴보자. 이세벨은 의기소침하여 있는 왕에게 "일어나 식사를 하시고 마음을 즐겁게 하소서 내가 이스르엘 사람 나봇의 포도원을 왕께 드리리이다"라고 말한 후 비열하기 짝이 없는 사기극을 꾸민다. 내용인즉 나봇을 하나님과 왕을 저주한 사람으로 몰아 돌로 쳐 죽이고 그의 포도원을 차지하는 것이었다. 이 과정에서 이세벨은 아합 왕의 이름을 이용하여 나봇이 살던 이스르엘 지역 장로들을 거사에 동참시키는 교활함을 보인다. 뿐만 아니라 그녀는 나봇과 함께 그의 아들들까지 돌에 맞아 죽게 하는 잔인하고도 난폭한 인물로 나타난다(왕하 9:26).

이세벨의 이런 난폭성과 잔인성은 어디로부터 온 것일까? 의심할 여지 없이 그것은 바알 종교와 깊이 연관되어 있다. 어떤 신학자는 바알 종교와 같은 자연종교는 약육강식이 지배하는 동식물 세계의 현상을 그대로 반영하며, 이세벨의 폭력성은 바알 종교가 지닌 그런 자연적 특성에서 비롯된 것이라고 말한바 있다. 같은 맥락에서 주석가 웰리스는 "바알종교가 야성미 넘치는 아름다움을 가지고 유혹하기도 하지만 그와 동시에 그 신봉자들로 하여금 야생 그대로의 잔인하고 자기 중심적인 것에 눈을 뜨게 만든다"고 하였다(Wallace 1995:154). 이와 함께 바알 종교는 물질적 풍요와 향락의 추구를 통해 인간 속에 있는 탐욕을 부추기기에 부도덕하고 폭력적인 일들이 수반되었다고도 말할 수 있다.

이렇게 이세벨의 악행은 바알종교와 깊은 관련이 있다. 따라서 이세벨의 악행은 야웨신앙에 대한 도전으로 풀이되는 것이 마땅하다. 이세벨은 나봇을 제거함으로써 야웨 종교에 대한 반감과 적대감을 적극적으로 드러내었던 것이다. 이런 일은 아합 왕 때만 있었던 일이 아니다. 세상에 죄가 들어온 이후 줄곧 하나님께 반역을 일삼고 그의 백성들을 위협하는 세력들이 있어왔다. 아벨을 살해한 가인의 폭력성, 이스라엘을 향한 바로 왕의 압제, 다윗을 핍박하던 사울의 광적인 행위 등이 그 대표적인 예들이다. 신약성경은 이런 폭력과 반역의 역사가 도달하는 절정이 예수 그리스도의 십자가인 것을 알려준다. 이세벨은 가인으로부터 가룟유다로 이어지는 이 폭력과 반역의 역사에 이름을 올린 악한 인물이었다.

(3) 하나님의 심판(21:17-26)

이세벨의 악한 술수로 인해 나봇은 결국 흉악한 죄인처럼 돌에 맞아 죽고 만다. 열왕기하 9장 26절에 따르면 나봇과 함께 그의 아들들도 죽었다. 나봇을 제거하자 이세벨은 아합에게 "나봇이 죽었으니 포도원을 차지하라"고 하였고, 아합은 나봇이 왜, 어떻게 죽었는지 묻지 않고 곧장 이스르엘로 내려가 그의 포도원을 차지한다. 아합은 분명 이세벨이 나봇을 죽인 것을 알았을 것이다. 그러나 그는 그것을 문제삼지 않았다. 그에게 중요한 것은 포도원이었다. 그는 왕으로서 백성들을 보살펴야 할 위치에 있었지만 오히려 백성들의 생명과 재산을 탐하고 빼앗기에 급급하였다. 그러니 어찌 하나님께서 진노하시지 않겠는가?

하나님은 자신의 선지자 엘리야에게 사건의 전모를 알리시고, 그를 이스르엘로 내려 보내 아합을 만나게 하신다(17-18절). 하나님은 선지자가 해야 할 말을 두 가지로 일러 주신다. 먼저 아합의 행위를 꾸짖는 말씀이다: "네가 죽이고 또 빼앗았느냐"(19절상). 이 말은 비록 간단하지만 하나님의 크신 진노를 압축적으로 표현하고 있다.

이 진노가 나타나면 어떻게 될까? 미가 선지자는 악인들에게 쏟아질 하나님의 진노를 이렇게 묘사한다:

"여호와께서 그의 처소에서 나오시고 강림하사 땅의 높은 곳을 밟으실 것이라 그 아래서 산들이 녹고 골짜기들이 갈라지기를 불 앞의 밀초 같고 비탈로 쏟아지는 물 같을 것이니"(미 1:3-4).

아합을 향한 강한 질책의 말씀에 이어 무서운 심판의 말씀이 뒤따른다: "여호와의 말씀이 개들이 나봇의 피를 핥은 곳에서 개들이 네 피 곧 네 몸의 피도 핥으리라"(19절하). 이 말씀을 통해 하나님은 자신의 공의를 나타내신다. 하나님은 부당하게 죽임을 당한 나봇의 억울함을 신원하여 주시고, 악을 행한 아합에게 자신의 악행을 그대로 되돌려주실 것이라고 말씀하신다. 엘리야가 아합을 만났을 때 아합은 "내 대적자여 네가 나를 찾았느냐"(20절상)라며 적대적 태도를 취하였다. 이는 하나님을 적으로 돌리는 태도이다. 왜냐하면 엘리야는 하나님이 보내신 선지자의 자격으로 아합을 찾았기 때문이다. 그러나 굳이 이 말이 아니더라도 아합은 이미 하나님의 원수였다. 그는 바알숭배자였을 뿐만 아니라 하나님의 율법에 충실한 나봇을 죽였기 때문이다. 하나님을 적으로 돌린 자가 무사할리 만무하다. 하나님은 온 세상을 다스리시는 주권자가 아닌가?

아합의 말을 듣자 엘리야는 주저없이 "네가 네 자신을 팔아 여호와 보시기에 악을 행하였다"고 엄하게 질타한다(20절하). 엘리야의 말과 같이 악을 행하는 것은 스스로를 팔아넘기는 행위와도 같다. 아합의 경우도 자신의 유익을 위해 포도원을 빼앗았지만 오히려 그것은 자신을 팔아넘긴 결과를 가져왔다. 포도원과 생명을 맞바꾸다니! 이 얼마나 어리석은 일인가? 예수님의 말씀과 같이 사람이 온 천하를 다 얻는다 해도 자기 생명을 잃으면 아무 소용이 없다(막 8:36). 그러므로 여호와를 경외함으로 악에서 떠나는 것이 가장 지혜로운 선택이다. 그것만이 생명을 얻고, 지키며, 누리는 길이기 때문이다(전 12:13-14; 잠 22:4).

엘리야는 아합에게 엄한 질책과 함께 심판을 선포하였다. 그는 하나님의 말씀을 직접 전달하는 형식을 취하여 하나님께서 아합을 "쓸어버리실"(불이 물건을 삼키듯 없애버린다는 의미) 것이며, 아합에게 속한 자는 종이나 자유인이나 다 멸하실 것이라고 하였다. 또한 엘리야는 "아합에게 속한 자로서 성읍에서 죽은 자는 개들이 먹고 들에서 죽은 자는 공중의 새가 먹으리라"(24절)고 하였다. 이 무서운 심판의 말씀은 여로보암과 바아사에게도 주어진 적이 있다(왕상 14:11; 16:4). 본문에서도 여로보암과 바아사가 언급된다(22절). 신명기에서 "시체가 공중의 새와 땅의 짐승들의 먹이가 될 것이라"는 말은 언약의 저주에 해당한다(신 28:26). 그러므로 아합이 날짐승과 들짐승의 먹이가 될 것이란 말은 그 또한 여로보암과 바아사처럼 언약의 저주를 받게 될 것이란 의미이다.

엘리야는 이세벨에 대한 하나님의 심판도 잊지 않고 전한다: "이세벨에게 대해서도 여호와께서 말씀하여 이르시기를 개들이 이스르엘 성읍 곁에서 이세벨을 먹을지라"(23절). 사실상 나봇의 피살사건에서 가장 먼저 심판받아야 할 인물은 이세벨이었다. 이세벨이 나서지 않았다면 문제는 그저 아합이 "언짢고 화가 난" 정도에서 일단락되었을 수도 있다. 본문 또한 아합이 범죄한 것은 이세벨의 충동 때문이었다고 밝힌다(25절). 아합은 악녀 이세벨의 충동으로 인해 가나안 원주민들 (아모리 사람)처럼 우상을 섬기는 등 가증한 행위를 일삼았다.

그가 이세벨을 아내로 맞지 않았다면 다른 사람이 되었을 수도 있을 것이다.

(4) 뉘우치는 아합(21:27-29)

엘리야가 전한 심판의 메시지에 아합은 어떻게 반응하였을까? 성경기자는 아합이 엘리야의 말을 심각하게 받아들이고 회개하는 태도를 가졌다고 알려준다. 다음은 본문의 설명이다: "아합이 이 모든 말씀을 들을 때에 그의 옷을 찢고 굵은 베로 몸을 동이고 금식하고 굵은 베에 누우며 또 풀이 죽어 다니더라"(27절). 아합의 이런 태도를 어떻게 보아야 할까? 그는 과연 진실된 회개를 한 것일까?

열왕기에는 그가 회개에 합당한 새로운 삶을 살았다는 어떤 증거도 발견되지 않는다. 다음 장(22장)에서 그는 시드기야를 비롯한 사백 명의 거짓 선지자들의 예언을 따르는 완고하고 맹목적인 독재자로 나타난다. 따라서 본문에 묘사되는 아합의 태도는 진실된 회개라기보다 심판의 위협에 두려움을 느낀 나머지 일시적으로 나타내 보인 '유사회개'(pseudo-metanoia)로 볼 수밖에 없다.

그런데 놀랍게도 하나님은 아합의 태도를 물리치지 않으셨다. 하나님은 아합의 태도변화를 보시자 즉시 심판을 연기하셨다: "아합이 내 앞에서 겸비함을 네가 보느냐 그가 내 앞에서 겸비하므로 내가 재앙을 저의 시대에는 내리지 아니하고 그 아들의 시대에야 그의 집에 재앙을 내리리라"(29절). 이 말씀은 하나님께서 비록 흉악한 죄인이라 할지라도 회개하는 것을 기뻐하신다는 사실을 잘 보여준다. 에스겔 선지자가 말한 대로 하나님은 악인이라도 죽는 것을 기뻐하지 않으시며 돌이켜 회개하고 사는 것을 기뻐하신다(겔 18:23 참조). 그러나 아합의 경우 심판이 연기되었을 뿐 면제되지는 않았다는 사실도 간과되어서는 안 된다. 게다가 심판의 연기는 아합 자신에 대한 것이라기보다 아합 왕가에 대한 것이다: "그 아들의 시대에야 그의 집에 재앙을 내리리라"(29절하).

3) 아람과의 전쟁 II (22:1-40)

열왕기상 17장 이후부터 계속 아합 왕가의 문제점이 소개되었다. 17-19장에서는 종교 문제(바알숭배), 20장에서는 군사, 외교 문제(아람과의 전쟁), 21장에서는 경제 문제(나봇의 포도원 탈취)가 다루어졌다. 이 기록들에서 우상숭배를 일삼으며 세속적인 방식으로 외교적 실리와 경제적 부를 추구하는 아합의 반언약적 태도가 잘 소개된다. 아합의 그런 태도는 하나님의 심판을 불러올 수밖에 없다. 22장은 아합이 어떻게 하나님의 심판을 받게 되는지를 잘 알려준다.

(1) 전쟁계획(22:1-4)

1절은 1, 2차 아람 전쟁후 대략 3년 정도 평화기가 있었다고 한다(20:34 참조). 이 기간동안 아람과 이스라엘은 앗수르에 대항하기 위해 동맹을 맺었을 가능성이 있다. 앞에서 언급하였듯이 살만에셀 삼 세(Shalmaneser III, 858-824 BC)의 석비(the Monolith-Inscription)에 따르면 주전 853년 "카르카르 전투"(the battle of Qarqar)에 아합의 군대가 아람의 동맹군으로 참가하였다. 그러므로 본문에 묘사된 3차 아람 전쟁은 카르카르 전투 이후에 있었던 전쟁이라고 보아야 한다.

　　3차 아람 전쟁은 길
르앗 라못을 둘러싼 영
토분쟁의 성격을 가졌
다. 길르앗 라못은 요
단 동편의 갓 지파에
속한 도피성으로서(수
20:8), 이스르엘 평원
의 동쪽 끝과 맞닿아있
었던 만큼 이스라엘 본
토로의 접근을 용이하
게 해주는 전략적인 장
소였다(Patterson &
Austel 2009:799).
또한 이곳은 아카바만,
홍해, 아라비아 반도,

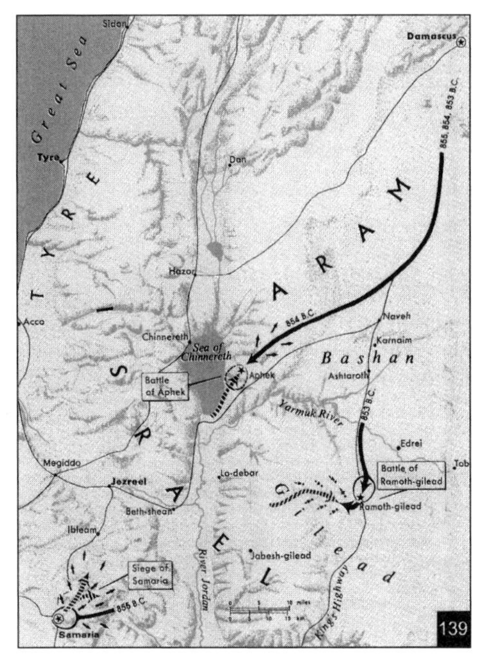

아람과의 전쟁(Aharoni 2011:99)

그리고 아프리카로 이어주는 "왕의 대로"를 확보하는데 중요한 요충
지였다(Sweeney 2007:255). 아람 왕은 2차 아람 전쟁 당시 이스
라엘과 맺은 강화조약에도 불구하고 길르앗 라못을 이스라엘에게 돌
려주지 않고 있었다. 아합은 유다의 여호사밧과 힘을 합하여 자신의
영토를 되찾고자 하였다.

(2) 선지자들의 예언(22:5-28)

여호사밧은 아합의 제안에 흔쾌히 응하였다. 여호사밧의 결정은 이스

라엘과 유다가 한 민족, 한 하나님의 백성이라는 생각에서였을 수도 있다. 그가 아합에게 한 말 - "나는 당신과 같고 내 백성은 당신의 백성과 같고 내 말들도 당신의 말들과 같으니"(4절하) - 이 그의 생각을 대변해준다고 볼 수 있다. 여호사밧이 대체로 경건한 왕으로 평가되는 것 또한 간과되어서는 안 된다(왕상 22:43). 그러나 여호사밧의 동기가 아무리 선한 것이었다 하더라도 아합과 같이 우상숭배에 빠진 자와 함께 한 것을 좋게만 볼 수 없다. 여호사밧은 아합 집안과 혼인 관계를 맺기도 하는데 이것은 무분별한 행위로 평가되어 마땅하다(왕하 8:26). 역대기는 여호사밧이 아합 집안과 친분관계를 맺은 것을 비판적으로 평가한다(대하 19:1-3; 20:37).

그럼에도 불구하고 열왕기에서 여호사밧은 전반적으로 경건한 왕으로 평가된다(왕상 22:43). 그는 아람과 싸우자는 아합의 제안을 받고 하나님의 뜻이 어떠한지 알아보기를 요구하였다. 그러자 아합은 선지자 사백 명을 불러 모았고, 그들은 한결같이 하나님이 아합에게 승리를 주실 것이라고 예언하였다. 특히 그나아나의 아들 시드기야라 하는 자는 소위 "선지자적 상징행위"까지 하며 아합의 승리를 호언장담하였다. 그는 철로 만든 뿔들을 내어보이며 아합이 그것들로 아람 사람을 진멸할 것이라고 예언하였다.

사백명의 선지자들이 하나같이 아합의 승리를 장담하자 여호사밧에게 무엇인가 미심쩍다는 생각이 들었던 것 같다. 그는 아합에게 다른 선지자가 없느냐고 물었고, 아합은 이믈라의 아들 미가야가 있다고 대답하였다. 그런데 아합은 미가야에 대하여 평하기를 "그는 내게 대하여 길한 일은 예언하지 아니하고 흉한 일만 예언하기로 내가 그를 미워하나이다"(8절하)라고 하였다. 아합의 말로 미루어 보아 사백 명의 선지자들은 평소 아합이 듣기에 좋은 일을 예언하여 아합의 환심을 샀던 자들이었음을 알 수 있다. 그들은 하나님이 보내신 선지자들이 아니었다(렘 23:21). 아합의 설명을 들은 여호사밧은 미가야의 말을 들어보자고 하였다.

아합은 마음에 내키지는 않았지만 미가야를 불렀다. 미가야를 부르러 간 사자는 그에게 다른 선지자들처럼 길한 예언을 주문한다. 여기서 당시 아합 궁정의 형편을 엿볼 수 있다. 아합 궁정에서 선지자들은 주로 왕의 정책을 옹호하는 일을 했던 것으로 보인다. 이렇게 해서 그들은 왕의 지원을 얻을 수 있었을 것이고, 그것은 다시금 이스라엘의 종교적 부패와 타락을 촉진시키는 결과를 가져왔을 것이다. 미가야는 처음에는 다른 선지자들처럼 아합에게 길한 예언을 했다. 그러나 그의 태도에는 진실성이 없었다. 이는 아합의 말 – "내가 몇 번이나 네게 맹세하게 하여야 네가 여호와의 이름으로 진실한 것으로만 내게 말하겠느냐"(16절) – 에서 알 수 있는 일이다. 아마도 미가야의 이상한 태도는 선지자들의 예언이 진실성이 없는 거짓이란 사실을 풍자적으로 드러내기 위한 것이었을 수도 있다.

아합의 요구가 있자 미가야는 마침내 진실을 이야기 한다. 그는 "내가 보니 온 이스라엘이 목자 없는 양같이 산에 흩어졌다"고 운을 뗀 뒤 "여호와의 말씀이 이 무리에게 주인이 없으니 각각 평안히 자기의 집으로 돌아갈 것이니라 하셨나이다"라고 하였다(17절). "내가 보니"라는 표현에서 알 수 있듯이 미가야는 자신이 환상 가운데 보고, 들었던 바를 말하였다. 그의 말은 아합이 전쟁에서 죽을 것이라는 의미이다. 아합이 불쾌한 기색을 표하자 미가야는 자신이 보았던 또 다른 환상을 이야기한다. 이 환상은 하늘 궁정의 어전회의에 대한 것이다. 여기서 여호와는 회의를 주재하며 아합을 죽게 할 방책을 강구하는 분으로 묘사된다.

하나님께서 좌우편에 둘러 선 하늘의 만군을 향하여 "누가 아합을 꾀어 그를 길르앗 라못에 올라가서 죽게 할꼬"라고 물으시자 여러 의견들이 제시되었다(20절). 그 때 한 영이 자신의 의견을 내놓았다. 그의 말인즉 자신이 거짓말하는 영이 되어 선지자들의 입에 있을 것이고, 그렇게 되면 선지자들이 아합에게 거짓을 예언하여 그를 죽게 만들 수 있다는 것이었다. 하나님이 이 제안을 받아들이시고 그 영에게 "너는 꾀겠고 또 이루리라 나가서 그리하라"(22절하)고 말씀하셨다는 것이 마가야가 말한 환상의 결론이다.

앞에서 언급하였듯이 미가야는 실제로 이 환상을 보았을 것이다. 그러나 환상의 내용은 글자 그대로 받아들여져서는 안 된다. 그것은 구약에 소개된 다른 경우들(욥 1; 사 6)과 마찬가지로 "비유적 환상"(a parabolic vision)으로 보는 것이 옳다((Patterson & Austel 2009:799). 이 환상이 의미하는 것은 하나님께서 아합을 심판하고자 하는 자신의 뜻을 주권적으로 이루신다는 것이다. 하나님은 결코 거짓된 분이 아니시다. 하나님께서는 심지어 "거짓"까지도 수단으로 사용하시어 자신의 뜻을 이루신다는 것이 이 환상이 밝히고자 하는 요지이다. 환상에서 간과되지 말아야 할 또 다른 요소는 하나님을 중심으로 하는 하늘의 어전회의(19절)와 아합과 여호사밧을 중심으로 하는 땅의 어전회의(10절) 사이의 유사성이다. 이러한 대비는 인간 왕들의 모든 의논과 계획이 하나님의 뜻 아래 있다는 것을 생생하게 보여준다.[117]

---

117) Cf. Brueggemann 2000:273: "The vision of Yahweh moves at every point to parallel and undermine the royal deliberations of Ahab. The outcome is to show that Ahab's deliberations are, in the end, irrelevant. The decrees that count are made elsewhere, beyond the reach of the king. Ahab is caught up

미가야의 말에 따르면 시드기야를 비롯한 사백명의 선지자들은 거짓말 하는 영의 지배를 받고 있다. 선지자들에게 지각이 있었다면 미가야의 말을 듣고 잘못을 뉘우쳤을 것이다. 그러나 그들에게 그런 지각이 없었다. 시드기야는 미가야의 뺨을 치며 난폭하게 굴었다. 그리고 자신이 마치 여호와의 영을 독점할 수 있기라도 한 양 "여호와의 영이 나를 떠나 어디로 가서 네게 말씀하시더냐"라며 미가야를 몰아세웠다(24절). 잘못된 종교는 이처럼 난폭함과 교리적 왜곡과 인격적 오만과 독선을 낳는다. 지각이 없기는 아합도 마찬가지였다. 아합은 미가야를 투옥시키고 "내가 평안히 돌아올 때까지 고생의 떡과 고생의 물을 먹이라"(27절하)고 하였다. 그러나 미가야는 "왕이 참으로 평안히 돌아오시게 될진대 여호와께서 나를 통하여 말씀하지 아니하셨으리이다"(28절)라며 그의 말을 일축하였다.

미가야의 모습은 선지자가 누구인지를 보여주는 본보기가 된다. 그는 왕의 미움을 사는 것을 감수하면서까지 하나님의 말씀에 충실하였다. 그는 여호와께서 말씀하시는 것만을 말하였던 사람이다(14절). 심지어 진실성이 결여된 그의 태도까지 거짓 선지자의 속임수를 드러내도록 의도되었을 정도로 그는 철저하게 하나님의 말씀에 지배당한 인물이었다. 그는 여호와의 말씀을 전한다는 이유로 뺨을 맞고, 투옥을 당하는 등 생명의 위협을 받기도 하였다. 이것은 모든 시대에 하나님의 말씀을 맡은 자에게 귀감이 된다. 무엇보다도 그것은 선지자들 중의 선지자로서 하나님의 말씀에 순종하여 고난의 길을 가신 예수 그리스도의 모습을 닮은 것이다. 미가야에게 그리스도의 영이

---

in the tides of policy under the authority of Yahweh, the very God whom he has, through all of these narratives, refused to acknowledge."

함께 하였을 것이다(벧전 1:10-11).

(3) 아합의 죽음(22:29-40)

미가야의 경고에도 불구하고 아합은 여호사밧과 함께 길르앗 라못으로 올라갔다. 그러나 미가야의 말이 마음에 걸림이 되었는지 그는 왕복을 벗고 일반 병사의 군복으로 변장을 한채 전쟁터에 들어갔다. 그는 또한 여호사밧으로 하여금 왕복을 입게 함으로써 적들의 관심을 그에게로 돌리고자 하였다. 이렇게 하면 위험을 피할 수 있으리라고 생각했던 모양이다. 아무리 목숨을 지키기 위한 것이었다고는 하지만 그것은 매우 이기적이고 교활한 행동이었다. 아합의 계략을 알았을 것임에도 불구하고 그의 말을 그대로 따르는 여호사밧의 모습은 당시의 정치적 형편을 반영하는 것으로 보인다. 당시 여호사밧은 아합과의 관계에서 종속적인 위치에 있었던 것이 분명하다(Brueggemann 2000:275).

아합의 계략은 처음에는 성공하는 것처럼 보였다. 아람 왕은 병거의 지휘관 삼십명에게 오직 이스라엘 왕과만 싸우라고 명령하였다. 이는 적장을 죽이면 적군의 작전을 무력화시키고 사기를 떨어뜨릴 수 있기 때문이었을 것이다(Palterson & Austel 2009:802). 병거의 지휘관들은 여호사밧이 이스라엘 왕인줄 알고 그를 공격하기 시작했다. 여호사밧이 소리치자 다행히 그들은 그가 이스라엘 왕이 아닌 것을 알고 돌이켰다. 역대기는 이것을 하나님이 여호사밧을 도우시고 병거 지휘관들의 마음을 감동시킨 결과라고 밝힌다(대하 18:31). 하나님은 여호사밧이 비록 아합과 잘못된 관계에 얽혀있긴 했지만 그의 경건함을 보시고 구원하셨던 것으로 보인다.

한편 아합이 아람 군대 지휘관들의 눈을 피할 수 있었지만 하나님의 눈까지 피할 수 있었던 것은 아니다. 하나님은 인간 의지의 개입 없이도 자신의 뜻을 이루실 수 있는 분이시다. 열왕기 기자는 "한 사람이 무심코 활을 당겨 이스라엘 왕의 갑옷 솔기를 맞혔다"(34절상)고 설명한다.[118] 무심코 쏜 화살이 정확하게 갑옷의 이음매 부분을 파고 들었다는 것은 결국 목표물을 조준하고 명중시킨 분이 하나님이란 사실을 의미한다. 이 사건은 하나님의 섭리가 인간 삶과 세상사에 얼마나 깊숙이 작용하고 있는지를 가늠할 수 있게 해준다.

우연히 날아온 화살에 부상을 입은 아합은 전쟁터에서 벗어나려고 하였지만 허사였다. 전쟁이 워낙 맹렬하였기 때문이다. 상처에서는 피가 흐르고 적군들은 쉴 새 없이 공격해왔다. 아합은 그야말로 사면초가의 상황에 빠졌다. 결국 아합은 이 상황을 버텨내지 못하고 저녁 무렵에 죽는다. 우연히 날아온 화살처럼 이 모든 상황이 하나님의 은밀한 섭리 가운데 일어났다는 것이 본문에서 암시된다. 본문에 따르면 사람들이 아합의 피가 고인 병거를 사마리의 못에서 씻으니 개들이 아합의 피를 핥았으며, 이는 하나님의 말씀을 이루는 결과를 가져왔다(38절). 실제로 하나님은 나봇의 살해사건과 관련하여 아합에게 "개들이 나봇의 피를 핥은 곳에서 개들이 네 피 곧 네 몸의 피도 핥으리라"(21:19절하)고 경고하신바 있다.

결국 아합은 선지자 미가야가 예언한 대로 아람과의 전쟁에서 살아 돌아오지 못하였다. 이십이 년간의 그의 통치는 이렇게 막을 내렸다. 정치가로서 아합은 나름 업적을 남긴 인물일 수도 있다. 열왕기 기자는 아합이 벌였던 건축사업과 그의 후계자(아하시야)를 언급함으

---

118) "갑옷 솔기"란 흉부 갑옷(breast armour)과 부속물 사이를 연결하는 부위를 가리킨다.

로써 그에 대한 기록을 끝맺는다. 그러나 아합의 업적이 어떠하든 그 것이 중요한 것은 아니다. 아합은 재위기간 동안 바알 숭배를 장려하고, 세속적인 부와 명예를 추구하며, 하나님을 배반하는 반언약적 행위들을 일삼은 인물이었다. 한 마디로 그의 행적은 하나님이 보시기에 가증한 것이었다. 창기들이 목욕하는 곳에서 개들이 그의 피를 핥았다고 하는 본문의 증언은 그가 살아온 삶의 부정함과 가증함을 대변해준다고 하겠다.

4) 유다 왕 여호사밧(22:41-50)

여호사밧은 이스라엘 왕 아합 제 사년(869 BC)에 유다의 왕이 되었다. 하지만 이 때는 그가 단독통치를 시작한 해이다. 여호사밧이 부왕 아사와 공동통치를 시작한 해는 그로부터 삼 년 전(872 BC)이었다. 42절의 "여호사밧이 왕이 될 때에 나이가 삼십오 세라 예루살렘에서 이십오 년 동안 다스리니라"는 공동통치를 포함한 전체통치기간을 가리키는 진술이다.[119] 여호사밧은 그의 부친 아사와 같이 "여호와 앞에서 정직히 행한" 왕으로 평가되지만 산당 제사를 폐하지 않는 것이 실책으로 언급된다. 그가 이스라엘 왕과 화평하였다는 44절의 평가도 주목할만하다.

45절에 따르면 여호사밧은 큰 권세를 누리고, 또 전쟁에서도 괄목

---

[119] 공동통치 기간을 포함한 전체 통치와 단독통치 시작을 별도의 설명 없이 같이 기록하는 방식은 현대의 독자들에게 매우 낯설게 다가온다. 하지만 열왕기에는 이런 연대기 서술방식이 종종 나타나며(왕하 18:1-2 참조), 틸레(Thiele 1983:55)는 이를 가리켜 "이중 연대계산'(dual dating)이라고 부른다.

할 만한 성공을 거두었던 것 같다. 역대기는 여호사밧이 부귀와 영광을 크게 떨쳤으며(대하 18:1), 모압과 암몬과 마온의 연합침략을 성공적으로 막아낸 사실을 알려준다(대하 20:1-30). 여호사밧은 또한 여호와의 율법에 따라 백성들을 다스리고자 노력한 왕이었다. 그는 산당과 같은 제의장소에서 매음행위를 하던 자들(קָדֵשׁ)을 근절하였으며(왕상 22:46), 예루살렘과 유다 각지에서 하나님의 율법이 지켜지도록 하는데 심혈을 기울였다(대하 19:4-11).

열왕기 기자는 여호사밧이 아합 왕가와의 관계에도 변화된 태도를 보였다는 사실을 알려준다. 아합의 아들 아하시야가 해상무역에서 동업을 제안하자 여호사밧이 그것을 거절하였던 것이다(왕상 22:48-49). 이는 아합 이후 유다의 입지가 강해졌다는 의미일 수도 있다. 그것이 아니라면 여호사밧이 타락한 아합 왕가와 거리를 두어야 한다는 생각을 하게 되었을 수도 있다(대하 19:1-3 참조).

5) 이스라엘 왕 아하시야

(1) 아하시야의 등극(22:51-53)

아하시야는 유다 왕 여호사밧 제 십칠 년(853 BC)에 사마리아에서 이스라엘의 왕이 되었다. 열왕기 기자는 그가 그 부모(아합과 이세벨)의 길과 여로보암의 길로 행하며 바알을 섬겨 하나님의 진노를 샀다고 비판한다. 열왕기하 1장은 하나님의 진노가 어떻게 아하시야에게 나타났는지를 보여준다.

(2) 아하시야에게 임한 재앙(왕하 1:1-4)

우선 정치적인 측면에서 모압이 이스라엘을 배반하는 일이 일어났다. 이 일은 아합 이후 이스라엘의 힘이 약해졌음을 입증해준다. 동시에 그것은 정치적 힘의 질서가 하나님의 주권적인 의지의 통제하에 있다는 사실을 증거한다. 현재의 문맥에서 모압의 배반은 아합 왕가의 죄악에 대한 하나님의 징계의 성격을 갖기 때문이다.

다음으로, 아하시야가 "다락방의 격자창"에서 떨어져 부상을 당하고[120] 그 여파로 심각한 병에 걸리는 일이 일어났다. 병이 얼마나 중하였든지 아하시야는 사자들을 보내어 에그론의 신 바알세붑 – 문자적으로 "파리들의 주인"란 뜻 – 에게 병이 낳을 것인지를 물어보게 하였다.[121] 아하시야가 에그론의 신에게 물으려 한 것은 그곳이 지리적으로 가까웠고, 또 그 곳의 신이 특별한 신통력을 가졌다는 인식이 퍼져있었기 때문일 것이다(사 2:6 참조). 그러나 하나님의 징계의 성격을 갖는 부상과 질병에 대해 이방 우상에게 치료의 가능성을 알아보고자 하는 것은 얼마나 어처구니 없는 일인가?

하나님은 여호와의 사자를 엘리야에게 보내어 아하시야가 바알세

---

[120] "격자물"(a lattice work)은 시원한 바람이 다락 방으로 들어오게 하기 위한 "창문 덮개"(a window covering)였다고 한다(Wray Beal 2014:294).

[121] 에그론은 블레셋의 한 도시이며, 바알세붑(בַּעַל זְבוּב)은 문자적으로 "파리들의 주"를 뜻한다. 종종 바알세붑은 바알을 비하하기 위해 원래의 이름 바알세불을 변경한 것으로 간주되기도 한다. 마이어(W. A. Maier III)에 따르면 바알세불은 가나안의 신 "바알"과 왕/왕자를 뜻하는 "세불"의 합성어로서 "바알은 왕이다"(Baal is the Prince)는 의미의 이름이다. 우가릿 신화에서 바알은 "왕, 땅의 주" 또는 "왕 바알"로 불린다고 한다(AnBD 1, 554; cf. Loretz 1990:76).

붑에게 묻기 위해 보낸 사자를 만나게 하신다. 엘리야는 왕의 사자에게 "이스라엘에 하나님이 없어서 너희가 에그론의 신 바알세붑에게 물으러 가느냐"라고 꾸짖은 다음 아하시야가 몸져 누운 침상에서 다시 내려오지 못하고 죽을 것이라고 예언하였다. 하나님의 백성이라고 자처하면서도 미신적이고 세속적인 수단과 방법에 의존한다면 아하시야와 같은 사람이라고 할 수 있을 것이다.

(3) 디셉 사람 엘리야(1:5-8)

왕의 사자들이 돌아와 엘리야가 한 말을 왕에게 그대로 고한다. 그러자 아하시야는 그들에게 말한 사람이 누구냐고 따져 묻는다. 그들의 대답에 의하면 엘리야는 털 옷을 입고 허리에 가죽 띠를 두르고 있었다. 원문의 "바알스알"(בַּעַל שֵׂעָר)은 "털이 많은 사람"을 의미할 수도 있다. 그러나 구약에서 "털 겉옷"(אַדֶּרֶת שֵׂעָר)은 주로 선지자들이 입는 옷으로 간주되었다(슥 13:4 참조). 열왕기에서는 엘리야 또한 "겉옷"(אַדֶּרֶת)을 입은 것으로 묘사된다(왕하 2:12-14). 따라서 엘리야를 묘사하는 말 "바알스알"은 "털 옷을 입은 사람"으로 이해되는 것이 적합하다.

그런데 흥미롭게도 엘리야를 묘사하는 말 "바알스알"은 에그론의 신 "바알세붑"과 미묘한 대조를 이룬다. 이런 대조는 바알세붑이 "파리들의 주"란 뜻의 이방 우상이며 바알스알이 "털 겉옷"을 입은 여호와의 선지자를 가리키는 말이라는 사실을 이해할 때 더욱 분명해진다. 이 대조는 다음과 같은 저자의 의도를 나타낸다고 하겠다: 아하시야가 "파리들의 주인"에게 묻고자 사자들을 보내는 가증한 행위를 하였기에 여호와께서 "털 겉옷의 주인" 곧 자신의 선지자를 보내시어 그들의 어리석고 악한 행위를 가로막으셨다. 사자들의 설명을 듣자 아하시야는 그들이 만난 사람이 다름 아닌 "디셉 사람 엘리야"인 것을 알아차렸다.

(4) 하늘에서 내려온 불(1:9-16)

아하시야에게 조금이라도 지각이 있었더라면 자신의 어리석음을 뉘우치며 회개하는 태도를 보였을 것이다. 그러나 불행히도 그는 더욱 마음을 완고하게 하여 엘리야를 사로잡고자 하였다. 이는 그가 엘리야를 데려오기 위해 군사들을 보낸 사실에서 알 수 있는 일이다. 그가 만일 엘리야를 하나님의 사람으로 알고 존중하였더라면 군사들 대신 사신들을 보내 정중하게 그를 모셔오고자 하였을 것이다. 사실상 아하시야는 이방 신 바알세붑에게 묻고자 하였을 때는 사신들을 보냈었다. 그랬던 그가 엘리야에게는 오십 부장과 그의 군사 오십 명을 풀어 보냈다. 이는 그가 엘리야를 죄인 또는 적으로 간주했다는 뚜렷한 증거이다.

　지각이 없기로는 아하시야가 보낸 오십부장과 그의 군사들도 마찬가지였다. 그들이 엘리야를 찾았을 때 엘리야는 산 꼭대기에 앉아있었다. 이 산이 정관사로 한정되는 것으로 미루어 사람들에게 익히 알려져 있는 산(엘리야가 바알 선지자와 겨루었던 갈멜 산)이었음을 짐작할 수 있다(Hobbs 1985:10). 오십부장은 엘리야를 향해 "하나님의 사람이여"라고 소리쳐 부른 다음 "내려오라"고 한 왕의 명령을 전한다. 특히 그의 말에서 "왕이 말씀하시기를"(כֹּה אָמַר הַמֶּלֶךְ)이란 표현에 주목할 필요가 있다. 이는 주로 선지자들이 하나님의 말씀을 전할 때 사용한 표현이다. 선지자들은 "여호와께서 말씀하시기를"이란 표현을 사용하여 하나님의 권위로써 하나님이 말씀하시는 것처럼 말하였다. 그러므로 오십부장이 그 표현을 사용한 것은 그가 왕의 권위로써 왕이 말하는 것처럼 말하였다고 할 수 있다. 그만큼 오십부장은 왕의 명령이 절대적이라고 생각하였다.

그런데 놀랍게도 오십부장은 엘리야를 "하나님의 사람"이라고 부른다. 이 말이 의미하는 바는 무엇인가? 하나님의 사람에게도 왕의 명령이 절대적이라는 의미가 아닌가? 그러므로 오십부장의 말은 무엇보다도 하나님을 무시하는 것이었다. 그가 말한 것처럼 엘리야는 하나님의 사람으로서 하나님의 권세 아래 있는 사람이었다. 그런 엘리야에게 왕의 명령이 절대적인 양 무례하게 명령조로 말하는 것은 하나님 조차도 왕의 권세 아래 있다고 말하는 것이나 다름 없다. 그러므로 오십부장의 말과 태도는 무례한 차원을 넘어 신성모독적이라고 할 수밖에 없다.

오십부장의 말을 들은 엘리야는 "내가 만일 하나님의 사람이면 불이 하늘에서 내려와 너와 너의 오십 명을 사를지로다"(10절상) 라며 심판을 선고하였다. 엘리야의 말은 오십부장의 말과 강한 대조를 이룬다. 오십부장은 왕의 권위에 의지하여 엘리야에게 "내려오라"고 명령하였던 반면 엘리야는 자신이 하나님의 사람이란 사실에 의지하여 하늘로부터 불이 "내려오라"고 명령하였다. 이를 통해 엘리야는 하나님의 사람에게 인간 왕의 통제밖에 있는 불까지도 다스릴 수 있는 권세와 능력이 있다는 것을 보이고자 하였을 것이다.

사실상 엘리야는 이미 하늘에서 불을 내린 적이 있다(왕상 18:30-40). 이번에도 엘리야의 말은 헛되지 않았다. 그가 명령을 내리자 - 그의 말은 기도에 가깝다고 보아야 한다 - 과연 하늘에서 불이 내려와 오십부장과 그의 오십명을 살랐다. 언뜻 보기에 이 사건

은 잔혹하게 여겨지기도 하지만, 그러나 그것은 실상 하나님께 도전
하는 세력에 대한 하나님의 진노와 심판으로서의 의미를 갖는다는 점
이 간과되어서는 안 된다. 악인들에게 하나님은 "소멸하는 불"이시다
(히 12:29).

오십부장과 그의 군사들에게 일어난 일이 아하시야에게 알려졌을
것이다. 그럼에도 불구하고 아하시야는 조금도 두려워하거나 반성하
는 태도를 보이지 않는다. 완고하게도 그는 오십부장과 오십 명의 군
사들을 다시 보냈다. 처음 오십부장에게 일어난 일이 우연이라고 생
각한 것일까? 아니면 맹목적이라고 할 만큼 왕으로서 자기의 권세에
도취되어있었던 것일까? 맹목적이기는 두 번째 오십부장도 마찬가지
였다. 그는 처음 오십부장이 했던 말을 그대로 되풀이했을 뿐만 아니
라 "속히"라는 말을 추가하여 엘리야를 재촉하기까지 하였다. 이 얼
마나 완고한 태도인가? 엘리야는 첫번째 오십부장에게 했던 것과 동
일한 심판을 선고함으로써 하나님의 사람이 가진 권세와 능력을 재차
확인시켜주었다.

놀라운 사실은 그럼에도 불구하고 아하시야의 생각과 태도가 바뀌
지 않았다는 것이다. 그는 여전히 힘으로 엘리야를 상대하고자 하였
다. 거듭되는 초자연적인 능력 앞에서도 이런 태도를 취하는 것은 그
의 마음이 돌이킬 수 없을 정도로 어두워지고 악해졌다는 것을 말해
준다. 그것은 바로가 열 가지 재앙을 겪고도 마음을 바꾸지 않았던 것
과 같다(출 5-15장).

그런데 왕이 세번째 보낸 오십부장에게는 변화가 보인다. 그의 말
과 태도는 이전 오십부장들의 그것과는 전혀 다르다. 그는 왕의 권위
를 내세우며 하나님의 사람인 엘리야를 압박하려 들지 않았다. 그는
엘리야에게 "내려오라"고 명령하는 대신 직접 엘리야에게로 "올라갔

다."뿐만 아니라 그는 엘리야 앞에 무릎을 꿇고 "하나님의 사람이여 원하건대 나의 생명과 당신의 종인 이 오십 명의 생명을 당신은 귀히 보소서"(13절하)라며 간청하였다. 이처럼 하나님의 사람의 권위를 인정하고 그에 합당한 예를 표함으로써 세 번째 오십부장은 자신과 자기 부하들의 생명을 건질 수 있었다. 이것은 다시금 이전 오십부장들의 문제가 무엇이었는지를 밝혀준다. 그들의 문제는 하나님의 사람을 무시한 것이었다.

오십부장이 태도의 변화를 보이자 하나님 편에서도 변화를 보이셨다. 하나님의 사람에 대한 태도는 하나님께 대한 태도와 직결되기 때문일 것이다(요 13: 20 참조). 하나님은 여호와의 사자를 통해 엘리야에게 "너는 두려워하지 말고 함께 내려가라"고 말씀하셨다. 하나님이 "내려가라"고 하시자 그제서야 엘리야는 오십부장과 함께 "내려와" 왕에게로 갔다. 이를 통해 하나님의 사람이 누구인지를 배우게 된다. 하나님의 사람은 하나님의 명령을 따르는 사람이다. 하나님의 사람 엘리야는 아하시야 앞에 이르러 하나님의 말씀을 그대로 전하였다. 그것은 아하시야가 이방 신에게 묻고자 한 죄에 대한 강한 질타와 엄중한 심판을 포함하는 것이었다(16절). 하나님은 아하시야로 하여금 병들어 죽게 하심으로써 아합 집안의 우상숭배를 심판하시고 이스라엘에 하나님이 계심을 나타내셨다.

(5) 아하시야의 죽음과 계승(1:17-18)

엘리야의 예언대로 아하시야가 죽고 그의 형제이자 아합의 아들인 여호람이 이스라엘의 왕이 되었다. 아하시야에게 대를 이을 아들이 없

었기 때문이었다. 여호람이 이스라엘의 왕이 된 것은 같은 이름의 유
다 왕 여호사밧의 아들 여호람 둘째 해(852 BC)였다(18절). 그런데
열왕기하 3장 1절에 의하면 여호람은 유다 왕 여호사밧 십팔 년에 이
스라엘의 왕이 되었다. 따라서 유다 왕 여호사밧은 그의 통치 십육 년
부터 아들인 여호람과 공동섭정을 하였던 것으로 볼 수 있다.

제 4장

분열왕국의 역사 II : 왕하 2 - 17장

제4장
분열왕국의 역사 II
: 왕하 2 - 17장

열왕기상 17장이후부터 열왕기하 1장에 이르기까지 아합 왕가의 이야기가 계속되었다. 중간에 유다 왕 여호사밧의 이야기가 잠시 소개되긴 하지만 전체 이야기는 아합 왕가에 초점을 두고 있다. 아합은 바알 숭배의 본고장 시돈의 왕녀 이세벨과 정략결혼을 한 것에서 드러나듯 물질적 번영과 정치적 권력을 위해서라면 여호와 신앙도 얼마든지 내팽개칠 수 있는 인물이었다. 그런 그에게 하나님은 여러가지 방편으로 때로는 경고하시고 때로는 직접 진노를 나타내 보이셨다. 그러나 하나님을 알지 못하는 자가 세상으로부터 눈을 돌려 영적인 것을 바라볼 수는 없는 노릇이었다. 그는 계속해서 반언약적 실익정치를 펴다가 죽음을 자초하는 불행한 인물이 되고 말았다. 그의 아들 아하시야도 마찬가지였다. 그 또한 아합처럼 바알 숭배를 일삼다가 여호와 하나님의 진노를 사 죽게 되었다.

아합 왕가가 이처럼 재앙을 당하였으나 완전히 몰락한 것은 아니

었다. 아합의 다른 아들 요람(여호람)이 아하시야의 뒤를 이어 왕위
에 올랐다. 무엇보다도 아합 왕가의 타락과 부패의 뿌리라고 할 수
있는 이세벨이 계속 영향력을 행사하고 있었다. 이런 상황에서 모
세언약의 수호자로서 아합 왕가의 불의와 맞서 싸웠던 엘리야 선지
자 조차 세상을 떠나야 할 때가 이르렀다. 자칫하면 이스라엘은 어려
운 시기에 영적 지도자 마저 없는 암흑기로 빠져들 상황이었다. 그러
나 역사의 주관자이신 하나님께서 택하신 백성을 그냥 방치하실 리
가 없다. 하나님은 벌써 오래 전부터 엘리사를 예비하시고 그로 하여
금 엘리야의 뒤를 잇도록 준비하셨다. 엘리야가 하나님의 부르심을
받은 후에도 엘리사가 계속해서 아합 왕가와 맞서 언약 수호자의 역
할을 수행하게 될 것이다. 이런 점에서 엘리사는 또 다른 엘리야라고
말할 수 있다.

1. 구성과 메시지

열왕기하 2장부터 17장까지는 열왕기의 두 번째 부분인 열왕기상 12
장 ~ 열왕기하 17장의 후반부에 속한다. 두 번째 부분 전체의 구성
은 이미 앞에서 두어 차례 소개한 바 있으나, 여기서 다시 한번 언급
하고자 한다. 이는 현재의 단락이 전체와 어떤 유기적 관계에 있는지
를 일별할 수 있도록 하기 위함이다.

   A 왕국의 분열(왕상 12:1-24)
      B 유다와 이스라엘의 왕들(왕상 12:25-16:34)
         C 오므리 왕조와 바알 종교(왕상 17 - 왕하 11)

　B´　유다와 이스라엘의 왕들(왕하 12-16)

A´　북왕국의 멸망(왕하 17)

　지금부터 살펴볼 부분(왕하 2-17장)은 아래의 도표에서 볼 수 있는 바와 같이 모두 여섯 단락으로 나누어진다. 이 여섯 단락에서 아합 왕가와 바알 종교의 몰락을 이야기하는 부분(왕하 9-11장)이 가운데 위치를 차지한다. 열왕기하 11장은 유다 왕국의 일을 다루는 만큼 "유다와 이스라엘의 왕들" 단락(B´)에 포함시킬 수도 있다. 그러나 이 장은 아합의 딸 아달랴의 최후를 소개함과 동시에 유다에서 그녀가 세력을 확장시켰을 것으로 추정되는 바알 종교의 정화문제를 다루고 있기에 "오므리 왕조와 바알 종교" 단락(C)에 포함시키는 것도 충분히 의미가 있다. 다음은 이 글에서 따를 단락구분이다:

C 오므리 왕조와 바알 종교

　1. 엘리야의 승천과 엘리사의 계승(왕하 2)

　2. 엘리사와 아합 왕가(왕하 3:1-8:15)

　3. 유다의 왕들: 여호람, 아하시야(왕하 8:16-29)

　4. 아합 왕가와 바알 종교의 몰락(왕하 9-11)

B´　유다와 이스라엘의 왕들

　5. 유다와 이스라엘의 왕들(왕하 12-16)

A´　북 왕국의 멸망

　6. 북왕국의 멸망(왕하 17)

　엘리야의 뒤를 이어 이스라엘의 영적 지도자가 된 엘리사는 스승

과 마찬가지로 선지자 무리를 이끌며 아합 왕가의 바알 숭배와 맞서
싸웠다. 따라서 엘리사가 수행한 선지적 활동은 엘리야의 그것과 크
게 다르지 않았다. 그는 이스라엘과 이웃 나라들(모압, 아람)과의 전
쟁에서 중요한 역할을 하였으며, 엘리야처럼 기근을 예언하기도 하였
다. 뿐만 아니라 그는 과부의 기름 그릇에 기름이 계속 생겨나며, 죽
은 아이를 살아나게 하며, 보리떡 이십 개와 자루에 든 채소를 백명의
사람들을 먹이며, 질병을 고치는 등 각종 기적을 행하였다. 이 일들
을 통해 엘리사는 엘리야와 마찬가지로 전쟁에서 승리를 주시는 분도
하나님이시며, 생명을 주관하시는 분도 하나님이시며, 풍요를 주시
는 분도 하나님이심을 증거하였다.

엘리사는 또한 예후에게 기름을 부어 이스라엘의 왕으로 세움으로
써 아합 왕가가 몰락하게 하는데 결정적인 공헌을 하였다. 아합 왕가
는 바알 숭배를 장려함으로써 여호와를 배반하였으며, 세속적인 가치
를 쫓아가느라 모세의 율법이 요구하는 "정의와 공의"(מִשְׁפָּט וּצְדָקָה)를 헌
신짝처럼 버렸다. 아합 왕가의 반언약적 행태는 아합이 이세벨의 계
략으로 이스르엘 사람 나봇을 살해한 사건에서 잘 나타난다. 하나님
께서는 선지자 엘리야를 통해 아합 왕가의 죄를 심판하실 것이라고
알리셨다. 예고된 심판은 아합과 그의 아들 아하시야의 죽음에서 부
분적으로 실현되었다. 그러나 그 예언의 최종적인 실현은 예후에 의
해 이루어지게 된다. 예후는 아합의 아들 요람(여호람)을 이스르엘 사
람 나봇의 밭 곁에서 죽이고, 이세벨의 시신이 개의 밥이 되게 하며,
아합의 아들 칠십 명을 죽이며, 바알 숭배자들을 멸하였다. 이로써
아합 왕가에 대한 하나님의 심판이 마무리되었다. 하나님은 죄를 심
판하시는 분이시다.

아합 집안에 임한 재앙은 호세아 왕 시대 이스라엘 나라에 임한 하

나님의 심판을 미리 보여준다고 해도 지나친 말이 아니다. 비록 예후가 아합 집안을 심판하였지만 그로부터 시작된 예후 왕조는 이전의 오므리 왕조에 비해 달라진 것이 없었다. 왕과 백성들은 여전히 우상 숭배에서 떠나지 못하였고, 세속적인 욕심을 따라 온갖 불의한 일을 일삼기에 여념이 없었다. 그 결과 왕실에는 반역에 반역이 잇따랐고, 외세의 침략은 날로 위협적이 되었다. 결국 이스라엘은 정치적 안정을 되찾지 못하고 호세아 왕 재위 9년만에 앗수르 왕 살만에셀에 의해 수도 사마리아가 함락당함으로써 여로보암 1세 이후 약 이백 년간 지속되던 부침의 역사를 마감하게 된다.

이스라엘은 그 이름이 말해주듯 족장 야곱에게로 거슬러 올라가는 언약백성이다. 그럼에도 불구하고 그들이 언약의 하나님을 배반하였기에 자신들이 쫓아낸 가나안 족속처럼 약속의 땅에서 쫓겨나는 운명에 처하게 되고 말았다. 언약 파기자에게 부과되는 언약의 저주가 그들에게 임한 것이다. 이제 그들에게 남은 마지막 가능성은 여호와가 언약의 또 다른 특성인 인애의 하나님이란 사실에 있다. 열왕기 기자가 분명하게 밝히지는 않았지만, 인애의 하나님은 죽은 자를 살리시듯 언젠가 이스라엘 백성을 다시 회복시키실 것이다(호 11:8-11; 13:14 참조).

2. 엘리야의 승천과 엘리사의 계승(2장)

1) 엘리사를 시험하는 엘리야(2:1-6)

이 단락은 여호와께서 "회오리 바람"(סְעָרָה)으로 엘리야를 승천시키실 때의 일을 다룬다. 하나님께서 왜 하필이면 이런 방식으로 자신의 선지자를 데려가고자 하셨을까? 그것은 엘리야가 바알종교와 대항하여 싸웠던 선지자란 사실과 관계되는 것으로 보인다. 1929년 우가릿의 라스 샤마라(Ras Schamara)에서 주전 이천 년대로 거슬러 올라가는 토판들이 무더기로 발굴되었는데, 이 토판들에 따르면 바알은 가나안 지역에서 구름, 바람, 천둥, 번개, 비, 이슬과 눈을 주관하고 "구름을 타는 자"로서 폭풍구름 속으로 다니는 신으로 숭배되었다(Loretz 1990:74). 따라서 엘리야가 "회오리 바람" 가운데 승천한 것은 바알이 아니라 엘리야가 섬기는 여호와 만이 폭풍을 포함하여 온갖 자연현상을 주관하시는 분이란 사실을 다시금 확증하기 위함이었다고 할 수 있다(Dillard 1999:83-84).

승천할 당시 엘리야에겐 벧엘과 여리고 등지에 적지 안은 제자들 무리가 있었다(3절, 5절). 이들이 엘리사와 주고 받는 대화(3절, 5절)를 통해 하나님이 특별한 방식으로(즉, "엘리사의 머리 위로") 엘리야를 데려가실 것이란 소문이 제자들 사이에 널리 퍼져 있었음을 알 수 있다. 스승과 이별할 때가 이르렀음을 안 엘리사는 끝까지 엘리야와 함께 하기를 원하였다. 그가 그렇게 하고자 한 것은 엘리야 이후시대를 책임 질 후계자로서 엘리야에게 있는 성령의 능력을 이어받고자 하는 간절한 바람 때문이었다(9절 참조). 그는 현재 자신의 모습으로는 시대적 사명을 감당할 수 없다는 것을 절실히 깨닫고 있었다. 그에게는 엘리야의 능력이 필요했다.

그런데 이상하게도 엘리야는 엘리사를 만류하였다. 엘리야는 먼저 길갈에서 엘리사에게 "여호와께서 나를 벧엘로 보내시니 부디 너는 여기에 머물라"(2절상)고 당부한다. 그의 말은 엘리사가 수고스럽게 벧엘까지 따라오지 않아도 된다는 뜻으로 보인다.[122] 그러나 엘리사는 뜻을 굽히지 않는다. 두 사람이 벧엘에 이르자 엘리야는 같은 말을 반복하며 엘리사를 떼어놓고자 한다(4절상). 그런데 이번에는 행선지가 여리고이다. 여리고는 길갈에서 서쪽으로 불과 삼 킬로미터 정도밖에 떨어지지 않은 곳이다(AnBD 2, 1023). 그러므로 두 사람이 결국 원점으로 되돌아 온 것이나 다름 없는 셈이다. 애당초 행선지가 여리고였다면 벧엘까지는 왜 갔었는가? 그런데 엘리야는 이번에도 같은 말을 반복하며 아무렇지도 않은 듯 하나님이 자신을 요단으로 보낸다고 말한다(6절상).

엘리야가 이렇게 한 까닭은 무엇일까? 엘리야가 세 번씩이나 같은 말("여호와께서 나를 ~로 보내시니 너는 부디 여기 머물라")을 반복한 것은 엘리사를 시험하기 위함인 것으로 보인다. 엘리야는 엘리사에게 선지자로서의 소명의식이 얼마나 있는지, 자신의 후계자로서 어느 정도 책임감을 가지고 있는지 확인하고자 하였다. 그래서 상대방이 완전한 거절처럼 받아들이도록 세 번씩이나 같은 말을 되풀이 했던 것이다. 엘리야의 말처럼 그것이 **하나님의 지시**에 따른 것이라면 **하나님께서** 그런 방식으로 엘리사를 시험하셨다고 보아야 한다.

---

122) 여행의 출발지인 "길갈"의 위치에 대해 학자들 사이에 논란이 있다. 이 곳이 정복전쟁의 출발점인 "길갈"과 같다면 두 사람이 그 곳에서 벧엘로 "내려갔다"는 2절하의 언급이 문제가 된다. 벧엘은 길갈 보다 높은 산지에 위치하기 때문이다. 따라서 주석가들은 본문의 길갈이 동일한 이름의 다른 지역(벧엘로부터 북쪽으로 약 십삼 킬로 떨어진 곳으로서 현재의 Jiljulieh)으로 이해하기도 한다(Gray 1977³:474). 그러나 이 지역 또한 지리적으로 벧엘보다 낮은 곳에 위치한다고 한다(Wray Beal 2014:302-303). 몽고메리가 제안한 것처럼 저자가 자신의 지리적 위치에서 "내려가다"란 동사를 사용하였을 가능성이 있으며(Montgomery 1951:353-354), 이 경우 "길갈"이 여호수아와 연결되는 장소라고 보는데 어려움이 없다.

하나님의 뜻은 당연히 엘리사가 뒤로 물러서지 않는 것이다. 엘리사는 표면상 거절처럼 보이는 엘리야의 태도에 굴하지 않고 끝까지 단호한 태도를 보였다. 엘리야와 마친 가지로 그는 동일한 말을 세 번 반복한다: "여호와께서 살아 계심과 당신의 영혼이 살아 있음을 두고 맹세하노니 내가 당신을 떠나지 아니하겠나이다"(2절하, 4절하, 6절하). 이 반복에는 한 마디의 변화도 나타나지 않는다. 이는 그의 마음에 한치의 동요도 없었다는 것을 나타낸다. 엘리사는 그처럼 확고한 소명의식을 가졌고, 엘리야의 후계자로서 스승의 뒤를 잇고자 하는 강한 책임감을 가졌다.

2) 하늘로 올라간 엘리야(2:7-11)

엘리사는 시험에 합격하였다. 엘리사와 더불어 요단에 도착한 엘리야는 계속해서 요단 강을 건너가야 했지만 더 이상 엘리사에게 "너는 여기 머물라"고 말하지 않는다. 그는 두 말 없이 겉옷으로 강물을 쳐서 물이 갈라지게 하는 기적을 행하였고(8절상), 두 사람은 마른 땅 위로 강을 건넜다. 이는 모세가 하나님의 지팡이로써 홍해를 가르고, 여호수아가 법궤를 앞세워 요단강이 갈라지게 한 일을 상기시켜준다. 과연 엘리야는 모세와 여호수아가 그랬던 것처럼 하나님의 능력으로 자신의 임무를 완수하였다. 이 땅에서의 마지막 여정에서 엘리야가 행한 이 이적은 그가 참된 하나님의 선지자였음을 최종적으로 확인해주는 것이라 할 수 있다.

강을 건너자 엘리야는 엘리사에게 "나를 네게서 데려감을 당하기 전에 내가 네게 어떻게 할지를 구하라"고 말한다. 엘리야는 엘리사에게 기대하는 바가 있다는 사실을 벌써부터 알고 있었다. 기다렸다는 듯이 엘리사는 "당신의 성령에서 두 몫이 내게 있게 하소서"(9절하)라고 대답한다. 이 대답으로부터 엘리사가 성령의 능력을 간절히 구하고 있었다는 것을 알게 된다. 엘리사는 아합왕가의 우상숭배와 백성들의 불신앙을 상대하여 선지자 직분을 수행하기 위해서는 무엇보다도 성령의 능력이 필요하다는 것을 절감하고 있었다. 신약은 복음전도를 위해서도 성령의 능력이 필수적임을 가르친다(행 1:8 참조). 더 나아가 바울은 성령으로써만이 온전한 신자의 삶이 가능하다고 강조한다(엡 5:18).

엘리사가 특별히 "두 몫"(פִּי־שְׁנַיִם)의 성령을 구한 것은 장자가 부모의 소유에서 "두 몫"을 상속받도록 한 신명기 율법에 근거한 것으로 보인다(신 21:17 참조). 즉 엘리사는 엘리야에게 장자의 권리, 즉 그의 계승자가 될 권리를 요구했다는 것이다. 본문에 등장하는 "선지자의 제자들"(문자적으로 "선지자의 아들들"(בְּנֵי־הַנְּבִיאִים))은 엘리야를 따르는 많은 선지자 무리가 있었다는 것을 의미한다. 그런데 이들 선지자 무리는 이미 엘리사를 엘리야의 후계자로 생각하고 있었던 것으로 보인다. 그들이 엘리사에게 엘리야에 대하여 "당신의 선생"(문자적으로 "당신의 주"(אֲדֹנֶיךָ))이라고 함으로써 두 사람 사이의 특별한 관계를 인정하고 있기 때문이다(3절, 5절). 무엇보다도 하나님이 직접 엘리야에게 엘리사를 후계자로 삼으라고 말씀하셨고(왕상 19:16), 엘리야가 엘리사에게 겉옷을 던지는 상징적 행위를 통해 그를 자신의 후계자로 삼으려 한다는 뜻을 나타내 보였었기에(왕상 19:19-21), 두 사람 모두 후계자 문제에 관한 한 더 이상 숙고할 필요가 없는 상황이었다.

엘리사에게 중요한 것은 어떤 명분이나 합법적 권리보다도 엘리야의 뒤를 이을 자에게 마땅히 있어야 할 성령의 능력이었다. 그런 능력이 있을 때야 비로소 선지자 무리들을 이끌 수 있는 지도력을 갖게 되고, 더 나아가 이스라엘의 영적 지도자로서 역할을 수행할 수 있을 것이기 때문이다. 다음은 엘리사의 의도를 잘 파악한 설명이다: "엘리야를 잃게 된다는 상실감이 겸손한 엘리사를 너무도 크게 사로잡았기에 상속자의 지위를 요구하며 장자의 "두 몫" 즉, 자기 앞에 놓인 큰 사명에 대한 책임을 감당하고자 자신의 능력을 훨씬 뛰어넘는 특별한 영적 능력을 구하였다"(Patterson & Austel 2009:813).

그러나 엘리사의 요구는 엘리야가 마음대로 들어줄 수 있는 것이 아니었다. 엘리야가 아무리 능력 있는 하나님의 사람이었다 할지라도 자의적으로 성령을 나누어줄 권한은 그에게 없었다. 그런 일은 오직 하나님의 권한에 속하였다. 그러기에 엘리야는 "네가 어려운 일을 구하는도다"(10절상)라고 하며 그것이 쉬운 일이 아님을 일깨워준다. 그러나 곧바로 중요한 말을 덧붙인다: "내가 네게서 취하여지는 것을 네가 보면 네게 그렇게 되려니와 그렇지 않으면 안 될 것이다"(10절하). 이 말은 엘리사에게 "두 몫"의 성령이 임하는 것은 하나님의 주권에 달려있다는 의미이다. 하나님이 엘리사로 하여금 엘리야가 하늘로 올라가는 모습을 보도록 하락하시면, 그것은 하나님이 엘리사의 요구를 들어주셨다는 증거가 될 것이다. 그러므로 모든 것은 엘리사가 엘리야의 마지막 순간을 목격하느냐 그렇지 않느냐에 달려 있다.

그런데 놀라운 일이 일어났다. 두 사람이 길을 가며 말하고 있는데 갑자기 "불 병거"(רֶכֶב־אֵשׁ)와 "불 말들"(סוּסֵי אֵשׁ)이 나타나 두 사람을 갈라 놓고, 엘리야가 "회오리 바람으로" 하늘에 올라가는 일이 일어났다. 앞에서 설명한 것처럼 엘리야가 회오리 바람으로 하늘에 올라간 것은 그가 일생동안 아합 왕가의 바알숭배와 맞서 싸운 선지자로서 바알이 아닌 여호와만이 바람을 포함한 모든 자연현상을 주관하는 분이란 사실을 최종적으로 증거하는 의미가 있다. 그렇다면 "불 병거"와 "불 말들"이 나타난 것은 어떤 의미를 갖는가? 말과 병거가 군사적 장비들에 해당하므로 이들은 엘리야가 선지자로서 수행한 영적 전사로서의 임무와 관련된다고 보아야 한다. 엘리야는 하나님의 백성들을 거짓된 종교와 이방의 세력으로부터 지켜내는 역할을 훌륭히 수행하였다. 이런 점을 확증하는 의미에서 하나님은 "불 병거"와 "불 말들"을 보내어 그의 종 엘리야를 하늘로 불러올리셨다.

3) 엘리야의 뒤를 이은 엘리사(2:12-18)

앞에서 엘리사가 "두 몫"의 성령을 받는 것은 그가 엘리야의 마지막 순간을 목격하느냐 그렇지 않느냐에 달려있다고 하였다. 과연 엘리사에게 엘리야의 승천장면을 목격하는 특권이 주어졌을까? 12절은 이렇게 시작한다: "엘리사가 보고." 이 진술은 엘리사가 엘리야의 승천장면을 목격하였음을 분명히 한다. "증표"가 주어졌으므로 엘리사의 요구 또한 응답되었다고 보아야 한다. 이제 엘리사는 엘리야에게 있던 성령의 "두 몫"을 가진 자(장자)가 되었으며, 명실공히 엘리야의 선지자적 직분을 계승하는 상속자가 되었다.

엘리사는 엘리야가 하늘로 올라가는 모습을 보면서 "내 아버지여 내 아버지여 이스라엘의 병거와 마병이여"라며 소리쳤다. "내 아버지여 내 아버지여"라는 말에서 엘리사가 스스로를 엘리야의 상속자로 인식하고 있었음을 재차 확인할 수 있다. 더 나아가 그가 엘리야를 가리켜 "이스라엘의 병거와 마병"이라고 한 것은 엘리야를 데려가기 위해 나타난 "불 병거"와 "불 말"이 불러일으킨 연상 때문일 것이다. "불 병거"와 "불 말"을 보자 엘리사는 즉시 엘리야가 이스라엘을 지키는 "병거"와 "마병"의 역할을 하였다는 사실을 연상할 수 있었다는 말이다. 엘리야의 후계자로서 엘리사는 스승과 똑 같은 역할을 하게 된다. 그는 "이스라엘의 병거와 마병"으로서 아람 군대를 물리치고 바알종교를 근절하는데 결정적인 역할을 한다. 후에 엘리사 자신도 동일한 칭호로 불리게 된다(왕하 13:14).

엘리야의 승천은 엘리사에게 큰 상실감을 주었을 것이다. 이는 엘리야가 시야에서 사라지자 자신의 옷을 둘로 찢는 모습에서 잘 표현된다(Brueggemann 2000:297). 그러나 엘리야에게 있던 성령의 능력까지 떠난 것은 아니다. 엘리사가 엘리야의 몸에서 떨어진 겉옷을 주워 요단 강가로 돌아와 물을 치자 물이 이리 저리로 갈라졌다. 이는 엘리야에게 있던 성령의 능력이 엘리사에게 머물렀다는 뚜렷한 증거이다. 여리고를 떠나 요단을 건널 때 엘리야가 겉옷으로 물을 가르는 이적을 행하였다(8절). 이제 엘리사가 같은 일을 하였다.

엘리사가 요단 동편 지역으로부터 갈라진 강물을 지나 여리고 쪽으로 건너왔다. 그런데 이것은 과거 여호수아가 이적으로 요단 강을 건넌 사건과 비교할만한 일이다. 이 외에도 엘리사와 여호수아의 비교를 가능하게 하는 요소들이 또 있다. 엘리사의 스승 엘리야가 요단 동편에서 특별한 방식으로 세상을 떠난 것(하늘로 올라감)은 모세가 역시 요단 동편 지역에서 특별한 방식으로 세상을 떠난 것(매장지가 알려지지 않음)과 비슷하다. 이런 점들을 고려할 때 엘리야의 뒤를 이은 엘리사와 모세의 뒤를 이은 여호수아를 비교하는 것은 전혀 무리가 아니다. 하나님의 구원역사에서 종종 되풀이 되는 동일한 패턴은 "하나님의 말씀과 하나님의 사자들의 연속성"(the continuity of

God's message and God's messangers)을 강조하기 위한 방편에 해당한다고 하겠다(House 1995:257).

엘리사가 이적으로 요단을 건너 여리고 쪽으로 오자 그곳에서 광경을 지켜보던 "선지자의 아들들"이 "엘리야의 성령이 엘리사에게 머물렀다"고 하며 그에게 나아와 땅에 엎드려 절하였다(15절). 이런 행위는 그들이 엘리사를 그들의 맏형이자 엘리야의 후계자로 인정하고 받아들였다는 의미이다. 이제 엘리사는 과거 엘리야가 그랬던 것처럼 이들 선지자 무리들을 이끌고 지도할 것이다.

엘리사의 지도력은 곧바로 발휘되었다. 선지자 무리들이 엘리야의 몸을 찾겠다고 나서자 엘리사는 그럴 필요가 없다고 만류하였다. 그들은 엘리사의 만류를 듣지 아니하고 엘리사가 무안해할 정도로 재촉하였다. 아직 엘리사의 권위가 충분히 인정받지 못하였던 것이다. 그러나 결국 엘리사의 판단이 옳았음이 밝혀진다. 그들은 오십 명이나 되는 사람들을 풀어서 엘리야를 찾게 했지만 헛수고였다. 이 실패는 엘리사의 지도력을 돋보이게 하는 긍정적 결과를 가져왔을 것임에 틀림없다. 이것을 암시하려는 듯 이 일화는 엘리야의 훈계("내가 가지 말라고 너희에게 이르지 아니하였느냐")로 끝난다.

4) 엘리사의 선지자적 임무(2:19–25)

엘리사에게 엘리야에게 있던 성령의 능력이 임했다는 것은 이 단락에서 소개되는 두 일화들에서 다시 확인된다. 첫번째 일화(19–22절)는 엘리사가 여리고 성의 물 근원을 치유하는 사건이다. 주석가들은 대체로 이 물 근원을 오늘 날 "엘리사의 샘"으로 알려진 Ein es-Sultan으로 간주한다. 엘리사는 소금을 물 근원에 던져 넣는 방식으로 문제를 해결한다. 그러나 물의 정화를 가져온 것은 사실상 소금이 아니라 엘리사가 대언한 여호와의 말씀이다: "여호와의 말씀이 내가 이 물을 고쳤으니 이로부터 다시는 죽음이나 유산(流産)이 없을지니라"(21절하).[123] 그러므로 엘리사의 행위는 마술로 오해되지 말아야 한다(House 1995:260).

그레이는 엘리사가 "새 그릇"에 소금을 담아오라고 했다는 점(20절)과 구약에서 소금이 제물을 성별하는 제의적 기능을 한다(레 2:13; 민 18:19)는 점에 근거하여 소금이 "과거와의 완전한 단절"을 의미한다고 설명한다(Gray 1977³:478). 그러나 그레이의 설명은 수질(水質) 문제에 지나치게 많은 의미를 부여한다는 인상을 준다. 오히려 소금을 "하나님 말씀의 새롭게 하는 능력의 상징"으로 본 카일의 설명이 더 타당해 보인다(Keil 1865:223). 엘리사가 물에 소금을 던져 넣으며 여호와의 말씀을 대언한 것이 이 설명의 타당성을 더 높인다. 엘리사는 소금을 던져 넣음으로써 어떤 제의적 행위를 한 것이 아니라 물을 정화시키는 말씀의 능력을 보이는 선지자적 상징행위를 하였던 것이다.

두번째 일화(23-25절)는 엘리사가 벧엘로 올라가던 도중 자신을 조롱하던 아이들을 저주한 사건이다. "아이들"에 해당하는 히브리어 "느아림"(נְעָרִים)은 "젊은이"의 의미로도 사용된다(창 14:24; 삿 8:14; 삼상 25:5; 30:17; 삼하 18:5, 12). 24절에서 이들을 지칭하는

---

123) 여기서 사용된 어휘 "죽음"과 "유산"은 문제의 나쁜 물이 곡식을 비롯한 식물에 해를 끼칠 뿐만 아니라 동물이나 가축, 더 나아가 사람들의 목숨까지도 위태롭게 했음을 암시한다. 이 수질 오염이 단층으로 이루어진 요단 계곡의 지질학적 특성으로 인해 방사선 물질이 물과 접촉하였기 때문이라고 설명하는 주석가들도 있다(Gray 1977³:477-478; Sweeney 2007:274).

말 "옐라딤"(יְלָדִים) 또한 "젊은이들"을 의미하기도 한다(왕상 12:8, 10, 14; 대하 10:8, 10, 14). 그러므로 엘리사를 조롱한 이들이 "젊은이들"였을 가능성이 없지 않다. 그러나 이들을 수식하는 형용사 "작은" (קְטַנִּים)은 그들이 소년기를 벗어나지 못한 아이들이었음을 시사한다.

아이들이 엘리사를 조롱한 것은 단순히 천진한 장난기의 발로가 아니었다. 그들의 조롱은 선지자를 경멸하고 적대시하는 당시의 시대상을 반영한다. 벧엘은 여로보암이 만든 송아지 우상이 있는 곳이었다. 이렇게 벧엘이 우상숭배의 중심지였으므로 그곳 사람들은 바알숭배를 비롯하여 각종 우상숭배에 젖어있었을 것이 뻔하다. 따라서 그들이 여호와 신앙을 설파하는 선지자들에 대하여 적대감을 가졌으리라는 것은 쉽게 짐작할 수 있는 일이다.

아이들이 엘리사를 향하여 "대머리여 올라가라"(עֲלֵה קֵרֵחַ)고 한 것을 두고 "대머리"가 "선지자 집단의 두드러진 표식들 가운데 하나"로 간주하는 주석가들도 있다(Montgomery 1951:355; Sweeney 2007:275). 그러나 이 견해를 뒷받침할만한 뚜렷한 증거는 없다. "대머리"에 별다른 의미를 부여하지 않더라도 아이들이 선지자를 향하여 그의 신분에 합당한 칭호를 사용하지 않고 신체적 특이사항을 꼬집어 조롱조로 말한 것은 무례하기 이를 데 없는 모욕적인 행위이다. 그들의 이런 태도는 엘리사 개인뿐만 아니라 그가 섬기는 하나님을 모욕하는 일이다.

엘리사는 여호와의 이름으로 그들을 저주하였다. 그러자 수풀에서 암곰 둘이 나타나 아이들 중 사십이 명을 찢는 일이 일어났다. 하나님께서 엘리야의 저주를 현실화시키신 것이다. 이 불행한 사건은 하나님과 그의 선지자를 조롱하고 모욕하는 것은 저주를 불러올 수밖에 없는 신성모독적 행위임을 가르쳐준다. 또한 그것은 엘리사가 엘리야의 뒤를 이은 참된 선지자임을 나태냄과 동시에 그가 앞으로 하나님께 적대적인 세력들을 향해 심판을 선포하게 될 일을 예고한다. 딜러드는 이 사건의 의미를 이렇게 설명한다: "개인에게 해당되는 일은 국가에도 해당된다. 이스라엘이 선지자들을 모욕하였기에(대하 36:16), 하나님은 예루살렘을 멸망시킴으로써 자기 백성을 심판하셨다. 큰 곰이 느부갓네살의 모양으로 바벨론에서 와 나라를 삼켰다"(Dillard 1999:91).

3. 엘리사와 아합 왕가(3:1- 8:15)

엘리야를 계승한 엘리사는 본격적으로 선지자적 활동을 펼친다. 그는 전쟁에서 군사적 조언자로서 활동하는가 하면, 굶주림과 질병의 문제를 해결하고 죽은 사람을 살리는 등 여러가지 기적들을 행한다. 이를 통해 그는 여호와만이 전쟁에서 승리를 가져다주시며, 풍요뿐만 아니라 건강과 생명까지 주관하신다는 것을 증거하였다. 그의 사역의 대부분은 아합의 아들 여호람 시대에 집중되는 것으로 보인다. 예후가 일어나 아합왕가를 심판한 이후 그는 돌연 자취를 감추었다가 죽음이 임박하자 다시 모습을 드러낸다(왕하 13:14-21).

1) 모압과의 전쟁(3:1-27)

모압은 롯과 그의 큰 딸 사이에 태어난 아들에게서 유래한 종족(창 19:37 참조)으로 아합시대에는 이스라엘에 조공을 받치는 속국으로 머물렀다(4-5절). 그러나 아합의 아들 여호람 시대에 모압은 이스라엘에 대항하여 반기를 들었다. 이렇게 해서 이스라엘과 모압 사이에 전쟁이 일어나고, 엘리사가 이스라엘의 승리를 가져오는 결정적인 역할을 한다. 열왕기 저자는 전쟁이야기로 바로 들어가지 않고 아합의 아들 여호람의 통치에 대해 먼저 소개한다.

(1) 아합의 아들 여호람(1-3절)

열왕기하 1장 17절에서 여호람은 같은 이름의 유다 왕(여호사밧의 아들) 제이 년에 아하시야를 대신하여 이스라엘의 왕이 되었다고 하였으나, 여기서는 그가 유다 왕 여호사밧 십팔 년에 사마리아에서 이스라엘의 왕이 되었다고 한다. 두 기사를 종합하면 아합의 아들 여호람이 왕이 될 때 유다에서는 여호사밧이 그의 아들(여호람)과 더불어 이 년간 공동섭정을 하고 있었음을 알 수 있다.

여호람은 십이 년간 이스라엘을 다스렸다. 그는 아합이 만든 "바알 주상"(מַצֶּבֶת הַבַּעַל)을 없애는 일을 하기도 했다(왕상 16:32 참조).[124] 그럼에도 불구하고 그는 여호와 보시기에 악을 행한 자로 평가된다. 저자는 "느밧의 아들 여로보암이 이스라엘에게 범하게 한 그 죄를 따라 행하고 떠나지 아니하였더라"(3절)고 하며 그의 통치를 부정적으로 평가한다. 이는 그의 시대에 여로보암에 의해 시작된 벧엘과 단을 중심으로 하는 우상숭배행위가 계속되었음을 의미한다(왕상 12:25-33 참조).

---

124) "바알 주상"이란 바알을 상징하는 나무 기둥이나 돌 기둥을 가리키는 것으로 보인다(Wray Beal 2014:312).

(2) 모압의 배반과 전쟁의
발발(4-12절)

모압 왕 메사는 성경 외적 자료인
소위 "모압 석비"(the Moabite
Stone)에도 나타나는 인물이다.
검정색 현무암으로 만들어진 이 석
비는 1868년 아르논 강 북쪽의 고
대 Dibon 지역에서 발굴되었다.
이 석비에서 메사는 스스로를 그
모스의 아들이자 모압의 왕이라고
밝히며 이스라엘의 오므리와 그의
아들 아합이 모압을 지배하였으나

모압 석비[125]

자신이 오므리 왕가를 굴복시키고 요단동편의 아르논강 이북 고원지
대를 지배하게 되었다고 선전하는 것을 볼 수 있다. 5절의 언급("아합
이 죽은 후에 모압 왕이 이스라엘을 배반한지라")은 이 사건을 가리키
는 것으로 보인다(Fritz 2003:244).

메사를 지칭하는 "양을 치는 자"(נקד)는 목축업이 모압의 주된 산업
이었음을 말해준다. 메사가 이스라엘의 왕에게 바친 것으로 소개된
물품의 양(어린 양 십만 마리와 숫 양 십만 마리의 털)은 이스라엘에
대한 모압의 완전한 예속을 강조하는 상징적인 숫자일 가능성도 있다
(Wray Beal 2014:312). 그러나 모압의 주된 산업이 목축업이었기

---

125) 115X68cm의 크기로 루블 박물관에 소장되어 있다.(Miller &Hayes
    2006[2]:301)

에 실제로 엄청난 수의 양과 양털이 조공으로 받쳐졌을 것이다.

모압의 반란은 이스라엘에게 경제적으로나 정치, 군사적으로 큰 타격이 되었음에 틀림없다. 여호람은 유다와 에돔과 더불어 연합군을 형성하여 모압을 정벌하고자 하였다. 유다 왕 여호사밧은 아합과의 관계에서 그랬듯이 여호람의 요청에 적극적으로 응했다. 아합 왕가에 대한 여호사밧의 우호적인 태도는 결국 두 왕가의 정략결혼으로 이어졌다(왕하 8:18). 역대기에서 하나니의 아들 선견자 예후가 여호사밧의 이런 태도를 하나님의 진노를 살 일로서 책망하는 것을 볼 수 있다(대하 19:2). 에돔이 이스라엘 편에 가담한 것은 유다와의 관계 때문이었을 것이다. 당시 에돔은 유다에 예속된 상태에 있었으므로 전쟁의 가담이 불가피했다(왕하 8:22 참조).

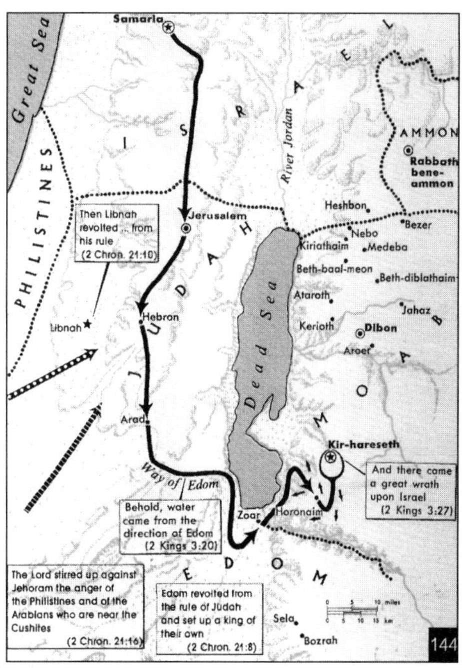

모압과의 전쟁 (Aharoni 2011:103)

이스라엘과 유다 연합군이 에돔 광야길로 돌아가서 모압을 치고자 하였다. 그들이 우회로를 택한 것은 에돔 군대를 동원하기 위해서였다(House 1995:263). 그런데 도중에 군사들과 가축을 먹일 물이 고갈되었다. 위급한 상황에 이르자 여호람은 "슬프다 여호와께서 이 세 왕을 불러 모아 모압의 손에 넘기려 하시는도다"(10절)고 하며 하나님을 원망하는 듯한 태도를 보였다. 하나님께 책임을 미루는 여호람의 태도로 미루어보아 그가 출전하기에 앞서 궁정 선지자들에게 하나님의 뜻을 물었고 선지자들은 그에게 긍정적인 대답을 해주었음을 알 수 있다. 아합이 아람과 전쟁하려 갈 때에도 같은 일을 한 적이 있다(왕상 22:6). 여호람은 자신의 욕심을 만족시켜주는 거짓 선지자들의 말을 하나님의 말씀으로 받아들이고 전쟁을 시작하였던 것이다. 결과적으로, 여호람은 자기 욕심에 속은 어리석은 자가 되었다.

유다 왕 여호사밧은 달랐다. 그는 하나님께 여쭈어야 한다는 생각으로 여호와의 선지자를 찾았다. 그는 과거 아합과 함께 아람 전쟁에 참가했을 때도 먼저 여호와의 말씀이 어떠한지 묻고자 하였던 적이 있다(왕상 22:5, 7). 이처럼 하나님의 뜻을 구하는 태도야말로 문제 해결의 첩경이다. 여호사밧의 제안이 있자 여호람의 신하들 중 한 사람이 엘리사를 천거하였다: "전에 엘리야의 손에 물을 붓던 사밧의 아들 엘리사가 여기 있나이다"(11절하). 이 말을 듣자 여호사밧은 "여호와의 말씀이 그에게 있도다"고 하며 다른 두 왕들과 함께 엘리사를 찾아갔다. 여호사밧은 "여호와의 말씀"만이 살 길이란 사실을 깨닫고 있었던 경건한 왕이었다.

(3) 엘리사의 예언(13-20절)

왕들이 엘리사에게 이르자 엘리사는 여호람에게 냉담한 태도를 보였다: "내가 당신과 무슨 상관이 있나이까 당신의 부친의 선지자들과 당신의 모친의 선지자들에게로 가소서"(13절상). 여호람은 하나님께 아무런 관심이 없고 오직 실익정치에만 몰두해있었다. 그는 아합이 그랬듯이 자신의 정치적 욕심을 지지하고 정당화해주는 거짓 선지자들과 결탁되어있었다. 앞에서 설명하였듯이 여호람은 거짓 선지자들의 말을 하나님의 말씀으로 받아들일 정도로 자기 욕심에 이끌리는 자였다. 지금 그가 엘리사를 찾은 것도 상황의 위급함 때문이지 하나님께 대한 믿음 때문은 아니었다. 반복되는 그의 말("여호와께서 이 세 왕을 불러 모아 모압의 손에 넘기려 하시나이다")에서 스스로의 욕심에 미혹된 자의 어리석은 모습을 엿볼 수 있다.

여호람은 바알 숭배자에 불과하였지만 여호사밧은 그렇지 않았다. 엘리사는 여호사밧을 생각하여 그들을 위해 하나님의 뜻을 묻고자 하였다. 그런데 특이하게도 엘리사는 먼저 거문고 탈 자를 불러오게 한다. 거문고 타는 자가 거문고를 타자 엘리사 위에 하나님의 손이 나타나고, 엘리사가 하나님의 말씀을 선포한다. 음악과 예언의 상관관계는 사무엘상 10장 5절에서도 볼 수 있다. 혹자는 선지자들이 음악을 통해 황홀경에 들어가 "무아경적 언설"(ecstatic utterances)을 하였을 것으로 보기도 한다(Fritz 2003:246; House 1995:263). 그러나 선지자들이 악기를 연주한 것은 하나님을 찬양하기 위한 것이었을 수도 있다(대상 25:1-5 참조). 엘리사의 경우 "현악연주의 부드러운 음조를 통해 자신의 정신을 외부세계의 인상들로부터 거두어들여 자신의 삶과 세상사를 억누르고 신적인 것들을 볼 수 있는 상태로 침잠하기 위해" 거문고를 연주하게 했다고 볼 수도 있다(Keil 1865:227).

한 걸음 더 나아가 엘리사가 악기연주를 들을 때 "여호와의 손"(יהוה־יד)이 그 위에 있었다고 하였는데, 이는 엘리사가 하나님의 특별한 권능에 의해 비범한 상태에 들어갔다는 것을 암시하는 것일 수 있다. 에스겔의 경우에도 특별한 환상을 볼 때 "여호와의 손"(יהוה־יד)이 그 위에 있었다고 한다(겔 1:3; 8:1). 그러나 에스겔의 경우 악기에 대한 언급은 나타나지 않는다. 따라서 음악연주와 "여호와의 손" 사이에 필연적 상관관계가 있는 것은 아니라고 보아야 한다.

엘리사는 선지자들이 사용하는 전형적인 예언양식("여호와께서 이르시기를")을 사용하여 하나님의 말씀을 전한다. 그는 먼저 "이 골짜기에 개천을 많이 파라"고 하며 "너희가 바람도 보지 못하고 비도 보지 못하되 이 골짜기에 물이 가득하여 너희와 너희 가축과 짐승이 마시리라"고 예언한다. 엘리사가 언급한 "이 골짜기"란 에돔과 모압의 국경지대인 "세렛 시내"(Zered brook)였을 가능성이 크다. 이 곳은 고지대에서 비가 내리면 순식간에 물이 불어나는 "와디"이다. 그러므로 미리 개천을 파 두지 않으면 병사들과 군수물자들이 물에 잠기는 위험한 일이 생길 수도 있다. 아무튼 엘리사의 예언은 그대로 성취되었다: "아침이 되어 소제 드릴 때에 물이 에돔 쪽에서부터 흘러와 그 땅에 가득하였더라"(20절).

"물"에 대한 예언에 덧붙여 엘리사는 더 놀라운 일을 알려준다. 그는 "당신들이 모든 견고한 성읍과 모든 아름다운 성읍을 치고 모든 좋은 나무를 베고 모든 샘을 메우고 돌로 모든 좋은 밭을 헐리이다"(19절)라고 하며 모압과의 싸움에서 이스라엘과 유다의 연합군이 승리할 것을 예언하였다. "물"에 대한 예언과 마찬가지로 이 예언도 그대로 성취되었다. 이와 같이 자연적인 문제("물")뿐만 아니라 역사적인 문제("전쟁")까지도 하나님의 주권에 달려있다.

(4) 이스라엘의 실패한 승리(21-27절)

하나님께서는 사람들의 신체적 감각기관(시각)과 정신적 인지력(생각)에 있을 수 있는 한계와 결함을 역이용하여 모압 사람들을 함정에 빠뜨리는 방식으로 전쟁의 흐름에 개입하셨다. 모압 사람들은 개천에 고인 물들에 햇빛이 반사되어 붉은 빛을 띠는 것을 까마득히 모르고 그것이 연합군이 서로 싸워 흘린 피라고 오해하였다. 그들이 조금 더 신중하였더라면 정탐군들을 보내 사실관계를 확인하고 그에 따라 작전을 폈을 텐데 그렇지 못했다. 정황으로 미루어볼 때 이런 경솔함과 성급함까지도 하나님의 주권적인 개입의 결과였던 것이 분명하다.

상대편이 만반의 준비를 갖추고 노려보며 접근하기만을 기다리고 있는데 전리품이나 거두어갈 생각으로 달려들면 어떻게 되겠는가? 모압 사람들은 그야말로 칼 한번 제대로 쓰지 못하고 대패를 당하고 말았다. 연합군은 모압 국경 안으로 들어가 그곳에 있는 성읍들을 파괴하고 밭들을 황폐화시키며 샘물을 돌로 메우고 좋은 나무들을 베는 등 반역에 대한 철저한 응징을 하였다. 모압 왕은 전세를 뒤집기 위해 칼 찬 군사 칠백명을 거느리고 에돔 왕을 치고자 하였으나 그 일도 여의치 않았다. 그러자 모압 왕은 최후의 방편으로 자기 맏아들을 성 위에서 번제로 불사르는 종교의식을 행하였다. 그것은 모압의 신 그모스에게 받쳐진 제사였을 것이다.

그런데 27절하에는 다소 모호한 언급이 나타난다: "이스라엘에 큰 진노가 임하니 그들이 떠나 자기 땅으로 돌아갔더라." 여기서 "큰 진노"(קֶצֶף־גָּדוֹל)는 하나님의 진노로 이해되는 것이 바람직하다. 이 표현은 주로 하나님과 관련하여 사용되기 때문이다(민 16:46 [17:11];

신 29:28[27]; 수 22:20; 대하 19:2; 사 34:2; 렘 21:5; 슥 7:17). 그렇다면 전쟁의 막바지에 이르자 하나님은 갑자기 마음을 바꾸어 이스라엘에게 진노를 나타내셨다는 의미가 된다. 이 변화를 어떻게 보아야 하는가? 브레이 빌의 설명이 많은 공감을 불러일으킨 다: "아마도 이스라엘의 승리가 가장 확실해 보이는 순간에 여호와의 진노가 나타났다는데 해답이 있다. 바로 그 순간에 여호와가 이스라엘을 적대시하면 심판을 실행하는 그분의 능력이 가장 잘 나타날 것이다. 희생제사가 모압 사람들을 자극하자 그들은 이스라엘을 향해 여호와의 진노를 쏟아붓는 여호와의 대리자들이 된다"(Wray Beal 2014:316).

하나님이 이스라엘을 향해 진노하신 것은 아합 왕가의 우상숭배와 그에 따른 부도덕한 행위들 때문이었을 것이다. 바알 숭배를 일삼는 아합 왕가는 사실상 위기에 처하자 아들을 불살라 제물로 바친 메사의 모습과 별반 다르지 않다. 열왕기 기자는 이스라엘 백성들이 그들의 자녀를 불 가운데로 지나가게 하는 가증한 행위를 일삼았다고 전한다(왕하 17:17). 이처럼 이스라엘이 극도의 타락한 종교행위에 젖어 있었기에, 이스라엘의 그런 모습은 하나님의 관점에서 아들을 불사르는 메사의 모습과 겹쳐 보였을 것이라고 해도 지나친 말이 아니다. 결국 이스라엘은 마지막 승리를 눈 앞에 두고 후퇴해야만 했다. 그들이 메사의 항복을 받아냈더라면 모압은 다시 이스라엘의 속국으로 머물렀을 것이다. 그러나 그런 일은 일어나지 않았다.

2) 엘리사의 기적(4:1-6:23)

이곳에는 엘리사가 행한 여덟 가지 기적들이 소개된다: 기름으로 가득 찬 빈 그릇(4:1-7), 불임의 여인이 아이를 낳음(4:8-17), 죽은 아이를 다시 살림(4:18-37), 독이 든 죽을 해독함((4:38-41), 보리떡 이십개와 채소로 백명을 먹임(4:42-44), 나병환자 나아만을 고침(5:1-27), 물에 빠진 쇠도끼를 찾음(6:1-7), 아람 군대를 사로잡음(6:8-23).

(1) 기름으로 가득 찬 빈 그릇(4:1-7)

선지자의 제자를 남편으로 두었었던 한 과부가 엘리사를 찾았다. 이 여인은 빚으로 인해 아들 둘을 종으로 빼앗겨야 할 다급한 형편에 처해있었다.[126] 그녀는 자신의 남편이 생전에 여호와를 경외한 사람이었다는 것을 상기시키며 엘리사에게 도움을 요청하였다. 엘리사는 그녀에게 남은 것이란곤 기름 "한 그릇"뿐인 것을 알고 특별한 지시를 주었다. 이웃에게 할 수 있는 대로 많은 그릇을 빌려서 그 그릇에다 기름을 부으라고 하였다. 여인은 엘리사의 지시에 따랐다. 그러자 놀랍게도 기적이 일어났다. 기름 그릇에서 끊임 없이 기름이 공급되어 빌린 모든 그릇이 기름으로 가득 차게 되었다. 여인은 기름을 판 값으로 빚을 갚을 수 있었으며, 남은 돈으로는 아들들과 함께 생계를 꾸려갈 수 있게 되었다.

이 기적은 자기 백성의 불행과 궁핍함을 돌보시는 하나님의 부성애적 사랑을 극적으로 보여준다. 하나님은 자신을 경외했던 한 선지자의 가족이 겪는 사회적, 경제적 어려움과 고통을 못 본 척 외면하지 않으셨다. 그분은 그들이 가난으로 인해 종으로 팔려가야 하고 끼

---

126) 율법에 따르면 채주가 빚을 갚을 능력이 없는 채무자를 종으로 삼을 수도 있었다(출 21:2-4; 레 25:39 참조).

니를 염려해야만 하는 안타까운 사정을 긍휼히 보시고 구원의 손길을
허락하셨다. 이렇게 하나님은 긍휼에 풍성하신 분이시다. 모세의 율
법에 규정된 바 사회, 경제적 약자들을 위한 여러 제도들(기업 무르
기, 안식년과 희년, 이삭줍기, 수혼제도, 대부(貸付)제도 등)은 하나
님이 어떤 분이시며 그분의 백성이 어떤 삶을 살아야 하는지를 잘 보
여준다(레 25:25-55; 신 24:19-22; 25:5-10; 출 22:25; 레
25:36-37; 신 23:19-20; 시 15:5; 겔 18:8).

엘리사가 행한 이 기적과 유사한 기적이 그의 스승 엘리야에 의해
행해진 적이 있다. 엘리사가 기름 그릇의 기름이 떨어지지 않게 하였
듯이 엘리야는 밀가루 통의 밀가루와 기름 병의 기름이 떨어지지 않
게 하였다. 두 경우 모두 그 대상이 과부였다. 엘리야의 경우에는 시
돈 땅의 과부였다는 것만 다르다. 두 기적은 하나님께서 어디서든 인
간의 필요를 공급해주시는 온 땅의 주재시란 사실을 드러낸다. 딜러
드가 잘 설명하였듯이 두 사건은 모두 구속적 의미를 갖는 것으로서
종말의 날에 온 땅이 회복되어 더 이상 굶주림과 목마름이 없게 될 일
을 예시한다(Dillard 1999:96). 특별히 과부가 빚을 갚을 수 있도
록 해준 엘리사의 기적은 더 깊은 차원에서 구속적 의미를 갖는다. 그
것은 십자가의 기적으로 우리의 죄값을 대신 지불하여 주신 하나님의
구속적 은혜와 연결된다.

(2)아이를 낳게 된 수넴 여인(4:8-17)

먼저 수넴 여인을 가리키는 수식어에 주목할 필요가 있다: "한 귀한
여인"(אשה גדולה). 수넴 여인에게 왜 이런 수식어가 붙었을까? '귀하다'
는 말은 아무에게나 붙여지는 말이 아니다. 하나님은 다윗의 이름을

'위대하게' 만들어 주시겠다고 하신 적이 있다(삼하 7:9). 그 때 '위대하다'는 말이 본문의 '귀하다'는 말과 같다. 따라서 수넴 여인은 하나님과의 관계에서 '귀하다'고 할만한 특성을 가지고 있었다고 볼 수 있다. 저자는 그녀의 어떤 점을 '귀하다'고 말하였을까?

　우선, 물질적인 차원에서 수넴 여인은 부유한 사람이었다. 그녀는 엘리사를 위해 방을 만들 수 있을 정도로 살림이 넉넉하였다. 엘리사가 그녀에게 "내가 너를 위하여 무엇을 하랴"라고 물었을 때 그녀는 "나는 내 백성 중에 거하나이다"라고 대답하였다. 이는 그녀에게 아무 부족함이 없었다는 의미이다. 수넴 여인은 물질적으로는 더 바랄 것이 없는 소위 '귀부인'이었다. 그러나 이 여인에게도 부족한 것이 있었다. 앞 단락(4:1-7)에서는 물질적으로 가난한 과부의 형편이 소개되었다. 그 여인에게는 두 아들이 있었지만 찢어지게 가난하였다. 수넴 여인에겐 물질은 넉넉하였지만 자식이 없었다. 사람들에겐 저마다 넉넉한 것이 있고 부족한 것이 있다. 모든 것을 다 가진 사람, 아무 부족함이 없는 사람은 없다. 그런데 중요한 것은 하나님께서 그 모든 필요들을 아시고, 돌보아주신다는 사실이다. 과부의 필요를 채워주신 하나님은 수넴 여인의 부족 또한 채워주신다.

　다음으로, 수넴 여인은 신앙이 매우 독실하였다는 점에서 귀한 여인이다. 그녀가 '귀하다'고 평가된 것은 주로 이 측면 때문이었던 것으로 보인다. 수넴 여인의 남다른 신앙은 선지자 엘리사에 대한 특별한 봉사에서 잘 나타난다. 그녀는 남편과 의논하여 침대와 책상과 의자와 촛대가 완비된 방을 만들고 이따금 방문하는 엘리사의 숙소로 제공하고자 하였다. 이 여인이 이렇게 한 이유는 엘리사가 "하나님의 거룩한 사람"이라고 생각하였기 때문이다. 그녀는 하나님을 지극히 거룩한 분으로 인식하였던 경건한 사람이었다. 앞에서 가난한 과부의 남편이 그랬던 것처럼 말이다(4:1 참조). 따라서 수넴 여인 또한 하나님의 특별한 돌보심을 받게 될 것이라고 예상하게 된다(삼상 2:30 참조). 하나님은 모든 사람을 돌보시되 특별히 하나님을 경외하는 자를 돌보신다. 하나님을 경외하지도 않으면서 그분의 도우심을 기대하는 것은 헛되다(시 4:3; 갈 6:7 참조).

수넴 여인이 하나님의 은혜를 경험하는 과정은 특이하다. 엘리사가 이 여인의 믿음과 헌신을 보고 무언가 보답해주기를 원했다. 엘리사는 먼저 정부나 군대 차원에서 도움이 될만한 일이 있는지를 물었다(13절). 열왕기의 문맥에서 이 질문은 앞으로 이 여인이 왕의 도움을 받게 될 일을 예고한다(왕하 8:1-6 참조). 하지만 이 여인은 현재의 형편에 만족할 줄 아는 사람이었다(시 131 참조). "나는 내 백성 중에 거주하나이다"란 말에 그녀의 자족하는 마음이 잘 표현된다. 그렇다고 해서 이 여인에게 아무 결핍이 없었던 것은 아니다. 그녀에겐 넉넉한 살림은 있었지만 아들이 없었다. 구약 이스라엘을 포함하여 고대 사회에서 여인에게 아들이 없다는 것이 얼마나 큰 고통이었는지는 익히 잘 알려져 있다.

엘리사는 여인의 자족하는 대답을 들었지만 그녀에게 무언가를 해주어야겠다는 부담감을 내려놓을 수 없었다. 엘리사는 사환 게하시를 통해 그녀에게 아들이 없다는 사실을 알고 그녀를 다시 불러 놀라운 약속을 주었다. 그 약속이란 그녀가 아들을 낳으리라는 것이다: "한 해가 지나 이때쯤에 네가 아들을 안으리라"(16절상). 이것은 일방적으로 주어진 약속이다. 그것은 수넴 여인이 그 어떤 요구도 하지 않은 가운데 주어진 약속이었다. 선지자는 다만 그녀의 마음 속 깊은 곳에 있는 소원을 알고 그런 약속을 주었다. 하나님은 자기를 바라는 자들의 마음의 소원까지 돌보시는 좋으신 분이시다(시 20:4; 21:2;

37:4 참조). 하지만 수넴 여인은 엘리사의 말에 당황하였다. 그녀는 자신이 아들을 낳을 수 있으리라고는 꿈에도 생각하지 못하였다. 남편이 이미 늙은 상태에 있었기 때문이다.

그러나 하나님이 어떤 분이신가? 그분께 능치 못한 일이 있겠는가? 선지자의 약속대로 정한 때가 되자 여인이 아들을 낳게 되었다. 하나님은 말씀하시고 그 말씀을 이루시는 분이다. 그런데 하나님의 계획은 이것으로 끝이 아니다. 하나님은 처음부터 더 놀라운 뜻을 가지고 여인의 삶에 개입하셨다. 아이를 낳은 일은 그 시작에 불과했다. 이번에 사용될 수단은 인간 편에서 보자면 큰 불행이요 비극이다. 일시적인 일이긴 하지만 아이가 죽기 때문이다. 그러나 불행이 큰 만큼 그것은 더 크고 놀라운 하나님의 능력을 보여주는 수단이 된다. "우리의 약함은 하나님께는 언제나 자신의 능력을 나타내는 기회이다"(Dillard 1999:101).

(3) 죽었다가 다시 살아난 아이(4:18-37)

아이가 자라다가 어느 날 아버지가 일하는 밭에서 "내 머리야 내 머리야"하며 두통을 호소하더니 집으로 돌아가 그 어머니 무릎에서 그만 죽고 말았다. 그 어머니의 마음이 어땠을까? 도무지 바랄 수 없는 가운데 얻은 '금지옥엽'(金枝玉葉)과도 같은 아들이 아니었던가? 그런데 놀라운 것은 그 어머니의 반응이다. 그녀에게서 절망하거나 낙심하는 모습을 찾아볼 수 없다. 오히려 매우 침착하게 행동하며, 심지어 강한 믿음의 태도를 보이기까지 한다. 그녀는 먼저 아이를 선지자를 위해 준비한 방의 침상에 뉘었다. 그리고는 문을 닫고 나아와 남편을 불러 선지자에게 갈 채비(사환 한 명과 나귀 한 마리)를 꾸려달라고 부탁한다. 그녀는 아이의 죽음에 대해 아무 말도 하지 않는다. 남편이 의아해하며 질문하였지만 그저 "샬롬" 즉 "염려하지 마세요"라고 말하며 엘리사가 있는 갈멜산으로 떠났다(Keil 1865:232).

여인의 행동은 그녀의 속마음을 보여준다. 그녀에게는 현재의 절망적인 형편을 해결할 길이 선지자에게 있다는 믿음과 확신이 있었다. 이것 외에는 여인의 행동을 달리 설명할 길이 없다. 갈멜산까지는 수넴으로부터 서쪽으로 32 킬로의 거리이다(Patterson & Austel 2009:824). 갑자기 찾아온 여인을 보고 엘리사도 당황하였다. 세 차례 반복되는 그의 질문("너는 평안하냐 네 남편이 평안하냐 아이가 평안하냐")은 그에게 불길한 생각이 들었다는 것을 나타낸다. 여인은 아무 말도 하지 않고 온 몸으로 자신의 절박한 심경을 알린다. 그녀는 선지자에게 다가가 그의 발을 붙잡았다. 이 대목에서 본문 기자는 엘리사에 대해 "하나님의 사람"이란 칭호를 사용한다: "하나님의 사람에게 나아가서 그 발을 안은지라"(27절상). 하나님을 의지하는 여인의 믿음을 부각시키기 위해서일 것이다.

수넴 여인의 행위는 당시의 일반적인 관습에서 벗어난 것이었다. 그것이 얼마나 이상했든지 게하시가 당황하여 그녀를 엘리사에게서 떼어놓고자 하였다. 당시에는 여인이 선지자와 직접 대화하는 것도 부자연스럽게 여겨졌던 때이다(12-13절 참조). 이런 상황에서 여인이 나아와 선지자의 발까지 잡았으니 어떠했겠는가? 이 일은 열두 해 동안 혈루증으로 고생하던 한 여인이 예수께로 가만히 나아와 그의 겉옷 가를 만진 일을 생각나게 만든다(마 9:20 참조). 여인의 사정이 심각하다는 것을 알아차린 엘리사는 게하시를 만류하고 일의 자초지종을 듣고자 하였다. 여인의 대답은 애절하다 못해 통렬하였다: "내가 내 주께 아들을 구하더이까 나를 속이지 말라고 내가 말하지 아니하더이까"(28절).

여인의 말을 듣자 엘리사는 아이가 죽었음을 알았다. 어떻게 해야 하는가? 사람들에게는 답이 있을 수 없다. 죽음 앞에 인간이 할 수 있는 일이 무엇이겠는가? 절망을 절망으로 받아들이고 '어쩔 수 없다'는 필연성의 논리 안에서 위안을 찾는 수밖에 달리 길이 있겠는가? 그러나 하나님께는 그렇지 않다. 하나님이 누구이신가? 그분은 생명 그 자체로서 생명을 내신 분이다(신 30:20; 시 36:9; 42:8 참조). 하나님께서 인간을 지으신 목적도 생명나무 실과를 먹고 영생하도록 하기 위함이었다(창 2:9, 17 참조). 생명의 반대현상인 죽음은 인간이 범죄한 결과 세상에 침투해들어온 일종의 난폭한 침입자에 불과하다. 죄로 인해 인간은 죽음에 메이게 되었지만 하나님은 그렇지 않다. 죽음은 죄가 지배하는 곳에서 그 권세를 떨칠 수 있을 뿐이다. 하나님이 주관하시는 곳에서 죽음은 무력할 수밖에 없다. 하나님이 명하시면 "죽은 자들이 살아나고 그들의 시체들이 일어난다"(사 26:19절상).

엘리사는 이런 하나님의 선지자였다. 그러므로 그는 망설이지 않고 생각하는 바를 실행에 옮겼다. 그는 먼저 게하시로 하여금 자신의 지팡이를 들고 서둘러 가서 아이의 얼굴에 놓으라고 하였다. 이것은 엘리사가 올 것을 예비하기 위한 행위라는 설명이 있지만(Hobbs 1985:52), 만족스럽지는 않다. "내가 당신을 떠나지 아니하리이다"라는 여인의 반응을 볼 때 엘리사의 조치는 적어도 여인에게는 그가 직접 가지 않겠다는 의미로 받아들여졌던 것 같다. 사실 여인에게 이런 인상을 주려는 것이 엘리사의 의도였다. 다시 말해, 엘리사는 여인의 믿음이 어느 정도인지를 확인하고자 그런 일을 하였다. 여인의 반응은 엘리사의 기대를 만족시켰다. 그녀는 선지자가 직접 함께 가야만 된다고 확신했다. 하나님의 사람 외에는 그 어떤 것에도 기대를 걸 수 없다는 것이 여인의 생각이었다. 이런 태도는 그녀가 얼마나 간절히 하나님을 구하였는지를 보여주고도 남는다(렘 29:13 참조).

마침내 엘리사가 직접 나섰다. 수넴으로 가는 도중 게하시가 돌아오는 것을 만났다. 게하시의 보고(지시대로 했지만 아이가 깨어나지 않았다는 것)는 그를 앞서 보낸 엘리사의 의도가 다른데 있었음 알려준다. 그것은 처음부터 여인의 믿음을 확인하기 위한 방편이었다. 여인의 집에 도착한 엘리사는 아이에게 특이한 행위를 한다: "아이 위에 올라 엎드려 자기 입을 그의 입에, 자기 눈을 그의 눈에, 지기 손을 그의 손에 대고 그의 몸에 엎드리니"(34절). 이는 엘리야가 사르밧 과부의 아들에게 했던 일과 유사하다(왕상 17:21). 엘리야는 사르밧 과부의 죽은 아들 위에 몸을 세 번 펴서 엎드리는 일을 함으로써 아이를 살리는 기적을 행하였다.

그러나 아이의 부활이 즉각적이었던 엘리야의 경우와 달리 여기서는 그것이 점진적이다. 처음에는 아이의 몸이 따뜻해졌고, 같은 행위를 반복하자 아이가 일곱 번 재채기 하고 눈을 떴다(35절). 하나님의 기적은 이처럼 점진적인 과정을 거칠 수도 있다. 하지만 두 사건의 의미는 본질상 동일하다. 그것은 모두 선지자가 아이의 죽음을 자신의 것으로 취하고 자신의 생명을 아이에게 준다는 의미의 상징행위이다. 따라서 그것은 선지자 중의 선지자이신 그리스도께서 하실 일을 지시한다고 볼 수 있다. 그리스도께서는 십자가와 부활을 통해 우리의 죽음을 자신의 것으로 취하셨고, 자신의 생명을 우리에게 나누어주셨다(고후 5:14, 15; 요 6: 35 참조).

수넴 여인은 마침내 죽었다가 살아난 아이를 되돌려 받을 수 있게 되었다. 그녀의 놀라움과 감격은 이루 말할 수 없었을 것이다. 엘리사의 발 앞에서 땅에 엎드려 절하는 모습에서 그녀의 감사와 감격을 읽을 수 있다. 그녀는 비록 잠시이긴 하지만 여인으로서 겪을 수 있는 최고의 슬픔을 겪었다. 그러나 이 절망과 비탄의 시간이 지난 후 그녀에게는 인간이 경험할 수 있으리라고 생각하기조차 힘든 기쁨과 환희의 시간이 찾아왔다. 죽은 아들의 부활이 그것이다. 선지자를 "하나님의 거룩한 사람"으로 알았던 이 "위대한 여인"(אִשָּׁה גְדוֹלָה)의 신앙은 이렇게 죽음의 권세를 이기는 하나님의 능력을 체험하는 영광을 누렸다. 이 여인에게 일어난 일은 신약의 복음서에 등장하는 나인 성 과부에게도 일어났고, 장차 하나님을 경외하는 모든 경건한 백성에게 경험되어질 것이다(눅 7:11-16; 고전 15장 참조).

(4) 죽음의 독과 부족한 떡(4:38-44)

여기에는 엘리사가 행한 두 가지 기적이 소개된다. 이 기적들은 모두 그 땅에 찾아온 흉년을 배경으로 한다. 구약에서 흉년이 언약을 어긴 자들에 대한 하나님의 진노의 표현인 것을 고려하면 그것은 당시 하나님을 떠난 이스라엘의 영적 형편과 연결된 재난이었다고 할 수 있다(신 28:23, 24 참조). 이 어려운 시기에 길갈에 선지자 무리들이 있었다. 엘리사가 이들에게 먹을 것을 주고자 하였다. 그런데 어찌된 영문인지 엘리사가 만들게 한 죽에 "죽음의 독"이 있어 먹을 수가 없었다. 이에 엘리사는 "가루"를 솥에 던져 넣은 후 "퍼다가 무리에게 주어 먹게 하라"고 말하였다. 그러자 독이 없어졌다. 해독의 효능이 가루에게서 왔을까? 그렇지 않다. 가루는 하나님의 능력이 선지자와 함께 한다는 것을 보여주는 가시적 상징일 뿐이다(Fritz 2003:254). 이 사건은 기근 중에도 하나님께서 자기 종들에게 일용할 양식을 공급해주시고 그들의 생명을 돌보아주신다는 사실을 가르친다.

이 사건에 이어 보리떡 이십 개와 채소로 백 명을 먹인 기적이 소개된다. 이 "백 명"은 길갈의 선지자 무리일 가능성이 크다. 계속되는 기근은 그들의 생존을 매우 어렵게 만들었을 것이다. 이 때 바알 살리사로부터 한 사람이 양식("처음 만든 떡")을 가지고 왔다. 바알 살리사는 길갈과 마찬가지로 베냐민 땅의 한 장소일 수 있다(삼상 9:4, Fritz 2003:255). 모세의 율법에 따르면 "처음 만든 떡"은 제사장들에게로 돌아가야 할 헌물이다(레 23:20; 민 18:13; 신 18:4, 5). 이것이 선지자에게로 오게 된 것은 당시 제사장들이 배교의 상태에 있었기 때문이라고 추측해 볼 수 있다. 그런데 보리떡 이십 개와 채소는 백명을 먹이기에 턱없이 부족한 양이다. 하지만 엘리사는 그의 사환에게 다음과 같이 말하였다: "무리에게 주어 먹게 하라 여호와의 말씀이 그들이 먹고 남으리라 하셨느니라"(43절하). 놀랍게도 이 말은 그대로 이루어졌다. 이 기적은 예수님이 행하신'오병이어'의 기적과 매우 유사하다: 당황스러워하는 사환/제자의 질문, 많은 사람들이 먹고도 남은 것 등(마 14:13-21; 막 6:30-42; 8:1-21; 눅 9:13-17; 요 6:12-13). 따라서 엘리사가 한 일은 예수님을 통해 일어날 완전한 회복을 예고하는 것으로 이해되어야 한다.

(5) 치유된 나병환자 나아만(5:1-27)

앞에서는 이스라엘 백성에게 일어난 기적들이 소개된 반면 여기서는 이방인에게 일어난 기적이 다루어진다. 이스라엘과 적대관계에 있는 아람의 군대 장관이 이스라엘의 하나님 여호와로 말미암아 놀라운 치유를 경험하게 된다는 것이 본문의 내용이다. 특히 나아만은 "크로 존귀한"자로 평가된다는 점에서 수넴 여인과 대비되는 인물이다. "크고 존귀하다"는 히브리어 가돌(גָּדוֹל)을 옮긴 말로서 수넴 여인을 수식한 형용사("귀한")와 같은 말이다. 그러므로 이 기사는 여호와께서 이스라엘뿐만 아니라 이방 나라의 하나님이기도 하며, 그분의 구원하시는 능력과 은혜는 온 땅에 미친다는 것을 가르쳐준다.

기적의 주인공 나아만은 아람 왕에게 존중받는 사람이었다. 그가 전쟁을 승리로 이끌어 아람 나라에 구원을 가져다 주었기 때문이다. 본문은 그의 업적이 여호와께로부터 말미암은 것이라고 덧붙임으로써 온 세상이 하나님의 주권하에 있다는 사실에 독자들의 주의를 환기시킨다. 하나님은 이방인인 나아만도 돌보신다. 그런데 이 경우 하나님의 돌보심은 하나님 자신을 발견하고 인정하도록 하는데 그 참된 목적이 있다. 그것이 아니라면 세상에서 잠간의 승리가 무슨 대수로운 일이겠는가? 하나님은 죄인을 자신에게로 이끄는 일에 종종 고난을 사용하신다(약 1:2-4 참조). 나아만의 경우도 마찬가지였다. 그는 왕에게 인정받을 정도로 성공한 인물이었지만 몸에 심각한 피부질환(나병)을 가지고 있었다. 이 질병이 나아만으로 하여금 하나님의 사람을 찾도록 만들었기에 그것은 섭리적인 불행이었음에 분명하다.

섭리적인 사건이 또 하나 더 있다. 나아만 장군의 집에 이스라엘 출신의 어린 소녀가 하녀로 잡혀와 있었다. 나아만은 이 소녀로부터 사마리아에 어떤 질병도 치유할 수 있는 선지자가 있다는 소식을 전해들을 수 있었다. 한 이스라엘 소녀가 전쟁통에 적국 아람의 군대에 사로잡히고, 이 일은 다시금 한 이방인이 하나님께로 돌아오는데 결정적인 수단이 된다. 복잡다단한 세상사 속에 이루어져가는 하나님의 이 섭리는 얼마나 놀라운가! 나아만은 왕(벤하닷)으로부터 이스라엘의 왕(여호람)에게로 보내는 추천서까지 받아 사마리아로 향하였다. 하나님의 사람에게 전할 값진 선물들도 함께 했다. 그것들은 은 십달란트(350 킬로), 금 육천 개(50 킬로), 의복 열 벌이었다(Wray Beal 2014:333). 적국 아람으로부터 뜻밖의 사신을 맞이한 이스라엘 왕은 충격에 사로잡혔다. 그는 나아만의 나병을 고치라는 아람 왕의 요구가 침략을 위한 트집잡기라고 여겼다. 여호람이 위협을 느낀 것은 당연하다. 그러나 그의 모습에서 하나님께 대한 믿음을 찾아볼 수 없다는 것이 매우 안타깝다. 그는 "내가 사람을 죽이고 살리는 하나님이냐"(7절상)고 바르게 말하였지만, 이스라엘에 살아계신 하나님의 선지자가 있다는 사실에서 위로와 해결책을 찾을 줄 아는 신앙의 사람은 아니었다.

왕궁의 소식은 곧바로 엘리사에게 전해졌다. 그는 왕의 태도에 대하여 못마땅해하며 - "왕이 어찌하여 옷을 찢었나이까"(8절하) - 나아만을 자신에게 보내라고 하였다. "그가 이스라엘 중에 선지자가 있는 줄 알리이다"(8절하)라고 한 엘리사의 말은 선지자의 존재에 대하여 무관심한 여호람의 완고함을 질책하는 듯이 들린다. 이스라엘에 하나님의 사람 선지자가 있는데, 다시 말해 이스라엘에 여호와 하나님이 계신데 무슨 낙담할 일이 있겠느냐는 것이다. 왕이 엘리사의 말을 어떻게 받아들였을까? 자신의 믿음 없음을 자책하였을까? 그랬다고 보기는 힘들다. 아마도 그에게 다른 선택의 여지가 없었기에 나아만을 엘리사에게로 보내지 않았을까?

왕의 제안에 따라 나아만은 일행과 함께 가서 엘리사의 집 문에 섰다. 본문에 언급되지는 않았지만 그의 마음이 그다지 유쾌하지는 않았을 것이다. 대국 아람의 군대장관인 자신의 위치를 생각할 때 누군가의 집으로 직접 찾아가야 한다는 것이 못마땅하게 여겨졌을 것이기 때문이다. 그가 선지자를 자신의 나라에서 보았던 그런 사람들 중에 하나일 것이라고 생각했다면 더더욱 그런 마음이었을 것이다.[127] 하지만 어쩌겠는가? 중한 병에 걸린 자기로서 기분대로 할 수만은 없는 처지가 아닌가? 하나님께서 그 사랑하시는 자를 일깨우시는 방편으로 고난을 사용하시는 이유도 이 때문일 것이다. 사람은 대개 고난을 통해 그 마음이 낮아졌을 때 비로소 하나님을 아는 은혜의 문 안으로 들어갈 수 있다.

그런데 나아만의 자존심을 더욱 강하게 건드린 일이 일어났다. 만나보기를 기대하였던 선지자가 직접 자신을 맞으러 나오지 않고 그가 보낸 사자(使者)가 대신 메시지를 전하는 것이었다. 메시지의 내용은 적어도 그가 보기에는 황당하다 싶을 정도로 평범하였다. 요단 강에서 몸을 일곱 번 씻으면 살이 깨끗하게 회복된다는 것이 아닌가?[128] 이 말을 전해 들은 나아만은 더 이상 참을 수 없었다. 그의 기대와는

---

127) 고대 시리아 지역에서 이스라엘의 선지자에 상응하는 이(apilu)의 관심사는 주로 왕의 호의를 얻는 일이었다고 알려져 있다: "The message of the apilu was delivered to the king and was mainly concerned with gaining his favorable attention toward the cult of the god involved. There is no proclamation of divine control and involvement in the events of human history nor of any demands in regard to the righteous conduct of human life, both of which are hallmarks of classical prophets"(Newman 1962:92).

128) 엘리사의 지시는 레위기의 정결법과 관련되는 듯하다. 레위기의 정결법에 따르면 나병환자가 정결하게 되었을 경우 제사장이 그의 몸에 물을 일곱 번 뿌리고, 환자였던 사람은 의복과 몸을 씻는 의식을 행하여야 했다(레 14:7-8 참조).

너무도 딴판이었기 때문이다. 적어도 병을 고치려는 시늉이라도 해야
하지 않는가? 아람에는 몸을 씻을 만한 강물이 없는가? 그는 선지자
에게 홀대 당하였다고 생각하고 노를 발하며 본국으로 돌아가고자 하
였다.

　여기서 엘리사가 왜 나아만을 만나려 하지 않았는지를 생각해볼
필요가 있다. 아마도 두 가지 이유가 있었으리라고 짐작된다. 먼저,
엘리사는 하나님의 지시 가운데 나아만의 마음 속에 도사리고 있는
뿌리 깊은 자존심과 교만을 꺾어야 한다는 것을 알았다. 교만이 해체
되지 않는 이에게 주어지는 은혜는 오히려 하나님과 더 멀어지게 하
는 독(毒)이 될 뿐이다. 다음으로, 엘리사는 병을 고치는 능력이 자신
이나 자신이 행하는 어떤 기술에 있지 않고 오직 여호와 하나님께 있
다는 사실을 가르쳐주고자 하였다. 이는 너무나도 쉽게 사람을 높이
고 눈에 보이는 어떤 것을 의지하는 부패한 인간의 본성을 고려할 때
이해할 수 있는 일이다. 엘리사는 나아만의 시선을 오직 이스라엘의
하나님 여호와께로 돌리고자 하였다.

　그런데 나아만은 어떻게 되었을까? 다행스럽게도 그에게는 지혜로
운 사람들이 곁에 있었다. 지혜자가 곁에 있고 그 지혜의 말에 귀기울
일 줄 아는 이라면 얼마나 복된 사람이겠가? 이런 점에서 나아만은 대
단히 복있는 사람이다(왕상 3:9; 시 1:1, 2 참조). 나아만의 종들은
"내 아버지여 선지자가 당신에게 큰 일을 행하라 말하였더면 행하지
아니하였으리이까 하물며 당신에게 이르기를 씻어 깨끗하게 하라 함
이리이까"(13절) 라고 하며 지극히 상식적이고도 합리적인 조언을 한
다. 이것은 주인의 비위나 맞추려는 간사한 사람의 아첨과는 거리가
멀다. 참으로 주인을 걱정하는데서 나온 충언이다. 진실은 대개 상식
과 합리의 경계 안에 머문다. 나아만은 이 진실에 귀 기울일 줄 아는

사람이었다. 그러기에 그가 "큰 사람"(אִישׁ גָּדוֹל)이었다는 본문(1절)의 평가는 독자들에게 새로운 의미로 다가온다.

나아만은 요단 강으로 가 몸을 일곱 번 물에 잠갔다. 본문은 나아만이 "하나님의 사람의 말대로" 하였다는 점을 강조한다. 그것은 나아만이 선지자가 전한 하나님의 말씀에 순종하였다는 의미일 것이다. 결국 나아만은 여러 과정을 통해 마침내 하나님의 말씀에 순종하는 복된 자리에까지 오게 되었다. 그 결과는 놀라운 것이었다. "그의 살이 어린아이의 살같이 회복되어 깨끗하게 되었다"(14절하)는 것이 본문의 증언이다. 이 기적은 질병의 치유 그 이상의 의미를 갖는다. 그것은 나아만에게 이스라엘의 하나님 여호와 곧 살아계신 하나님을 경험하는 구속적 사건으로서 경험되었다. 그가 엘리사에게로 돌아와 한 말이 그에게 일어난 변화를 알려준다: "내가 이제 이스라엘 외에는 온 천하에 신이 없는 줄을 아니이다"(15절하).[129]

나아만의 변화는 엘리사에 대한 그의 태도에서도 나타난다. 본문에서 그는 엘리사 "앞에 선 것"으로 묘사된다. "~앞에 서다"는 의미의 '아마드 리프네'(עָמַד לִפְנֵי)는 구약에서 종종 누군가를 섬기는 행위를 묘사할 때 사용된다(삼상 16:22; 왕상 1:2; 17:1; 18:15; 왕하 3:14 등). 나아만의 경우도 마찬가지이다. 그는 엘리사가 하나님의 사람인 것을 비로소 깨닫고 존경과 섬김의 태도를 표하는 의미에서 그 앞에 모셔 섰던 것이다(Wray Beal 2014:334 참조). 그가 엘리사에게 예물을 바치고자 한 것도 같은 의미이다. 이 예물은 아람에

---

129) 나아만의 이런 태도는 예수님 당시 고침 받은 한 나병 환자의 태도와 비슷하다. 열명의 나병 환자들이 모두 치유되었지만 오직 이 한 사람만 하나님께 영광을 돌리며 예수님께로 돌아와 감사하였다. 나아만과 같이 이 사람도 이방인이었다(눅 17:11-19).

서 가져온 은과 금, 그리고 의복이었다. 그런데 나아만이 강권하였음에도 불구하고 엘리사는 받으려 하지 않았다. 이는 감사를 받아야 할 분은 오직 하나님 한 분이란 사실을 분명히 하기 위함이었을 것이다.

엘리사의 청렴하고도 단호한 태도는 나아만에게 큰 감화를 끼쳤을 것으로 짐작된다. 그에게 그것은 여호와가 거룩하신 참 하나님이란 사실을 새롭게 각인시켜주었을 것이다. 이런 점에서 엘리사는 세속화된 세상에서 하나님을 증거해야 할 책임을 맡은 모든 사람들의 사표(師表)라고 할 수 있다. 엘리사의 언행을 본 나아만은 그가 섬기는 하나님께 절대적인 충성을 다짐한다: "이제부터는 종이 번제물과 다른 희생제사를 여호와 외 다른 신에게는 드리지 아니하고 다만 여호와께 드리겠나이다"(17절하). 그는 스스로를 "종"이라고 말한다. 이방나라의 오만하던 군대장관이 하나님의 능력과 거룩하심 앞에서 이처럼 겸손한 사람으로 변화되었다. 그는 육체의 질병뿐만 아니라 마음과 영혼의 완고한 질병까지 고침 받는 참된 복을 얻었다.

나아만은 여호와께 대한 충성심에서 이스라엘 땅의 흙을 본국으로 가져가고자 하였다. 여호와께 제사드릴 제단을 만들기 위해서였을 것이다(출 20:24). 오늘 우리의 관점에는 미신적으로 보일 수도 있으나 본문의 관심은 이스라엘의 하나님 여호와께 대한 나아만의 경외심과 헌신을 보여주는데 있는 것 같다.

나아만은 엘리사에게 또 한가지 소원을 말하였다. 그것은 아람에서 군대장관이란 직책상 피할 수 없는 일에 관한 것이었다. 즉 그가 왕과 더불어 림몬[130] 신당에 들어가 우상에게 몸을 굽혀야만 할 때

---

130) 고대 시리아 지역에서는 폭풍의 신 Hadad이 Rimmon이란 칭호로 불리기도 했다고 하다(Ringgren 1979:226). 스가랴 12장 11절에는 "하다드림몬"이란 이름이 언급되기도 한다.

가 있는데 그것에 대하여 여호와께서 용서해주시기를 바란다는 것
이었다. 엘리사의 대답("너는 평안히 가라")은 분명한 허락은 아니지
만 정죄도 아니다(Seow 1999:196). 이에 대하여 카일은 다음과
같이 설명한다: "옛 언약 시대와 새 언약 시대의 차이를 생각하면 어
려움은 사라진다. 옛 언약 하에서는 이방인들이 하나님의 참된 신성
에 대한 인식을 갖게 되었더라도 모든 이교적인 것을 다 버려야 했던
것은 아니다. 그들이 외적으로 언약백성의 공동체에 들어오려고 하
지 않았을 경우에는 그렇다"(Keil 1865:240). 결론적으로, 나아만
의 이야기는 비록 옛 언약 하에서지만 나아만과 같은 이방인들도 하
나님이 돌보시고 구원하시는 관심의 대상이라는 사실을 가르쳐준다.

그런데 나아만의 이야기는 여기서 끝나지 않는다. 엘리사의 사환
게하시의 이야기가 첨가된다. 게하시는 스승이 나아만에게서 아무 예
물도 받지 않았다는 사실을 알고 그것을 개인의 치부(致富)를 위한 기
회로 삼았다. 그는 나아만 일행을 뒤따라가 엘리사의 심부름이라고
하며 거짓말로써 은 두 달란트(70 킬로)와 옷 두 벌을 받았다. 게하시
의 행위는 청렴한 선지자의 인격에 오명을 씌우고 거룩하신 하나님의
명예를 심각하게 손상하는 것이다. 그것은 나아만으로 하여금 하나님
의 사람 엘리사를 실없는 사람으로 오해하도록 만들 수도 있는 일이
었다.

게하시가 그 일을 할 때 마음에 큰 찔림이 있었던 것으로 보인다.
"한 사람이 수레에서 내려 너를 맞이할 때에 **내 마음이 함께 가지 아
니하였느냐**"(26절상)고 한 엘리사의 질책이 그것을 암시한다. 게하시
는 양심의 가책에도 불구하고 마음의 욕심을 다스릴 수 없었다. 불행
하게도 게하시는 나아만에게 있던 나병이 자신에게 옮기는 벌을 받는
다. 나아만은 물질에 연연해하지 않음으로써 질병을 치유하였지만 게

하시는 그 반대를 경험하였다. 이 역설은 "사역(ministry)을 상업화하려는 자들에게 사역의 자리는 없다"는 경고를 준다(Patterson & Austel 2009:832).

(6) 되찾은 쇠도끼(6:1-7)

이 기적은 지극히 사소해 보이는 일상의 삶 또한 하나님의 돌보시는 손길 아래 있다는 중요한 사실을 가르친다. 엘리사를 따르는 선지자 무리가 보다 큰 회집장소가[131] 필요하여 그것을 만드는 일에 나서게 되었다. 그들은 엘리사와 함께 요단으로 가서 집을 지을 재목을 위한 나무를 베는 일에 착수하였다. 그런데 무리 중 한 사람이 나무를 하던 중 쇠도끼를 강물에 빠뜨리는 실수를 하게 된다. 그 쇠도끼는 빌려온 것이었다. 따라서 도끼를 찾지 못할 경우 주인에게 변상해주어야만 한다. 하지만 그것은 쉬운 일이 아니다. 오늘날과 달리 당시에는 쇠로 된 기구가 흔치 않았고 그 가격 또한 상당하였을 것이기 때문이다(삼상 13:19-23 참조). 정황상 이 사람의 경제적 형편이 어려워 보이는데(왕하 4:1; 4:38-44 참조), 이 경우 문제는 더욱 심각해질 수 있다. 이 사람이 엘리사에게 부르짖어 이른 말이 그의 절박한 심정을 잘 드러낸다: "아아, 내 주여 이는 빌려온 것이니이다"(5절상).

　제자의 어려운 사정을 읽은 엘리사는 즉각 도움의 손길을 내민다.

---

131) 히브리어 구문(יֹשְׁבִים --- לְפָנֶיךָ)은 주거(住居)가 아닌 엘리사를 중심한 공식적인 회합의 모습을 나타낼 수 있다(Wray Beal 2014:341). 그러나 이 본문에 근거하여 선지자 무리가 "독립된 가정생활을 하는 가운데 함께 살고, 함께 먹고, 함께 일했다"고 보는 관점도 있다(House 1995:275).

그는 도끼가 빠진 곳을 확인한 다음 상식으로는 납득하기 어려운 특이한 일을 한다. 나뭇 가지를 베어 물 속에 던져 넣은 일이 그것이다. 그레이(Gray 1977[3]:511)는 이것이 도끼를 찾는 방법이었다고 설명하지만 본문은 도끼를 찾아내는 엘리사의 기술을 증언하는데 관심을 갖지 않는다. 본문의 관심은 엘리사를 통해 나타나는 초자연적인 하나님의 능력을 증거하는데 있다. 엘리사가 나뭇 가지를 물에 던져 넣자 놀랍게도 무거운 쇠도끼가 물에 떠올랐다. 넬슨은 이 기적의 의미를 다음과 같이 설명한다: "하나님의 능력은 일상의 세계에 침투하여 놀라운 반전을 일으킨다. 낮은 자들이 명예로운 자리에 세워진다(눅 18:9-14). 일어버린 자가 찾아진다(눅 15:3-10). 죽은 자가 살아난다. 이들은 물에 떠오르는 쇠처럼 놀라운 반전들이다"(Nelson 1987:185). 하나님의 백성들은 사소해 보이는 일상의 삶에서도 이와 같이 알게 모르게 하나님께로부터 말미암는 신비한 반전들 가운데 살아간다(삼상 2:1-10 참조).

(7) 포로가 된 아람 군대(6:8-23)

이 단락에 소개된 기적은 군사적인 영역과 관계된다. 하나님은 자신의 선지자를 통하여 자기 백성에게 놀라운 승리를 주신다. 이 사건을 통해 하나님께서는 자기 백성을 위해 싸우시는 강한 용사이신 것이 확인되며 선지자가 왜 "이스라엘의 병거와 그 마병"(רֶכֶב יִשְׂרָאֵל וּפָרָשָׁיו)으로 불렸는지가 새롭게 밝혀진다.

본문에 따르면 여호람 왕 당시 이스라엘과 아람 사이에 자주 국지적인 분쟁이 있었다. 아람 왕은 여러 차례 이스라엘 지역에 진을 치고자 하였다(8-10절). 하지만 그 일은 번번히 실패로 끝났다. 왜냐하면 언제나 엘리사가 아람 왕의 의도를 먼저 알고 여호람에게 해당지역을 방비하도록 하였기 때문이다. 엘리사가 그렇게 할 수 있었던 것은 당연히 하나님 때문이었다. 하나님께서 매번 엘리사에게 아람 왕의 계획을 알려주셨다. 아람 왕은 이 사실을 몰랐다. 그는 자신의 부하들 가운데 이스라엘과 내통하는 사람이 있는 줄로만 알았다. 그러나 곧 엘리사가 가진 신비한 능력 때문에 그런 일이 일어났다는 것을 알게 되었다.

그런데 아람 왕의 무지는 다음 순간 더 크게 드러난다. 엘리사의 능력을 알고서도 그를 잡으려는 계획이 무모하다는 사실은 왜 알지 못하였을까? 어리석게도 그는 엘리사를 사로 잡기 위해 그가 있는 곳(도단)으로 군대를 보냈다. 그는 선지자 엘리사가 이상한 방법으로 군사정보를 알아내는 신통한 스파이 정도로만 생각했던 것 같다. 그러나 그것은 큰 오산이었다. 엘리사는 그 이상의 사람이었다. 필요한 경우 그는 하늘의 군대를 동원하여 적군들을 물리칠 수도 있었다. 엘리사와 함께 하는 분이 하늘의 만군을 지휘하는 여호와 하나님이셨기 때문이다. 아람 왕은 이런 일에 대해 아무 것도 모르는 무지한 사람이었다.

영적인 일에 무지하기는 엘리사의 사환도 마찬가지였다. 그는 도단을 에워싼 아람 군대를 보고 질겁하며 말하였다: "아아, 내 주여 우리가 어찌하리이까"(15절하). 엘리사의 대답은 그를 어리둥절하게 하는 것이었다: "두려워하지 말라 우리와 함께 한 자가 그들과 함께 한 자보다 많으니라"(16절). "우리와 함께 한 자"라니 누구를 두고 하는 말인가? 엘리사가 사환의 눈이 열리기를 기도하자 그제서야 사환은 엘리사가 보는 것을 볼 수 있었다. 그것은 불말과 불병거가 가득하여 엘리사를 두르고 있는 광경이었다.[132] 이 환상은 보이는 세상 이면에 있는 영적 실재에 대한 것이다. 아람 군대가 엘리사를 사로잡으려고 하지만 보이지 않는 하나님의 군대가 그를 철통같이 보호하고 있다. 어디 엘리사뿐이겠는가? 하나님 나라의 백성들은 모두 동일한 보호를 받고 있다(신 20:1-4; 사 43:1-3; 마 28:20절하). 그러므로 우리에게 필요한 것은 보이지 않는 세계를 보는 믿음의 눈이다(엡 1:18-19).

엘리사를 둘러싼 불말과 불병거는 그저 장식품이 아니었다. 카일의 설명과 같이 그것은 살아계신 하나님의 능력을 나타내는 상징들이다. 엘리사가 "저 무리의 눈을 어둡게 하옵소서" 하고 기도하자 하나님은 그들의 눈이 어두워지게 하셨다(18절). 그렇다고 그들이 맹인이 되었다는 의미는 아니다. 하나님의 초자연적인 능력으로 인해 일시적으로 그들의 인지력에 큰 장애가 생겨났다고 보아야 한다. 그들은 엘리사를 알아보지 못하였을 뿐만 아니라 엘리사의 인도를 따라 사마리아까지 갔다. 결국 엘리사를 사로잡으려던 그들의 계획은 좌절되었고, 오히려 그들 자신들이 포로로 사로잡히는 신세가 되었다. 이 일은 하나님의 백성을 해하려는 모든 악의 세력이 당할 운명을 보여준다고 해도 틀리지 않다(삼하 3:29; 에 7:9-10).

더 나아가 엘리사가 한 일은 구속사적인 측면에서 예수님이 하신 일과 연결된다. 엘리사가 아람 군대의 악한 의도를 좌절시킨 것은 이스라엘 입장에서는 큰 구원의 사건이다. 이것은 예수님이 악의 세력에서 하나님의 백성들을 구원하실 일과 무관하지 않다. 차이점이 있

---

132) 카일은 불말과 불병거에 대하여 이렇게 설명한다: "불말과 병거는 선지자를 둘러싸고 있는 하늘의 보호에 대한 상징들이다. 불의 형상은 이 군대의 기원이 초현세적이라는 것을 암시한다. 불은 지상의 모든 물질들 가운데 가장 천상적인 것으로서 영적 세계를 보여주는 최적의 기체(Substrat)이다"(Keil 1865:243).

다면 엘리사의 경우 그에 의한 구원이 질적으로나 양적으로 불완전한 반면 예수님의 구원은 완전하다는 것이다. 예수님은 **영단번에**(once and for all) **완전히** 하나님의 백성들을 악의 세력에서 구원하셨다. 또한 예수님은 "열 두 군단 더 되는 천사"(마 26:53)를 동원하여 로마 군들을 물리치실 수도 있으셨지만, 오히려 자신을 악의 세력에 내어 주심으로써 온전한 구원을 이루셨다. 그러므로 예수님은 엘리사와 연결되면서도 그를 훨씬 능가하는 탁월한 선지자시다.

한편, 엘리사를 따라 사마리아로 온 아람 군대는 어떻게 되었을까? 그들은 엘리사의 기도로 다시 인지력에 정상을 되찾았다. 본문에 설명되지는 않았지만 그들이 얼마나 놀라고 당황하였을지는 쉽게 짐작할 수 있다. 이스라엘 왕(여호람)은 엘리사에게 "내 아버지여 내가 치리이까 내가 치리이까"(21절하) 하고 물었다. "내 아버지여" 라는 말에서 알 수 있듯이 여호람은 엘리사의 권위에 압도되어있었다. 그가 정말 엘리사를 하나님의 사람으로 알게 되었던 것일까? 두고 보아야 할 일이다. 두 차례 반복되는 말 "내가 치리이까"에서 포로들을 죽이고자 안달하는 여호람의 무자비한 마음을 읽을 수 있다. 엘리사는 그를 만류하고 오히려 포로들을 잘 대접하여 돌려보내도록 하였다. 그 결과 아람 군대는 이전과 같이 이스라엘 지역내에 진을 치려는 시도(국지적인 습격)를 하지 않게 되었다.[133]

엘리사가 아람 군사들을 잘 대접하여 돌려보낸 이유가 무엇일까? 다음은 카일의 설명이다: "시리아인들을 죽이면 기적의 목적이 수포가 되고 만다. 왜냐하면 기적은 시리아인들에게 인간의 힘으로는 어

---

133) 23절하의 "이로부터 아람 군사의 부대가 다시는 이스라엘 땅에 들어오지 못하니라"는 이스라엘과 아람 사이에 항구적인 평화가 이루어졌다는 말로 오해되어서는 안 된다.

떻게 할 수 없는 참 하나님의 선지자와 관계하고 있다는 사실을 알려주어 그들로 하여금 전능하신 하나님을 두려워하도록 가르치도록 의도된 것이기 때문이다"(Keil 1865:244). 브루거만의 설명은 여기서 조금 더 나아간다. 그에 따르면 이 에피소드는 폭력이 지배하는 세상에 하나님의 백성이 취할 수 있는 하나의 "대안"(an alternative way)을 제시한다(Brueggemann 2000:352). 이 설명은 로마의 성도들에게 "할 수 있거든 너희로서는 모든 사람과 더불어 화목하라"(롬 12:18)고 한 바울의 가르침을 생각하게 만든다.

3) 엘리사의 예언(6:24-8:15)

선지자는 하나님의 능력으로 기이한 일을 행할 뿐만 아니라 미래의 일을 예언하기도 하는 하나님의 사람이다. 이를 통해 하나님이 역사의 주관자이심이 드러나게 된다. 이곳에서는 엘리사가 한 세 가지 예언이 소개된다: 먹을 양식에 대한 예언(6:24-7:20), 기근에 대한 예언(8:1-6), 아람 왕에 대한 예언(8:7-15).

(1) 먹을 양식에 대한 예언(6:24-7:20)

먹을 양식은 인류의 첫 조상 아담과 하와 이래로 인간에게 끊임 없이 문젯거리와 시험거리가 되어왔다. 출애굽한 이스라엘 백성이 먹고 마시는 문제 때문에 하나님을 원망하며 반역적인 태도를 보인 것은 인간에게 그것이 얼마나 중요한 시험거리가 될 수 있는지를 잘 가르쳐준다. 분열왕국 시대 이스라엘이 바알숭배에 열심을 내게 된 것도 따지고 보면 모두 먹고 마시는 문제 때문이었다. 그런데 인간이 먹고 마

시며 생의 낙을 누리는 것은 하나님의 은혜로운 돌보심의 손길로 인
해 가능한 것이다. 신비로운 하나님의 섭리가 하늘과 땅, 기후조건과
기상상태 등을 주관하여 곡식과 식물이 자라 열매 맺게 하며 가축이
우유와 고기를 내게 한다(호 2:21-22 참조). 이를 통찰한 모세는 이
스라엘 백성에게 "사람이 떡으로만 사는 것이 아니요 여호와의 입에
서 나오는 모든 말씀으로 산다"(신 8:3절하)고 가르쳤다.

현재 본문도 같은 진리를 증언하고 있다. 24절의 "이 후에"(אַחֲרֵי־כֵן)
란 부사구는 본문의 사건이 시간적으로 앞의 사건(8-23절) 이후에 일
어난 일임을 알려준다. 아람 왕 벤하닷은 많은 군사들("온 군대")을 이
끌고 올라와 사마리아를 에워쌌다. 이 일로 인해 사마리아에는 양식
이 고갈되었고 백성은 아사(餓死)의 위험에 내몰렸다. 기근이 얼마
나 심하였던지 나귀 머리까지 고가(개당 은 팔십 세겔(일 킬로))의
식용으로 거래 될 정도였고,[134] 어미가 자식을 삶아 먹는 참담한 일
까지 벌어졌다. 이런 일이 왜 일어났을까? 이 상황에서 백성의 영
적, 육적 삶의 안녕을 책임지고 있는 왕이 해야 할 일은 무엇인가?
하나님과 언약관계에 있는 백성에게 이 일이 일어났다는 것은 그들
이 하나님과의 언약에 충실하지 않았다는 의미이다(신 28:47-57).
그러므로 왕은 무엇보다도 하나님과의 관계회복에 만전을 기해야
했다.

---

134) 여기에 언급된 "비둘기 똥"의 용도에 대해서는 의견이 분분하다. 그레
이는 어떤 종류의 열매였을 것이라고 추측한다(Gray 1977³:522). 그
러나 요세푸스가 전해주는 바에 따르면 예루살렘이 포위되었을 때 사
람들이 거름더미를 뒤지고 똥을 먹기도 했다고 한다. 그러므로 여기에
서도 비둘기 똥이 식용으로 거래되었던 사실이 소개된다고 볼 수 있다
(Montgomery 1951:385 참조). 그렇지 않다면 연료였을 가능성도 있다
(Wray Beal 2014:251).

　　그러나 당시 이스라엘 왕(여호람)은 그렇지 못했다. 그는 하나님께 회개하며 부르짖는 대신 오히려 하나님의 사람 엘리사에게 분풀이를 하고자 하였다: "왕이 이르되 사밧의 아들 엘리사의 머리가 오늘 그 몸에 붙어 있으면 하나님이 내게 벌 위에 벌을 내리실지로다"(6:31). 그가 이렇게 한 까닭이 무엇일까? 아람과의 전쟁 책임이 엘리사에게 있다고 보았기 때문일 것이다. 즉 엘리사로 인해 굴욕을 경험한 아람 왕이 그것을 복수하기 위해 대규모 침략 전쟁을 감행하였다는 것이 여호람의 판단이었다는 말이다. 그것이 아니라면 전쟁의 참상에도 불구하고 침묵하시는 하나님께 대한 불신앙적이자 반역적인 불만과 원망이 그의 선지자인 엘리사에게로 분출하였는지도 모른다(6:27, 33; 출 17:3-4 참조). 어떻게 보건 여호람의 행위는 하나님께 대한 반역이자 불경이다. 그가 제대로 된 왕이었다면 오히려 선지자에게 도움을 청하였을 것이다. 그것도 간절하게 말이다.

　　왕의 패역한 태도에도 불구하고 하나님께서는 이스라엘에게 양식을 주고자 하셨다. 다음은 엘리사가 한 예언이다: "내일 이맘때에 사마리아 성문에서 고운 밀가루 한 스아를 한 세겔로 매매하고 보리 두 스아를 한 세겔로 매매하리라"(7:1). 이 예언은 그대로 성취될 것이었고, 이를 통해 여호람을 비롯한 이스라엘 백성은 먹고 마시는 문제가 여호와 하나님의 말씀에 달려있다는 진리를 배워야 할 것이었다. 왕과 백성들이 이 진리를 알고 하나님의 말씀에 순종하는 자세를 가졌더라면 얼마나 좋았겠는가? 하지만 안타깝게도 그들은 더디 배우는, 목이 곧고 마음이 완악한 백성들이었다. 이것이 다만 옛 언약백성들만의 문제일까?

　　선지자가 말하였음에도 불구하고 믿지 못하는 이가 있었다. 그는 왕이 신뢰하는 한 장관이었다. 이 사람은 "여호와께서 하늘에 창을 내신들 어찌 이런 일이 있으리요"(7:2절상) 하며 여호와의 능력을 업신여겼다. 왕이 신임하는 사람의 입에서 나온 말이니만큼 왕 또한 같은 생각이었다고 보아야 할 것이다. 어찌되었건 그것은 하나님의 진노를 불러일으키는 말이었다. 엘리사는 그를 향하여 "네가 눈으로 보리라 그러나 그것을 먹지는 못하리라"(2절하)고 하며 심판을 예언하였다. 후에 이 예언은 그대로 이루어지게 된다. 본문기자는 그가 **하나님의 사람이 말한대로** 죽었다는 사실을 거듭해서 강조한다(17-20절 참조). 이러한 강조는 먹고 마시는 문제를 넘어 인간의 살고 죽는 문제가 하나님의 말씀에 대한 순종에 달려있다는 진리를 밝히 드러낸다. 참으로 사람은 "하나님의 입으로부터 나오는 모든 말씀으로"(마 4:4) 산다.

이제 이스라엘 백성에게 양식이 공급될 것이란 예언이 어떻게 성취되었는지 잠시 살펴보자. 사마리아 성문 어귀에 나병환자 네 사람이 있었다. 그들은 성안의 백성들과 마찬가지로 극도의 굶주림 가운데 있었다. 그들은 굶어 죽느니 보다 아람 진영으로 가서 음식을 구걸하는 편이 더 낫다고 여겼다. 그들은 비장한 결심을 하였다: "그들이 우리를 살려 두면 살 것이요 우리를 죽이면 죽을 것이라"(7:4절하). 그런데 아람 군대의 진영에 이르자 놀라운 광경이 눈앞에 펼쳐졌다. 아람 군대는 온데간데 없고 곡식과 밀가루를 비롯하여 온갖 값진 군수물자들만 남아있는 것이 아닌가? 도대체 아람 군대에게 무슨 일이 일어났던 것일까? 본문기자는 하나님께서 아람 군대로 하여금 "병거 소리와 말 소리와 큰 군대의 소리"를 듣게 하셨기에 그들이 "헷 사람의 왕들과 애굽 왕들"이[135] 원군을 거느리고 온 줄로 알고 혼비백산하

---

135) 여기에 언급된 "헷 사람의 왕들"은 힛타이트 제국의 붕괴 이후 주전 7세

여 도망쳤다고 전한다(6-7절). 하나님께서 초자연적으로 역사하셔서 아람군대의 지각과 의식에 환청이 들리고 공포심이 생기도록 하셨던 것 같다(창 35:5; 수 10:11, 12-14; 삿 7:22; 삼하 5:24; 왕하 19:35 참조).

큰 행운을 만난 네 나병환자들은 우선 자신들의 배를 채우고 은 금보물들을 챙기기에 바빴다. 하지만 그들의 마음에는 문득 이래서는 안되겠다는 생각이 들었다. 그들은 자신들만 즐거움을 독차지하는 것이 옳지 않다고 생각하고 이 "아름다운 소식"을 성안 사람들에게 전하였다. 이렇게 해서 사마리아 성 안의 백성들이 전쟁과 굶주림에서 벗어날 수 있게 되었다. 앞에서도 언급하였듯이 이 일은 전쟁의 승리나 양식의 공급이 오직 하나님으로부터 말미암는다는 사실을 가르쳐준다.

(2) 기근에 대한 예언(8:1-6)

이곳에는 엘리사를 "하나님의 거룩한 사람"으로 알고 대접하였던 수넴의 경건한 여인이 다시 등장한다. 엘리사는 이 여인에게 앞으로 그 땅에 칠 년 동안 기근이 임할 것이니 다른 곳으로 이주하라고 하였다. 이 기근은 열왕기하 4장 38-44절에 언급된 기근과 같은 것일 가능성이 있다(Keil 1865:249). 현재 본문에서 엘리사의 사환 게하시가 아직 나병에 걸리지 않은 듯이 묘사되는 것(왕과 대화하는 모습, 4-5절)도 이 가능성에 무게를 실어준다. 이 본문이 현재의 위치에

기까지 북시리아 지역에 흩어져 있었던 "신 힛타이트 왕국들"(the Neo-Hittite Kingdoms)의 왕들을 가리킨다고 보아야 한다(AnBD 3, 231-233).

놓이게 된 것은 그것의 주제(예언과 성취) 때문일 것이다. 아무튼 엘리사의 지시로 이 여인은 가족과 함께 기근을 피해 블레셋 땅으로 가서 살게 된다. 칠년이 지난 후 이 여인은 다시 고향으로 돌아오게 된다. 그런데 문제가 생겼다. 집과 전토(田土)의 소유권이 남에게로 넘어가 있었던 것이다. 주인이 없이 방치된 토지는 대개 왕의 소유가 되었으므로(de Vaux 1965:124), 수넴 여인의 것도 왕에게 귀속되었을 가능성이 크다.

수넴 여인은 문제를 해결하고자 왕에게로 나아갔다. 백성들의 억울한 형편을 듣고 바르게 판결하는 것이 왕의 본분이다(미 3:1 참조). 과연 왕이 자신의 역할을 제대로 수행할까? 수넴 여인의 억울한 사정을 외면하거나 무시하지는 않을까? 아합의 아들 여호람에서 인애와 공의를 기대하는 것 자체가 무리이다. 그런데 하나님의 섭리는 놀랍다. 여인이 왕궁을 찾은 바로 그 시점에 엘리사의 사환 게하시가 왕의 곁에 있었고, 왕은 게하시에게 엘리사가 행한 기적(아이를 다시 살려낸 기적)에 대해 묻고 있었던 것이다. 이것으로 미루어 보아 이때까지만 하더라도 왕과 선지자 사이에는 어느 정도 왕래가 있었음을 알 수 있다. 엘리사가 수넴 여인으로부터 대접을 받고 '왕에게 부탁할 것이 있느냐'고 물은 적이 있는데(왕하 4:13). 이것 역시 왕과 선지자 사이의 가까운 교류를 암시한다. 아무튼 왕이 게하시로부터 죽은 아이를 살려낸 엘리사의 기적에 대해 듣고 있는 그 시각에 이 아이의 어머니인 수넴 여인이 억울한 사정을 가지고 왕에게 나아왔다는 것은 놀라운 섭리가 아닐 수 없다.

하나님께서는 섭리 가운데 완고한 여호람일지라도 여인의 말에 귀 기울일 수 있도록 준비시키셨다. 그 결과 수넴 여인은 잃어버린 집과 전토를 되찾았을 뿐만 아니라 칠 년 동안 밭의 소출까지 돌려받는 은혜를 입게 되었다. 이 일은 하나님께서 자신의 뜻에 순종하는 경건한 백성들을 은혜로운 섭리를 통해 돌보아주신다는 사실을 생생하게 증언한다(마 10:32-42 참조). 더 나아가 이 본문은 전체적으로 선지자가 한 예언은 반드시 성취되며 선지자가 행한 이적은 완악한 사람의 마음까지 감동시키는 능력이 있음을 알려준다. 그러므로 하나님의 뜻과 그분이 이루신 기사와 이적은 온 땅에 전파되어야 한다. 누군가 그로 인해 은혜를 입게 될 섭리를 믿으며!

(3) 아람 왕에 대한 예언(8:7-15)

과거 하나님은 엘리야에게 하사엘이라 하는 자가 아람의 왕이 되어 아합 왕가를 심판할 것을 알려주신 일이 있다(왕상 19:15 참조). 이제 그 일이 이루어질 때가 이르렀다. 이는 아합 왕가의 몰락이 그만큼 가까웠다는 의미이기도 하다. 하나님의 심판은 더디게 보이지만 반드시 이루어진다. 심판이 더디다고 느껴지면 그 때가 곧 회개할 기회로 주어진 은혜의 기간인 줄 알고 경성해야 한다(벧후 3:9).

7절은 갑자기 다메섹에 등장한 엘리사의 모습을 보여준다. 본문에 언급되지는 않았지만 하나님의 지시가 있었을 것이다. 하나님은 이스라엘의 하나님만이 아니다. 그분은 온 땅 모든 나라를 주권적으로 다스리는 하늘의 대주재(大主宰)시다. 하나님은 이제 아합 집안을 심판할 때가 되었으므로 자신의 선지자를 다메섹으로 보내셨다. 엘리사가 다메섹에 도착하자 때를 같이하여 아람 왕 벤하닷이 병들었다. 하나님의 섭리는 얼마나 치밀하고 정확한가! 엘리사의 소문은 병든 벤하닷에게도 들려왔다. 엘리사의 신통력(?)에 대해 익히 알고 있던 벤하닷이었기에 그에게 자신의 병이 나을지를 묻고자 하였다. 그는 엄청나게 많은 양의 선물(낙타 사십 마리에 실을 분량)을 준비하여 하사엘 편으로 엘리사에게 보냈다.

하사엘을 맞이한 엘리사는 이상한 말을 들려주었다. 엘리사의 말인즉 벤하닷이 병에서 나을 것이지만 반드시 죽으리라는 것이었다. 다음에 이어지는 엘리사의 행동은 더 당황스러웠다. 하사엘이 부끄러워하기까지 그의 얼굴을 쏘아보다가 우는 것이 아닌가? 영문을 몰라 하는 하사엘에게 엘리사가 들려준 말은 놀라웠다: "네가 이스라엘 자손에게 행할 모든 악을 내가 앎이라 네가 그들의 성에 불을 지르며 장정을 칼로 죽이며 어린아이를 메치며 아이 밴 부녀를 가르리라"(12절 하). 여기에 묘사된 비극은 훗날 바벨론 사람들이 유다 백성에게 한 일과 같다(시 137:8-9 참조). 하사엘은 이런 참담한 일을 할 사람이었다. 그것은 범죄한 백성을 심판하기 위한 것으로서 불가피한 것이었지만, 결코 그 자체가 "선"(טוב)은 아니다. 하사엘은 여기에 언급된 모든 "악"(רָעָה)을 행할 불행한 인물이었다. 악은 대개 악한 사람으로부터 나오며(삼상 24:13), 하나님은 이를 자신의 선하신 뜻을 이루는 데 사용하신다.

엘리사의 말은 하사엘에게 큰 자극이 되었던 것 같다. 그는 "당신의 개 같은 종이 무엇이기에 이런 큰 일을 행하오리이까"(13절상) 라며 겸손한척 하였다. 하지만 엘리사가 말한 그 엄청난 비극이 무슨 대단한 일이라도 되는 양 "이런 큰일"(הַדָּבָר הַגָּדוֹל הַזֶּה)이라고 말하는 그의 태도에서 권력에 대한 욕망에 불타는 야수(野獸) 이상의 모습을 발견하기란 어렵다. 권력에 대한 욕망은 사람을 얼마나 교활하게 하며 얼마나 잔인하게 하는지 알 수 없다. 하사엘은 왕궁으로 돌아와 반가운 소식을 전하며 왕을 안심시키더니, 다음 날 침상에 누운 왕의 얼굴에 물에 적신 이불을 덮어 뜻한 바(왕의 살해와 왕권의 찬탈)를 이룬다. 하지만 자신의 악한 욕구에 따라 움직인 하사엘이었지만 그 것 조차도 예언의 성취라는 사실을 잊어서는 안 된다. 하나님은 그의 헤아릴 수 없는 지혜로 세상을 다스리는 주권자이심을 기억하자.

4. 유다의 왕들: 여호람, 아하시야(8:16-29)

열왕기하 2장부터 여기까지 엘리사의 행적이 다루어졌다. 엘리사의 행적은 모두 북왕국 아합의 아들 여호람 시대에 집중된다. 열왕기하 1장 끝부분(17-18절)에는 아합의 아들 여호람의 계승이 소개되고, 3장 초반부(1-3절)에는 동시 연대기로 시작되는 그의 통치기록이 나타난다. 여호람은 예후의 유혈 쿠데타에 의해 죽음을 맞이하기까지 (왕하 9:14-26) 엘리사 이야기에서 계속 "이스라엘 왕"으로 등장한다. 이렇게 엘리사의 행적과 여호람의 사적은 상당부분 서로 겹친다. 그런데 열왕기하 8장 16절부터 돌연 새로운 기사가 나타난다. 열왕기 기자는 이곳에서부터 다시 책의 구성적 틀인 동시 연대기의 도움을 받아 독자들의 관심을 유다 왕들에게로 돌린다. 그가 이렇게 한 것은 이곳에 소개되는 유다 왕들이 아합 왕가와 긴밀한 관계를 맺고 있으며, 그들의 운명이 여호람으로 대표되는 아합 왕가의 몰락과 하나로 연결되어있기 때문이다. 열왕기 기자는 이곳에서 유다 왕 여호람과 아하시야의 사적을 소개함으로써 예후에 의한 아합 왕가의 심판 이야기를 준비하고 있다.

1) 여호람(8:16-24)

여호람은 같은 이름의 북왕국 왕과 동명이인이다. 동일한 이름의 두 사람이 같은 시대에 국경을 맞댄 형제국에서 왕 노릇했다는 것이 흥미롭다. 이곳에 언급된 여호람의 등극년 – "이스라엘 왕 아합의 아들 요람 제 오년" – 은 그가 단독통치를 시작하던 해로 보아야 한다(왕하 1:17; 3:1 참조). 삼십이 세로부터 산정된 팔 년의 통치기간(848-841 BC)도 단독통치기간으로 보는 것이 옳다. 여호람은 아합의 딸 아달랴를 아내로 맞이하였는데, 이는 아합 왕가와의 정치적, 종교적 연합을 의미하였다. 그러므로 여호람의 통치에서 어떤 선한 것이 나왔으리라고 기대할 수 없다. 본문은 "그가 여호와 보시기에 악을 행하였다"(18절하)고 평가한다.

다윗 왕가의 왕이 아합의 길(우상숭배와 세속주의)로 행하며 여호와 보시기에 악을 행한 것은 심각한 일이 아닐 수 없다. 다윗 왕가의 왕들은 하나님과의 언약관계에 있는 하나님의 아들들로서 하나님의 뜻에 따라 인애와 정의로 나라를 다스려야 했다(삼하 7:14; 시 2:7; 미 3:1 참조). 이를 통해서만 이스라엘이 온갖 가증한 우상숭배와 각종 불의한 행실에서 벗어나 하나님의 의로운 통치 안에서 평화와 안식을 누리는 거룩한 나라로 세워질 수 있기 때문이다. 즉 왕이 제 기능을 수행할 때 창조시부터 하나님의 의도하신 복된 나라가 이룩될 수 있다는 말이다. 그러나 이제 왕이 그런 왕도에서 떠났으니 어찌되겠는가? 그렇다고 해서 하나님의 계획이 무산될 수는 없다. 다윗 왕가를 향한, 그리고 다윗 왕가를 통한 하나님의 계획은 확고불변하다. 다음 구절이 이것을 확인해준다:

"여호와께서 그의 종 다윗을 위하여 유다 멸하기를 즐겨하지 아니하셨으니 이는 그와 그의 자손에게 항상 등불을 주겠다고 말씀하셨음이더라"(19절).

위의 말씀은 하나님께서 다윗 왕가와 맺은 언약에 끝까지 신실하시다는 의미이다. 그러나 이 언약적 신실함이 언약의 책무를 면제해 준다는 뜻으로 오해되어서는 안 된다. 오히려 하나님은 언약에 신실하시기에 언약을 어기는 자들을 벌하신다. 여호람도 예외가 아니다. 그의 시대에 에돔과 립나가 유다의 주권에 도전하여 반역을 일으켰고, 마침내 유다의 지배에서 벗어나고 말았다.[136] 이것은 분명 국제정치적으로 유다의 위치를 크게 약화시켰을 뿐만 아니라 경제적으로도 큰 손실을 가져왔을 것이다. 하나님은 이러한 방식으로 범죄한 여호람과 유다 백성을 징계하셨다. 이 징계를 통해 여호람이 하나님께로 돌이켰을까? 본문은 이에 대하여 침묵한다. 본문은 다만 그의 죽음과 계승에 대해서만 간단하게 소개할 뿐이다.

2) 아하시야(8:25-29)

여호람의 아들 아하시야는 유다 역사상 가장 짧은 제위기간을 갖는다. 그는 아합의 아들 요람(여호람) 제 십이 년(841 BC)에 유다의 왕이 되어 일 년을 통치하였다. 그는 자기 아버지와 마찬가지로 아합의 길로 행하였다. 아합의 딸 아달랴의 아들로서 그녀의 품에서 자랐을 테니 오죽하겠는가? 아하시야가 "아합 집의 사위가 되었다"(27절 하)는 진술은 그가 (부모의) 혼인관계에 의해 아합 집안과 연결되어있

---

136) 개역개정역의 21절은 마치 에돔 백성이 반역에 실패한 것 같은 인상을 준다. 그러므로 다음과 같이 수정될 필요가 있다: "여호람이 모든 병거를 거느리고 사일로 갔더니 밤에 일어나 자기를 에워싼 에돔 사람과 그 병거의 장관들을 **(치니 이에) 쳤으나** 백성이 도망하여 각각 그들의 장막들로 돌아갔더라."

다는 의미로 이해하면 된다. 본문 28-29절에는 아하시야의 운명을 결정하게 될 중요한 사건이 소개된다. 아합의 아들 여호람이 아람과의 전쟁에서 부상을 입고 이스르엘로 돌아왔고 아하시야가 그를 병문안하기 위해 이스라엘로 갔다는 언급이 그것이다. 이 방문이 이루어졌을 때 예후가 쿠데타를 일으켰고 아하시야는 여호람과 함께 죽임을 당하게 된다(9:27-28 참조).

5. 아합 왕가와 바알 종교의 몰락(9:1-11:20)

아합 왕가의 지배하에 이스라엘은 더 이상 하나님의 백성이라고 할 수 없을 만큼 영적으로나 도덕적으로 타락하였다. 그들은 바알숭배에 깊이 빠져있었을 뿐만 아니라 모세의 율법이 가르치는 정의로운 삶에서 멀리 떠나 있었다. 이런 부패현상의 중심에 아합 왕가가 있었으므로 하나님은 이미 오래 전부터 아합 왕가를 심판하실 것이라고 경고하셨다(왕상 21:17-26 참조). 아합이 심판의 위협 앞에 두려움을 느낀 나머지 일시적으로나마 회개하는 태도를 보였던 까닭에 마지막 파국의 순간이 뒤로 연기된 상태에 있었을 뿐이다(왕상 21:27-29). 이 은혜의 기간 동안 아합 왕가가 여호와께로 온전히 돌이켰더라면 연기된 심판이 취소되었을 수도 있지 않았을까? 그러나 그런 일은 일어나지 않았다. 아합의 아들들은 하나같이 그들의 아비의 길에서 떠나지 않았다. 이제 때가 무르익어 예고된 심판의 날이 이르렀다.

1) 님시의 손자 예후(9:1-13)

당시 이스라엘은 아람과 전쟁 중에 있었다. 앞에서 보았던 것처럼 이
스라엘 왕 요람은 길르앗 라못에서 아람 왕 하사엘을 맞아 싸우다가
부상을 당하여 이스르엘의 왕궁으로 돌아온 상태였다. 이때 엘리사는
"선지자의 아들들" 중 한 사람을 길르앗 라못으로 보냈다. 이유인즉
그곳에서 요람의 군대 지휘관 중 한 사람인 예후에게 기름을 부어 이
스라엘의 왕으로 세우도록 하기 위함이었다. 예후가 이스라엘의 왕이
되어 아합 왕가를 심판하리라는 것은 이미 오래전 하나님이 호렙산에
서 엘리야에게 알려주셨던 일이다(왕상 19:15-17). 그런데 이제 때
가 되어 하나님의 계획이 실행에 옮겨지게 되었다. 엘리사가 형제 선
지자에게[137] 일러준 말("여호와의 말씀이… 하셨느니라" - 3절)은 그
가 하나님의 명령을 받들고 있음을 알려준다.

엘리사는 젊은 선지자에게 어떻게 해야 할지를 자세히 알려준다.
그는 기름 병을 들고 길르앗 라못으로 가서 님시의 손자 여호사밧의
아들 예후를 만나야 한다.[138] 그런 다음 그는 예후를 따로 불러내어
골방에 데려가 그의 머리에 기름을 부으며 여호와께서 그에게 하시
는 말씀을 전해야 한다: "내가 네게 기름을 부어 이스라엘의 왕으로
삼노라"(3절중). 이 말을 한 후 그는 곧장 문을 열고 도망치되 지체하
지 말아야 한다. 이 지시는 이 선지자가 해야 할 일이 매우 위험하다

---

136) 엘리사는 엘리야가 승천할 때 장자의 권리에 해당하는 "두 몫"의 성령을
　　받았으므로 다른 선지자의 아들들과의 관계에서 맏형의 위치에 있었다고
　　볼 수 있다. 4절은 엘리사의 부탁을 받은 선지자를 "그 선지자의 청년"
　　(הַנַּעַר הַנָּבִיא)이라고 부름으로써 그가 엘리사의 문하에 있었던 조력자였음
　　을 알려준다.

137) 엘리사가 직접 길르앗 라못으로 가지 않은 것은 그가 사람들에게 많이 알려
　　져 있었기 때문일 것이다. 즉, 엘리사는 가급적 은밀하게 일을 진행시키기
　　위해 비교적 알려지지 않은 무명의 선지자를 자기 대신 예후에게로 보냈을
　　것이다(House 1995:286).

는 것을 말해준다. 왕이 엄연히 존재하고 있음에도 불구하고 새로운
왕을 세우는 일은 명백히 반역에 해당하는 일이다. 과거 사무엘이 다
윗에게 기름을 붓기 위해 베들레헴을 방문하였을 때에도 사울의 눈에
띄지 않기 위해 주의를 기울였다(삼상 16:2). 그러나 그 때나 지금이
나 새로운 왕이 세워지는 것이 하나님의 확고한 뜻인 만큼 선지자는
위험을 무릅쓰고 하나님의 명령에 따라야 한다.

젊은 선지자는 엘리사의 부탁대로 하였다. 그는 길르앗 라못으로
가서 예후를 만나 그의 머리에 기름을 붓고 그를 이스라엘의 왕으로
삼고자 한다는 하나님의 말씀을 전하였다. 그런데 놀랍게도 젊은 선
지자는 예후에게 노골적으로 "아합의 집을 치라"는 말을 덧붙인다. 이
말은 엘리사의 부탁에는 없었던 내용이다. 그러나 정황상 그것은 젊
은 선지자가 임의로 한 말이라고 보기 어렵다. 본문에 명시적으로 언
급되지 않았지만 엘리사는 그가 예후에게 전해야 할 말을 더 자세히
알려주었을 것이다. 그는 선지자들이 흔히 사용하는 "사자공식"(the
messanger formular) – "이스라엘의 하나님 여호와가 이같이 말
씀하시노라"(כֹּה־אָמַר יְהוָה אֱלֹהֵי יִשְׂרָאֵל) – 을 사용하여 하나님이 직접 말씀
하시는 것처럼 예후에게 하나님의 뜻을 전하였다.

젊은 선지자의 말을 요약하면, 예후가 아합의 집을 쳐서 이세벨
이 선지자들과 여호와의 종들의 피를 흘린 것을 그대로 되갚아주라는
것이다. 참으로 이세벨은 이스라엘에 바알종교를 퍼뜨리기 위해 많
은 선지자들을 죽였다(왕상 18:4). 또한 이세벨이 나봇을 무참히 살
해한 것은 경건한 여호와의 종들이 이세벨로부터 얼마나 많은 박해를
받았는지를 보여주는 대표적인 사례이다. 아합은 이세벨의 치마폭에
놀아남으로써 이세벨의 악을 후원한 장본인이 되었다. 왕권이 악을
통제하는데 사용되기는커녕 오히려 악을 조장하고 강화시키는데 사용

되었다. 아합이 길르앗 라못 전에서 전사한 것은 이에 대한 응분의 대가였다. 이제 아합이 없는 상태이므로 심판의 칼날은 아합 왕가의 악의 뿌리라고 할 수 있는 이세벨에게로 향하였다.

8-9절의 "심판선고"는 아합이 나봇의 포도원을 차지하였을 때 엘리야가 아합을 찾아가 한 말과 같다: "이스라엘 중에 매인자나 놓인자나 아합에게 속한 모든 남자는 내가 다 멸절하되 아합의 집을 느밧의 아들 여로보암의 집과 같게 하며 또 아히야의 아들 바아사의 집과 같게 할지라"(왕상 21:21-22). "이스라엘 지방에서 개들이 이세벨을 먹으리니 그를 장사할 사람이 없으리라"(10절상)는 말씀 또한 엘리야의 예언과 다르지 않다(왕상 21:23). 여기서 일단 선포된 예언은 성취되기까지 그 효력을 잃지 않는다는 것을 확인하게 된다. 또한 하나님은 나봇의 억울한 죽음을 잊지 않고 기억하신다는 사실도 알 수 있다. 의로운 재판장이신 하나님은 불의한 일을 묵과하지 않으시고 반드시 그 불의에 상응하는 형벌을 내리신다.

젊은 선지자는 예후와의 만남을 끝내고 급히 도망하였다. 예후가 동료들에게로 돌아오자 그들은 "평안하냐 그 미친 자가 무슨 까닭으로 그대에게 왔더냐"라고 물었다. "미친 자"(הַמְשֻׁגָּע)란 표현은 선지자의 말과 행동이 당시 일반 사람들에게 어떻게 받아들여졌는지를 시사해준다. 예레미야의 경우도 당대 사람들에게 "미친 사람"으로 간주되곤 했다(렘 29:26, 27; 호 9:7 참조).[139] 예후는 동료들의 질

---

139) 예레미야 29장 26절에는 "미친 자"란 뜻의 히브리어 מְשֻׁגָּע가 "예언하다"는 의미의 히브리어 מִתְנַבֵּא와 나란히 나타난다. 그런데 사무엘하 18장 10절에서 후자는 사울이 악귀에 사로잡혀 비정상적으로 하는 행동을 묘사하는 말로 사용된다. 이로부터 구약 선지자들의 예언행위 속에 일반인들이 이해하기 힘든 비정상적인 면들이 있지 않았는지를 추측해보게 된다. 젊은 선지자가 예후에게 한 일도 일반인들의 눈에는 이상하게 보였을 것이다.

문에 즉답을 피하였다. 그들이 계속 재촉하자 그제서야 예후가 사실을 털어놓았다: "그가 이리 이리 내게 말하여 이르기를 여호와의 말씀이 내가 네게 기름을 부어 이스라엘 왕으로 삼는다 하셨다 하더라"(12절하).

이 말을 듣자 그들은 급히 각자의 옷을 가져다 예후의 밑에 깔고 나팔을 불며 "예후는 왕이라"(מלך יהוא)고 외쳤다. 이들의 행동을 어떻게 보아야 할지 당혹스럽다. 비록 말로는 "미친 자"라며 선지자를 경멸하였지만, 마음 한편에는 선지자가 예사롭지 않은 사람이란 생각이 있었던 것일까? 흥미로운 것은 예후도 미치게 행동하는 사람으로 묘사된다는 점이다. 20절에서 예후는 "미치게"(בשגעון) 병거를 모는 것으로 묘사된다. 다른 한편, 선지자의 말을 전해 듣자 곧 "예후는 왕이라"고 외치는 동료들의 반응은 예후가 그들에게 이미 강력한 인물로 인식되었다는 것과 아합 왕가에 대한 그들의 충성심이 바닥나있었다는 사실을 알려준다.

2) 예후의 반역(9:14-29)

예후는 지체없이 반역을 실행에 옮긴다. 당시 아합의 아들 요람은 아람과의 전쟁에서 당한 부상을 치료하기 위해 이스르엘 왕궁에 머물고 있었다. 뿐만 아니라 유다 왕 아하시야도 병문안차 이스르엘에 와 있던 상황이었다. 예후는 아무도 이스르엘에 가서 반역을 알리지 못하도록 사람들을 단속한 다음 자신이 직접 병거를 몰고 이스르엘로 향하였다. 병거를 몰고 가는 모습에서 알 수 있듯이 예후는 반역군의 수장으로서 무력을 동원하여 요람을 왕좌에서 몰아내고자 하였다. 젊은 선지자도 아합의 집을 치라고 하지 않았던가? 과거 하나님은 아람 왕

"하사엘의 칼을 피하는 자를 예후가 죽일 것이라"고 말씀하셨는데(왕상 19:17), 이제 그 말씀이 그대로 성취되고 있었다. 하나님의 섭리는 참으로 놀랍다.

17절에서 장면은 길르앗 라못에서 이스르엘로 바뀐다. 이스르엘 망대를 지키던 파수꾼이 "한 무리"가 오는 것을 보고 왕에게 보고하였다. "무리"라는 말이 나타내듯 예후는 군사들을 이끌고 이스르엘에 왔다. 아무런 사전 통보 없이 갑작스럽게 군사들이 나타났으므로 왕이 매우 당황하였을 것이다. 왕은 한 사람을 내어보내 "평안하냐"(הֲשָׁלוֹם)라고 묻게 하였다. 예후의 대답("네가 평화와 무슨 상관이 있느냐 내 뒤로 물러나라")은 그가 온 목적이 "평화"가 아님을 드러낸다. 보냈던 사람이 돌아오지 않자 왕은 재차 사람을 내보냈다. 그러나 이번에도 예후의 대답은 동일하였고, 전령은 돌아오지 않았다.

그사이 예후의 무리가 더 가까이 왔으므로 파수꾼은 왕에게 더 자세한 것을 보고할 수 있었다: "그 병거 모는 것이 님시의 손자 예후가 모는 것 같이 미치게 모나이다"(20절하). 여기서 예후가 당시 사람들에게 매우 과격하고 성급한 인물로 알려져 있었음을 알 수 있다. 그가 "미치게" 병거를 모는 사람으로 묘사된 것은 앞에서 그를 찾은 선지자가 "미친 사람"으로 언급된 것과 비교된다. "미치게" 병거를 모는 예후의 모습은 앞으로 아합 집안에 닥칠 '미치도록' 두려운 일을 예고한다고 볼 수 있다. 신명기에서는 '미치는 것'이 언약 파기자에게 임하게 될 저주의 하나로 언급된다: "여호와께서 또 너를 **미치는 것**과 눈 머는 것과 정신병으로 치시리니"(신 28:28); "이러므로 네 눈에 보이는 일로 말미암아 네가 **미치리라**"(신 28:34).

요람은 또다시 보냈던 전령이 돌아오지 않자 심상치 않은 일이 벌어지고 있음을 알아차리고 직접 병거를 타고 예후를 맞으러 나갔다.

함께 있던 유다 왕 아하시야도 그렇게 했다. 공교롭게도 그들이 예후를 만난 곳은 "이스르엘 사람 나봇의 토지"가 있는 곳이었다. 과거 하나님은 아합에게 "개들이 나봇의 피를 핥은 곳에서 개들이 네 피 곧 네 몸의 피도 핥으리라"(왕상 21:19)고 말씀하신 바 있다. 그런데 이제 아합의 아들 요람이 최후의 순간에 나봇의 밭에 나타난 것이다. 이 얼마나 놀라운 하나님의 섭리인가? 하나님의 지혜와 능력은 인간이 가히 헤아릴 수 없다. 인간이 자신의 생각을 내려놓고 하나님을 전적으로 의지해야 할 이유가 여기에 있다.

예후를 보자 요람은 "예후여, 평안하냐"고 물었다. 예후는 위협적인 말투와 분노 섞인 어조로 대답하였다: "네 어머니 이세벨의 음행과 술수가 이렇게 많으니 어찌 평안이 있으랴"(22절하). 이 말을 듣자 요람은 위험에 빠졌다는 것을 직감하고 도망치기 시작했다. 그러나 때는 이미 늦었다. 예후는 준비한 활 시위를 당겼고, 활은 정확하게 요람의 염통을 꿰뚫었다. 옛날 아합은 한 아람 병사가 우연히 쏜 화살에 맞아 전사하였지만, 아합의 아들 요람은 예후가 정확히 조준하여 쏜 화살에 맞아 그 자리에 쓰러져 죽었다. 그러나 두 사건 모두 하나님의 심판이란 점에서 동일하다. 우연에 의한 것이든 정확히 조준된 것이든 모두 하나님이 사용하신 수단이다.

요람이 죽은 것을 보자 예후는 자기 부하 빗갈에게 요람의 시체를 나봇의 밭에 던지라고 말하였다. 예후의 설명으로 보아 예후와 빗갈은 과거 아합이 나봇의 포도원을 취할 때 그 곁에 함께 있었음을 알 수 있다. 그들은 선지자 엘리야가 아합에게 한 예언을 들었다. 다음은 예후가 회상하는 엘리야의 예언이다: "내가 어제 나봇의 피와 그의 아들들의 피를 분명히 보았노라, 여호와의 말씀이라; 내가 이 토지에서 네게 갚으리라, 여호와의 말씀이라"(26절상). 나봇의 포도원 이야기가 기록된 곳(왕상 21장)에는 이 말씀이 그대로 나오지는 않는다. 대신 그것과 유사한 말씀이 나온다: "여호와가 이렇게 말씀하시니라, 네가 죽이고 또 빼앗았느냐 … 여호와께서 이렇게 말씀하시니라, 개들이 나봇의 피를 핥은 곳에서 개들이 네 피, 바로 너의 피를 핥으리라"(왕상 21:19). 두 본문을 비교해보면 그 내용이 같음을 알 수 있다.

예후는 하나님의 말씀을 상기하며 그 말씀에 따라 요람의 시체를 나봇의 밭에 던지고자 하였다. 예후가 여호와의 말씀에 헌신된 인물이었던 것처럼 보이게 하는 대목이다. 그러나 그가 당시 사람들에게 과격하고 맹목적인 성격의 소유자로 알려져 있었다는 사실이 간과되어서는 안 된다. 열왕기 기자는 예후가 바알 종교를 소탕하였지만 여로보암이 벧엘과 단에 세운 금송아지 우상을 섬기는 죄에서는 떠나지 않았다고 기록한다(왕하 10:28, 29). 호세아 선지자 또한 예후를 긍정적으로 평가하지 않는다(호 1:4 참조). 그렇다고 해서 예후가 아합의 집을 철저하게 응징한 것이 잘못되었다는 말은 아니다. 그것은 반드시 해야만 할 일이었으며, 그런 점에서 예후는 분명히 아합의 집을 심판하는 하나님의 도구로 쓰임 받았던 인물이다.

유다 왕 아하시야는 어떻게 되었을까? 그는 요람의 운명을 지켜보다가 겁에 질려 도망쳤다. 예후는 그의 도망을 허락하지 않았다. 그는 예후의 병사들에 의해 추격당하던 중 부상을 당하여 므깃도에서 죽었다. 예후가 아하시야를 죽이고자 했던 이유는 아하시야가 아합 집안과 깊이(혼인 관계로) 연결되어있었기 때문일 것이다(House 1995:290). 예후는 아하시야를 제거함으로써 후에 있을지도 모를 보복을 미리 방지하려 하였을 수도 있다(Nelson 1987:202). 왕이 죽자 추격이 멈추었다. 신하들은 그의 시신을 예루살렘으로 운반하여 조상의 묘실에 매장하였다. 특이하게도 29절에 언급된 아하시야의 등극년도는 8장 25절에 소개된 그의 등극년도와 맞지 않는다. 이는 구약 이스라엘에서 사용된 연산법의 특성을 고려하면 이해될 수 있는 문제이다. 9장 29절은 소위 "등극년 연산법"(accession-year system)을, 8장 25절은 소위 "비등극년 연산법"(nonaccession-year system)을 따르고 있다.[140]

3) 이세벨의 최후(9:30-37)

아합의 아들 요람(여호람)과 유다 왕 아하시야를 차례로 제거한 후 예후는 이스르엘 왕궁으로 돌아왔다. 왕궁을 지키고 있던 왕후 이세벨은 이미 반란이 일어난 것과 왕이 죽은 사실을 전해 듣고 있었다. 예후가 왕궁 문에 들어서자 이세벨이 창으로 내다보며 "주인을 죽인 너 시므리여 평안하냐"(31절하)라고 원한과 비난에 찬 목소리로 비웃듯이 물었다. 이세벨이 왜 예후를 향하여 "시므리"라고 하였을까?

시므리는 왕국분열 초기에 북왕국의 제 4 대 왕 엘라를 살해하고 이스라엘 왕이 되었던 인물이다. 당시 시므리는 엘라와 함께 바아사 왕가의 모든 사람들을 죽였다(왕상 16:8-14). 이렇게 해서 이스라엘의 왕이 되었지만 시므리는 칠일 만에 오므리가 이끄는 또 다른 반

---

140) 다음은 구약 연대기 분야의 전문가인 틸레의 설명이다: "The two synchronisms for the accession of Ahaziah reflect the change in chronological reckoning that had recently taken place in Judah. This was from the former accession-year system to the non accession-year method used in Israel"(Thiele 1983:101).

역에 의해 죽고 말았다(왕상 16:15-20). 이러한 피의 역사는 왜 이 세벨이 예후를 항하여 시므리라고 하였는지 짐작할 수 있게 해준다. 아마도 이세벨은 예후가 아합 왕가를 무너뜨리고 왕이 되겠지만 그 역시 곧 반역을 당해 죽게 될 것이란 경고와 저주의 의미로 그렇게 하였을 것이다(Patterson & Austel 2009:853).

이세벨의 말을 듣고 있던 예후는 이세벨이 내다보고 있는 창을 향하여 "내 편이 될 자가 누구냐 누구냐"(32절상)고 소리쳤다. 그러자 두 세명의 내시들이 내다보았다. 예후는 그들에게 이세벨을 창밖으로 내던지라고 명하였다. 늘 이세벨을 가까이서 모셨던 내시들이었겠지만 주저 없이 예후의 명령에 따랐다. 평소 이세벨이 왕후로서 인간적이고 덕스러운 모습을 보였었더라면 그들이 그렇게까지 하였을까? 그들의 태도로 미루어보아 그들은 이세벨에 대한 불만과 악감정이 많았던 것 같다. 이세벨의 최후는 말 그대로 처참한 것이었다. 열왕기 기자는 내시들이 이세벨을 내던지자 그의 피가 왕궁의 담과 예후와 그의 군사들이 타고 온 말들에게 튀었으며, 예후가 그의 시체를 밟았다고 설명한다. 이 처참한 죽음은 우상숭배를 퍼뜨리고 불의한 일을 일삼는 자들의 말로가 어떠한 것인지를 생생히 교훈해준다.

이세벨의 죽음을 확인한 예후는 왕궁으로 들어가 잔치(승리의 연회?)를 배설하고 먹고 마셨다. 이 과정에서 어느 정도 시간이 흘렀을 것이다. 잔치가 끝나자 예후는 이세벨의 시체를 생각하고 그것을 매장해주어야겠다는 마음을 갖게 되었다. 이세벨은 비록 저주 받은 여자이나 왕의 딸이므로 최소한 장례는 치러 주어야 하지 않겠느냐는 것이 그의 마음이었다. 그러나 사람들이 확인해본즉 이세벨의 시신은 차마 눈뜨고 볼 수 없을 정도로 처참하게 훼손되어있었다. 온 몸이 해체되어 없어지고 남은 것이라곤 두개골과 발과 손이 전부였다.

그 소식을 전해들은 예후에게 과거 선지자 엘리야가 한 말이 떠올랐다: "이스르엘 토지에서 개들이 이세벨의 살을 먹을지라 그 시체가 이스르엘 토지에서 거름같이 밭에 있으리니 이것이 이세벨이라고 가리켜 말하지 못하게 되리라"(36절하-37). 이 말씀은 열왕기상 21장에 기록된 엘리야의 에언과 정확히 일치하지는 않는다. 열왕기상 21장이 엘리야의 예언의 일부를 담고 있던지(23절), 아니면 예후가 그것을 설명적으로 확장하였을 수도 있다(박윤선 2010:586; Keil 1865:257).

이세벨의 죽음은 많은 것을 시사해준다. 그녀는 바알 숭배의 본고장 시돈 출신으로서, 시돈 왕 엣바알의 딸이었다. 일찍이 아합은 정치, 경제적인 목적으로 이세벨과 정략결혼을 하였다. 그 결과 이스라엘에는 바알 종교가 활기를 얻게 되었고, 조상들과 특히 모세로부터 전해져내려온 질서와 삶의 원리가 무너지게 되었다. 아합의 통치하에서 종교는 다만 세속적인 목적의 성취를 위한 도구로 전락하였고, 정치적인 권력과 물질적인 풍요에 대한 욕구가 언약에 뿌리를 둔 전통적인 삶의 가치관을 질식시키고 말았다. 이런 모든 타락과 부패현상의 중심에 아합 왕가가 있었고, 아합 왕가를 배후에서 조종한 인물이 바로 이세벨이었던 것이다.

이세벨은 아합 왕가의 권력을 등에 업고 바알종교를 퍼뜨렸을 뿐만 아니라 여호와 신앙을 말살시키고자 하였다. 그녀는 선지자들을 죽였으며 경건한 자들을 박해하였다. 그녀의 악행은 아무런 저지도 받지 않은 체 진행되는듯했으나, 모든 것을 감찰하시는 하나님의 눈은 피할 수 없었다. 하나님은 엘리야와 엘리사 같은 선지자들을 통하여 그녀의 악행을 질타하셨고, 무서운 심판을 예고하셨다. 이제 때가 이르자 하나님은 예후의 손을 통해 이세벨을 심판하심으로써 예고하신 바를 이루셨다. 하나님은 악을 묵과하지 않고 심판하시는 분이시다. 하나님은 또한 말씀하시고 그 말씀을 이루시는 분이시다. 하나님은 역사의 주관자이시다.

4) 살해당한 아합의 아들들(10:1-11)

이세벨을 제거한 예후는 칼날을 사마리아에 있는 아합의 아들들에게로 향하였다. 아합에게는 모두 칠십 명의 아들들이 있었다. 이들 칠십 명은 아합의 실제 아들들을 포함하여 아합의 남자 후손들 전체를 가리킨다고 보아야 한다(Wray Beal 2014:378). 예후는 사마리아의 지도자들과[141] 장로들과 아합의 아들들을 돌보는 자들에게 편지를 보내었다. 편지는 위협적이었다. 예후 자신이 곧 쳐들어갈 터이니 그들은 아합의 아들들 가운데 한 사람을 왕으로 세우고 싸울 준비를 하라는 것이 그 내용이었다. 그것은 곧 사마리아를 공격하겠다는 선전 포고와도 같은 것이었다.

이 편지를 받은 사마리아의 지도자들은 두려움에 사로잡혔다. 예후가 누구인가? 그는 아합 왕가의 요람 왕과 유다 왕 아하시야도 당해내지 못했던 광기(狂氣)의 사람이 아닌가? 사마리아의 지도자들은 예

---

141)　MT의 שָׂרֵי יִזְרְעֶאל (개역개정역에 "이스르엘 귀족들"로 번역됨)은 이상하다. 사마리아로 보낸 편지의 수신자가 왜 이스르엘의 지도자들인가? 원래 이스르엘에 있던 지도자들이 예후의 반란 소식을 듣고 아합의 아들들과 함께 사마리아로 도망쳐 갔을 가능성을 생각해볼 수 있다. 그러나 5절에 언급된 수신자들에는 שָׂרֵי יִזְרְעֶאל이 빠져있기에 신중함이 요구된다. 주석가들은 대개 MT의 읽기를 שָׂרֵי הָעִיר וְאֶל의 오기로 본다. 필사자가 הָעִיר וְאֶל을 יִזְרְעֶאל로 오인하였다는 것이다(Keil 1865:258; Hobbs 1985:122; Patterson & Austel 2009:860).

후와의 충돌을 피하고 그 편에 서는 것이 최상의 방책이라고 생각하였다. 아무도 아합 왕가를 지키겠다고 나서지 않았다. 그들은 예후를 자신들의 새로운 주인으로 모시겠다는 뜻의 답장을 보내었다: "우리는 당신의 종이라 당신이 말하는 모든 것을 우리가 행하고 어떤 사람이든지 왕으로 세우지 아니하리니 당신이 보기에 좋은 대로 행하라(5절상). 이로써 아합 왕가의 몰락이 기정사실화 되었다. 종교적 타락과 도덕적 부패 위에 세워진 세속권력은 이처럼 쉽게 무너지고 만다는 것이 아합왕가의 몰락이 주는 교훈이다.

사마리아의 지도자들로부터 답장을 받아본 예후는 또 다시 그들에게 서신을 보내었다. 이번에는 예후 자신에 대한 그들의 충성심을 증명해 보이라는 내용이었다. 그는 그들에게 다음날까지 아합의 아들들의 머리를 이스르엘의 자기에게로 가져오기를 요구하였다. 예후의 이런 요구를 어떻게 보아야 할까? 그처럼 잔혹한 살육을 정당한 심판의 집행으로 볼 수 있을까? 그는 그 일이 여호와의 명령에 따라 이루어진 것처럼 말하지만(10절 참조), 여호와께서 그런 명령을 직접적으로 내린 일은 없다(House 1995:293; Wray Beal 2014:379). 예후는 평소 자신의 과격한 성격에 따라 그런 광적인 요구를 하였다고 보는 것이 옳다. 하지만 그것을 통해 아합 집안에 대한 하나님의 심판이 이루어진 것도 부인할 수 없는 사실이다.

예후의 편지는 때마침 사마리아의 지도자들이 아합의 아들들과 함께 있을 때에 그들에게 도착하였다. 그들은 지체 없이 예후의 요구에 따랐다. 아합의 아들들은 죽임을 당하였고, 그들의 머리는 광주리에 담겨 이스르엘의 예후에게로 보내졌다. 예후는 그것을 사람들이 많이 모이고 재판이 열리기도 하는 공공장소인 성문 어귀에 다음 날 아침까지 두 무더기로 쌓아두도록 하였다. 이는 반란을 꾀할지도 모를 세력들에게 공포심을 불러일으키기 위한 경고조치이다. 앗수르의 왕들도 같은 일을 하였다는 것이 그들이 남긴 비문들을 통해 확인된다(Patterson & Austel 2009:857-858). 예후 또한 그런 풍습에 따랐던 것으로 보인다. 그러기에 예후는 하나님의 뜻을 따르는 의로운 심판자이기보다 무자비한 정복자라는 인상을 준다.

이튿날 아침 예후는 성문으로 나아가 백성들에게 말하였다. 그의 말에는 교묘한 속임수가 들어있다. 우선 그는 "너희는 의롭도다"(צַדִּיקִים אַתֶּם)고 하며 불안해 하는 이스르엘 사람들의 마음을 안심시키려 하였다. 그들은 성문 앞의 끔찍한 광경을 보고 자신들에게 화가 미치지 않을까 하고 생각하며 두려움에 떨고 있었을 것이다. 예후는 그들에게 자신이 아합 왕가에 반역을 일으켰고 요람을 죽인 사실을 시인하였다. 그러나 그는 자신이 잘린 머리 무더기에 책임이 있다는 것을 밝히지 않는다. 그는 오히려 "이 여러 사람을 죽인 자는 누구냐"라며 그것이 마치 뜻밖에 일어난 일인 것처럼 꾸며 말한다(Nelson 1987:204). 그의 의도는 백성들 마음에 아합의 아들들이 죽은 것은 하나님이 하신 일이란 생각을 불러일으키려는 것이었다. 뒤따라 나오는 그의 말이 이를 뒷받침 한다:

"그런즉 이제 너희는 알라 곧 여호와께서 아합의 집에 대하여 하신 말씀은 하나도 땅에 떨어지지 아니하리라 여호와께서 그의 종 엘리야를 통하여 하신 말씀을 이제 이루셨도다"(10절).

예후는 자신이 "미치게" 행한 과도한 일을 하나님의 뜻을 받든 정당한 일로 포장하려 하였다. 예후에게서 발견되는 이런 문제점 때문에 호세아 선지자는 "조금 후에 내가 이스르엘의 피를 예후의 집에 갚으며 이스라엘 족속의 나라를 폐할 것임이니라"(호 1:4)는 심판의 메시지를 전하였을 것이라고 생각된다. 하지만 그럼에도 불구하고 아합의 후손들에게 일어난 끔찍한 살육의 사건은 아합 집안의 죄에 대한 하나님의 준엄한 심판으로 이해되어야 한다. 예후가 수행한 광기어린 피의 숙청은 언약 파기자를 "미치게" 하는 언약의 저주였음에 틀림 없다(신 28:28, 34 참조). 예후는 이스라엘에 남아있는 아합에게 속한 모든 사람들을 다 제거하였다.

5) 계속되는 피의 숙청(10:12-17)

이스르엘에서의 일이 끝나자 예후는 사마리아에 가서 권력 장악을 확고히 하고자 했다. 사마리아로 향하던 도중 예후는 유다 왕 아하시야의 인척들이[142] 아합 왕가의 왕자들과 태후 곧 이세벨의 아들들에게 문안하러 이스르엘로 가는 것을 만났다. 유다 왕 아하시야는 이세벨의 딸 아달랴와의 결혼을 통해 아합 왕가와 긴밀한 관계를 맺고 있었으므로 그들의 방문은 이해할만한 일이다. 하지만 그들은 아직 예후의 반역에 대해 알지 못하였던 것으로 보인다. 예후는 그들의 신분을 확인한 후 모두(42명) 죽였다. 예후의 이런 행위는 과격한 것이었음에 틀림 없다. 아하시야의 친척들은 분명히 다윗 왕가에 속한 사람들이다. 비록 그들이 아합 왕가와 왕래하는 사이였다고는 하나, 그것은 예후의 행위를 정당화하기에는 충분하지 않다.

예후는 계속해서 길을 가다가 자신을 맞이하러 오는 "레갑의 아들 여호나답"을 만났다. 예레미야서에 따르면 "레갑의 아들 여호나답"

---

142) אחים은 문자적으로는 "형제들"을 의미하나 "친척들"을 가리킬 수도 있다(창 13:8 참조).

은 일체의 세속적인 것(물질적인 부, 육체적 향락, 안락한 삶)을 멀리하고 여호와만을 섬긴 사람이다. 그는 자손들에게 "너희와 너희 자손은 영원히 포도주를 마시지 말며 너희가 집도 짓지 말며 파종도 하지 말며 포도원을 소유하지도 말고 너희는 평생 동안 장막에 살아라 그리하면 너희가 머물러 사는 땅에서 너희 생명이 길리라"(렘 35:6절 하-7)고 명령하였고, 후손들은 그의 명령을 충실하게 지켰다. 여호나답이 이처럼 전통적인 여호와 신앙에 충실한 인물이었기에, 예후의 등장을 내심 환영하였으리라고 짐작된다.

예후는 여호나답을 보자 그의 안부를 묻고 "내 마음이 네 마음을 향하여 진실함과 같이 네 마음도 진실하냐"하고 물었다. 이 질문은 아합 집안을 멸하고 바알종교를 제거하는 일에 뜻을 같이 하자는 제안인 것처럼 보인다. "나와 손을 잡자"(문자적으로는 "네 손을 달라", תְּנָה אֶת־יָדֶךָ)란 표현은 "협약을 맺자"란 의미로 풀이될 수 있다. 여호나답은 예후의 제안을 받아들였다. 그는 예후에게 손을 내밀었고, 예후는 그를 병거에 태우며 말하였다: "여호와를 위한 나의 열심을 보라." 구약에서 특별히 여호와를 향해 열심을 가졌던 것으로 기억되는 인물은 아론의 손자 비느하스와 선지자 엘리야이다(민 25:11; 왕상 19:10, 14). 예후에게 과연 이들에게 있었던 것과 같은 여호와를 향한 열심이 있었을까? 하우스는 다음과 같이 설명한다: "나라의 전통적인 가치에 대한 여호나답의 믿음이 그로 하여금 '여호와에 대한 열심'을 내세우는 예후의 과시를 믿게 하였다"(House 1995:293).

사마리아에 도착한 예후는 남아 있는 아합에게 속한 사람들을 죽여 멸하였다. 이로써 아합 왕가에 대한 심판이 마무리되었다. 개인적으로 예후는 난폭한 사람이었지만, 하나님은 그의 광기를 사용하시어 아합 왕가의 죄악을 심판하셨다. 열왕기 기자는 "여호와께서 엘리야에게 이르신 말씀과 같이 되었다"(17절하)고 논평한다.

6) 일소(一掃)된 바알 종교(10:18-27)

아합 왕가를 멸한 예후는 이제 바알 종교를 제거하고자 하였다. 한편으로 그는 "아합은 바알을 조금 섬겼으나 예후는 많이 섬기리라"(18절하)고 선전하며, 다른 한편으로 바알 숭배자들을 멸할 계책을 꾸몄다.[143] 그는 바알에게 "큰 제사"(זֶבַח גָּדוֹל)를 드리려 한다고 선전하여 각 지역에 흩어져있는 바알 숭배자들(선지자들, 예배자들, 제사장들)을 "바알의 신당"(בֵּית הַבַּעַל)으로 불러모았다. "모든 오지 아니하는 자는 살려 두지 아니하리라"(19절하)는 그의 말은 그가 열렬한 바알 숭배자라는 인상을 준다. 그러나 실은 그 말은 **오는 모든 자**를 살려 두지 않기 위한 의도에서 한 말이기에 대단한 음모가 숨어있는 아이러니로서 독자들에게 다가온다.

음모인 줄 눈치 채지 못한 바알 숭배자들은 하나도 빠짐 없이 바알의 신당으로 모였다. 예후는 이들을 쉽게 식별할 수 있도록 하기 위해 그들에게 예복을 입혔다. 하지만 그들은 다만 예후가 제대로 격식을 갖추어 바알을 섬기려 한다고 생각하고 더욱 안심하였을 것이다. 예후는 이어서 여호나답과 함께 바알의 신당에 들어가 바알을 섬기는 자들에게 여호와의 종들을 그들에게서 내보내라고 주문하는데, 그들에게는 이것 역시 바알에게 드릴 제사를 위해 환영할만한 조치로 생

---

143) "섬기다"와 "멸하다"의 히브리어 어근(עבד와 אבד)은 발음이 거의 동일하다. 따라서 바알을 섬기겠다는 예후의 말에는 섬뜩한 아이러니가 숨어있다고 볼 수 있다.

각되었을 것이다. 이렇게 바알 종교를 일소하기 위한 계책은 차질 없이 순조롭게 진행되었다.

이제 바알의 신당 안에서는 정성스레 준비된 제사가 시작되었다. 그러는 사이 예후는 그들 바알 숭배자들을 소탕할 만반의 준비를 갖추었다. 그는 "호위병들"(סֹרְנִגר הַת הָרָצִים)과 "지휘관들"(הַשָּׁלִשִׁים, royal military officers) 팔십 명을 준비하여 신당 밖에 배치시키고, 그들에게 엄히 명령하였다:

> "내가 너희에게 넘겨 주는 사람을 한 사람이라도 도망하게 하는 자는
> 자기의 생명으로 그 사람의 생명을 대신하리라"(24절하).

드디어 제사가 끝남과 동시에 명령이 떨어졌다: "들어가서 한 사람도 남기지 못하게 하고 죽이라"(25절상). 이에 호병들과 지휘관들이 바알의 신당 안으로 들어가 그곳에 모인 자들을 "칼로 죽여 밖에 던지고" 바알의 신당 안의 "내소"(the "inner shrine" – NIV)에서 바알의 존재를 나타내는 "기둥들"(מַצֵּבוֹת, pillars)을 끌어내어 불살랐다. 그 밖에도 그들은 바알을 상징하는 "석주"(石柱, מַצֵּבָה) – 카일(Keil 1865:262)의 설명에 따르면, "바알에게 봉헌된 원추형의 돌"("ein dem Baal geweihter konischer Stein") – 를 부수고, 바알의 신당을 허물어 "변소"를 만들었다. 이와 같이 예후는 철저하게 바알 종교를 근절하였다.

예후가 바알종교를 뿌리뽑은 것은 과거 선지자 엘리야가 바알 종교를 멸한 것과 여러 면에서 유사하다. 엘리야는 갈멜산에다 850명의 바알과 아세라 선지자들을 불러 모으고 그들로 하여금 바알에게 제사하며 기도하게 하였다. 그런 행위의 결말은 그들의 도륙(屠戮)이

었다. 마찬가지로, 예후도 바알 숭배자들을 한 곳으로 불러 모으고 그들로 하여금 자신들의 종교행위를 하도록 하였다. 그리고 그 결국은 그들의 처참한 죽음이었다. 이렇게 예후는 엘리야가 시작한 일을 마무리하였다. 아합 왕가에 의해 장려된 바알 종교는 예후로 인해 몰락을 맞았다. 그러나 과연 이스라엘에서 바알 종교가 사라졌는가? 이후의 역사는 그렇지 않았음을 보여준다. 특히 호세아서는 예후 왕가의 여로보암 시대(Jeroboam II, 793-753 BC)에 바알 종교가 얼마나 기승을 부렸는지 잘 보여준다(호 2:8, 16, 17 참조).

7) 여로보암의 길로 행한 예후(10:28-31)

표면적으로 보면 예후는 여호와 신앙에 헌신적인 인물이었다. 이스라엘에서 여호와 신앙을 말살하다시피 한 아합 왕가를 심판하고 바알 종교를 깨끗이 척결한 것은 그의 업적임이 틀림 없다. 그는 스스로를 여호와께 열심을 가진 자로 내세웠으며, 레갑의 아들 여호나답과 손을 잡음으로써 이스라엘의 신앙 전통에 대한 그의 애착을 과시하였다. 그러나 그가 과연 내면적으로도 여호와 신앙에 충실한 사람이었을까? 열왕기 기자는 예후에 대하여 이렇게 평한다: "이스라엘에게 범죄하게 한 느밧의 아들 여로보암의 죄 곧 벧엘과 단에 있는 금 송아지를 섬기는 죄에서는 떠나지 아니하였더라"(29절).

위의 평가는 예후가 바알 종교를 제거한 숨은 의도가 무엇이었는지를 드러내준다. 그의 의도는 순수한 여호와 신앙을 되찾기 위한 것은 아니었다. 그것이 목적이었다면 여로보암이 세운 금 송아지 우상들도 파괴했어야 했다. 그러므로 그가 바알종교를 말살하려 들었던 것은 그것이 다만 아합 왕가가 장려한 종교였기 때문이었을 뿐이다.

즉, 예후는 아합 왕가를 철저하게 무너뜨리고 성공적으로 정권을 장악하기 위한 정치적 관심에 따라 움직였을 뿐이라는 말이다. 하나님은 그와 같은 그의 정치적 야망을 들어 사용하시어 아합 왕가의 죄를 응징하셨다.

그러므로 예후의 숨은 의도에도 불구하고 그가 아합 왕가를 심판하고 바알 종교를 멸한 것은 전적으로 하나님의 뜻에 합한 것이었다. 하나님이 그에게 "네가 나보기에 정직한 일을 행하되 잘 행하여"(30절상) 라고 말씀하신 것은 바로 이것 때문이다. 하나님은 예후가 한 일을 인정하시어 그를 오므리 왕가(오므리 ~ 요람)에 이어 4대 동안 지속되는 예후 왕가(예후 ~ 스가랴)의 창시자가 되게 하셨다.

8) 예후의 죽음과 계승(10:32-36)

앞에서 설명하였듯이 예후의 반역은 밖으로 내세운 명분과 달리 다만 왕권의 찬탈이 그 실질적 목표였다. 그는 아합 왕이 장려하였던 바알 종교를 근절하였지만 여로보암의 금송아지 우상은 제거하지 않았다. 예후는 여로보암과 마찬가지로 정치적 야심가였을 뿐이다. 하나님이 그것을 모르실 까닭이 없다. 하나님은 외세(아람)를 들어 사용하여 예후 왕가를 벌하셨다. 열왕기 기자는 하나님께서 아람 왕 하사엘을 통해 이스라엘의 영토를 "잘라 내기 시작하신" 일을 소개한다. 이는 이스라엘이 하나님께로부터 잘려나가기 시작했다는 의미로 독자들에게 다가온다. 불행하게도 이러한 역사의 기울기는 마침내 "너희는 내 백성이 아니라"(호 1:9)는 마지막 선고가 내려지기까지 바뀌지 않는다.

하사엘이 예후를 공격한 것은 그 나름대로 이유가 있었다.

주전 10세기 말부터 깨어나기 시작한 앗수르는 살만에셀 3세
(Shalmaneser III, 858-824 BC)의 지배하에 더욱 왕성하게 정
복전에 나섰다. 서쪽으로 확장해오는 신-앗수르의 제국주의 정책에
맞서기 위해 아람의 벤하닷과 이스라엘의 아합은 주변의 다른 여러
왕들과 함께 연합군을 형성하였다. 시리아-이스라엘 연합군과 앗수
르의 군대는 마침내 주전 853년 오론테스 강의 카르카르에서 충돌하
기에 이른다. 살만에셀 3세가 남긴 석비에는 이 전쟁에 대한 언급이
나온다(AnNE 256).

그런데 전쟁이 끝난지 12년 만에(841 BC) 살만에셀은 다시 아
람을 공격하였다. 당시 아람 왕은 벤하닷의 뒤를 이은 하사엘이었
다. 그런데 이 때 예후는 아람 편에 서지 않고, 오히려 앗수르와 조
약관계를 맺었다. 살만에셀의 비문에는 예후가 앗수르에 조공을 바
친 일이 소개되며(AnNE, 257), 역시 살만에셀이 남긴 검정색 오벨
리스크의 부조에는 살만에셀 앞에 부복한 예후의 모습이 묘사된다.
이 일은 하사엘의 심기를 크게 불편하게 하였을 것이다. 하사엘이 예
후를 공격한 배경에는 이러한 정치적 이해관계가 얽혀있었던 것으로
보인다.

살만에셀 앞의 예후(Brueggemann 2000:401)

하사엘의 공격으로 이스라엘은 많은 영토를 잃어버렸다. 요단 동편 아르논 강 이북의 모든 길르앗 땅과 바산 지역이 아람의 손에 들어갔다(33절). 아합 왕가와 바알 숭배자들을 **쳐서 멸한** 예후가(왕하 9:7; 10:28) 외세에 의해 **침을 당하는** 것은(왕하 10:32) 역사의 아이러니다. 그러기에 예후의 이야기는 역사의 주인이신 하나님 앞에서 정직하게 행하지 않는 모든 일은 예상밖의 반어적 결과를 가져온다는 사실을 엄중하게 교훈해준다. 예후가 이 사실을 알았더라면 헛될 뿐인 권력 노름에 미치지 않고 하나님의 뜻을 받드는 일에 열심을 다하였을 것이다. 그는 결국 선대 왕 못지않게 왕국의 운명에 부정적인 영향을 끼친 인물이란 오명을 남기고 이십팔 년간의 통치를 죽음으로 끝마쳤다. 그가 죽자 그의 아들 여호아하스가 왕위를 이었다.

9) 아달랴의 반역과 죽음(11:1-20)

여기서는 관심사가 북왕국에서 다시 남왕국으로 옮겨간다. 그러나 이곳에 중요하게 다루어지는 아달랴는 아합의 딸로서 북왕국과 연결되기에 "아합 왕가와 바알 종교의 몰락"을 다루는 단락(왕하 9-11장)에 포함시키는 것이 자연스럽다. 여기서 아달랴의 죽음과 함께 유다에서 바알종교가 소탕되는 일이 묘사되기에 이런 단락구분은 더욱 정당성을 얻는다고 하겠다.

유다 왕 아하시야가 예후의 손에 죽은 일은 앞에서 이미 소개한바 있다(9:27-28 참조). 아하시야가 갑작스럽게 죽자 그의 어머니 아달랴가 권력에 굶주린 사나운 야수(野獸)로 돌변하였다. 아합 집안 출신인 이 왕녀는 왕의 자손을 모두 죽이고 스스로 유다의 왕임을 자처

하였다. 아하시야의 누이 여호세바가 어린 한 왕자(요아스)를 빼돌려
숨기지 않았더라면 다윗 왕가의 왕통이 끊어질뻔한 사태가 벌어진 것
이다. 하지만 다행히도 요아스는 고모의 손에 구출 받아 육 년 동안
성전에서 몰래 양육된다. 이를 통해 다윗 왕가의 혈통이 유지되었기
에 요아스의 구출은 하나님의 개입에 의한 섭리적인 사건이었다고 보
아야 한다. 오래 전에 하나님은 이미 다윗에게 항상 등불을 주겠다고
약속하셨다(왕상 11:38 참조).

　　요아스가 숨어지낸지 칠 년째 되던 해에 그 때가 이르렀다. 경건
한 제사장 여호야다가 행동에 나섰다. 그는 육 년이나 남몰래 요아스
를 성전에서 돌보아주었을 정도로 다윗 왕가에 대한 애착과 헌신이
남달랐던 인물이다. 그런 그에게 우상 숭배자 아합의 딸 아달랴가 잔
인하게 유혈 폭력으로 왕위를 찬탈한 것은 견딜 수 없는 일이었을 것
이다. 그는 먼저 군대 지휘관들을[144] 성전으로 불러모아 그들과 더불
어 언약을 맺고 그들로 하여금 "여호와의 성전에서 맹세하게" 하였다.
이때까지만 하더라도 이들 군대 지휘관들은 요아스가 생존해있었는지
몰랐다. 그들이 요아스의 생존을 확인한 것은 이 "맹세" 의식 직후이
다. 아무튼 그들이 제사장의 말을 듣고 기꺼이 그와 더불어 언약을 맺
은 것을 보면 그들이 제사장의 권위를 인정하고 있었을 뿐만 아니라
다윗 왕가에 대한 충성심을 변함 없이 가지고 있었다는 것을 알 수 있
다. 여호야다는 이들과 언약을 맺음으로써 한 마음 한 뜻이 되어 다윗
과 언약을 맺은 하나님의 뜻을 받들고자 하였다.

----

144) "가리 사람"(כָּרִי)이 누구인지는 분명치 않다. 이들은 사무엘하 20장 23절에
　　서 "블렛 사람"과 나란히 다윗의 엘리트 부대로 언급된다. 다른 곳에서 "블
　　렛 사람"은 대개 "그렛 사람"과 함께 나타나므로(삼하 8:18; 15:18; 20:7,
　　23; 왕상 1:38, 44) 후자와 "가리 사람"은 같은 그룹이라고 할 수 있다.

언약을 통해 함께 거사를 맹세한 다음 여호야다는 매우 용의주도하게 군사들을 배치하였다. 우선 거사의 시점은 안식일에 근무를 교대하는 시간으로 잡았다. 이 때가 의심을 사지 않고 군대를 움직일 수 있는 최적기(最適期)였기 때문일 것이다. 여호야다는 특별히 안식일에 근무를 마치는 군사들로 하여금 성전으로 가서 왕을 호위하도록 하였다.[145] 이 또한 근무를 마친 군사들에게 특별한 주의를 기울이지 않을 것을 감안한 매우 주도면밀한 묘책이었다고 여겨진다. 여호야다는 호위병들에게 "너희 대열을 침범하는 모든 자는 죽이고 왕이 출입할 때에 시위할지라"(8절)고 하며 아주 단호하고 엄중한 명령을 내렸다.

이렇게 해서 마침내 거사가 시작되었다. 여호야다는 다윗 왕의 창과 방패를 백부장들에게 나누어주었고, 호위병들은 무기를 가지고 요아스를 호위하였다. 11절에 따르면 호위병들이 성전 안뜰 제단 좌우편에서 왕을 호위하였다. 12절은 대관식의 모습을 다음과 같이 소개한다: "여호야다가 왕자를 인도하여 내어 왕관을 씌우며 율법책을[146] 주고 기름을 부어 왕으로 삼으매 무리가 박수하며 왕의 만세를 부르니라." 이렇게 해서 위험에 처한 다윗 왕가가 극적으로 명맥을 유

---

145) 역대기에는 레위 사람들이 왕을 호위한 것으로 소개된다(대하 23:7 참조). 열왕기와 역대기의 내용을 종합하면 왕의 호위가 이중으로 이루어졌다고 추측해볼 수 있다. 즉 왕의 호위병들이 가까이서 왕을 경호하고 레위인들은 성전 밖에서 성전의 출입을 통제하는 일을 하였을 것이다(Patterson & Austel 2009:863).

146) "율법책"으로 번역된 말인 '에둣'(עֵדוּת)은 '증거/증언'(testimony)을 뜻한다. 이 말은 언약법인 십계명을 담은 법궤를 가리키는 말("증거궤")로도 사용된다(출 25:22; 26:33-34; 27:21 등). 그러므로 요아스에게 건네진 것은 하나님과 다윗 왕가(또는 이스라엘 백성)의 언약관계를 증거하고 규정하는 율법이었다고 할 수 있다.

지할 수 있게 되었다. 이 일이 가능할 수 있었던 것은 궁극적으로 하나님과 다윗 왕가 사이에 맺어진 언약 때문이다. 이 언약에 근거하여 하나님은 다윗에게 항상 "등불"이 있을 것이라고 약속하셨다(왕상 11:36; 15:4; 왕하 8:19 참조).

호위병과 백성들이 "왕의 만세"(יְחִי הַמֶּלֶךְ, Long live the king!)를 외치자 아달랴가 놀라서 성전으로 달려왔다. 그런데 이것이 어찌된 일인가? 새로운 왕이 세워졌고 온 백성들이 나팔을 불며 새 왕의 등극을 환호하고있는 것이 아닌가? 그것은 마른 하늘의 날벼락보다 더 질리도록 아달랴를 놀라게 했으리라. 옷을 찢으며 "반역이로다 반역이로다" 외치는 모습이 매우 반어적으로 다가온다. 그는 자신도 왕위를 찬탈한 자였다는 사실을 잊어버린 것일까? 제사장 여호야다는 백부장들에게 명하여 그를 성전에서 끌어내어 죽이라고 명하였다. 하나님이 임재하시는 거룩한 장소에서 사람을 죽이는 것은 올바른 일이 아니었기 때문일 것이다(왕상 2:28-35 참조).

아달랴의 죽음으로 거사는 마무리되었다. 여호야다는 새로 시작되는 다윗 왕가의 통치와 다윗 왕국의 형편을 언약의 터 위에 굳게 세우고자 하였다. 그는 먼저 "여호와와 왕과 백성 사이에"언약을 세우고 그들이 "하나님의 백성"이 되도록 하였다. 왕이 여호와와 백성 사이(중간)에 언급된 것에 주목할 필요가 있다. 한편으로 왕은 하나님을 대신하여 백성을 통치하는 자이며, 다른 한편으로 왕은 하나님 앞에서 백성을 대표하는 존재이다. 이른 관계가 제대로 작동할 때 비로서 하나님의 뜻이 백성들 가운데 이루어지는 복된 나라가 세워진다. 여호야다는 또한 왕과 백성 사이에도 언약을 세웠다. 이 언약은 왕이 백성을 정의와 공의로써 다스리며 백성은 왕의 통치에 순종한다는 내용을 포함했을 것이다.

요아스를 왕으로 옹립한 다음 백성들은 당장 바알종교를 뿌리뽑는 일에 착수하였다. 당시 예루살렘은 아합 왕가 출신의 아달랴로 인해 바알종교가 힘을 얻고 있었다. 백성은 "바알의 신당으로 가서 그 신당을 허물고 그 제단들과 우상들을 철저히 깨뜨리고 그 제단 앞에서 바알의 제사장 맛단을 죽였다"(18절상). 이 일은 북왕국에서 예후가 일어나 아합 왕가를 무너뜨리고 바알종교를 멸한 것과 평행을 이룬다. 따라서 아달랴의 숙청과 바알종교의 파괴는 아합 왕가와 바알 종교의 몰락을 최종적으로 인치는 의미를 갖는다고 할 수 있다. 이 일을 강조하려는 듯 본문기자는 아달랴가 칼에 죽었다는 사실을 다시금 언급함으로써 전체를 마무리한다.[147]

이제 아합 왕가의 왕녀 아달랴로 인해 야기된 혼란의 시기는 지나가고 다윗의 후예가 다시 왕권을 회복하였다. 본문은 그 일로 인해 "온 백성이 즐거워하고 온 성이 평온하여졌다"(20절상)고 밝힌다. 하나님이 인정하시는 왕권이 세워져 정의로운 통치가 시행될 때 온 땅에는 즐거움과 평화가 임한다(삼하 3:36; 롬 14:17 참조). 훗날 위대한 다윗의 후손 메시아가 오셨을 때 천사들이 외쳐 부른 찬송도 이 사실을 가르친다:

"지극히 높은 곳에서는 하나님께 영광이요 땅에서는 하나님이 기뻐하신 사람들 중에 평화로다"(눅 2:14).

---

147) 영역본들과 개역개정역은 이 단락에 다음 구절을 덧붙인다: "요아스가 왕이 될 때에 나이가 칠 세였더라"(21절). 그러나 히브리어 성경에서 이 구절은 12장 1절에 위치한다.

6. 유다와 이스라엘의 왕들(11:21-16:20)

1) 유다 왕 요아스(11:21-12:21)

요아스는 칠 세의 어린 나이로 유다의 왕이 되었다. 그가 왕이 되었을
때 북왕국에서는 예후가 칠 년째 통치하고있던 때였다. 그의 어머니
시비아는 브엘세바 사람이었다. 사십 년의 통치기간 중 "제사장 여호
야다가 그를 교훈하는 모든 날 동안에는 여호와 보시기에 정직히 행
하였다"(2절). 역대기에 따르면 여호야다가 죽은 뒤 요아스는 간신배
들의 말을 듣고 우상숭배에 빠지는 등 악을 행하였다(대하 24:15-
19). 뿐만 아니라 하나님의 영의 감동으로 경고의 메시지를 전하는
스가랴(여호야다의 아들)를 성전 뜰에서 돌로 쳐죽이는 악행을 저지
르기까지 했다(대하 24:20-22). 열왕기에는 이런 내용들이 소개되
지는 않는다. 이곳에서는 다만 그가 산당들을 제거하지 않았다는 사
실만 간단하게 언급된다. 열왕기는 솔로몬이 건축한 예루살렘 성전의
중요성에 더 관심을 갖는 것 같다.

본문 4-16절은 요아스가 성전수리에 힘쓴 일을 자세히 소개한
다. 요아스 때는 성전이 건축된지 이미 백 수십년이 지났기에 건물의
수리가 필요했을 것이다. 또한 칠 년 동안의 아달랴의 학정 기간에 성
전이 많이 훼손되었을 가능성이 있다. 4절에는 성전수리를 위한 수입
원으로 세 가지가 언급된다: 인구조사의 속전,[148] 서원의 값,[149] 자원
하여 드리는 모든 은전. 이 예물들은 성전의 회계업무를 담당하는 사

---

148) 원문의 '케셒 오베르'(כֶּסֶף עוֹבֵר)는 인구조사시 각 사람이 생명의 속전
(ransom)으로 내는 은(銀)을 의미한다(출 30:13 참조). 개역개정역의 "사람
이 통용하는 은"은 오역이다.

람들을[150) 통해 제사장들에게로 전달되었던 것으로 보인다. 요아스
는 제사장들로 하여금 예의 성전 수입금을 가지고 성전을 수리하도록
명령하였다. 하지만 제사장들은 주어진 임무를 제대로 수행하지 않았
다. 그들의 태만으로 인해 성전수리는 요아스의 제위 제이십삼 년까
지 이루어지지 못했다.

그리하여 요아스는 특별한 조치를 취했다. 제사장들로 하여금 일
체 성전수리하는 일에서 손을 떼도록 하였다. 이제는 백성들이 가져
오는 모든 헌물을 성전 문 어귀에 준비된 궤에 넣게 하고, 궤가 어
느 정도 채워지면 왕의 서기와 대제사장이 직접 예물을 계산하여 봉
하도록 하였다. 이렇게 마련된 자금은 성전수리를 관리하는 사람들
의 손을 통해 목수와 건축자들과 미장이와 석공들에게 전달되었다.
성전 수리작업은 순조롭게 진행되었다. 성전 수리를 맡은 관리자들
은 모두 성실하게 각자의 일을 하였다. 본문 기자는 그들과의 회계
(會計)가 필요하지 않을 정도로 그들이 성실하게 일하였다고 밝힌다
(15절).

성전이 성공적으로 수리된 것은 매우 고무적인 일이었음에 틀림없

---

149) 원문의 '케셒 나프숏 에르코'(כֶּסֶף נַפְשֹׁת עֶרְכּוֹ)는 사람이 특별한 서원을 할 때
하나님께 드리는 정해진 몸값을 가리킨다(레 27:1-8 참조).

150) 개역개정역에서 이들은 "제사장들이 각각 아는 자"로 번역된다. NAS나
RSV 등 영역본들도 이 번역을 취한다. 그러나 이곳에 언급된 예물들은 이
스라엘 백성이면 누구나 드려야 하는 예물들이다. 그러므로 원문의 '마르코'
(מַכָּרוֹ) – 개역개정역에는 '제사장들이 각각 아는 자"로 번역됨 – 는 성전에
서 회계업무를 담당하는 인력으로 보는 것이 바람직하다. 히브리어 명사 '마
카르'(מַכָּר)는 '지인'(知人)이란 뜻 외에 '상인'(商人, merchant)이란 뜻도 갖
는다. 성전에 드려지는 각종 헌물들을 계산하기 위해서는 물건의 가치에 익
숙한 전문가들이 필요했을 것이므로 그들이 성전의 회계업무를 담당했다고
볼 수 있다(Wray Beal 2014:399). NIV의 번역("the treasurers")도 이 관
점을 따르고 있다.

다. 성전은 지상에 세워진 하나님의 신적 왕궁으로서 여호와께서 백성들 가운데 거하시며 그들을 통치하신다는 사실을 상징적으로 나타내는 건물이다. 이제 요아스에게 중요한 것은 성전에 거하시는 분, 이스라엘의 참된 왕이자 온 세상의 주권자이신 하나님께 충성하고 온 마음과 정성과 힘을 다하여 그분의 뜻을 받드는 일이다. 그렇지 않으면 성전수리는 한낱 종교적 허영으로 끝나고 만다.

불행하게도 요아스는 성전의 가치를 구현하는 일에 실패하였다. 실패하였다기 보다 그 가치를 훼손하는 일에 앞장섰다고 평가되어야 옳다. 그는 자신이 수리한 성전 뜰에서 자신의 후견인이자 영적 스승이었던 제사장 여호야다의 아들을 무참하게 돌로 쳐서 죽였다. 그는 자신이 열과 성을 다하여 수리한 성전의 이상에 역행하는 삶을 산 매우 모순된 인물이 되고 말았다. 열왕기에는 이 일이 소개되지는 않지만 그것과 비슷한 일이 언급된다. 성전에 보관되어있던 모든 보물들을 아람 왕 하사엘에게 넘겨준 일이 그것이다. 하사엘의 공격을 피하기 위한 일이었다. 하지만 그가 제대로 된 왕이었다면 성전의 주인이신 여호와께 부르짖어 기도했을 것이다.

유다 왕들 가운데 요아스는 그 누구보다도 더 파란만장한 삶을 산 인물이다. 아버지 아하시야는 북왕국의 반역자 예후의 손에 죽고 그의 형제들은 친 할머니의 손에 살해당하였다. 그 자신도 살해될 뻔 하였지만 간신히 구출되어 육 년 동안이나 성전에 숨어 지내야 했다. 그러다가 마침내 대제사장 여호야다의 슬기로운 도모를 통해 극적으로 보위에 오를 수 있었다. 이처럼 기구한 삶을 살았던 요아스였다. 하지만 그의 마지막 또한 기구하기는 마찬가지였다. 그는 자기가 믿은 신복들의 손에 반역을 당하여 죽는다. 역대기는 그 이유를 대제사장 여호야다의 아들 스가랴를 돌로 쳐 죽인 일 때문이라고 밝힌다(대하

24:25). 요아스의 시대는 이렇게 비극으로 막을 내렸지만 그러나 다 윗의 왕위는 여전히 건재하였다. 역모의 혼란 중에서도 그의 아들 아 마샤가 왕위를 이을 수 있었기 때문이다.

2) 이스라엘 왕들(13:1-25)

열왕기의 관심은 다시 남왕국에서 북왕국으로 옮겨간다. 북왕국 역시 하나님의 관심의 대상이기 때문이다. 이곳에 소개되는 왕은 예후의 아 들 여호아하스와 여호아하스의 아들 요아스이다.

(1) 여호아하스(13:1-9)

여호아하스는 유다 왕 요아스 제이십삼 년에 사마리아에서 이스라엘 의 왕이 되어 십칠 년간 통치하였다. 그에 대한 평가는 부정적이다. 그는 다른 이스라엘의 왕들처럼 "여호와 보시기에 악을 행하여 **이스 라엘에게 범죄하게 한** 느밧의 아들 여로보암의 죄를 따라가고 거기서 떠나지 아니하였다"(2절). 백성이 범죄하지 않도록 공의와 정의를 베 풀어야 할 왕이 도리어 백성들을 죄의 길로 이끄는 일에 앞장섰다는 말이다. 이런 일은 대개 백성들을 부(富)를 획득하고 권력을 유지하기 위한 수단으로 이용하고자 할 때 일어나는 일이다.

지배와 피지배로 이루어지는 권력구조에서 백성은 목숨의 위험을 무릅 쓰지 않는 한 왕의 정책에 순응할 수밖에 없다. 이렇게 해서 왕 과 백성은 모두 보다 편안한 삶이란 세속적인 가치를 공통분모로 갖 는 운명공동체의 일원이 된다. 그 결과는 뻔하다. 국가 전체가 하나 님 나라의 이상과는 무관한 방향으로 치닫게 된다. 여호아하스 당시의 이스라엘이 그랬다. 이런 타락상은 당연히 왕국의 진정한 주인이신 하나님의 진노를 불러올 수밖에 없다. 하나님은 아람이란 도구를 통해 자기 백성을 징계하심으로써 그들이 들어선 길이 잘못이란 사실을 일깨우고자 하셨다.

하지만 여호아하스의 이스라엘은 그런 하나님의 높으신 뜻을 제대로 깨닫지 못하였다. 그들에게 중요한 것은 어디까지나 현세의 삶일 뿐이었다. 하나님께로부터 받은 바 민족적 소명과 정체성이 무엇인지에 대해서는 무관심하였다. 그들은 하나님의 은혜로 당면한 어려움(아람의 학대)에서 벗어나자[151] 곧바로 우상종교와 그것이 내세우는 세속적 가치관을 따르던 과거의 행습으로 되돌아갔다(6절).

하나님의 백성으로서 구별된 삶의 방식을 갖는다는 것이 이처럼 힘든 일이란 말인가? 참으로 인간의 한계를 절감하지 않을 수 없다. 하나님은 다시금 아람을 들어 사용하시어 세속적인 방식에 인간의 문제에 대한 답이 있지 않다는 것을 분명히 하셨다. 다음 기록은 그런 교훈이 얼마나 혹독한 방식으로 주어졌는지 잘 알려준다: "아람 왕이 여호아하스의 백성을 멸하여 짓밟히는 흙먼지[152] 처럼 되게 하고 마

---

151) 본문 5절에 언급된 바 여호와께서 보내신 구원자가 누구인지에 대해서는 의견이 분분하다. 혹자는 앗수르의 강력한 정복자 "아다드-니라리"(Adad-Nirari, 811-783 BC)가 해당인물이라고 주장한다. 그 이유는 그가 주전 805~802년 사이에 아람을 공격하여 다메섹을 빼앗고 서쪽의 나라들을 정복하였기에 이스라엘 편에서는 그가 하나님이 보내신 구원자로 여겨질 수 있었다는 것이다(Patterson & Austel 2009:870). 하지만 다른 이들은 선지자 엘리사가 아람과의 전쟁에서 이스라엘 편에 구원을 가져오는 역할을 한 사례들을 언급하며 본문에 언급된 구원자도 엘리사일 것이라고 주장한다(House 1995:306).

152) 원문의 '아파르 라두쉬'(עָפָר לָדֻשׁ)는 완전한 파괴를 뜻하는 표현으로서 "짓밟히는 흙먼지"(Staub zum Zertreten)가 더 정확한 번역이다(Keil 1865:280).

병 오십 명과 병거 열 대와 보병 만 명 외에는 여호아하스에게 남겨
두지 아니하였더라"(7절). 여호아하스가 죽자 그의 아들 요아스가 이
스라엘의 왕이 되었다.

(2) 요아스(13:10-19, 22-25)

요아스는 같은 이름의 유다 왕 제삼십칠 년에 이스라엘의 왕으로 등
극하여 십육 년간 통치하였다. 그의 통치에 대한 평가 역시 부정적이
다. 다음은 열왕기 기자의 평가이다: "여호와께서 보시기에 악을 행
하여 이스라엘에게 범죄하게 한 느밧의 아들 여로보암의 모든 죄에서
떠나지 아니하고 그 가운데 행하였더라"(11절). 하지만 열왕기에는
요아스의 사적에 대한 이렇다 할만한 기록이 없다. 대신 선지자 엘리
사의 죽음이 중요하게 다루어진다. 이는 엘리사가 요아스 왕의 재임
중에 죽었으며, 그의 죽음이 요아스의 통치에 중요한 의미를 갖기 때
문일 것이다.

엘리사의 죽음 기사는 그가 죽을 병에 들었다는 말과 함께 시작된
다. 하나님의 손에 붙들려 수많은 기적들을 행하였던 "하나님의 거룩
한 사람"(אִישׁ אֱלֹהִים קָדוֹשׁ)에게도 병이 찾아들고 죽음의 순간이 이르렀다
는 사실이 놀랍기만 하다. 그의 병듦과 죽음에 대한 기록은 아담 이후
의 인간 삶에 깃들어있는 어두운 면을 외면하거나 숨기려 들지 않는
성경의 '사실주의'(realism)를 잘 대변해준다. 그것은 오늘에도 그
삶을 하나님께 헌신한 사람들이 필연적으로 당면하게 되는 병듦과 죽
음의 문제를 보다 더 의연한 자세로 인정하고 받아들일 수 있게 해준
다. 더군다나 이 기사의 끝(20-21절)에 첨부된 부활의 이야기는 수
세기 후에 있을 그리스도의 부활사건과 더불어 죽음 앞에서 우리의

가슴을 담담한 체념이 아닌 벅찬 소망으로 가득 채운다.

엘리사가 병든 소식은 이스라엘 왕 요아스에게도 들려왔다. 요아스는 슬픔에 사로잡혀 모든 일을 제쳐두고 엘리사에게로 내려왔다. 그는 몸져 누운 엘리사 앞에서 눈물을 흘리며 "아비 아비 레켑 이스라엘 우파라샤브"(אָבִי אָבִי רֶכֶב יִשְׂרָאֵל וּפָרָשָׁיו, "내 아버지여 내 아버지여 이스라엘의 병거와 마병이여") 하며 안타깝게 울부짖었다. 이것으로 미루어 보아 요아스는 아람과 군사적으로 대치하는 가운데 내심 엘리사를 굳게 의지하고 있었음을 알 수 있다. 그도 그럴 것이 엘리사로 인해 이스라엘이 군사적 위기에서 벗어난 일이 한두 번이 아니었기 때문이다. 하지만 요아스가 과연 엘리사가 하나님의 사람이란 사실을 제대로 이해하고 있었을까? 이스라엘의 참된 병거와 마병은 여호와 하나님이란 사실을 그가 얼마나 알고 있었을까?

슬퍼하는 요아스에게 엘리사는 그의 생각을 가늠해볼 수 있는 중요한 테스트를 하였다. 엘리사는 요아스에게 활과 화살들을 가져오게 한 다음 동쪽 창을 열고 활을 쏘도록 하였다. 특이하게도 엘리사는 요아스가 활을 쏘는 동안 자기 손을 그의 손 위에 얹는 행위를 하였다. 이는 하나님의 사람으로서 하나님의 "은혜와 축복, 능력과 권세를 전달하는 것"을 나타내는 상징행위이다(Dillard 1999:149). 이 행위가 상징하는 것처럼 요아스는 앞으로 하나님의 도우심으로 아람 군대를 물리치게 된다. 요아스가 활을 쏘자 엘리사는 하나님이 이루실 구원의 소식을 전한다: "이는 여호와의 구원의 화살[153] 곧 아람에 대한

[153) 한글 개역개정역의 "여호와를 위한 구원"은 원문에서 여호와에 접두된 전치사(לְ)를 '관심의 여격'(*dativus commodi*)으로 이해한 번역이다. 하지만 여기서는 '소유적'(possessive) 으로 이해되어 "여호와의 구원"으로 번역되는 것이 옳다(WiHS 106).

구원의 화살이니 왕이 아람 사람을 멸절하도록 아벡에서 치리이다"
(17절하). 요아스는 이 말씀을 어떻게 받아들였을까?

　엘리사는 다시 요아스에게 화살들을 집어 들고 그것들로 땅을 치
라고 하였다. 그런데 이번에는 요아스가 세 번 땅을 치고 멈추었다.
그러자 엘리사는 노를 발하며 요아스를 책망하였다. 대여섯 번을 쳤
으면 좋았을 텐데 세 번만 쳤으므로 아람을 진멸하지 못하리라는 것
이 그 내용이다. 엘리사의 책망으로 미루어 보아 요아스는 엘리사가
전한 하나님의 말씀을 그대로 믿지 못했던 것이 분명하다. 그는 엘리
사의 첫번째 말 – 창을 열고 화살을 쏘라는 말 – 에서 화살이 "여호
와의 구원의 화살"을 의미한다는 사실을 똑똑히 들었다. 그가 그 말을
그대로 믿었다면 엘리사의 두 번째 말 – 화살들로 땅을 치라는 말 –
에 어떻게 반응했겠는가? 보다 더 열성적인 태도를 보였지 않을까?
가능한 한 많이 화살들로 땅을 치지 않았겠는가?

　하지만 요아스는 "세 번만" 치는 미온적인 태도를 보이고 말았다.
이는 그의 믿음 없음을 나타내며, 그런 자에게 온전한 구원의 축복이
주어질 수는 없다. 하나님이 주시는 구원의 은혜는 믿음을 떠나서는
온전히 경험될 수 없다는 것이 성경의 일관된 가르침이다(롬 1:16-
17; 히 11:6; 약 1:5-8). 하나님은 요아스로 하여금 그 자신이 보
인 반응만큼 다만 "세 번만"의 승리를 얻게 하심으로써(19, 25절) 하
나님의 말씀의 엄중함과 그에 대한 믿음의 중요성을 나타내셨다.

　요아스의 사적에 대한 기록은 일단 그가 아람 왕 "벤하닷을 세 번
쳐서 무찌르고 이스라엘 성읍들을 회복한"(25절하) 이야기와 함께 끝
난다.[154] 본문기자의 설명에 따르면 이 성읍들은 요아스의 아버지 여

---

154) 하지만 흥미롭게도 요아스의 죽음과 계승은 후에(왕하 14:15-16) 유다 왕
　　아마샤의 사적과 함께 소개된다. 이는 요아스의 남은 행적이 유다 왕 아마
　　샤와 밀접하게 연결되어있기 때문인 것으로 보인다.

호아하스 시대에 아람 왕 하사엘에게 빼앗겼던 것이다. 하사엘은 엘리사의 예언을 듣고 선임자 벤하닷에게서 왕위를 찬탈한 인물이다(왕하 8:7-15 참조). 그는 이스라엘에 많은 해를 끼친 인물로서도 유명한데, 예후와 그의 아들 여호아하스 시대에 이스라엘의 많은 영토를 빼았고 백성들을 학대하였다(왕하 10:32-33; 13:22 참조). 하지만 하사엘의 끈질긴 공격에도 이스라엘은 버텨냈다. 그 이유에 대해 열왕기 기자는 다음과 같이 전한다:

"여호와께서 아브라함과 이삭과 야곱과 더불어 세우신 언약 때문에 이스라엘에게 은혜를 베풀며 그들을 불쌍히 여기시며 돌보사 멸하기를 즐겨하지 아니하시고 이 때까지 자기 앞에서 쫓아내지 아니하셨더라"(23절).

(3) 엘리사의 죽음(13:20-21)

이스라엘 왕 요아스의 사적 사이에 간단하지만 주목할만한 엘리사의 죽음과 장사(葬事)에 대한 기록이 나타난다. 그 내용은 다음과 같다. 엘리사가 죽어 매장된 다음 해에 모압의 약탈자들이 이스라엘 땅에 들어와 엘리사의 묘 근처에 나타났다. 때마침 사람들이 한 죽은 사람을 장사지내고 있었는데, 그들이 이 약탈자들을 보고 다급해진 나머지 시신을 엘리사의 묘실에 던져 넣게 된다. 그런데 뜻밖에도 놀라운 일이 일어났다. 시신이 엘리사의 뼈에 닿자 곧 다시 살아나 자기 발로 일어섰다. 이 전대미문의 사건이 갖는 의미는 무엇인가?

먼저 그것은 엘리사가 일평생 수행한 선지자적 사역의 연장으로 이해되어야 한다. 엘리사가 선지자로서 행한 일들은 따지고 보면 모두 생명을 보존하고 살리는 일에 집중되었다. 나쁜 수질(水質)을 고친 일, 과부의 그릇에 기름이 차게 한 일, 수넴 여인의 죽은 아들을 살린 일, 독이 든 죽을 해독한 일, 아람 장군 나아만의 나병을 고친 일 등이 모두 그러하다. 본문의 부활 사건은 생명을 보존하고 살리는 이들 선지자적 사역들의 성격을 확증한다.

아울러 이 사건은 구약 이스라엘 왕국을 향하여서도 중요한 메시지를 전한다. 현재의 문맥에서 이 사건은 아람과의 전쟁 이야기에 둘러싸여 있다. 그러므로 그것은 선지자적 능력으로 죽은 자가 다시 살아나듯 이스라엘이 장차 하나님의 능력으로 패배와 멸망의 무덤에서 다시 회생할 것을 예고하는 표적적인 사건으로서 의미를 갖는다고 볼 수 있다. 선지자 에스겔 역시 다시 살아난 마른 뼈의 이미지를 사용하여 멸망당한 이스라엘의 회복을 예언하였다(겔 37:1-14; 사 25:6-8; 26:19 참조).

더 나아가 본문의 부활사건은 선지자 중의 선지자이신 예수 그리스도께로 독자들의 시선을 돌린다. 선지자 엘리사와 마찬가지로 예수님은 그분의 모든 사역이 생명을 살리고, 보존하는 일에 집중되었다(마 4:23-24). 가장 중요한 것은 예수님은 자기에게 속한 사람들에게 생명을 주시기 위하여 스스로 생명을 버리기까지 하셨다는 사실이다(요 10:6-18). 특히 예수님은 몸소 죽은 지 사흘만에 죽은 자들 가운데서 부활하심으로써 당신 자신이 사망의 권세를 정복하신 생명의 주이심을 뚜렷이 입증하셨다(고전 15장). 예수님이 십자가에서 운명하실 때 무덤들이 열리고 죽었던 성도들의 몸이 많이 일어난 것 역시 같은 의미를 갖는다(마 27:51-52).

3) 유다 왕 아마샤(14:1-22)

유다 왕 아마샤는 요아스의 아들로서 이스라엘 왕 요아스 제이 년에
왕위에 올랐다. 왕위에 오를 때 그의 나이는 이십오 세였으며 예루살
렘에서 이십구 년간 통치하였다. 그의 어머니 이름은 여호앗단이었으
며 예루살렘 사람이었다. 아마샤는 대체로 "여호와 보시기에 정직히
행한" 왕으로 평가되지만 다윗 같지는 못했다. 그는 아버지 요아스와
마찬가지로 산당들을 제거하지 못하였는데, 이는 종교와 예배의 타락
을 가져오는 주요원인이 되었다. 산당은 가나안의 토착종교가 뿌리내
리고 있던 장소로서 바알 종교를 비롯한 각종 우상숭배의 온상이었다
(호 4:11-14 참조). 아마샤 시대 유다 백성들은 이곳에서 제사를 드
리며 분향하였기에 그들의 종교적 타락상이 어느정도였을지 짐작하기
란 어렵지 않다.

그러나 아마샤에게도 나름 잘 한 일이 있었다. 그는 부왕 요아스를
살해한 암살자들을 죽일 때 그들의 자녀들을 함께 죽이지 않았다. 그
이유는 모세의 율법을 지키기 위함이었다는 것이 열왕기 기자의 설명
이다(6절). 모세의 율법책에는 다음과 같은 규정이 있다: "아버지는
그 자식들로 말미암아 죽임을 당하지 않을 것이요 자식들은 그 아버
지로 말미암아 죽임을 당하지 않을 것이니 각 사람은 자기 죄로 말미
암아 죽임을 당할 것이니라"(신 24:16). 아마샤가 이 율법을 지키고
자 했다는 것은 그의 통치하에 어느 정도 정의와 공의가 시행되었다
는 의미로 받아들여진다.

주목할만한 것은 아마샤가 에돔 사람과 전쟁한 내용이다. 열왕기
기자는 아마샤가 사해 남쪽 소금 골짜기에서 에돔 사람 만 명을 죽이
고 셀라를 취하였다는 기록을 남기고 있다. 역대기 기자는 이 전쟁을

보다 더 상세하게 소개한다. 특히 역대기는 "아마샤가 에돔 사람들을 죽이고 돌아올 때에 세일 자손의 신들을 가져와서 자기의 신으로 세우고 그것들 앞에 경배하며 분향한" 사실을 알려준다(대하 25:14). 열왕기에 이것이 언급되지 않은 까닭은 북왕국의 왕들에 비해 남왕국의 왕들을 호의적으로 소개하고자 하는 기록자의 관심과 관계된 것으로 보인다. 열왕기에 거듭 되풀이 되는 바 다윗에게 약속된 "등불"은 이 관심을 잘 반영한다고 하겠다.

8-14절에는 아마샤가 북왕국의 왕 요아스와 벌인 전쟁이 소개된다. 역대기의 설명(대하 25:5-13)에 따르면 이 전쟁은 앞에서 살펴본 에돔 전쟁의 여파로 일어났다. 처음에 아마샤는 에돔과의 전쟁을 위해 이스라엘 용병들을 고용하였다. 그런데 하나님의 사람으로부터 이 일이 옳지 않다는 말을 듣고 용병들을 그냥 되돌려 보내었다. 뜻밖의 결정으로 불쾌해진 용병들은 돌아가는 길에 유다 성읍들을 약탈하고 사람들을 죽이는 등 갖가지 만행을 저질렀다. 아마샤가 북왕국을 상대로 전쟁을 벌이고자 한 것은 이 일 때문이었다. 하지만 이 전쟁은 성공적이지 못했다. 오히려 유다가 패하고 아마샤는 요아스에게 사로잡히는 수모(受侮)를 겪었다. 요아스는 예루살렘에 이르러 성벽 사백 규빗(약 2 km)을 헐고 성전과 왕궁 곳간의 각종 보물들을 사마리아로 약탈해갔다. 역대기는 아마샤가 당한 패배와 굴욕의 원인을 그가 "세일 자손의 신들"에게 행한 우상숭배행위에다 돌린다(대하 25:14-16).

아마샤는 북왕국의 라이벌 왕 요아스가 죽은 뒤에도 십오 년간 더 생존하였다. 하지만 그의 최후는 불행하였다. 그의 부친과 마찬가지로 자신도 반역을 당해 죽었던 것이다. 열왕기 기자는 반역자들이 예루살렘에서 도망친 그를 라기스까지 따라가서 죽인 일이며, 죽은 그의 시신을 말에 실어다가 예루살렘에 운반하여 다윗 성에 장사한 일을 소상하게 전해준다. 주목할 만한 것은 아마샤가 반역을 당하여 죽었음에도 불구하고 그의 아들 아사랴가 왕위를 잇게 되었다는 사실이다. 상식적으로는 불가능하다 싶을 정도로 기이하게 여겨지는 이 일은 다윗에게 등불을 약속하신 하나님의 섭리 가운데 이루어진 일이라고 볼 수밖에 없다.

4) 이스라엘 왕 여로보암(14:23-29)

여로보암은 북왕국의 창시자인 느밧의 아들과 동명이인으로서 일반적으로 여로보암 2세로 불리는 인물이다. 그는 유다 왕 아마샤 제십오 년(793 BC)에 사마리아에서 이스라엘의 왕으로 등극하여 사십일 년간 통치하였다. 북왕국의 다른 왕들에 비해 월등하게 긴 그의 통치기간은 그를 더욱 명예롭게 해주는 것이 아니었다. 열왕기 기자는 그가 "여호와 보시기에 악을 행하여 이스라엘에게 범죄하게 한 느밧의 아들 여로보암의 모든 죄에서 떠나지 아니하였더라"(24절)고 하며 그의 통치를 혹평한다. 또한 선지자 호세아와 아모스의 글에는 그의 시대에 종교적, 정치적, 사회적, 경제적 부패가 극에 달하였음을 보여주는 내용들로 가득하다.

그렇지만 여로보암 왕권의 문제점들에도 불구하고 하나님께서는 이스라엘에게 은혜를 베푸셨다. 여로보암은 선지자 요나가 예언한 대로 이스라엘 영토를 북으로는 하맛 어귀로부터 남으로는 사해(아라바 바다)까지 확장할 수 있었다. 이는 여로보암 시대에 다윗-솔로몬 왕국의 영토가 거의 회복될 정도로 국력이 신장되었다는 것을 의미한다(왕상 8:65 참조). 여로보암과 이스라엘 백성들이 이것을 은혜로우신 하나님의 돕는 손길에 의한 것으로 받아들였을까? 그랬다면 그들은 하나님께 감사하며 더욱 그분께 충성하며 순종하고자 하였을 것이다. 하지만 나타난 결과는 정반대였다. 그들은 오히려 우상숭배에 탐닉하며 불의를 일삼고 세속적인 가치를 추구하기에 바빴다(암 2:6-8 참조). 그들은 하나님이 베푸신 은혜를 자신들의 정치적 수완과 우상에게 돌렸다(호 2:8; 13:1-3; 7:8-16; 12:1, 7-8 참조).

여로보암 통치하의 이스라엘이 이렇게 타락하였지만 그럼에도 불구하고 하나님은 그들을 불쌍히 여기셨다. 하나님은 그들의 어려움을 "보시고"(26절) 그들을 "구원하셨다"(27절).[155] 이스라엘은 예후와 여호아하스 시대를 거치며 아람에게서 계속 공격을 받고 많은 영토를 잃어버렸다(왕하 10:32-33; 13:7). 특히 여호아하스 시대에 아람의 압박은 극에 이르렀다. 아람의 학대가 얼마나 심하였던지 이스라엘 백성이 "짓밟히는 흙먼지처럼" 되었다고 한다(왕하 13:7). 본문 26절의 "이스라엘의 고난이 심하여 매인 자도 없고 놓인 자도 없고 이스라엘을 도울 자도 없다"는 말씀은 이런 형편을 염두에 둔 것으로 보인다(신 32:36 참조). 이스라엘이 곤경에 처하자 하나님은 가만히 계시지 않았다. 여호아하스의 아들 요시야 시대에 빼앗긴 영토가 회복되기 시작하더니(왕하 13:25), 여로보암 시대에 이르러서는 옛 솔로몬 왕국을 방불케 할 정도의 영토적, 군사적, 경제적 회복이

---

155) 하나님이 자기 백성의 곤경을 "보신다"는 것은 곧 그분이 그들의 구원을 위해 개입하신다는 의미와 같다: "구약에서 구원의 역사는 여호와가 개입하시기 전 먼저 곤경에 처한 자들의 불행을 "보시는" 것과 더불어 시작된다(출 3:7-8). "하나님이 보신다"는 말은 인간 및 시간과 무관한 우상들과는 반대로 여호와께서 사건에 개입하신다는 것을 표현한다(신 4:28; 시 115:5-7; 135:16f.)." Vetter 2004[6]:695를 보라.

일어나게 되었다.

하나님이 이스라엘을 구원하신 이유는 그들을 불쌍히 여기셨기 때문이다. 이 "불쌍히 여기심"은 그들이 하나님과 더불어 가진 특별한 관계에서 비롯된 것으로 보인다. 이스라엘은 천하만민 가운데서 하나님이 택한 백성이다. 하나님과의 이 특별한 관계가 아니었다면 이스라엘이란 "이름"은 이미 오래 전 광야시절에 천하에서 제하여져 버렸을 것이다(신 9:14 참조). 출애굽 이후 그들의 역사는 반역의 역사였다고 해도 과언이 아니다. 이와 같이 반역으로 경도된 이스라엘의 체질을 너무도 잘 아시기에 하나님은 일찍이 선지자 사무엘을 통하여 "여호와께서는 그의 크신 이름을 위해서라도 자기 백성을 버리지 아니하실 것"(삼상 12:22)이라고 하셨다. 이 말씀은 "여호와의 크신 이름"이 "이스라엘"이란 이름과 분가분의 관계로 연결되어있다는 의미로 받아들여진다. 여로보암 시대에 이스라엘이 누렸던 번영은 하나님과 이스라엘의 이 특별한 관계에서 기인된 것이라고 보아야 한다.

열왕기 기자는 여로보암의 업적을 몇가지 덧붙이고 그의 사적을 끝맺는다. 눈여겨 볼만한 것은 여로보암이 다메섹을 회복하였다는 기사와 이전에 유다에 속하였던 하맛을 이스라엘에 돌렸다는 기록이다(28절). 이는 여로보암 시대에 이스라엘이 다윗-솔로몬 왕국의 영토를 회복하였다는 의미로 풀이된다. 열왕기 기자가 이 기록을 덧붙인 이유는 하나님께서 여전히 족장들과 맺은 언약을 기억하고 계시다는 메시지를 전하기 위함인 것으로 보인다. 하나님은 족장들과 더불어 언약을 맺으시고 그들의 후손들에게 가나안 땅을 소유로 주셨다. 그러므로 여로보암 시대에 이루어진 영토회복은 족장들과의 언약이 유지되고있다는 표증이라고 할 수 있다(왕하 13:23 참조). 하나님의 백성들이 부침을 거듭하는 역사의 변수에도 불구하고 소망을 갖는 이유는 자신의 언약에 신실하신 하나님이란 상수 때문이다. 여로보암이 죽자 그의 아들 스가랴가 대신하여 왕이 되었다.

5) 유다 왕 아사랴(15:1-7)

동시연대기는 독자들의 관심을 다시 유다로 돌린다. 이스라엘 왕 여로보암 제 이십칠 년(767 BC)에 유다 왕 아마샤의 아들 아사랴(또는 웃시야)가 왕위에 올랐다. 하지만 이 연대는 아사랴가 단독통치를 시작한 해이다. 앗사랴는 이미 이십육 년 전(792 BC) 16세의 나이에 그의 아버지 아마샤와 더불어 공동통치를 시작하였다. 본문에 그의 통치기간으로 언급된 오십이 년은 공동통치를 포함한 전체 통치기간(792~740 BC)을 가리킨다. 아사랴의 모친은 예루살렘 사람 여골리야였다.

아사랴에 대한 평가는 대체로 긍정적이다. 그는 그의 부친 "아마샤의 모든 행위대로 여호와 보시기에 정직히 행하였다"는 것이 열왕기의 평가이다. 그러나 그 또한 아마샤처럼 산당제사를 폐하지 않았으므로 백성들이 산당에서 제사하고 분향하는 예배의 타락이 계속되었다. 본문에 자세히 소개되지 않았지만 아사랴의 종교적 타락은 더욱 심각한 것이었다. 역대기의 증언에 따르면 아사랴는 제사장을 대신하여 성전에 들어가 향단에 분향하려고 하였다. 그것은 명백히 제사장으로 하여금 분향하도록 정한 규례를 어기는 행위였다. 역대기 기자는 아사랴의 월권행위를 마음의 교만과 연결시킨다. 즉 아사랴가 블레셋을 비롯한 이방 나라들과의 전쟁에서 승리를 거두었기에 마음이 교만해져서 제사장의 역할까지 넘보게 되었다는 것이 역대기의 설명이다(대하 26:16).

아사랴의 반율법적인 행위는 무엇보다도 예배의 대상이신 하나님을 무시하는 것이었다. 그는 하나님을 예배하는 대신 자신이 영광과 명예를 독차지 하고자 하였다. 그것은 하나님이 보시기에 심히 가증하고 악한 일이었다. 그러기에 하나님은 그가 구약에서 부정한 것으로 간주되는 나병에 걸리게 하심으로써 그의 마음과 행실의 부정함을 부각시키고 벌하셨다. 그 결과 아사랴는 죽는 날까지 별궁에서 지내야만 했고 그의 아들 요담이 대신하여 나라를 다스렸다.

6) 이스라엘의 왕들(15:8-31)

동시연대기는 다시 이스라엘의 왕들에게 초점을 맞춘다. 이곳에 소개되는 이스라엘의 왕들은 스가랴, 살룸, 므나헴, 브가히야, 베가 등 모두 다섯 사람이다.

(1) 스가랴(8-12절)

이 사람은 여로보암의 아들로서 예후로부터 시작된 왕가의 종말을 고한 비운의 인물이다. 그는 유다 왕 아사랴 제삼십팔 년(753 BC)에 사마리아에서 이스라엘의 왕이 되어 여섯 달 동안 왕노릇 하였다. 그에 대한 평가는 부정적이다: "그의 조상들의 행위대로 여호와 보시기에 악을 행하여 이스라엘로 범죄케 한 느밧의 아들 여로보암의 죄에서 떠나지 아니한지라"(9절). 그는 마침내 야베스의 아들 살룸에게 반역을 당하여 여섯 달의 짧은 통치를 죽음으로 끝맺게 된다.

(2) 살룸(13-16절)

살룸은 북왕국 역사상 시므리 다음으로 가장 짧은 기간을 다스린 왕으로 기록되고 있다. 그는 웃시야(아사랴) 제삼십구 년(752 BC)에 왕위를 찬탈하여 사마리아에서 겨우 한 달 간 왕노릇 하였다. 그에 대한 별다른 평가는 나오지 않는다. 다만 가디의 아들 므나헴이 반역한 일만 비교적 자세히 언급될 뿐이다. 므나헴은 이스라엘의 옛 수도 디르사에서 올라와 살룸을 죽이고 왕이 되었다. 므나헴은 또한 딥사 사람들과 그 주변의 사람들을 모두 죽이고 아이 밴 부녀를 갈랐다고 한다. 그가 이런 일을 한 이유는 딥사 사람들이 그를 왕으로 인정하지 않았기 때문이었던 것으로 보인다. 그가 저지른 살육행위는 그의 포악함을 잘 나타낸다.

(3) 므나헴(17-22절)

므나헴은 유다 왕 아사랴(웃시야) 제삼십구 년(752 BC)에 왕위에 올라 사마리아에서 십 년 간 나라를 다스렸다. 그는 "여호와 보시기에 악을 행하여 이스라엘로 범죄하게 한 느밧의 아들 여로보암의 죄에서 평생 떠나지 아니하였다"고 평가된다. 그는 자신의 왕위를 보존하기 위해 수단과 방법을 가리지 않았다. 앗수르 왕 불(Tiglathpileser III, 745-727 BC)이 이스라엘 땅을 치려하자 므나헴은 은 천 달란트(약 30t)로 그를 매수하여 자신의 왕위를 지키는데 성공하였다(Sweeney 2007:373). 그는 이 막대한 자금을 마련하기 위해 이스라엘의 큰 부자들로부터 각각 은 오십 세겔(약

11kg)씩 강탈하였다. 이렇게 하여 지켜낸 왕권이었지만 십 년 이상을 가지 못하였다. 므나헴이 만일 이방 왕이 아닌 하나님께 충성을 바쳤더라면 전혀 다른 결과가 나왔을 것이기에 안타까울 따름이다.

(4) 브가히야(23-26절)

이 사람은 므나헴의 아들로서 유다 왕 아사랴(웃시야) 제오십 년(742 BC)에 사마리아에서 왕으로 등극하여 이 년간 통치하였다. 이스라엘 왕들의 평가에 늘 공식처럼 되풀이되는 문구가 여기서도 사용된다: "여호와께서 보시기에 악을 행하여 이스라엘로 범죄하게 한 느밧의 아들 여로보암의 죄에서 떠나지 아니한지라"(24절). 브가히야는 자신의 고위 관리인 베가에게 반역을 당하였다. 베가는 자신과 함께한 길르앗 사람 오십 명과 더불어 사마리아의 왕궁 요새에서 왕과 그의 측근들을 죽이고 왕권을 찬탈하였다. 베가가 이렇게 한 것은 므나헴으로부터 브가히야로 이어지는 친 앗수르 정책에 대한 불만 때문이었을 가능성이 크다(Wray Beal 2014:430). 베가는 아람과 연대하여 소위 '시리아-에브라임 전쟁'(the Syro-Ephraimite War, 734-732)으로 이어지는 반 앗수르 정책을 펴게 된다.[156]

(5) 베가(27-31절)

---

156) 시리아-에브라임 전쟁은 앗수르에 대항하는 시리아-에브라임 연합군이 자신들의 군사 동맹에 가담하기를 거부하는 유다에 대항하여 일으킨 전쟁이다. 수세에 몰린 유다는 앗수르의 도움으로 간신히 위기에서 벗어날 수 있었다. 이 전쟁의 결과 이스라엘은 많은 영토를 잃었고 시리아는 앗수르의 수중에 들어가게 되었다.

베가의 등극년도와 통치기간은 많은 어려움을 야기한다. 본문에 기록된 대로라면 그는 유다 왕 아사랴 제오십이 년(740 BC)에 왕이 되어 이십 년간 통치하였다. 북왕국의 멸망시점(722 BC)을 고려할 때 이 계산은 터무니없어 보인다. 베가 이후에도 호세아가 구 년이나 더 나라를 다스렸기 때문이다(왕하 17:1 참조). 그러나 이 문제를 해결해 줄 시나리오가 없지 않다. 베가는 스가랴와 살룸이 차례로 반역을 당하던 혼란기(753~752 BC)에 길르앗 지역에서 통치권을 행사하기 시작하였을 수 있다. 길르앗 사람들이 베가의 반역을 도운 사실이 이 추측을 뒷받침한다(25절 참조). 친앗수르 정책을 편 므나헴과 브가히야는 시리아와 인접한 요단 동편지역의 형편을 고려하여 적절히 타협하는 선에서 베가의 세력을 묵인 내지는 인정해주었을 것이다. 그러므로 베가의 통치기간으로 언급된 이십 년은 길르앗 지역에서 십이 년 (752~740 BC)과 쿠데타 이후의 팔 년(740~732 BC)을 포함한다고 보아야 한다.

그럼에도 불구하여 연대기와 관련된 어려움이 완전히 해소되지는 않는다. 열왕기 기자는 왜 한편으로는 쿠데타를 일으킨 시점(740 BC)을 등극년으로 잡으면서 다른 한편으로는 길르앗 지역에서의 십이 년을 포함하여 이십 년을 통치기간으로 잡는가? 연대기에 대한 이런 기록방식은 매우 독특하여서 현대 독자들에게는 낯설게 다가오는 것이 사실이다. 그러나 열왕기에는 어떤 왕이 단독통치를 시작한 연도와 공동통치기를 포함한 전체 통치기간이 별다른 설명 없이 함께 나란히 기록되어있는 경우들이 종종 발견된다(왕상 22:41-42; 왕하 16:1-2; 18:1-2). 틸레(Thiele 1983:55)는 이를 가리켜 열왕기에 독특한 "이중 연대계산"(dual dating)이라고 부른다. 여기서도 이런 독특한 계산방식이 사용되었다고 볼 수 있다.

이제 베가의 통치에 대해 살펴보자. 앞에서 소개한 것처럼 베가는 반 앗수르 정책을 폈던 인물이다. 그는 서쪽으로 세력을 확장하는 앗수르에 대항하기 위해 시리아와 군사적 동맹을 맺고 남쪽의 유다도 이 동맹에 가담시키고자 하였다. 유다의 아하스가 이에 불응하자 시리아-에브라임 연합군은 이참에 아얘 "다브엘의 아들"이라 일컫는 새로운 인물을 왕위에 앉힐 작정으로 유다를 공격하였다(사 7:3-9 참조). 그러나 이것은 오히려 그들이 두려워하는 바를 앞당기는 결과를 낳았다. 코너에 몰린 아하스는 선지자 이사야의 만류에도 불구하고 앗수르에게 도움을 요청하였고, 앗수르는 지체 없이 이 요구에 응하였다.

앗수르의 왕이자 무적의 정복자였던 디글랏빌레셀은 반역에 가담한 나라들을 가차없이 응징하였다. 이 때 에브라임의 많은 영토가 앗수르의 수중에 들어갔으며 백성들은 포로로 사로잡혀 앗수르로 옮겨졌다(29절). 무엇보다 전쟁의 가장 큰 피해자는 베가 자신이었다. 그는 패전의 여파로 엘라의 아들 호세아에게 반역을 당하여 이십 년간의 파란만장한 통치를 죽음으로써 끝맺는다.[157] 열왕기 기자는 비극적인 그의 생애를 느밧의 아들 여

디글랏빌레셀 3세 (Miller & Hayes 2006^2:369)

---

157) 디글랏빌레셀이 남긴 비문에 따르면 호세아를 욍위에 앉힌 것은 디글랏빌레셀 자신이라고 한다(AnNE 265). 디글랏빌레셀은 반역자 베가를 죽인 호세아의 공을 높이 평가하여 그를 이스라엘의 왕으로 세웠을 것이라고 추측해볼 수 있다.

로보암의 길로 행한 그의 범죄행위 탓으로 돌린다. 결론적으로, 베가의 사적은 여호와를 떠나서 시도되는 모든 노력들은 왕 자신은 물론이거니와 백성들과 나라에 재앙만을 불러온다는 사실을 생생하게 가르쳐준다.

7) 유다의 왕들(15:32-38; 16:1-20)

여기서는 다시 유다 왕들이게 관심의 초점이 모아진다. 이곳에서 소개되는 유다의 왕들은 웃시야(아사랴)의 아들 요담과 요담의 아들 아하스이다.

(1) 요담(15:32-38)

요담이 유다의 왕이 된 것은 이스라엘 왕 베가 제이 년(750 BC)이다. 등극시 그의 나이는 이십오 세였으며, 예루살렘에서 십육년 간 나라를 다스렸다.[158] 웃시야의 전체 통치기간(792~740 BC)을 고려할 때 요담은 그의 부친과 십 년간 공동으로 나라를 다스렸을 것으로 보인다. 그의 어머니는 사독의 딸 여루사였다. "사독"이란 이름으로 미루어 그녀는 제사장 집안 출신이었을 것이다(Gray 1977^{3}:629). 요담의 통치는 대체로 호의적으로 평가된다. 하지만 산당을 제거하지 않은 것이 여전히 문제로 지적된다. 그의 부친 때와 마찬가지로 백성들은 계속해서 산당에서 제사하고 분향하였다. 이는 성전을 자신의 거처로 삼으신 하나님의 뜻과 정면으로 배치될 뿐만 아니라(시

---

158) 공동통치의 첫해는 이중으로 계산되었을 것이므로 실제 통치기간은 십오 년으로 보아야한다.

132:13-14 참조), 영적 부패로 이어지게 된다(대하 27:2 참조).

요담이 남긴 업적은 특별히 건축분야이다. 본문은 그가 "여호와의 성전의 윗문"을 건축한 일을 언급한다. 그밖에 여러 건축활동들이 역대기에 소개된다(대하 27:3-4). 역대기 기자는 또한 요담이 암몬 자손의 왕과 싸워 이기고 그들로부터 조공을 받은 일을 언급한다(대하 27:5). 요담 시대의 이러한 번영은 그가 "여호와 앞에서 바른 길"을 걸으려 한 것과 무관하지 않다(대하 27:6). 산당 제사에서 볼 수 있듯이 요담에게 허물이 없지 않았지만, 그럼에도 하나님은 그가 바른 길을 가려고 애쓴 것을 무시하지 않고 인정해주셨다. 하나님은 자비롭고 공의로운 분이시다.

하지만 하나님의 관심은 단순히 자기 백성의 현상유지나 현세적 번영에 있지 않다. 그들이 하나님을 받들어 섬기며 하나님의 백성이란 신분에 걸맞게 거룩한 길로 행하는 것이 하나님의 최대 관심이다. 그러므로 그것이 이루어지기까지 하나님은 결코 쉬지 않으신다(사 9:7 참조). 요담 시대에 하나님이 아람과 이스라엘을 보내어 유다를 치게 하신 것은 이런 하나님의 열심에서 나온 것으로 이해되어야 한다. 그런데 아람 왕 르신과 이스라엘 왕 베가가 유다를 친 것은 "시리아-에브라임 전쟁"을 가리킨다. 이 전쟁은 시리아-에브라임 군사동맹에 가담하지 않은 아하스를 응징하기 위한 것이었던 만큼 아하스 시대에 일어난 전쟁이다. 이는 곧 37절에 언급된 르신과 베가의 침공이 요담이 왕위에서 물러난 이후의 일이란 사실을 의미한다.

(2) 아하스(16:1-20)

아하스는 이스라엘 왕 베가 제 십칠 년(735 BC)에 왕위에 올랐다.

하지만 등극시 그의 나이(이십 세)와 통치기간(십육 년)에 대해서는 숙고가 요구된다. 아하스가 주전 735년에 등극하여 십육 년간 통치하였다면 그의 통치가 끝난 해는 주전 719년이 된다. 이는 그의 아들 히스기야가 주전 719년에 유다의 단독 통치자로서 왕위에 올랐다는 계산을 낳는다. 하지만 실제로 히스기야가 아하스의 뒤를 이은 해는 그보다 사 년 뒤인 주전 715년이다(왕하 18:2, 13 참조). 이 사 년간의 공백을 어떻게 보아야 할 것인가? 패터슨과 오스텔(Patterson & Austel 2009:903)의 해결책이 좋을듯하다. 그들의 견해에 따르면 아하스는 아들에게 왕직을 물려준 후에도 사 년을 더 생존하였으며, 따라서 공식적인 히스기야의 등극년도가 그만큼 더 늦어질 수 밖에 없었을 것이라고 한다.

아하스에 대한 평가는 매우 부정적이다. 그는 ① "여호와 보시기에 정직히 행하지 아니하고," ② "이스라엘의 여러 왕의 길로 행하며," ③ "여호와께서 이스라엘 자손 앞에서 쫓아내신 이방 사람의 가증한 일을 따라" 행하였다. 뒤의 두 평가는 이전 유다 왕들의 평가에서는 볼 수 없었던 내용이다. 유다 왕의 행위가 이스라엘 왕들의 그것과 비교되는 까닭은 이스라엘에게 일어날 일(멸망)이 유다에게도 일어나게 될 것을 예고하기 위함이다. 또한 가나안 원주민들에 대하여 사용된 동사 "쫓아내다"는 유다 백성들 또한 그들처럼 가나안 땅에서 쫓겨날 것을 암시한다.

아하스가 본받은 이방인들의 가증한 행위는 모두 우상숭배와 관련된다. 그는 암몬족의 물록제사에서와 같이 자기 아들을 불 가운데로 지나가게 했는가 하면 "산당들과 작은 산 위와 모든 푸른 나무 아래에서 제사를 드리며 분향"(왕하 16:4)하는 일에 앞장섰다(호 4:13). 이는 아하스 시대에 바알 종교를 비롯한 각종 풍요제의가 창궐하였음

을 의미한다. 아하스 시대의 종교적, 영적 타락은 그가 펼 친 앗수르
정책과 무관하지 않다. 당시 앗수르의 강력한 정복자 디글랏 빌레셋
3세는 서쪽으로 세력을 확장하고 있었다. 아람 왕 르신과 이스라엘
왕 베가는 이 세력을 막아내고자 군사적 동맹을 맺었다. 아하스는 동
맹에 가담하는 대신 앗수르와 종주관계를 맺음으로써 르신과 베가로
부터 가해져오는 압박과 위협에서 벗어나고자 했다.

열왕기 기자는 아하스가 디글랏 빌레셀과 종주관계를 맺고자 애
쓴 일을 소상하게 전해준다. 그는 사신을 통해 디글랏 빌레셀에게 굴
종적인 내용의 서신을 전하였다: "나는 왕의 신복이요 왕의 아들이라
이제 아람 왕과 이스라엘 왕이 나를 치니 청하건대 올라와 그 손에서
나를 구원하소서"(16:7). 이 서신과 함께 아하스는 "여호와의 성전
과 왕궁 곳간에 있는 은금을 내어다가 앗수르 왕에게 예물로 보냈다"
(16:8). 아하스가 이렇게 한 것은 고대 근동에서 종주권 조약이 체결
될 때 행해진 일반적 관례에 따른 것으로 보인다. 고대 근동의 종주권
조약에서 종주와 봉신의 관계는 종종 아버지와 아들의 관계로 규정된
다(Gentry & Wellum 2012:397).

그러나 아무리 당시의 정치적 관행에 따른 것이라고 해도 아하스
의 행위는 용납될 수 없다. 그는 시대적 형편에 순응하며 살아서는 안
될 백성들을 대표하는 왕이었다. 다윗 왕국이 어떤 왕국인가? 하나님
과 더불어 언약을 맺은 왕국이 아닌가? 특별히 다윗 왕가의 왕들은 하
나님과 아버지-아들의 관계에 있었다(삼하 7:14 참조). 하나님께서
다윗과 맺으신 언약으로 인해 이런 친밀한 관계가 성립되었다. 따라
서 아하스가 한 일은 종주를 바꾸는 행위였다. 그는 이를 위해 성전의
은금을 앗수르 왕에게 가져다 바쳤다. 이는 새로운 종주(앗수르 왕)
를 위해 옛 종주(하나님)를 팔아넘긴다는 의미이다. 그랬기에 아하스

는 하나님 대신 앗수르 왕에게 구원을 요청했다. 이 얼마나 어처구니 없는 일인가? 아하스가 하나님을 향해 아버지라 부르며 그분께 구원을 요청하였더라면 하나님이 들어주지 않으셨겠는가? 하나님 편에서 볼 때 앗수르 왕에게로 달려가는 아하스의 행동은 반역행위 그 자체였다.

앗수르 왕 디글랏 빌레셀은 아하스의 요청에 신속하게 응답하였다. 그렇잖아도 서쪽지역을 평정하려던 참이었는데 아하스의 요구는 이를 위한 적절한 계기가 되었다. 시리아, 두로, 이스라엘, 블레셋 등 반 앗수르 동맹에 속한 나라들이 디글랏 빌레셀의 군대 앞에 무릎을 꿇었다(Miller & Hayes 2006²:380-383). 아람 왕 르신과 이스라엘 왕 베가도 이 때 목숨을 잃었다(15:30; 16:9). 모든 것이 아하스가 바라던 대로였다. 하지만 그것은 결코 유다에게 좋은 일이 아니었다. 오히려 그것은 유다가 앗수르의 직접적인 지배와 간섭을 받는 처지가 되었다는 의미이다. 그러므로 은과 금을 싸들고 앗수르로 달려간 아하스의 모습은 "홀로 떨어진 들나귀"처럼 어리석고 "값 주고 사랑하는 자들을 얻는" 음녀같이 처량한 것이었다(호 8:9).

예상할 수 있었던 바와 같이 앗수르와 맺은 종주관계는 유다에 종교적, 영적 황폐화를 가져왔다. 아하스는 앗수르와의 관계를 공식화하기 위해 다메섹에 있던 디글랏 빌레셀을 만나러 갔다. 그곳에 있던 "제단"을 보고 아하스는 "그 제단의 모든 구조와 제도의 양식을 그려" 예루살렘의 제사장 우리야에게로 보냈다. 제사장 우리야는 아하스가 보낸 도면을 보고 신속히 꼭 같은 모양의 제단을 만들었다. 다메섹으로부터 돌아온 아하스는 곧장 새로 만들어진 제단에다 번제와 소제와 전제를 드리고 화목제물의 피를 뿌리는 제사의식을 하였다.

이것이 전부가 아니다. 아하스는 전통적으로 내려온 제사의 형식과 내용에 변경을 가하였다. 그는 "여호와의 앞 곧 성전 앞에 있던 놋 제단"을 옮겨 새로 만든 제단의 북쪽에다 두었으며, 아침과 저녁에 다 같이 번제를 드리던 전통에서 떠나 아침에는 번제를, 저녁에는 소제를 드리는 새로운 방식을 고안하였다(출29:38-42; 민 28:2-8 참조). 아하스는 또한 상시로 드리는 제사와 백성들이 드리고자 하는 모든 제사를 새로 만든 제단에서 드리도록 하였다. 기존의 놋제단은 다만 왕 자신을 위한 용도로만 쓸 수 있도록 하였다.[159]

아하스가 이런 일을 한 것은 일차적으로 그 자신의 불경건과 불신앙 때문이었겠지만 앗수르와 맺은 종주관계의 영향 또한 크다고 보아야 한다. 그가 다메섹의 제단을 본 따 새로운 제단을 만든 것은 앗수르의 문화와 종교에 대한 맹종이 분명하다. 브레이 빌(Wray Beal 2014:439)이 잘 지적하였듯이 다메섹의 제단은 앗수르의 그것과 같은 형태를 공유하였을 것이며, 당시 다메섹은 이미 앗수르에게 정복당하여였으므로 그곳의 제단은 앗수르의 신에게 받쳐진 상태였을 것이며, 따라서 그 제단을 모방한다는 것은 아하스 자신과 유다도 앗수르와 그 신을 섬기겠다는 의미로 풀이될 수 있겠기 때문이다. 모든 것을 고려할 때 아하스 왕의 행위는 그가 타락을 넘어 배교의 상태에 있었음을 입증한다고 할 수 있다. 덧붙여 언급할 필요가 있는 것은 아하스의 지시에 즉각 따르는 제사장 우리야의 태도는 당시 예루살렘의 종교가 어용종교로 전락해있었음을 보여준다는 사실이다.

---

[159] 개역개정역의 "오직 놋 제단은 내가 주께 여쭐 일에만 쓰게 하라"는 오해를 불러일으키는 번역이다. "주께"란 표현은 원문에 나오지 않는다. 원문(לְבַקֵּר וּמִזְבַּח הַנְּחֹשֶׁת יִהְיֶה־לִּי)이 나타내고자 하는 바는 아하스가 경건하게 하나님의 뜻을 구하는 태도가 아니라 그저 자기 나름대로 막연히 신의 뜻을 찾는 허황된 태도라고 보아야 한다.

본문에는 아하스의 역종교개혁이 몇가지 더 소개된다. 그는 "물두 멍 받침의 옆판을 떼내고 물두멍을 그 자리에서 옮기고 또 놋바다를 놋소 위에서 내려다가 돌판 위에 그것을 두었다"(17절). 그 밖에도 아하스는 안식일을 위해 건축한 "낭실"160) 과 왕의 외부 출입구를 성 전에서 제거하였다. 본문은 아하스가 이 일을 행한 이유가 앗수르 왕 을 두려워하였기 때문이라고 밝힌다. 이는 아하스가 행한 모든 배교 적 행위가 앗수르 왕과의 종주관계 때문이었던 것을 분명히 해준다. 참으로 두려워해야 할 분을 두려워하지 않고 세상 권세를 두려워한 아하스의 모습은 옛 언약백성들 못지 않게 세상의 권세에 둘러싸여 있는 오늘날 하나님의 백성들에게 커다란 교훈이 된다. 결국 배교로 치닫던 아하스의 생애에도 끝이 왔다. 이제 그의 아들 히스기야가 왕 위에 오름으로써 꺼질 듯 했던 다윗의 등불은 다시 그 밝은 빛을 비 추게 된다.

7. 이스라엘의 멸망(17장)

북이스라엘은 여로보암 2세의 죽음 이후 정치적으로 급속도의 쇠퇴와 혼란을 겪게 되었다. 마지막 왕 호세아가 왕위에 오르기까지 불과 이 십 년 어간에 다섯 명의 왕이 교체되고 그 중 네 명이 반역으로 죽게 된 것이 이런 혼란상을 잘 대변해준다. 열왕기하 17장은 이런 혼란의 종지부로서 이스라엘의 멸망을 그려 보여준다.

---

160) "낭실"에 상응하는 히브리어 '무삭'(מוּסָךְ)은 구약에서 단 한번 나오는 단어이 다. 어근(סכך)의 기본적 의미가"막아서 보호하다"("schirmend absperren"– HALAT)인 것을 볼 때 이 건축물은 "덮개가 달린 통로"("the covered way" – NAS)였을 가능성이 크다.

1) 호세아 왕과 사마리아의 함락(1-6절)

1절에 따르면 호세아가 왕위에 오른 것은 유다 왕 아하스 제십이 년
이었다. 이는 그의 등극시점을 유다 왕 요담 제이십 년(732 BC)으
로 잡는 열왕기하 15장 30절과 상충되는 것처럼 보인다. 아하스의
제 12년과 요담의 제이십 년이 어떻게 같은 시점(호세아의 등극시
점)으로 간주될 수 있는가? 틸레(E. R. Thiele)는 열왕기의 편집자
가 열왕기하 15장 27절에 소개된 이스라엘 왕 베가의 등극년을 오해
하여 이와 같은 실수가 생겨났다고 설명한다.[161] 그러나 성경의 어
떤 정보를 편집자나 저자의 실수에 돌리는 것은 해석자 자신에게 있
을 수 있는 무지의 가능성을 지나치게 과소평가하는 일일 수도 있다.
그러므로 이 문제에 관한한 아하스 제 십이 년을 그의 부친 요담과
의 공동통치 기간(744~732 BC)으로 이해하는 메릴의 관점이 더 바
람직해 보인다(Merrill 1987:402-405; Patterson & Austel
2009:887).

---

161) 열왕기하 15장 27절에 따르면 이스라엘 왕 베가는 유다 왕 아사랴(웃
시야) 제 52년에 왕이 되어 20년간 통치하였다. 이 기록을 있는 그대로
받아들이면 베가는 주전 720년까지 통치한 것이 된다. 일반적으로 아
사랴 제오십이 년은 주전 740년으로 받아들여지고 있기 때문이다. 그
러나 틸레(E. R. Thiele)에 따르면 열왕기하 15장 27절의 계산은 "이중
계산"(dual dating)이란 열왕기의 독특한 연대계산 방식에 의한 것이
다. 이 계산방식은 어떤 왕의 단독통치 시작 연대와 공통통치를 포함한
전체 통치기간을 별다른 구별 없이 함께 언급하는 방식을 말한다. 따라
서 왕하 15:27절의 아사랴 제오십이 년(740 BC)은 베가의 단독통치 시
작연대이며 이십 년은 그의 전체 통치기간(752~732 BC)을 가리킨다
고 보아야 한다. 열왕기의 편집자는 이런 연대계산 방식의 특성을 간
과하였기에 결과적으로 십이 년이란 연대기적 착오(호세아의 등극년과
아하스 제 12년의 동일시)가 생겨났다는 것이 틸레의 설명이다(Thiele
1983:134-138).

호세아는 사마리아에서 왕이 되어 9년간 나라를 다스렸다. 그의 통치는 부정적으로 평가되긴 하지만, 다른 왕들만큼 나쁘지는 않았다. 그는 한 때 앗수르 왕 살만에셀(Shalmaneser V, 727~722 BC)에게 조공을 받치기도 하였으나, 애굽의 도움을 기대하며 앗수르와의 관계를 끊었다. 4절에 언급된 "애굽 왕 소"(סוֹא מֶלֶךְ־מִצְרַיִם)가 누구인지에 대해서는 의견이 분분하다. 24왕조의 창시자이자 델타 지역 "사이스"(Sais)에 거주하였던 테프나크트 1세(Tefnahkt I, 727-720 BC)라고 하는 이들이 있는가 하면,[162] 누비아에 세워진 제 25왕조의 창시자 피안키(Piankhy, 737-716 BC)라고 하는 이들이 있다.[163] 또한 22왕조의 오소르콘 4세(Osorkon IV, 730-715 BC)가 후보에 오르기도 한다. 오소르콘 4세는 팔레스타인에서 가장 가까운 타니스(Tanis)와 부바스티스(Bubastis)에서 통치했으며, "소"는 그의 이름 "오소르콘"의 "소"에서 온 것일 수 있다고 한다(Kitchen 2003:15-16; Merrill 1987:399).

앗수르의 살만에셀은 호세아의 반역을 좌시하지 않았다. 본문에 명확하게 언급되지 않았지만 앗수르로부터 두 차례의 공격이 있었던 것으로 보인다. 살만에셀은 먼저 호세아를 사로잡아 옥에 감금하고, 다시 침략하여 사마리아를 함락시켰다.[164] 그렇지 않으면 호세아

---

162) 이 경우 "소"(So)는 왕의 이름이 아니라 지명 "사이스"(Sais)의 히브리식 발음으로 간주된다(Bright 2000⁴:275).

163) 피안키는 주전 727년 라이벌인 테프나크트 1세를 물리치고 승자가 되었기에 호세아가 도움을 기대할만한 인물이었다고 한다(Patterson & Austel 2009:896).

164) 사르곤 2세(Sargon II, 722-705 BC)가 남긴 비문에 따르면 사마리아를 함락시킨 것은 사르곤 2세 자신이다. 당시 그는 사마리아에서 27,290명의 포로를 사로잡았다고 선전한다(AnNE 266). 그러나 바벨론 연대기(Babylonian Chronicle)는 살만에셀(Shalmaneser V, 727-722 BC)이

를 옥에 감금하였다는 말(4절하)은 사마리아의 함락을 알리는 일차적인 요약진술이며, 5-6절의 내용(사마리아 성의 포위, 삼 년간의 공격, 강제 이주)은 성의 함락과정을 설명하는 이차적인 세부설명일 수도 있다.

아무튼 사마리아의 함락은 쉽게 이루어지지 않았다. 앗수르 군대는 삼 년 동안이나 사마리아 성을 포위공격하였다. 이로부터 당시 사마리아 백성들이 얼마나 끈질기게 앗수르의 공격에 저항하였는지를 알 수 있다. 그들은 애굽으로부터 도움이 오기를 기대하였겠지만 그런 일은 일어나지 않았다. 그들이 전심으로 돌이켜 하나님을 찾고 그분의 도움을 구하였더라면 어떠했을까? 하지만 수백 년간 이어온 반역의 역사를 뒤집는 그런 일이 일어나리라고 기대하는 것 자체가 모순이다. 설령 그런 일이 일어났다고 하더라도 그것이 과연 이미 기울어진 이스라엘의 운명을 바꾸어놓기에 충분했겠는가? 요시야의 개혁운동에도 불구하고 유다가 멸망한 것은 무엇을 말해주는가? 흥미로운 것은 호세아 또한 다른 왕들에 비해 낮았음에도 불구하고 멸망을 피할 수 없었다는 사실이다(Nelson 1987:229-230).

2) 이스라엘이 멸망한 이유(7-23절)

열왕기 기자는 먼저 이스라엘 백성이 경험한 두 가지 큰 구원 사건을 언급한다: 출애굽과 가나안 땅의 점령. 하나님은 이스라엘을 애굽의 노예생활에서 구하여 내시고 그들에게 약속의 땅 곧 젖과 꿀이 흐르

사마리아를 함락시킨 장본인으로 소개한다. 사르곤 2세는 스스로를 높이고자 선임자의 업적을 자신의 것으로 선전하였을 수 있다(Provan a.o. 2003:66).

는 가나안 땅을 선물로 주셨다. 이스라엘 백성은 이에 대하여 마땅히 하나님께 감사하며 그 땅에서 하나님만을 섬기는 거룩한 백성으로 살아야 했다. 하지만 그들은 자신들에게 당연히 기대되는 삶의 길에서 머물지 않았다. 그들은 하나님께만 받쳐야 할 "경외"의 태도를 다른 신들에게 받쳤으며, 하나님이 명하시지 않은 다른 장소("산당")에서 각종 가증스러운 종교행위와 부도덕한 일들 – "악한 일들"(דְבָרִים רָעִים) – 을 일삼았다. 그들의 행위는 가나안 원주민들이 행하였던 일로서 하나님이 엄격하게 금하신 일이었던 만큼 더더욱 하나님의 진노를 불러일으키는 일이었다.

과거 하나님은 이스라엘 백성들과 언약을 맺으시고, 그들이 하나님의 백성으로서 지켜야 할 삶의 규범들을 주셨다. 이 규범들을 준행할 때야 비로소 그들 가운데 하나님이 임재하시며 다스리시는 거룩하고 복된 나라가 세워질 수 있다. 그러나 그들은 하나님과 맺은 언약을 깨고, 그분이 주신 명령과 율례를 버렸다. 대신 그들은 "허무한 것"(הַהֶבֶל)과 "주변의 민족들"(הַגּוֹיִם אֲשֶׁר סְבִיבֹתָם)을 좇았다(15절). 즉, 그들은 이방 민족들을 본받아 "허무한" 우상들을 섬겼던 것이다. 헛된 것을 섬기는 자는 그 자신도 헛될 수밖에 없다. 본문은 그들이 "허망하여졌다"(וַיֶּהְבָּלוּ)고 밝힌다. 그들은 또한 자신들이 본받은 이방 민족들처럼 그 땅에서 쫓겨날 수밖에 없다.

열왕기 기자는 이스라엘 백성들이 행한 가증한 행위들을 자세히 나열한다: 여로보암이 만들었던 금송아지, 아세라 목상, 하늘의 일월 성신, 바알, 인신제사(자녀를 불 가운데로 지나게 함), 점치는 행위 (복술과 사술). 이런 행위들은 모두 이생의 삶에서 나름 잘되기를 바라는 간절한 마음의 표현이었을 것이다. 하지만 이 땅에서의 삶을 허락하신 분이 누구신가? 아니 이 세상을 지으신 분이 누구신가? 그분이 엄연히 살아계시고, 자신들의 과거 역사가 그것을 입증하고 있음에도 불구하고 그분을 외면하고 그분이 계셔야 할 자리에 다른 헛된 것들을 가져다 두는 것이 도무지 말이 되는가? 그것은 무엇보다도 하나님이 보시기에 "악한" 일이며 그분의 "노"를 살만한 일이다. 그러기에 잘되기를 바라는 마음의 표현이었을지라도 그들의 행위는 오히려 스스로를 **팔아넘기는** 반어적 결과를 낳았다(17절).

유다는 어떠하였을까? 본문은 유다에 대해서도 관심을 기울인다. 19절은 유다 또한 "그들의 하나님 여호와의 명령을 지키지 아니하고 이스라엘 사람들이 만든 관습을 행하였다"고 밝힌다. 사실상 위에서 열거한 가증한 행위는 유다의 왕들과 백성들이 행하였던 것이기도 하다. 그러므로 유다의 운명도 이스라엘의 그것과 다르지 않을 것이다. 20절은 이렇게 말씀한다: "여호와께서 **이스라엘의 온 족속을** 버리사 괴롭게 하시며 노략군의 손에 넘기시고 마침내 그 앞에서 쫓아내시니라." 사실상 유다의 멸망을 소개하는 곳(왕하 25장)에는 그들의 멸망 이유에 대한 설명이 나오지 않는다. 그러므로 현재의 본문은 유다의 멸망까지 염두에 둔 "예기적 성찰"(a proleptic reflection)이라고 할 수 있다(Wray Beal 2014:451).

21절에서 본문은 다시 북왕국의 문제에 초점을 맞춘다. 이곳에는 왕국분열 당시에 있었던 일들이 언급된다. 솔로몬이 범죄하자 하나님은 징계의 일환으로 왕국의 일부(열지파)를 다윗의 집에서 "찢어 나누셨다."다윗 왕가로부터 떨어져 나온 새로운 왕국은 그 출발부터 잘못되었다. 여로보암은 새로 떠안게 된 국정운영의 과제 앞에서 하나님과의 관계란 차원에서 길을 모색하지 않고 세속정치의 차원에서 권력을 유지하고 확장하는 일만을 꾀하였다. 벧엘과 단에 세워진 두 금송아지 우상은 그런 세속화의 상징이며, 그것은 향후 북왕국이 달려갈 선로를 결정짓는 것이었다. 북왕국이 지속되는 동안 왕과 백성들은 끝끝내 이 선로를 벗어나지 못하고 멸망이란 마지막 종착역에 다다르고 말았다.

그러는 사이 하나님은 여러 명의 선지자들을 세워 그들을 경고하고 바른 길로 돌이키도록 타이르셨다. 그럼에도 불구하고 그들은 "목을 곧게 하여"(14절상) 선지자들의 말에 귀를 기울이지 않았다. 그런 그들을 하나님은 "자기 땅에서 내쫓으셨다"(23절하, אַדְמָתוֹ מֵעַל יִשְׂרָאֵל וַיֶּגֶל). 과거 하나님은 가나안 족속들을 그 땅에서 "쫓아내신"(הִגְלָה) 적이 있다(11절). 그러므로 이스라엘 자손들이 약속의 땅에서 내쫓긴 것은 그들도 가나안 족속들과 다를 바 없는 상태가 되었다는 의미이다. 애굽의 노예생활에서 출발한 그들은 또 다른 애굽인 앗수르의 노예민으로 전락하고 말았다.

3) 혼합주의의 장이 된 사마리아(24-41절)

앗수르 왕은 오래된 자신들의 전통에 따라 이주정책을 폈다. 사마리아의 거민들을 앗수르로 사로잡아 가고 메소포타미아 여러 지역들로부터 데려온 사람들을 사마리아에 거주시켰다. 이를 통해 앗수르 왕은 새로 정복한 곳을 영구히 제국에 합병시키기를 꾀하였다. 그럼에도 불구하고 사마리아가 특별한 땅이란 사실에는 변함이 없다. 이스라엘 백성이 범죄하여 그 땅에서 쫓겨났지만 여전히 그 땅의 주인은 하나님이셨다. 앗수르는 다만 한시적으로 자기 백성을 징계하기 위한 하나님의 매에 불과했다(사 10:5). 하나님은 이 사실을 나타내시고자 그 땅에 새로 이주하여 온 사람들에게 재앙을 보내셨다. 그 땅의 주인이신 여호와께 합당한 태도("경외")를 보이지 않는 그들에게 맹수

("사자")를 보내 공격하게 하신 일이 그것이다.

이 소식을 전해들은 앗수르 왕은 사마리아에서 사로잡아 간 제사장 한 사람을 보내어 이주민들로 하여금 여호와를 경외하는 법을 배우도록 조치하였다. 그러나 사마리아 출신의 제사장에게서 제대로 된 종교교육을 기대할 수 있을까? 그 사람이 가르칠 수 있는 것이라고 해야 이스라엘을 멸망으로 이끈 거짓종교가 고작일 것이다. 더군다나 그는 여로보암 때부터 우상숭배의 중심지였던 벧엘에서 활동하였다. 이는 그가 한 일이 무엇이었는지를 짐작할 수 있게끔 해준다. 그러므로 사마리아의 형편은 조금도 나아지지 않았다. 오히려 그곳에는 여호와 종교와 이방 종교가 묘하게 뒤섞인 기괴한 형태의 종교풍습이 뿌리를 내리게 되었다. 그들이 여호와도 경외하고 자신들의 신들도 섬기는 이상한 일이 벌어졌다.

그러나 전적으로 하나님만을 섬기지 않는 것은 하나님을 경외하지 않는 것이나 다름 없다. 열왕기 기자도 그렇게 말씀한다: "그들이 오늘까지 이전 풍속대로 행하여 여호와를 경외하지 아니하며"(34절상). 그러므로 본문에 여러 차례 반복되는 '그들이 여호와를 경외하였다'는 언급은 독자들에게 아이러니로 다가온다. 참된 여호와 신앙은 전적으로 여호와만을 경외하며 그분의 "율례와 법도와 율법과 계명"을 지켜 행하는 것으로써 표현된다. 이스라엘 자손들은 이 참된 신앙의 길에서 떠난 까닭에 하나님 앞에서 쫓겨나는 불행을 겪게 되었다. 그런데 이제 그 땅에 새로 이주하여 온 민족들이 이스라엘의 행습을 잇고 있다. 그런 점에서 이들이 행하는 혼합주의적 종교행위는 이스라엘 자손들의 죄상을 비추어주는 반사경이라고 할 수 있다.

제 5장

유다 왕국의 역사 : 왕하 18 - 25장

제 5장

유다 왕국의 역사
: 왕하 18 - 25장

이스라엘은 세계 만민들 가운데서 하나님만을 섬기도록 택하심을 받은 백성이다. 그들은 거룩하신 하나님의 뜻을 받들어 약속의 땅 가나안에서 하나님의 율례(חֻקָּה)와 명령(מִצְוָה)이 시행되어 정의와 평화가 입을 맞추는 복된 나라를 건설하는 사명을 띠고 있었다(시 85:10 참조). 그러므로 이스라엘의 왕들은 이 민족적 소명을 깊이 인식하는 가운데 왕직을 수행해야만 했다. 그렇지 않을 경우 나타나게 될 결과물이란 하나님의 의도와는 동떨어진 기괴한 형태의 것일 수에 없다. 하나님만이 홀로 경배 받으셔야 할 곳에 헛되고 가증한 우상들이 세워지고, 하나님의 말씀이 주장하여야 할 곳에 온갖 죄로 오염된 인간의 뜻이 활보하게 된다. 이렇게 기형적인 왕국의 형편은 솔로몬 시대에도 이미 그 흉칙한 모습을 드러낸 바 있지만, 왕국 분열이후 북왕국에서 최악의 상태로 발전하였다. 북왕국의 몰락과 그 백성들의 유배는 이 발전의 필연적 귀결이었던 셈이다.

이제 '이스라엘 백성을 통한 복된 나라의 건설'이란 하나님의 계획은 어떻게 될 것인가? 또한 하나님께서 다윗과 더불어 맺으신 그 "영원한 언약"은 어떻게 된다는 말인가? 다윗의 나라와 그의 왕위를 영원히 견고하게 해주시겠다는 하나님의 약속은 그저 남발된 공수표였다는 것인가? 약속의 땅에서 하나님만을 섬기는 거룩한 나라의 건설이란 지고한 과업은 결코 이루어질 수 없는 유토피아적 이상에 불과한가? 진지한 성경독자들의 마음을 파고드는 이 심각한 질문은 열왕기의 나머지 부분을 움직여 그 결말로 이끄는 신학적 원동력이다. 열왕기 기자는 이곳에서 홀로 남은 유다 왕국의 역사를 초지일관 흐트러짐 없이 담담하게 기술한다. 열왕기의 역사기록을 떠받치고 있는 이 안정성은 혼란스런 역사의 격랑 저편에 희망의 안전한 포구가 있다는 의미로 받아들인다면 지나친 억측일까? 반드시 그렇지만은 않다. 다윗 왕가에 속한 유다 왕국이 북쪽 자매국의 멸망 뒤에도 살아남은 사실은 희망적인 일임에 분명하다.

1. 구성과 메시지

이 단락은 히스기야로부터 시작하여 요시야의 아들 시드기야에 이르기까지 모두 여덟 명의 유다 왕들의 행적을 다룬다: 히스기야, 므낫세, 아몬, 요시야, 여호아하스, 엘리아김(여호야김), 여호야긴, 맛다니야(시드기야). 이들 중 가장 중요하게 다루어지는 왕들은 히스기야와 요시야이다. 열왕기 기자는 이 두 왕들에게 각각 92절(18-20장)과 50절(22:1-23:30) 분량을 할애한다. 그러니까 전체(225절)의 절반 이상이 히스기야와 요시야에게 할당되는 셈이다. 이러한 분량상의 수치는 유다 왕들의 역사에서 이 두 왕이 차지하는 비중을 알려주

는 지표와도 같다. 다음은 기록분량에 따라 왕들의 중요도를 나타내
는 도표이다:

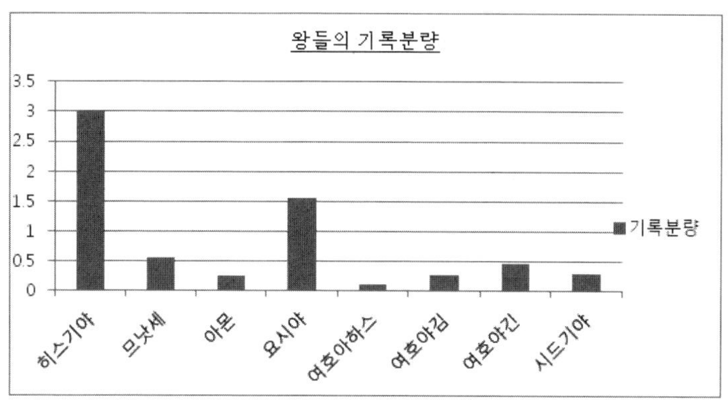

히스기야는 국가적으로 앗수르의 침략을 받았을 때와 개인적으로
불치의 병에 걸렸을 때 하나님께 간절히 기도함으로써 난관을 극복해
낼 수 있었다. 앞에서(제 1장) 언급하였던 것처럼 이는 "왕국의 생존
이 탁월한 외교술이나 군사력에 있지 않고 하나님을 의지하는 믿음에
달려있다"는 것과 "하나님이 인간의 생명을 주관하실 뿐만 아니라 우
주의 운행도 다스리신다"는 사실을 교훈하는 의미를 갖는다. 요시야
에게 특별한 것은 그가 성전에서 발견된 율법책의 내용에 따라 철저
하게 종교개혁을 단행하였다는 점이다. 하나님은 율법에 충실한 그의
태도를 보시고 그에게 재앙을 피할 수 있도록 은혜를 베푸셨다(왕하
23:20 참조). 이로부터 하나님과의 관계에서 율법에 대한 순종여부
가 모든 것을 좌우한다는 사실을 배울 수 있다.

히스기야와 요시야 다음으로 중요하게 다루어지는 왕은 므낫세와

여호야긴이다. 먼저 므낫세는 히스기야가 이룩한 종교개혁을 백지화 시키고 온 백성과 나라를 우상숭배의 도가니로 몰아넣은 장본인이다. 그의 치세 하에 백성들은 심지어 과거 여호와께서 멸하신 가나안 원 주민들보다 더욱 우상숭배에 탐닉하게 되었다(왕하 21:9 참조). 형 편이 이러하였기에 이제 유다 백성들 또한 하나님의 공의로운 심판을 피할 수 없게 되었다. 열왕기 기자는 므낫세의 악행으로 인해 "여호 와께서 유다를 향하여 내리신 그 크게 타오르는 진노를 돌이키지 아 니하셨다"(왕하 23:26절상)고 밝힌다. 결국 유다는 므낫세가 장려한 우상숭배의 그늘에서 벗어나지 못하고 마침내 하나님이 예비하신 진 노의 막대기인 바벨론에 의해 종말을 고하고 만다.

야호야긴은 왕으로 등극한지 삼 개월 만에 바벨론으로 사로잡혀간 비운의 왕이다. 그는 요시야의 아들 여호야김의 뒤를 이은 왕이었지 만 바벨론의 느부갓네살이 그를 강제로 폐위시키고 그의 숙부 맛다니 야(시드기야)를 왕위에 앉혔다. 여호야긴에게서 두드러지는 점은 열 왕기 기자가 유다의 멸망을 서술한 다음 그의 행적을 다시 언급함으 로써 자신의 책을 마무리한다는 것이다. 열왕기 기자는 여호야긴이 바벨론으로 사로잡혀간지 삼십칠 년 만에 다시금 그 지위를 어느정도 회복한 사실을 기록에 남긴다. 열왕기 기자가 이렇게 한 것은 다윗 왕 가의 왕통을 잇는 인물이 여호야긴이란 인식에 따른 것으로 보인다. 열왕기 기자는 비록 유다가 멸망하였지만 다윗 왕가에게 주어졌던 하 나님의 약속은 여전히 유효하다는 의미에서 여호야긴의 회복에 대한 기사를 기록하였던 것이다. 신약은 여호야긴(여고냐)을 통해 흘러가 는 다윗의 계보가 예수 그리스도에게로 이어지는 것을 보여준다(마 1:1-16).

2. 여호와를 의뢰한 왕 히스기야(18-20장)

1) 서론적 통치 요약(18:1-8)

히스기야는 이스라엘의 마지막 왕 호세아 제삼 년(729 BC)에 다윗왕가의 왕위에 올랐다. 그러나 "그가 왕이 될 때에 나이가 이십오 세라"(2절상)는 진술은 이 때를 가리킨다고 보기 어렵다. 호세아 제삼 년은 히스기야의 부친 아하스의 나이가 불과 이십육 세에 불과했기 때문이다(왕하 16:2 참조). 패터슨과 오스텔(Patterson & Austel 2009:891)이 잘 지적하였듯이 "이십오 세"란 히스기야가 단독통치를 시작한 해(715 BC)를 기준한 계산으로 보는 것이 옳다.[165] 이 경우 히스기야의 출생연도는 아하스가 15세 되던 해(740 BC)가 되며, 이는 고대 근동의 결혼관습과도 조화된다. 히스기야의 통치기간으로 언급된 이십구 년 또한 그의 단독통치 기간(715~686 BC)을 가리킨다. 따라서 히스기야의 등극년으로 언급된 호세아 제삼 년(729 BC)은 그가 아하스와 더불어 공동통치를 시작한 해이다.[166]

히스기야의 통치는 긍정적으로 평가된다. 그는 요시야와 더불어 조건없이 칭찬만을 받은 왕이다. 열왕기 기자는 "히스기야가 그의 조

---

165) 이 견해를 뒷받침하는 중요한 사건이 산헤립의 침략이다. 일반적으로 앗수르 왕 산헤립이 유다를 침공한 것은 주전 701년으로 인정되며, 열왕기는 이 때를 히스기야의 통치 제십사 년으로 밝힌다(왕하 18:13 참조).

166) 틸레(Thiele 1983:55)에 따르면 열왕기에 사용된 연대기에는 소위 "이중 연대계산"(dual dating)이 나타난다고 한다. 이 계산 방식은 공동통치 기간을 포함한 전체 통치년대와 단독통치 시작년도를 함께 언급하는 것을 가리킨다. 이와 유사한 계산 방식이 히스기야의 통치년대 계산에서도 사용되었을 것이라고 추측해볼 수 있다.

상 다윗의 모든 행위와 같이 여호와께서 보시기에 정직하게 행하였
다"(3절)고 평가한다. 이 평가는 히스기야에게 아무런 흠이나 잘못도
없었다는 의미는 아닐 것이다. 모범적인 왕의 표상인 다윗 조차도 허
물이 없지 않았다. 그러므로 히스기야가 "여호와 보시기에 정직하게
행하였다"는 말씀은 그에게 여러 가지 문제점과 부족함이 있었다고
할지라도 전반적으로 하나님과의 관계에서 올바른 태도를 견지하였다
는 의미로 받아들여야 한다. 아마도 히스기야는 다윗처럼 우상숭배에
빠지지 않았을 것이다. 그는 또한 실수와 잘못을 범하였을 때 지체없
이 회개하였다(왕하 20:19; 대하 32:25-26).

열왕기 기자는 히스기야가 "여호와 보시기에 정직하게 행한" 일이
무엇인지를 자세하게 언급한다. 우선, 히스기야는 각종 우상숭배행
위로 더럽혀진 예배를 개혁하였다. 그의 아버지 아하스가 워낙 열렬
히 우상숭배에 탐닉하였었기에 그와 같은 개혁이 절실한 형편이었다
(왕하 16장 참조). 히스기야는 여러 산당들을 제거하였으며 주상들
과 아세라 목상들을 파괴하였다. 산당에서 행해진 제사행위는 가나
안 토속종교와 연관된 것으로 여호와 종교와는 거리가 먼 것이었다
(호 4:11-14 참조). "주상"(מַצֵּבָה)은 남성 신의 상징으로서 피나 기
름을 바르기도 하였고, 전제를 드리거나 입을 맞추기도 했던 제의물
건이었다(Ringgren 1982²:21-22). "아세라 목상"(הָאֲשֵׁרָה)은 풍요
의 여신 아세라를 상징하는 나무기둥을 가리킨다. 히스기야는 이들
이교도적 제의물건들을 파괴함으로써 순수한 여호와 종교를 회복하
고자 하였다.

열왕기 기자의 증언에 따르면 히스기야는 또한 광야시절 모세가
만들었던 "놋뱀"(נְחַשׁ הַנְּחֹשֶׁת)을 부수었다고 한다.[167] 그 이유는 이스라
엘 백성이 문제의 "놋뱀"을 신통한 물건으로 알아 그것에다 "분향"하

는 등 제의행위를 해왔기 때문이라고 한다. "놋뱀"은 구원의 능력이 오직 하나님께 있음을 믿고 하나님만을 바라보게 하는 수단이었을 뿐이다(민 21:8-9 참조). 그럼에도 불구하고, 물건 자체에 어떤 신성한 힘이 있는 것처럼 생각하여 그것을 숭배하는 것은 참으로 무지몽매한 일이 아닐 수 없다. 이런 어리석음은 어느 시대이건 종교적 상징물이나 형상들에 특별한 의미를 부여하며, 살아계신 하나님을 "영과 진리로"(ἐν πνεύματι καὶ ἀληθείᾳ) 예배하는 일에 무관심한 사람들의 특징이다. 히스기야는 과감하게 잘못된 종교적 관행을 근절함으로써 참된 예배가 회복되도록 하였다.

이와 같은 개혁운동은 하나님을 향한 히스기야의 믿음과 헌신에서 비롯된 것이다. 열왕기 기자는 히스기야가 그의 전후 어떤 왕들보다도 이스라엘의 하나님 여호와를 "의지하였다"고 말한다. 실제로 "의지하다"란 히브리어 동사 "바타흐"(בָּטַח)는 열왕기에서 히스기야에 대하여서만 사용된다. 히스기야의 사적을 다루는 열왕기하 18-20장에서 이 단어가 무려 열 번이나 나타난다(18:5, 19, 20, 21, 22, 24, 30; 19:10). 다른 왕들에 대해서는 이 단어가 사용된 예가 없다. 그러기에 "여호와를 의지하였다"란 말은 히스기야를 특징짓는 일종의 "트레이드마크"인 셈이다.

"의지하다"(בָּטַח)란 말은 전치사 b^e ("in")와 함께 사용되어 자신을 내어 맡기는 신뢰의 태도나 행위를 표현할 뿐만 아니라 그로부터 나오는 "확신의 정서"(die Gemütsverfassung des Sicherseins)까지 나타낸다(Gerstenberger 2004[6]:302-303). 그러므로 히스기

---

167) 당시 사람들은 문제의 "놋뱀"을 "느후스단"(נְחֻשְׁתָּן)으로 불렀다. 이 이름에는 "뱀"을 뜻하는 "나하쉬"(נָחָשׁ)와 "놋"을 뜻하는 "느호셋"(נְחֹשֶׁת)이 함께 들어있다.

야가 여호와를 "의지하였다"는 것은 그가 자신과 나라의 모든 일을 여호와께 온전히 내어 맡기는 가운데 불안과 두려움에서 벗어나 확신을 가지고 왕의 직무를 수행하였다는 의미이다.

사실상, 히스기야 이전의 다윗이나 이후의 요시야도 누구 못지 않게 여호와 하나님을 굳게 의지한 왕이다. 그러므로 "그의 전후 유다 여러 왕 중에 그러한 자가 없었으니"란 진술은 일종의 과장법으로 받아들이는 것이 옳다. 즉 그 말은 히스기야를 다른 왕들과 비교하기 위한 것이 아니라 히스기야의 훌륭한 믿음을 강조하기 위한 것이란 뜻이다. 그러므로 그것을 근거로 본문의 기록시점(요시야 이전?)을 추측하는 것은 무의미하다(Hobbs 1985:252).

열왕기 기자는 히스기야가 "여호와께 꼭 붙어 그를 뒤따르는 일에서 떠나지 않았다"(וַיִּדְבַּק בַּיהוָה לֹא־סָר מֵאַחֲרָיו)고 증언한다. 이로부터 히스기야가 얼마나 하나님께 헌신된 마음가짐을 가지고 있었는지를 알 수 있다. 그는 한 순간이라도 멀어질세라 하나님께 가까이 밀착하였고, 한 눈 팔세라 다른 것들에 시선을 주지 않고 하나님만을 뒤따라갔다. 이렇게 "마음의 허리를 동이고 근신"(벧전 1:13)하지 않으면 세상의 유혹에 이끌릴 위험이 커질 수밖에 없다. 하지만 하나님께 밀착하고 그분을 뒤따르는 것은 다른데 있지 않고 그분의 말씀을 지키는데 있다. 하나님의 백성은 하나님의 말씀을 듣고 지킴으로써 하나님께 "꼭 붙어" 있는다. 열왕기 기자는 히스기야 또한 "여호와께서 모세에게 주신 계명을 지켰다"고 증언한다.

전심으로 하나님을 따르는 이를 하나님께서 외면하실 리가 없다. 하나님은 자신을 온전히 믿고 따르는 히스기야와 함께 하셨다(7절 상). "히스기야"(חִזְקִיָּה)란 이름은 "여호와는 나의 힘"이란 뜻이다. 그의 이름처럼 히스기야가 전심으로 하나님을 따르니 하나님께서 히스기야에게 힘이 되어 주셨다. 앞으로 확인하게 될 일이지만 히스기야는 하나님의 도우심으로 인해 앗수르의 대군을 물리칠 수 있었고, 불치의 병으로부터 목숨을 보존할 수 있었다. 하나님은 수십, 수백만 대군보다 강한 신적 전사시며, 만물에게 생명을 주시는 생명의 주인이시다. 그런 하나님이 함께 하시는 것보다 더 크고 놀라운 복이 어디 있겠는가? 열왕기 기자는 하나님이 함께 하셨기에 히스기야가 어디로 가든지 형통하였다고 증언한다.

열왕기 기자는 히스기야의 형통함에 대하여 증언하는 가운데 그가 앗수르 왕을 반역한 것과 블레셋 사람들을 친 것을 언급한다(7-8절). 유다 왕국이 앗수르에게 조공을 바치는 속국이 된 것은 아하스 왕 때의 일이다(왕하 16:5-9 참조). 당시 아하스는 아람과 북이스라엘의 침략 앞에서 하나님만을 믿고 두려워하지 말라는 이사야 선지자의 말을 무시하고 앗수르 왕에게 원군을 요청함으로써 스스로 앗수르의 속주왕이 되기를 택하였다(사 7:3-17 참조). 그런데 히스기야는 부친때부터 내려온 앗수르와 속국의 관계를 중단하고 더 이상 조공을 바치지 않았다. 이와 더불어 히스기야는 앗수르의 지배하에 있던 블레셋을 쳤다. 당시 히스기야는 가사와 그 주변지역까지, 그리고 망대에서 요새에 이르기까지 블레셋 지역을 공략하였다(8절).[168]

---

168) 산헤립의 석주(the Prism of Sennachrib)에는 블레셋의 에그론 지역이 히스기야의 속주였을 것이라고 추측하게 하는 대목이 나오는데, 이는 열왕기하 18장 8절에 소개된 히스기야의 군사행동이 가져온 결과로 볼 수 있다. 다음은 산헤립의 석주에 나오는 내용이다: "The officials, the patricians and the (common) people of Ekron Ekron – who had thrown Padi, their king, into fetters (because he was) loyal to (his) solemn oath (sworn) by the god Ashur, and had handed him over to Hezekiah, the Jew (*Ha-za-qi-(i)a-ú*^*amel*^*Ia-ú-da-ai*) – (and) he (Hezekiah) held him in prison, unlawfully, as if he (Padi) be an enemy..."(AnNE 270). 프로방/롱/롱멘 3세에 따르면 히스기야의 블레셋 정벌은 앗수르 왕

2) 사마리아를 멸망시킨 앗수르(18:9-12)

열왕기 기자는 히스기야의 통치에 대한 서론적 요약기사에 이어 북이스라엘의 멸망에 대하여 간단히 언급한다. 북이스라엘의 멸망은 이미 열왕기하 17장에서 자세히 다루어졌다. 그런데 이곳에서 그것이 다시 재론된 것은 여호와의 말씀을 듣지 아니하다가 멸망한 북이스라엘의 반언약적 불순종을 히스기야의 충성된 태도와 대조하기 위함이다. 더 나아가, 앗수르에 의한 사마리아의 함락이 13절이후부터 다루어질 내용(산헤립이 유다를 침공한 일)과 여러 모로 연결된다는 점 또한 고려할 필요가 있다(Hobbs 1985:246).

9절은 "히스기야 왕 제사 년 곧 이스라엘의 왕 엘라의 아들 호세아 제칠 년에 앗수르의 왕 살만에셀이 사마리아로 올라와 에워쌌더라"고 밝힌다. 이 때는 히스기야가 부친 아하스와 공동통치를 한지 제사 년 되던 해로 주전 725년이다. 이 때 앗수르 왕 살만에셀이 북이스라엘을 침공하였고, 그로부터 삼 년 뒤인 주전 722년에 사마리아 성이 앗수르에 의해 함락당하였다.[169] 당시 앗수르 왕은 이스라엘 백성을 사로잡아 "할라와 고산 강변의 하볼, 그리고 메대의 도시들"에서 살게 하였다. 열왕기 기자는 이스라엘이 이런 일을 당한 것은

사르곤 2세의 죽음(705 BC) 이후 앗수르가 혼란한 시기에 있었던 일이라고 한다(Provan a.o. 2003:273).

169) 사르곤 2세(Sargon II, 722-705 BC)가 남긴 소위 "전시 비문"(the Display Inscription)에 따르면 사마리아를 함락시킨 왕은 사르곤 2세 자신이다(AnNE 266-267). 그러나 바벨론 연대기(the Babylonian Chronicle)는 사마리아를 함락시킨 왕이 살만에셀(Shalmaneser V, 727-722)이라고 한다. 사르곤의 비문은 사르곤의 업적으로 부풀리기 위한 과장된 선전일 수도 있다(Provan a.o. 2003:66).

그들이 "하나님 여호와의 말씀을 듣지 아니하고 그의 언약과 여호와의 종 모세가 명령한 모든 것을 따르지 아니하였기 때문"이라고 설명한다(12절).

3) 유다를 침략한 앗수르(18:13-19:37)

북이스라엘을 무너뜨렸던 앗수르는 주전 701년에 다시 유다를 공격하였다. 13절에 언급된 연대기(히스기야 왕 제십사 년)는 히스기야의 단독통치 시작인 주전 715년부터 계산된 것으로 보아야 한다. 열왕기의 저자는 연대계산을 함에 있어서 공동통치와 단독통치 사이를 자유롭게 오가며 역사를 서술하는 것처럼 보인다.[170] 앗수르가 유다를 공격한 것은 사르곤 2세의 죽음(705 BC)이후 혼란한 틈을 타 히스기야가 반역을 꾀하였기 때문일 것이다. 역사가들의 설명에 따르면 당시 이 반역은 근동지역 전역에 걸쳐 일어났다. 동쪽으로 바벨론 왕(므로닥발라단)은 엘람의 도움을 등에 업고 앗수르에 반기를 들었고,[171] 서쪽으로 두로의 왕은 페니키아의 다른 도시국가들과 함께 앗수르의 지배를 벗어나고자 하였다. 블레셋을 비롯한 남부 레반트 지역의 국가들도 사정은 마찬가지였다. 히스기야는 이 반역의 물결에 합류하여 앗수르와의 종속관계를 청산하고자 하였다.

---

[170] 열왕기하 18장 13절 이하의 내용이 이사야(36:1-39:8)에서 그대로 반복된다는 점을 고려하면 이 단락 전체가 히스기야의 단독통치에 따른 연대계산 방식을 채택하는 제삼의 자료에서 온 것일 가능성이 크다.

[171] 구약에는 므로닥발라단이 히스기야가 병에서 회복되었다는 소식을 듣고 사신을 보냈다는 기록이 남아있다(왕하 20:12-15; 사 39:1-2). 므로닥발라단의 의도는 히스기야로부터 앗수르에 대한 반란을 지원받기 위한 것이었다고 추정된다.

(1) 히스기야의 대응(18:13-16)

앗수르 왕 산헤립은 시리아-팔레스타인 지역에서 일어나고 있는 반역의 움직임을 좌시할 수 없었다. 그는 먼저 뛰니키아 지역을 공격하여 반역에 가담한 도시들을 응징하고, 이어서 블레셋 지역으로 진군하여 내려와 아스글론, 딤나, 에그론, 가드 등 블레셋 도시들을 차례로 쳤다(cf. Aharoni 2011:122). 산헤립은 마침내 유다의 여러

성읍들과 함께 서남쪽의 군사적 요충지인 라기스를 점령하고 예루살렘을 침공하고자 하였다.[172] 국가로서 유다의 운명이 풍전등화와도 같이 위태로운 상황이었다. 산헤립은 한 비문에서 자신이 히스기야를 "새장의 새처럼"(like a bird in a

라기스의 산헤립
(Miller & Hayes 2006[2]:420)

cage) 예루살렘에 죄수로 가두었다고 선전한다(AnNE 271).

위기에 직면한 히스기야는 앗수르와 화친을 맺는 방식으로 문제를

---

172) 라기스에서 행해진 발굴은 당시의 상황이 얼마나 참혹하였는지를 보여준다. 산헤립은 자신이 판 큰 구덩이에 대략 1500구의 시신유해를 던져 넣고 돼지 뼈와 기타 다른 쓰레기로 덮었다고 한다(Bright 2000[4]:286). 또한 니느웨에 있던 산헤립의 왕궁 벽에서 라기스가 함락될 당시의 상황을 묘사하는 부조(대영박물관 소장)가 발견되었다. 이 부조에는 왕좌에 앉은 산헤립이 라기스에서 취한 전리품을 접수하는 모습과 라기스 거민들이 산헤립 앞에 무릎을 꿇고 있는 장면이 나타난다(Miller & Hayes 2006[2]:419-420).

해결하고자 하였다. 그는 라기스로 사람을 보내어 "내가 범죄하였나이다"라고 하며 자신의 반역을 참회하고 "왕이 내게 지우시는 것을 내가 당하리이다"라고 하며 앗수르를 종주국으로 받들겠다는 뜻을 전하였다. 산헤립은 엄청난 양의 조공(은 삼백 달란트와 금 삼십 달란트)을 요구하였으며, 히스기야는 그 요구에 응할 수밖에 없었다. 그는 성전과 왕궁 곳간에 있는 은을 다 내주었을 뿐만 아니라 성전문의 금과 기둥들에 입힌 금까지 벗겨 앗수르 왕에게 주었다.

히스기야가 한 일을 어떻게 보아야 할까? 그의 선대 왕들도 비슷한 상황에서 같은 일을 한 적이 있다: 르호보암(왕상 14:25-28), 아사(15:17-19), 요아스(왕하 12:18-19), 아마샤(14:11-14), 아하스(16:7-9). 이들은 대부분 하나님 앞에서 부정적인 평가를 받은 왕들이다. 이들의 선례가 아니더라도 히스기야가 성전의 금까지 내어주며 위기를 벗어나고자 한 것은 잘못이다. 그는 은과 금으로 앗수르 왕의 환심을 사려고 하는 대신 하나님을 더욱 "의지해야" 했다. 산헤립이 조공을 받은 후 보인 태도는 히스기야가 얼마나 어리석었는지를 잘 보여준다. 히스기야의 기대와 달리 산헤립은 물러가지 않았다.[173] 이런 낭패를 겪으면서 히스기야는 하나님만 의지하는 것의 중요성을 더욱 뼈저리게 절감하였을 것이다. 훌륭한 믿음은 언제나역경을 통해 훈련되고 자란다(약 1:2-4; 롬 5:3-4 참조).

(2) 앗수르 왕의 위협(18:17-37)

---

173) 브라이트는 산헤립이 히스기야가 바친 조공을 받고 일단 본국으로 물러갔을 것이라고 추정한다. 브라이트의 관점에 따르면 열왕기하 18:17-19:37

산헤립이 요구한대로 히스기야가 공물을 바쳤으나 산헤립은 계속해서 예루살렘을 치고자 하였다. 산헤립의 입장에서는 반역의 전력이 있는 히스기야가 미덥지 않았기에 그를 폐위시키고. 자신에게 충성할 친앗수르적인 인물을 왕으로 세우는 것이 더 좋은 선택으로 여겨졌을 것이다(House 1995:362). 그는 자신의 신하 세 사람으로 하여금 대군을 이끌고 예루살렘으로 쳐들어가도록 하였다.[173] 그들은 라기스로부터 "윗못 수도 곁 곧 세탁자의 밭에 있는 큰 길"에 이르러 히스기야를 불렀다. "윗못"은 예루살렘 북쪽의 기혼 샘을 가리킨다(Sweeney 2007:415). 히스기야는 직접 부름에 응하지 않고 상대방의 직급에 해당하는 신하들을 보냈다. 이를 통하여 히스기야는 앗수르의 요구에 순순히 응하지 않겠다는 뜻을 분명히 밝혔다.

에 기록된 내용은 주전 701년 이후 산헤립이 한차례 더 유다를 공격한 일과 관계된다고 한다. 즉 산헤립이 바벨론에서 일어난 수차례의 반란으로 인해 어려움을 겪는 동안 히스기야가 애굽 왕 디르하가(제 25 왕조의 왕으로서 누비아 출신)의 원조를 등에 업고 또 다시 반역을 꾀하였으며(왕하 19:9 참조), 산헤립은 주전 689년 바벨론에서의 문제를 해결하고 이듬해(688년) 다시 예루살렘을 침공하였다는 것이다(Bright 2000⁴:286-287). 브라이트가 이렇게 주장하는 이유는 701년에는 "디르하가"가 아직 왕이 되지 않았을 뿐만 아니라 전쟁에 참가할 수 없는 어린 소년에 불과했다는 가정 때문이다. 그러나 메릴과 킷천에 따르면 "디르하가"는 701년경 스무 살 내지 스물한 살의 청년으로서 충분히 전쟁에 참가할 수 있는 나이였다(Merrill 1987:414-415; Kitchen 2003:16). 프로방(Provan a.o. 2003:271-274), 밀러와 헤이즈(Miller & Hayes 2006²:416-421), 카이저(Kaiser 2010:513-517) 등도 열왕기하 18장 17절 이하의 내용이 701년에 있었던 산헤립의 침략과 관련된다고 본다.

174) 산헤립의 신하로 언급된 "다르단"(תַּרְתָּן), "랍사리스"(רַב־סָרִיס), "랍사게"(רַב־שָׁקֵה)는 사람의 이름이 아니라 관직의 칭호였다: "다르단"은 궁정 최고관리, "랍사리스"는 환관장, "랍사게"는 술 맡은 관원장. "랍사게"가 예루살렘으로 파견된 것은 그의 히브리어 구사능력 때문이었을 것이라고 한다(Wray-Beal 2014:467).

이에 앗수르 대표단 중 한 사람인 "랍사게"는 "히스기야에게 전하라"고 하면서 조롱조의 말을 퍼부었다. 그는 "의뢰하다"란 단어를 자주(8회) 사용하며 말하였다. "의뢰하다"는 히스기야를 특징짓는 말이다. 열왕기 저자는 유다의 역사에서 히스기야만큼 여호와를 "의뢰한" 왕은 없었다고 평하였다(18:5). 그런 히스기야에게 랍사게는 "네가 의뢰하는 이 의뢰가 무엇이냐"고 하며 조롱조의 말을 하였다. 특히 그는 "대왕 앗수르 왕"(הַמֶּלֶךְ הַגָּדוֹל מֶלֶךְ אַשּׁוּר)을 언급하며 그렇게 했다. 그의 눈에는 "대왕 앗수르 왕" 앞에서 다른 그 무엇인가를 "의뢰하는"것이 가소롭게 보였을 것이다. 그러나 그는 곧 자신의 그런 자만심이 얼마나 헛된 것이었는지를 깨닫게 된다.

랍사게는 나름대로 근거를 대며 히스기야와 그의 신하들 및 유다 백성들을 조롱하였다. 첫째, 그는 유다가 애굽을 의뢰한다고 하여도 애굽은 믿을 수 없는 나라라고 하였다. 그는 애굽을 "상한 갈대 지팡이"에 비유하며,[175] 사람이 만일 애굽을 의뢰하면 애굽이 그 사람의 손을 찌르게 될 것이라고 협박하였다. 둘째, 랍사게는 여호와를 의뢰해도 쓸데 없는 일이라고 하였다. 이유인즉 히스기야가 산당들과 제단들을 제거하고 오직 예루살렘의 제단에서만 예배하라고 함으로써 여호와의 진노를 사게 되었기 때문이라는 것이다. 각종 우상숭배 행위에 익숙해있던 랍사게였기에 그런 터무니 없는 주장을 할 수 있었을 것이다. 셋째, 랍사게는 유다에게 앗수르를 상대하여 싸울만한 군사적 능력이 전혀 없다는 사실을 지적하였다. 그는 히스기야를 향하여 "네가 만일 말을 탈 사람을 낼 수 있다면 나는 네게 말 이천 마리를 주리라"(23절)고 비아냥거리며 말하였다.

---

175) 애굽이 갈대에 비유된 까닭은 그 땅에(특별히 나일 강에) 갈대가 많았기 때문일 것이다

둘째 것을 제외하면 랍사게의 말은 모두 옳았다. 앗수르는 이미 퇴니키아의 여러 나라들과 블레셋 지역의 여러 도시들을 정벌한 상태였다. 애굽이 원군을 파견하였지만 앗수르에게 어떤 해도 입히지 못하고 퇴각하고 말았다(Merrill 1987:416). 유다의 경우는 46개의 성읍들이 앗수르의 수중에 들어갔으며 군대들 중 일부도 이탈한 상태였다(Bright 2000⁴:286). 이런 상황에서 히스기야가 계속 버틴다는 것은 누가 보기에도 무모한 일이었을 수 있다. 그러나 랍사게가 오판한 것이 있다. 그것은 여호와를 의뢰하는 것이 헛되다는 주장이다. 그의 생각과 달리 히스기야의 종교정책은 여호와를 기쁘시게 한 것이었다. 랍사게의 이 단 한가지(그러나 중요한) 오판으로 인해 앗수르는 패주하게 된다.

랍사게는 히스기야가 보낸 사람들에게 2인칭 단수("너")와 복수("너희")를 번갈아 사용하며 말하였다. 이는 히스기야뿐만 아니라 자신의 말을 듣고 있는 예루살렘 성 안의 백성들까지 염두에 두었기 때문이다. 특히 랍사게는 아람어 대신 히브리어로 말하였다. 역시 성안의 유다 백성들이 듣기를 바라는 마음에서였다. 이를 알아차린 히스기야의 대표단은 "청하건대 아람 말로 당신의 종들에게 말씀하시고 성 위에 있는 백성들이 듣는 데서 유다 말로 우리에게 말씀하지 마옵소서"(26절) 하며 곤혹스러워 하였다.

상대방이 궁색한 모습을 보이자 랍사게는 더욱 기고만장하여 크게 말하기 시작하였다. 그는 "대왕 앗수르 왕의 말씀을 들으라"고 하며 "여호와를 의뢰하라"고 하는 히스기야의 말을 듣지 말라고 백성들을 부추겼다(30절). 랍사게의 말은 "여호와를 의뢰하느니 앗수르 왕을 믿으라"는 말처럼 들린다. 랍사게는 앗수르 왕이 백성들 각자에게 자신의 포도와 무화과를 먹게 하며 자신의 우물 물을 마시게 해 줄 것이라고 하며 항복을 종용하였다(31절). 그는 또한 백성들이 항복하면 "곡식과 포도주가 있는 지방이요 떡과 포도원이 있는 지방이요 기름 나는 감람과 꿀이 있는 지방"(32절)으로 이주하여 잘 수 있게 될 것이라고 말하기도 하였다.

이어서 랍사게는 더욱 마음이 부풀어 앗수르 왕을 신격화하기 시작하였다. 그는 어떤 민족의 아무 신들도 자기 땅을 앗수르 왕의 손에서 건져낼 수 없었다고 공언하더니 마침내 해서는 안 될 말까지 하고 말았다: "민족의 모든 신들 중에 누가 그의 땅을 내 손에서 건졌기에 여호와가 예루살렘을 내 손에서 건지겠느냐 하셨느니라"(34절). 사실 이방 여러 나라들의 신들은 이름만 "신"이었을뿐 헛것에 불과했다. 그러니 그들이 무슨 일을 할 수 있겠는가? 돌이나 나무로 만들어진 것들이 어떤 힘을 발휘할 것이라고 생각하는 것 자체가 우스운 일 아닌가? 그것들을 무기력하게 만들었다고 떠드는 것은 또 얼마나 우스꽝스러운 일인가?

그러나 이스라엘의 하나님 여호와는 다르다. 그분은 살아계신 참 하나님이실 뿐만 아니라 온 우주만물을 지으신 창조주이시다. 그런 분을 어찌 이방의 헛된 우상들과 비교할 수 있겠는가? 그러나 어리석게도 랍사게는 자만심에 도취된 나머지 주권자이신 여호와를 모욕하는 신성모독적 발언을 하였다. 랍사게의 우둔한 말은 "자책골"처럼 전세를 역전시키는 결정적인 계기가 되었다.

랍사게가 무지에 찬 말을 늘어놓고 있는 동안 유다 백성들은 한 마디 대답도 하지 않은 체 가만히 듣고만 있었다. 이유인즉 히스기야가 "대답하지 말라"고 명령을 내렸기 때문이다. 백성들이 왕의 명령에 따르는 것은 이미 좋은 신호이다. 어려운 시기에 국론이 분열되지 않고 왕을 중심으로 한 마음 한 뜻이 된 것은 매우 다행스러운 일이다. 특히 여호와를 모욕하는 자들 앞에서 그런 일치단결의 태도를 보인 것은 더욱 중요한 의미를 갖는다. 그것은 본문에 명시되지는 않았지만 끝까지 하나님을 의뢰하는 모습의 하나였다고 할 수 있다. 하나님은 이런 믿음의 태도를 결코 모르는 척 방관하지 않으신다. 곧 개입하셔서 그들의 믿음이 옳았음을 입증해주실 것이다. 그러나 적들로부터 여호와를 모욕하는 말을 듣는 것은 하나님의 백성들에게 말할 수 없이 고통스러운 일이다. 그랬기에 히스기야의 파견단은 옷을 찢고 히스기야에게 나아기 랍사게의 말을 전하였다(37절).

(3) 히스기야의 반응과 이사야의 예언(19:1-7)

히스기야는 대표단이 전하는 말을 듣자 크게 낙담하였다. 그가 이미 산헤립에게 많은 양의 은과 금을 보내었던 터인지라 그의 실망과 낙담은 더욱 컸을 것이다. 히스기야는 "옷을 찢고 굵은 베를 두르는" 행위를 하였는데, 이는 죽음과 재앙으로 인해 생기는 극한 슬픔의 표현이다. 이와 같이 비통한 모습으로 히스기야는 "여호와의 전"으로 들어갔다. 현재 벌어지고 있는 상황에 대하여, 특히 앗수르인들이 여호와를 모욕한 것에 대하여 하나님께 아뢰기 위해서였다.

　랍사게는 앗수르 왕을 "대왕"이라고 하며 오만한 태도를 보였다. 하지만 성전에 거하시는 하나님이 우주와 세상사를 다스리시는 참된 "대왕"이 아니시던가? 예루살렘에 세워진 성전은 이 "대왕"이 거하시는 신적인 왕궁이다. 히스기야는 이 크신 왕을 알현하기 위해 여호와의 전으로 들어갔다. 그는 여호와께서 현재의 참담한 상황을 보시고 반전을 주시기를 간구하고자 특별히 애곡하는 모습을 하였다. 그와 동시에 히스기야는 대표단들을 하나님의 대언자인 아모스의 아들 선지자 이사야에게 보냈다. 물론 그들도 굵은 베옷을 입게 하였다. 현재의 상황이 얼마나 심각한지를 나타내기 위해서였을 것이다. 그들은 이사야에게 가서 히스기야의 말을 전하였다. 그들의 말은 다음과 같은 봉입구조(inclusio) 속에 들어있다:

"그들이 이사야에게 이르되"(3절상)

　대표단들의 말

"이와 같이 히스기야의 왕의 신복이 이사야에게 나아가니"(5절)

　이런 봉입구조는 위기의 상황에 직면하여 하나님의 사람인 선지자에게 나아가는 것의 중요성을 강조하는 효과를 준다. 히스기야의 대표단들은 "환난과 징벌과 모욕의 날이라 아이를 낳을 때가 되었으나 해산할 힘이 없도다"(3절하) 라고 하며 현재의 곤란한 상황을 말하였다. 구약에서 전쟁의 상황은 종종 여인이 아이를 낳는 산고의 고통에 비유된다(사 13:8; 렘 4:31; 6:24; 22:23; 49:24; 50:43; 미 4:10; 5:3). 문제는 지금 유다가 산고 가운데 있는 여인이 아이를 낳을 힘이 없는 것과 같은 처절한 상황 속에 있다는 것이다.

　대표단들은 이사야에게 랍사게가 한 신성모독적 발언과 함께 히스기야의 부탁 – "당신의 하나님 여호와께서 혹시 그들의 말을 들으셨을지라 당신의 하나님 여호와께서 그 들으신 말 때문에 꾸짖으실 듯하니 당신은 이 남아있는 자들을 위하여 기도하소서" – 을 전하였다(4절). 이 말 속에서 히스기야의 생각을 읽을 수 있다. 그는 랍사게의 말을 듣고 비통에 사로잡혔으나 그 속에서 새로운 가능성을 보기도

했으니 곧 여호와께서 직접 현상황에 개입하시는 일이다. 앗수르 군대가 여호와를 모욕하였으니 여호와께서 개입하실 이보다 더 좋은 계기가 어디 있겠는가? 그러기에 랍사게의 말은 앗수르 진영에 패배를 안겨준 결정적 "자책골"이라 할 수 있다.

히스기야의 전언을 들은 이사야는 즉시 여호와의 말씀으로 답하였다. 그는 선지자로서 하나님의 대언자이다. 선지자와 하나님 사이의 긴밀한 관계를 생각할 때 선지자에게 기도를 요청한 히스기야의 방책은 전적으로 옳았다. 히스기야가 이사야에게 거듭 "당신의 하나님 여호와"(יהוה אלהיך)란 표현을 쓴 것은 하나님을 대변하는 선지자의 위치에 대한 바른 이해에서 나온 것이다.

히스기야의 생각은 적중하였다. 그가 기대한대로 하나님은 이사야를 통하여 구원의 기쁜 소식을 전해주셨다. 하나님은 "너는 앗수르 왕의 신복에게 들은 바 나를 모욕하는 말 때문에 두려워하지 말라"(6절상)는 위로의 말씀에 이어, "내가 한 영을 그의 속에 두어 그로 소문을 듣고 그의 본국으로 돌아가게 하고 또 그의 본국에서 그에게 칼에 죽게 하리라"(7절)는 구원의 메시지를 주셨다. 하나님의 심판집행을 위해 초자연적 세력("영")이 사용된 예는 종종 있다(삿 9:23; 삼상 16:14; 왕상 22:21). 산헤립이 듣게 될 "소식"이 무엇인지는 명시되지 않았다. 그것은 구스 왕 "디르하가"가 쳐들어왔다는 소식을 포함하여 앗수르 본국으로부터 전해온 알려지지 않은 어떤 소식이었다고 짐작해볼 수 있다(Wray-Beal 2014:470).

(4)산헤립의 서신과 히스기야의 반응(19:8-19)

예루살렘으로부터 아무런 반응을 얻어내지 못하자 산헤립의 파견단은 본영으로 돌아갔다. 그러나 그들이 군사들을 퇴각시켰다고 생각해서는 안된다. 많은 군사들을 이끌고 히스기야의 항복을 받아내려고 왔는데 그냥 물러갔다는 것은 말이 되지 않기 때문이다. 아마도 그들은 산헤립에게 히스기야의 반응을 보고하기 위해 군사들을 남겨둔 체 립나에 있는 본진으로 돌아갔을 것이다(Hobbs 1985:275). 산헤립은 원래 라기스에 있었으나 그곳에서 북동쪽으로 대략 8km 가량 떨어진 립나(현재의 Tell Bornat)로 가서 그 성읍과 싸우는 중이었다(AnBD 4:323).

갖은 협박과 위협에도 불구하고 예루살렘이 무반응이었다는 소식은 산헤립을 화나게 만들었을 것이다. 상황만 허락되었다면 그는 당장 예루살렘을 치려 했을 것이다. 그러나 당시 그는 립나를 치는 중이었고, 거기에 더하여 구스 왕 "디르하가"가 진격해오고 있다는 소식까지 전해졌다.[176] 그리하여 산헤립은 애굽 군대를 상대하기 위해 에그론 인근의 블레셋 도시 엘테카(Eltekah)로 향하였고, 히스기야에게는 부득이하게 위협하는 서신을 보내는 선에서 머물 수밖에 없었다.

---

176) "디르하가"(Tirhakah)는 주전 690년에 애굽 제 25 왕조의 왕으로 등극한 인물로 알려져 있다. 그가 "구스" 왕이라 불리는 까닭은 그의 출신이 애굽 남쪽의 "누비아"이기 때문이다. 앞에서도 언급하였듯이 브라이트는 주전 701년 산헤립이 유다를 침공하였을 당시 "디르하가"는 왕이 되지 않았을 뿐만 아니라 아직 10대의 어린 소년이었기에 그가 전쟁에 참가하였다고 하는 열왕기의 기록은 주전 690년 이후에 있었을 것으로 추정되는 산헤립의 2차 침공과 관련된다고 주장한다. 그러나 킷천(K. A. Kitchen)을 비롯한 다른 학자들은 주전 701년 "디르하가"는 이미 20세의 청년으로서 군사 원정에 나갈 수 있었다고 보는데 아무런 무리가 없다고 설명한다. 이 견해에 따르면, 열왕기 기자가 아직 왕위에 오르지 않은 "디르하가"를 "구스 왕"이라고 칭한 것은 단지 그가 왕이 될 것에 대한 "예기적 기대"(a proleptic expectation)를 나타내거나(Merrill 1987:415;), 아니면 저자 시대의 시각을 반영하는 것이라고 한다(Kitchen 2003:16; Schoors 1998:97).

이와 같은 상황의 발전은 당연히 히스기야에게 유리한 것이었고, 따라서 그것은 여호와께서 전쟁에 개입하신다는 일종의 신호로 받아들여질 수 있다.

산헤립의 서신 내용은 간단했다. 그것은 랍사게가 했던 말의 내용과 다르지 않지만, 여호와를 비방하는데 초점을 맞추고 있다는 점에서 새로운 면이 있다. 랍사게는 유다 백성들의 귀에 여호와를 의뢰하라는 히스기야의 말을 믿지 말라고 하였었다. 하지만 산헤립은 히스기야에게 "네가 믿는 네 하나님이 예루살렘을 앗수르 왕의 손에 넘기지 아니하겠다 하는 말에 속지 말라"(10절)고 하였다. 이와 같이 산헤립은 여호와를 직접적으로 비방하고 나섰다.

그는 앗수르의 여러 왕들이 여러 나라들을 멸하였지만 그 나라들의 신들이 아무 일도 할 수 없었다는 사실을 내세웠다. 산헤립의 생각에는 앗수르의 신이 최고의 신이기에 그 어떤 신들도 앗수르 군대를 당해낼 수 없다고 여겨졌으리라. 그러나 산헤립이 열거한 신들이라는 것이 고작해야 사람들이 고안해낸 헛된 우상들에 지나지 않는다. 여호와는 어떤가? 그분은 살아계신 하나님이요 우주를 지으시고 다스리시는 주권자이시다. 앗수르가 강성하여 여러 나라들을 정복할 수 있게 된 것도 여호와의 주권적인 뜻에 따른 것이었다(25절 참조). 산헤립이 이 사실을 알지 못하고 여호와를 한낱 헛된 우상과 비교하며 그분을 모욕하였으니 어떻게 되겠는가?

그러므로 히스기야가 예루살렘 성문을 굳게 닫고 적들에게 일체의 반응을 삼가며 오직 여호와께 도움을 요청한 것은 최고의 전술이었다고 볼 수 있다. 히스기야의 전술은 적들이 스스로 만든 덫에 걸려들게 만드는 고도의 유인전술에 견줄 수 있다. 히스기야의 태도가 산헤립으로 하여금 그들의 "덫"이라 할 수 있는 여호와를 대적하는 일을 더욱 노골적으로 하게 만드는 결과를 가져왔기 때문이다. 사람이 더 이상 손을 쓸 수 없는 위급한 상황에서 여호와를 "의뢰하고"(בָּטַח) 그분께 "밀착하는"(דָּבַק) 것만큼 좋은 방책은 없다.

히스기야는 산헤립이 보낸 편지를 들고 성전에 올라갔다. 그는 성전에서 여호와 앞에 그 편지를 펴 놓고 기도하였다. 그는 여호와께서 천지를 만드신 참 하나님이신 것을 고백하였다. 그는 앗수르의 여러 왕들이 여러 나라들을 황폐케 하고 그들의 신들을 불에 던진 것은 사실이지만 이는 그들의 신들이 한낱 헛된 우상들에 불과하기 때문이라고 말하였다. 이렇게 기도하는 가운데 히스기야는 "여호와여 귀를 기울여 들으소서 여호와여 눈을 떠서 보시옵소서"(16절상) 하며 산헤립이 여호와를 비방하여 한 말을 비통한 심경으로 고하였다. 끝으로 그는 구원을 요청하며 "천하 만국이 주 여호와가 홀로 하나님이신 줄 알게 되기를"(19절하) 소원하며 기도를 마쳤다.

(5) 여호와의 말씀(19:20-34)

하나님께서는 히스기야의 기도에 응답하셨다. 하나님은 대변인인 선지자 이사야를 보내시어 "네가 앗수르 왕 산헤립 때문에 내가 기도하는 것을 내가 들었노라"(20절하)고 하시며, 앗수르 왕에 대한 말씀을 먼저 주셨다. 21-28절에 기록된 이 말씀은 운문으로 되어있고 그 내용은 세 가지로 이루어져 있다.

21-22절에서 하나님은 먼저 산헤립의 어리석은 오만을 폭로하신다. 하나님은 시온과 예루살렘을 각각 "처녀 딸"(בְּתוּלַת בַּת)과 "딸"(בַּת)에에 비유하시며. 그들이 앗수르 왕을 비웃었고 그를 향해 머리를 흔들었다고 말씀하신다. 앗수르 왕이 예루살렘을 멸시하고 조롱하였지만

그것은 그야말로 무지에서 나온 행동이다. 그가 멸시한 백성은 여호와의 백성이며 여호와는 "이스라엘의 거룩한 자"(קְדוֹשׁ יִשְׂרָאֵל) 곧 온 세상 위에 뛰어난 살아계신 하나님이기 때문이다. 그러니 시온과 예루살렘이 산헤립의 어리석음을 조롱하는 것은 지극히 당연한 일이다. 산헤립은 시온과 예루살렘을 "겁탈"하려고 했지만 그들은 여호와의 보호하심으로 "처녀 딸"로 남을 것이다.

23-26에서 하나님은 산헤립의 말이 무지에서 나왔다는 사실을 폭로하신다. 산헤립은 마치 자신의 뜻에 따라 자신의 힘과 능력으로 세상의 여러 나라들을 정복한 것처럼 자랑하였다. 그러나 그것은 전적인 오해이다. 산헤립이 그렇게 할 수 있었던 것은 여호와께서 처음부터 그렇게 계획하셨기 때문이다. 하나님은 산헤립을 향하여 말씀하셨다: "네가 듣지 못하였느냐 이 일은 내가 태초부터 행하였고 옛날부터 정한 바라 이제 내가 이루어 너로 견고한 성들을 멸하여 무너진 돌무더기가 되게 함이니라"(25절). 이 하나님 앞에서 스스로를 자랑하다니 그 얼마나 우스운 일인가?

마지막으로, 27-28절에서 하나님은 산헤립이 당하게 될 일을 폭로하신다. 하나님은 산헤립이 행한 일을 다 아시며 그가 한 말을 다 들으셨다고 말씀하신다. 하나님이 보지 못하는 일과 그분이 듣지 못하는 말이 어찌 있을 수 있겠는가? 산헤립은 보시고 들으시는 하나님 앞에서 해서는 안될 일과 하면 안될 말을 하였기에 심판받을 수밖에 없다. 하나님은 "그러므로 내가 갈고리를 네 코에 꿰고 재갈을 네 입에 물려 너를 오던 길로 끌어 돌이키리라"(28절하)고 말씀하셨다. 여기서 그려지고 있는 산헤립의 모습은 영락없이 도살장으로 끌여가는 송아지의 모습이다.

산헤립에 대한 "비가"(悲歌)는 이로써 끝난다. 그러나 하나님의 말씀은 계속된다. 하나님은 유다 백성들을 위한 구원의 메시지를 전하신다. 하나님은 "징조"에 대해 말씀하신다. 그 "징조"란 어떤 초자연적인 기적이 아니라 자연적인 현상이다: "금년에는 스스로 자라난 것을 먹고 내년에는 그것에서 난 것을 먹되 제삼 년에는 심고 거두며 포도원을 심고 그 열매를 먹으리라"(29절). 이는 지금으로부터 2년간은 전란의 여파로 제대로 된 경작이 불가능하겠지만 3년째부터는 정상적인 경작이 가능해진다는 의미이다.

이 일이 "징조"가 되는 이유는 그것이 하나님께서 자기 백성을 돌보신다는 사실을 확인해주기 때문이다. 하나님은 "유다 족속 중에서 피하고 남은 자는 다시 아래로 뿌리를 내리고 위로 열매를 맺을지라"(30절)고 하시면서 자기 백성("남은 자")을 기다리는 밝은 미래에 대해 말씀하신다. 무엇보다도 하나님은 이 모든 일을 자신이 직접 이루실 것이라고 말씀하신다: "여호와의 열심이 이 일을 이루리라"(31절하).

그렇다! 하나님은 자기 백성을 위해 열심을 내시는 분이시다. 이 하나님의 열심 때문에 하나님의 백성에겐 언제나 밝은 미래가 있다. 32절 이하에서 하나님은 다시 한번 산헤립의 운명에 대해서 말씀하신다. 하나님은 산헤립이 결코 예루살렘에 이르지 못할 것이며, 예루살렘을 향해 그 어떤 공격행위도 하지 못할 것이라고 확증하신다. 뿐만 아니라 하나님은 산헤립이 "오던 길로 돌아가리라"고 덧붙이신다. 흥미롭게도 산헤립에 대한 하나님의 말씀(32-33절)은 처음과 끝이 모두 같은 말("이 성에 이르지 못하리라")로 되어있다(A-B-A 구조). 이는 예루살렘의 안전은 확실하게 보장되어있다는 의미일 것이다.

이 말을 전해들은 히스기야와 유다 백성들은 얼마나 위안이 되었겠는가? 그들은 하나님이 약속하신 말씀으로 인해 자신들을 억누르고 있던 모든 무거운 근심과 염려들을 벗어버릴 수 있었으리라. 하나님의 말씀으로 사는 이가 바로 하나님의 백성 아니던가? 하나님의 백성은 영원한 언약을 통해 하나님께 메이고 하나님께 속하였다. 그들은 과거 하나님께서 다윗과 더불어 언약을 맺으셨을 때 다윗과 함께 언약의 수혜자가 되는 축복을 받았다. 말하자면 그들은 다윗 안에서, 다윗과 함께 "하나님의 아들"이 된 것이다(삼하 7:14; 출 4:22). 그러기에 하나님은 히스기야에게 "내가 나의 종 다윗을 위하여 이 성을 보호하여 구원하리라"(34절)고 약속하셨다.

(6) 하나님의 심판과 산헤립의 죽음(19:35-37)

선지자 이사야가 히스기야에게 하나님의 말씀을 전하던 그날 밤에 ("이 밤에") 앗수르 진영에서는 하나님의 심판이 이루어졌다. 여호와의 사자가 그 밤에 앗수르 군사 십팔만 오천 명을 죽였다. 산헤립이 남긴 비문은 이 처참한 일에 대하여 침묵한다. 아마도 자신이 겪은 굴욕적인 패배를 기록에 남기기가 부담스러웠을 것이다. 고대 그리스의 역사가 헤로도투스(Herodotus, ca. 484-425 BC)가 쓴 『역사』(The Histories)에는 산헤립 진영에 일어난 재앙을 암시하는 내용이 소개된다. 이 기록에 따르면 산헤립 군대가 이집트를 치려 왔을 당시 어느 날 밤 난데 없이 쥐떼들이 나타나 앗수르 군대의 무기들을 모두 못쓰게 만듦으로써 앗수르 군대가 대패하였다고 한다 (Herodotus 2권 141항). 이 기록이 열왕기의 내용을 가리키는 것인지 분명하지 않지만, 적어도 그것의 개연성을 뒷받침하는 자료인 것은 분명하다.

열왕기 기자는 산혜립이 앗수르로 돌아가 그의 신 "니스록"의 신전에서 경배할 때 암살당하여 죽었다고 전한다. 여호와를 비방하던 자가 자기 신을 섬기던 중 죽은 것은 분명 아이러니이다. 산혜립이 암살당하여 죽은 것은 대략 주전 681년경이다. 암살자로 언급된 "아드람멜렉"과 "사레셀"은 다름 아닌 산혜립 자신의 아들들이었다(사 37:38 참조). 산혜립이 죽고 나자 그의 다른 아들 "에살핫돈"이 왕위를 이었지만 그것이 그의 불행을 덮어주는 것은 아니다. 결국 그는 자신의 아들들에 의해 죽임을 당하는 비극의 주인공이 되고 말았다. 비극의 원인이 여호와께 대한 그의 신성모독적 언사였다는 것은 새삼 말할 필요조차 없다. 그의 죽음으로 인해 이사야 선지자의 예언은 그대로 성취되었다.

4) 히스기야의 질병과 치유(20:1-15)

열왕기 기자는 산혜립의 침략 이야기에 이어 히스기야가 병들었다가 치유된 이야기를 소개한다. 그렇다고 해서 사건의 순서가 반드시 연대순을 따른 것이라고 볼 필요는 없다. 히스기야의 발병 사건은 산혜립의 침략 이전에 있었을 가능성이 크다. 그 근거는 바벨론 왕 므로닥발라단이 히스기야의 치유 소식을 전해 듣고 사신을 보낸 것에서 찾을 수 있다. 므로닥발라단은 사르곤 2세의 죽음(705 BC) 이후 정치적으로 혼란한 틈을 타 앗수르에 대하여 반란을 꾀하였고, 지원을 확보하기 위한 일환으로 히스기야에게 사신을 보냈을 것으로 추정된다. 따라서 열왕기의 사건배열(산혜립의 침략→히스기야의 발병)은 기록자의 의도에 따른 것이라고 보아야 한다.

(1) 병으로 죽게 된 히스기야(20:1-7)

히스기야는 매우 심각한 질병에 걸렸다. 그때 선지자 이사야는 설상가상의 메시지를 전한다. 히스기야가 병상에서 일어나지 못하고 곧 죽을 것이라는 하나님의 말씀이 그것이다. 이사야는 히스기야에게 죽음을 준비하라고 권하였다. 이 말을 전해 듣자 히스기야는 "낯을 벽으로 향하고 여호와께 기도하였다"(2절). 이는 전심으로 하나님께 "밀착하는"(דָּבַק) 모습이라고 할 수 있다(Keil 1865:343).

히스기야는 자신이 하나님 앞에서 "진실과 전심으로"행한 것과 하나님이 보시기에 "선한 일"(הַטּוֹב)을 행한 것을 기억해달라고 하면서 "큰 울음"(בְּכִי נָדוֹל)을 울었다. 그의 통곡은 그의 기도가 진실하고 간절한 것임을 나타내 보여준다. 그는 아무런 가식과 허식이 없이, 마치 어린 아이처럼, 하나님께 통곡하며 기도하였다. 그가 자신의 진실과 선행에 대해서 언급하였지만, 그것은 교만에서 나온 말이 아니라 사실에 근거한 겸허한 고백이다.

히스기야가 간절히 기도하자 하나님은 즉각 그의 기도에 응답하셨다. 이사야가 히스기야에게 메시지를 전하고 돌아가는 도중에 하나님의 말씀이 그에게 다시 임하였다. 이사야는 가던 길을 돌이켜 다시 히스기야에게로 돌아가 하나님의 응답을 전하였다: "내가 네 기도를 들었고 네 눈물을 보았노라 내가 너를 낫게 하리니 네가 삼 일 만에 여호와의 성전에 올라가겠고 내가 네 날에 십오 년을 더할 것이며 내가 너와 이 성을 앗수르 왕의 손에서 구원하고 내가 나를 위하고 또 내 종 다윗을 위하므로 이 성을 보호하리라"(5절하 - 6절).

이처럼 하나님은 히스기야의 기도에 즉시 응답하셨다. 하나님은 자기 백성이 전심으로 간절히 하는 기도를 들으시고 응답하시는 분이다. 욕심으로 하는 기도나 하나님의 뜻에 어긋나는 기도가 아닌 한 응답되지 않는 기도는 없다(약 4:2, 3). 히스기야의 기도가 그 대표적인 예이다. 예수님은 기도하고 구한 것은 이미 받은 줄로 믿으라고 말씀하셨다(막 11:24). 하나님은 자식에게 좋은 것을 주기 원하는 아버지와 같은 분이다(마 7:11).

히스기야가 삼 일 만에 성전에 올라갈 것이란 말씀은 그가 얼마나 위중한 상태였는지를 암시한다. 그의 건강상태는 가까이 있는 성전에조차 올라가지 못할 정도로 심각하였다. 그런 히스기야에게 하나님은 15년 간 생명을 연장시켜주시겠다고 말씀하셨다. 하나님은 생명의 주관자이시다. 15년의 기간은 히스기야가 발병한 시점을 짐작할 수 있게 해준다. 틸레(E. Thiele)의 연표에 따르면 히스기야는 주전 686년까지 생존하였으므로 히스기야의 발병 시점은 대략 주전 702~701년(산헤립의 침략이 임박한 때)이었을 것이란 계산이 나온다. 예루살렘을 앗수르 왕의 손에서 구원하리라는 말씀 또한 이 때를 지시한다.

하나님은 "내가 나를 위하고 또 내 종 다윗을 위하므로 이 성을 보호하리라"는 말씀을 덧붙이셨다. 이를 통해 하나님은 예루살렘의 보존이 무엇보다도 하나님 자신을 위한 일임을 밝히셨다. 예루살렘은 성전이 세워진 곳이다. 따라서 하나님이 이곳을 보존하시겠다는 것은 그곳에서 시행되는 하나님의 통치권을 포기하지 않으시겠다는 의미와 같다. 하나님은 예루살렘을 택하시고 그곳을 중심으로 온 세상을 다스리는 주권자이심을 나타내 보이시고자 하셨다.

물론 하나님은 지리적으로 어떤 한 장소에 메이는 분은 아니시다.

하지만 하나님은 "때가 차기까지" 예루살렘이란 지리적 장소를 통해 하나님의 주권적인 통치의 실재를 나타내보이고자 하셨다. 그러므로 예루살렘의 보존은 하나님의 유익과 직접 관련된다. 또한 "내 종 다윗을 위하므로"란 말씀은 하나님께서 다윗과 맺은 언약을 저버리지 않으셨다는 의미이다. 더 나아가, 다윗은 하나님의 통치를 실현하는 도구이므로, "다윗을 위한다"는 말은 결국 "내가 나를 위한다"는 말의 다른 표현이라고 볼 수 있다. 하나님의 관심과 다윗의 유익은 동전의 양면처럼 하나로 결합되어있다.

하나님께서 히스기야에게 건강의 회복을 약속하셨으나 저절로 그렇게 될 것이란 의미는 아니었다. 이사야는 무화과 반죽을 가져오라고 하였고, 사람들은 그것을 히스기야의 몸에 난 "종기"(הַשְּׁחִין) 위에 놓았다. 이 종기는 출애굽 당시 애굽 사람들에게 생겼던 것이기도 하고(출 9:9-11), 레위기의 정결법에 언급된 것이기도 하며(레13:18-23), 욥을 괴롭혔던 것이기도 하다(욥 2:7). 엘리사 선지자도 기적을 행할 때 도구를 사용하였다(왕하 2:20-22; 4:4; 5:10).

(2) 징조를 구하는 히스기야(20:8-11)

놀라운 구원의 메시지를 전해 들은 히스기야는 이사야에게 그 말이 사실인 것을 보증하는 "징표"를 구하였다. "히스기야의 요구는 불신앙의 표시가 아니다. 그것은 징조를 구하기 거절하는 아하스를 배경으로 이해되어야 한다"(House 1995:373). 아하스와 달리 히스기야는 하나님의 능력을 믿는 가운데 자신에게 그 능력이 나타날 것에 대한 표를 구하였다(사 7:11-13 참조).

이사야는 하나님께서 징표를 주실 것이라고 하였다. 그는 히스기야로 하여금 징표를 선택하도록 하는 자신감까지 보였다. 그 선택이란 해 그림자가 "열 걸음" 나아갈 것인 지, 아니면 그 만큼 뒤로 물러갈 것인지에 대한 것이었다. 해 그림자가 앞으로 "나아가는" 것도 기적이지만, 그것이 "뒤로 물러가는" 것은 더더욱 불가능해 보이는 일이다. 히스기야는 후자를 택하였다. 그가 이런 선택을 한 것은 하나님께는 능치 못할 일이 없다는 믿음 때문이었을 것이다.

과연 히스기야의 믿음은 헛되지 않았다. 하나님께서는 히스기야가 구한 그대로 아하스의 "계단" 위에 있던 해 그림자가 "열 걸음" 뒤로 물러가게 하는 놀라운 기사를 베푸셨다. 온 세상을 창조하신 여호와 하나님께 불가능한 일이 무엇이겠는가? 히스기야에게 징표가 주어졌다는 것은 그의 질병 또한 치유될 것임을 확인해준다. 이사야 38장 9-20절에는 히스기야가 병에서 치유되고 난 후에 기록한 글이 담겨있다. 이 글은 와병 중에 히스기야의 심경과 치유된 후의 감사를 잘 보여준다.

(3) 바벨론에서 온 사신들(20:12-19)

바벨론 왕 "브로닥발라단"(בְּרֹאדַךְ בַּלְאֲדָן)이[177] 히스기야가 "병 들었었다"는[178] 소식을 듣고 사신들을 보내왔다. 브로닥발라단이 이렇게 한 것

---

177) 이사야 39장 1절에는 같은 왕이 "므로닥발라단"(מְרֹדַךְ בַּלְאֲדָן)으로 불린다. 칠십인경, 시리아역, 탈굼(ℸᶠ), 라틴역(the Vulgate)역시 "므로닥발라단"으로 읽는다.
178) 개역개정역은 완료형 동사 "할라"(חָלָה)를 단순히 과거시제("병 들었다")로 번역한다. 그러나 사신들이 찾아온 시점은 분명히 히스기야가 병에서 치유된 이후이다. 따라서 NIV, NAS, RSV와 등과 같이 "할라"(חָלָה)가 과거완료("병 들었었다")로 번역되는 것이 옳다.

은 나름대로 정치적 목적이 있어서였을 것이다. 앞에서 설명한 것처럼 그는 앗수르 왕 사르곤 2세(Sargon II, 722-705 BC)가 죽은 이후 정치적으로 혼란한 틈을 타 바벨론의 독립을 꾀하였다.[179] 그가 히스기야에게 사신을 보낸 것도 이러한 움직임과 무관하지 않다고 보아야 한다. 그는 히스기야에게 "서신과 선물"(ספרים ומנחה)을 보냈는데, 그의 서신에는 병에서의 회복을 축하하는 내용과 함께 대(對) 앗수르 정책에 동조해줄 것을 요청하는 내용이 들어있었을 것으로 추측된다.

사신들의 방문을 받은 히스기야는 하나님을 의뢰하기보다 세속 정치에 기대를 거는 모습을 보였다. 그는 왕궁 보물고의 금과 은을 비롯하여 향품과 보배로운 기름과 군기고와 창고에 있는 모든 물건들을 보여주었다. 히스기야가 이렇게까지 한 것은 바벨론을 지나치게 의식하고, 나아가서 바벨론을 필요이상으로 중요시여겼기 때문일 것이다. 이것은 언제나 하나님을 "의뢰하고" 하나님의 뜻을 받들어어야 할 하나님 나라의 왕으로서 올바른 모습일 수 없다. 히스기야가 그렇게 세속 정치의 논리를 따르는 한 세상(바벨론)의 힘에 종속될 수밖에 없다.

이사야 선지자는 히스기야가 한 잘못의 심각성을 알고 그것을 문

---

179) 브로닥발라단은 이미 디글랏빌레셀 3세(Tiglathpileser III, 745-727 BC) 때인 731-730 BC에 바벨론의 지도자로 부상하였던 인물로서 사르곤 2세(Sargon II, 722-705 BC) 시대에 엘람과 더불어 앗수르에 반란을 일으켰던 전력이 있다. 그의 반란은 사르곤 2세에 의해 제압되었으나 산헤립(Sennacherib, 705-681 BC)이 왕위에 오르자 힘을 모아 다시금 앗수르에 대하여 반역을 일으켰으니, 대략 주전 703~702년경이다(Provan a.o. 2003: 272-274; Merrill 1987:408-414; Bright 2000[4]:280-284; Miller & Hayes 2006[2]:409-411).

제삼고 나섰다. 뿐만 아니라 이사야는 유다와 바벨론의 관계가 어떻게 발전될 것인지를 알리는 예언적 메시지를 전하기도 하였다. 그는 "왕궁의 모든 것과 왕의 조상들이 오늘까지 쌓아 두었던 것이 바벨론으로 옮긴 바 되고 하나도 남지 아니할 것이요 또 왕의 몸에서 날 아들 중에서 사로잡혀 바벨론 왕궁의 환관이 되리라"(17-18절)고 예언하였다. 한가지 실수에 대한 벌 치고는 지나치지 않느냐고 반문할 수도 있을 것이다. 그러나 따지고 보면 북 왕국 이스라엘이 멸망한 것도 하나님보다 외세의 힘에 의존하려 했기 때문이다(호 7:11 참조). 사실상 유다도 그런 일을 답습하다가 결국 멸망하게 된다(렘 42:14-19 참조). 그러므로 이사야는 외교관계에 지나친 기대를 거는 히스기야의 그릇된 태도에서 훗날 외세의 도움에 나라의 명운을 거는 유다 왕들의 어리석은 모습을 내다보며 예언적 메시지를 전하였다고 보야야 한다.

역대기는 "히스기야가 마음이 교만하여 그 받은 은혜를 보답하지 아니하므로 진노가 그와 유다와 예루살렘에 내리게 되었더니"(대하 32:25) 라는 말씀을 전하고 있는데, 이는 바벨론 사신들을 맞이한 히스기야의 태도를 염두에 둔 말씀인 것으로 보인다. 히스기야와 같이 하나님을 굳게 "의뢰하고" 그분께 가까이 "밀착하였던" 왕도 세상의 힘 앞에 쉽게 흔들린 것을 보면서 인간 왕의 약함과 한계를 다시금 절감하게 된다. 히스기야는 분명 모범적이었지만, 그럼에도 불구하고 완전한 왕은 아니었다. 완전한 왕이 등장하기까지는 아직도 많은 시간을 더 기다려야 한다. 그 왕이 오시면 여호와를 모욕하는 세상의 세력도, 인간의 생명을 위협하는 사망의 권세도 모두 무너지고 말 것이다(단 2:44; 고전 15:51-56 참조).

이사야로부터 하나님의 말씀을 전해들은 히스기야는 곧바로 자신의 잘못을 깨닫고 회개하는 태도를 보였다. 그는 이사야에게 "당신이 전한 바 여호와의 말씀이 선하니이다"라고 하며 하나님께 영광을 돌렸다. "내가 사는 날에 태평과 진실이 있을진대 어찌 선하지 아니하리요"(19절하)라는 히스기야의 말은 이기적이라는 인상을 주기도 한다. 그러나 그것은 심판을 연기해주신 하나님의 은혜를 감사하는 말로서 이해되는 것이 바람직하다. 역대기 기자도 히스기야가 "마음의 교만을 뉘우쳤다"고 인정한다(대하 32:26). 히스기야는 비록 불완전한 면이 없지 않았지만, 잘못을 뉘우치기를 지체하지 않았다. 이런 까닭에 열왕기 기자는 그를 그 어떤 왕들보다 더 여호와를 의뢰한 모범적인 왕으로 평가한다(왕하 18:5).

5) 히스기야의 죽음과 계승(20:20-21)

20절에서 히스기야의 나머지 업적과 위대한 일들이 기록된 자료(유다 왕 역대지략, סֵפֶר דִּבְרֵי הַיָּמִים לְמַלְכֵי יְהוּדָה)가 언급된다. 열왕기 기자는 특별히 히스기야가 저수지와 수로를 만들어 물을 예루살렘 성으로 끌어들인 일을 그의 중요한 업적으로 소개한다. 이 일은 히스기야가 산헤립의 침략에 대비하여 한 일이었다. 히스기야는 예루살렘 성 밖의 기혼 샘으로부터 성 안으로 물을 끌어 들이기 위해 전체 길이 500 미터가 넘는 지하 수로를 만들었다(대하 32:30 참조). 이 수로는 양쪽 끝에서 파들어가기 시작하여 중간에서 만나는 방식으로 만들어졌다. 양쪽이 만난 지점의 암벽에 만들어진 비문은 양측이 서로 만날 당시의 극적인 상황을 알려준다. "실로암 비문"(the Siloam inscription)으로 알려진 이 비문은 주후 1880년 발굴되었으며, 지금은 이스탄불의 "고대동양 박물관"에 소장되어있다(AnNE 290).

실로암 비문 (Miller & Hayes 2006²:408)

선하고 위대한 왕의 시대나 악하고 보잘것없는 왕의 시대나 덧없기는 마찬가지다. 21절에는 히스기야가 죽고 그의 아들 므낫세가 유다의 왕이 되었다는 언급이 나온다. 솔로몬 이후 유다 역사에서 가장 훌륭한 왕이었던 히스기야의 시대가 지나간 것이다. 그의 아들 므낫세는 아버지의 모범을 따라 여호와를 의뢰하는 선정을 펼 것인가? 하지만 안타깝게도 그는 그 아버지와 정반대의 길을 걷는다.

3. 므낫세와 아몬의 학정(21장)

1) 므낫세(21:1-18)

므낫세가 이십오 세에 왕위에 올라 오십오 년간 통치하였다는 본문의 기록은 공동통치를 포함한 전체통치기간(696~642 BC)을 염두에 둔 것이다. 므낫세가 단독통치를 시작한 해는 주전 686년이다. 므낫

세에게 돌려진 통치기간(55년)은 유다 왕들의 역사에서 가장 긴 기간
이다. 하지만 불행하게도 므낫세는 그렇게 긴 시간을 자신이 유다의
왕들 가운데 가장 악한 왕으로 평가되도록 하는데 모두 낭비하고 말
았다. 그는 "여호와 보시기에" 악을 행하였을 뿐만 아니라 "여호와께
서 이스라엘 자손 앞에서 쫓아내신 이방 사람의 가증한 일을 따라서"
행한 것으로 평가된다. 후자는 그의 조부 아하스에게 처음 적용되었
던 평가로서 유다가 이전의 가나안 사람들처럼 그 땅에서 쫓겨날 것
을 예고한다(왕하 16:3 참조).

　　므낫세는 그의 부친 히스기야가 이루어놓은 종교개혁을 무효화
시켰다. 그는 히스기야가 파괴한 산당들을 다시 세웠으며, 바알을
위하여 제단을 쌓고 아세라 목상을 만드는 등 풍요제의를 부흥시켰
다. 흥미롭게도 므낫세가 한 일은 이스라엘 왕 아합의 행위에 비교된
다: "이스라엘의 왕 아합의 행위를 따라"(3절하). 브레이 빌(Wray
Beal 2014:488)의 설명에 따르면 두 사람은 각자의 왕국에서 처음
으로 바알에게 제단을 세웠으며(왕상 16:32; 왕하 21:3), 유일하
게 아세라 목상을 만든 왕들이다(왕상 16:33; 왕하 21:3). 뿐만 아
니라 우상들과 관련하여 아모리 사람들과 같이 "가증한 일들"을 하였
거나 "가증하게 행한" 것으로 평가되는 왕들은 아합과 므낫세 뿐이라
고 한다(왕상 21:26; 왕하 21:11). 더 나아가 므낫세가 무죄한 자
의 피를 흘린 것(16절)은 아합이 의인 나봇의 피를 흘린 것과 비교
된다. 그러기에 "참으로 므낫세는 남왕국의 아합이다"(Wray Beal
2014:488).

　　더 나아가 므낫세가 행한 일들은 북왕국의 멸망원인으로 언급된
일들과 유사하다는 점에도 주목할 필요가 있다: 하늘의 일월성신 경
배(왕하 17:16; 왕하 21:3), 자기 아들을 불 가운데로 지나게 함(왕

하 17:17; 왕하 21:6), 사술을 행함(왕하 17:17; 왕하 21:6), 여
호와 보시기에 악을 행하여 그의 진노를 불러일으킴(왕하 17:17; 왕
하 21:6), 여호와의 명령과 율법을 지키지 아니함(왕하 17:13-16;
왕하 21:8-9). 이 연결들은 남 왕국이 므낫세의 악행들로 인해 북왕
국과 같이 멸망하게 될 것이라는 열왕기 기자의 관점을 반영한다.

흥미롭게도 구조적으로 므낫세의 악한 행위들은 여호와께서 자기
이름을 두신 성전(聖殿)과 그곳에 세워진 제단과 아세라 목상에 대한
언급이 앞뒤(4절과 7절)에서 감싸고 있는 형태이다:

A "내가 내 이름을 예루살렘에 두리라 하신 여호와의 성전에"(4절상)
  B "(성전에) 제단들을 쌓고"(4절하)
    C **므낫세의 악한 행위들**(5-6절)
  B "아세라 목상을 성전에 세웠더라"(7절상)
A "내가 이스라엘의 모든 지파 중에서 택한 이 성전과 예루살렘에 내
    이름을 영원히 둘지라"(7절하)

위의 구성은 5-6절에 열거된 므낫세의 행위들이 성전이 표상하는
신정국가의 이상을 파괴하는 악행들이란 사실을 부각시키는 효과를
낳는다. 하나님은 자기 이름을 성전에 두셨다. 이는 하나님께서 성전
에 거하시며 통치하신다는 의미이다. 그러므로 왕은 하나님의 뜻을
받드는 청지기 역할을 수행해야 한다. 그렇지 않으면 성전의 의미는
퇴색되고 왕이 하는 일은 하나님께 대한 반역이 되고 만다.

무엇보다도 여호와의 이름을 위한 성전이란 개념은 다윗 언약의
핵심사항이다. 하나님은 다윗과 언약을 세울 때 그의 아들이 하나님
의 이름을 위해 성전을 지을 것이라고 말씀하셨다(삼하 7:12-13).

그러므로 성전에 우상의 제단과 우상을 세우는 행위는 하나님과의 언
약을 파괴하는 행위이다. 그것은 사실상 성전을 파괴하는 일과 다를
바 없으며, 그것의 구체적인 가시화가 곧 주전 586년의 사건이다.
본문 저자는 성전과 므낫세의 우상숭배행위와의 관계를 인클루지오
구조를 통해 제시함으로써 성전의 가치를 허무는 므낫세의 반언약적
행위로 말미암아 성전이 무너지게 될 것이란 메시지를 간접적이지만
효과적으로 전하고 있다.

8-9절은 백성들의 문제를 다룬다. 백성들의 문제는 하나님께서
모세를 통해 주신 율법을 지켜 행하지 아니하고 악을 행한 것이다.
이는 므낫세의 악행과 동일하다. 므낫세가 행한 각종 우상숭배 행위
는 사실상 신명기의 율법에 엄격히 금지된 것들이다(신 7:5; 12:3;
16:21; 17:2-7; 18:9-14). 본문은 백성들의 죄에 대하여 므낫
세가 그들을 잘못 인도한 결과라고 밝힌다. 백성들의 죄에 대한 책임
이 므낫세에게 있다는 의미이다. 왕이 백성을 대표하기에 그 둘 사이
에는 본래 운명적인 연대관계가 존재하나(Kaminsky 1995:30-
54), 왕은 백성들을 이끄는 지도자이므로 그가 백성에게 끼치는 실질
적 영향은 말할 수 없이 클 수밖에 없다. 그러므로 백성들의 죄에 대
하여 책임져야 할 사람은 누구보다도 왕 자신이다. 하지만 백성들에
게 아무 책임이 없다는 말은 아니다. 백성들도 하나님과 언약관계에
있었던 만큼 그들이 생각없이 왕을 따라 악을 행한 것은 벌받아 마땅
한 일이다. 본문은 백성들이 하나님의 명령과 모세의 율법을 "듣지 아
니하였다"고 밝힌다.

하나님은 그 백성들에 대하여 과거 다윗에게 하셨던 약속을 상기
시키는 말씀을 하신다: "내가 그들의 발로 다시는 그의 조상들에게 준
땅에서 떠나 유리하지 아니하게 하리라"(8절하; 삼하 7:14). 그러

나 이곳에서 이 약속은 율법순종이란 조건 하에 놓인다. 사무엘서에
는 이 약속의 성취를 위한 조건으로서 율법순종이 강조되지 않는다.
그렇다고 해서 사무엘서의 약속이 열왕기에서 변경되었다고 보아서
는 안 된다. 사실은 사무엘서에도 율법순종의 중요성이 간과되지 않
는다. 하나님은 분명히 다윗의 씨가 범죄하면 징계할 것이라고 말씀
하셨다(삼하 7:14). 따라서 사무엘서와 열왕기서의 차이는 강조에
있다고 보아야 한다. 사무엘서가 약속에 초점을 둔다면, 열왕기는 순
종의 중요성을 강조할 뿐이다(김진수 2015:89-108). 이렇게 보면
열왕기가 불순종의 결과로 언급하는 바를 새로운 시각으로 이해할 수
있게 된다. 심판은 약속의 취소가 아닌 그것의 완전한 성취를 위한 수
단(징계)이다.

본문은 백성에게 임할 심판을 예고한다. 본문에 약속의 땅에 머무
는 조건으로서 율법순종이 언급된 것은 불순종이 그 땅에서의 추방을
가져온다는 사실을 암시하기 위함이다. 백성들은 불순종으로 인해 다
시 "조상들에게 준 땅에서 떠나 유리"(8절하)하게 될 것이다. 그들이
행한 악이 "여호와께서 이스라엘 자손 앞에서 멸하신 여러 민족보다
더 심하였더라"(9절하)는 진술은 더욱 신랄하다. 그것은 이스라엘 자
손들 또한 가나안 땅의 이방 민족들과 같은 운명에 처하게 될 것이란
의미이다. 하지만 멸망의 위협이 아무리 엄하다 할지라도 그것은 결
국 자식을 훈육하기 위한 아버지의 징계의 매란 점을 잊어서는 안 된
다(삼하 7:14).

10-15절은 므낫세와 관련하여 선지자들이 예언한 내용을 소개한
다. 이 선지자들이 누구인지는 분명하지 않다. 그들은 므낫세가 행한
"가증한 일들"과 "악"이 이전 아모리 사람들의 행위보다 더욱 심하였

다고 고발하였다. 더욱이 그들은 므낫세가 자신이 숭배한 우상들로써 "유다를 범죄하게 하였다"고 하며 꼬집어 비난하였다. "유다를 범죄하게 하였다"는 말은 북왕국의 여로보암 1세(930-909 BC)에게 꼬리표처럼 붙여진 말("이스라엘에게 범죄하게 한")을 연상시킨다. 본문저자는 이 연상기법을 통해 독자들이 왕국의 운명과 관련하여 므낫세가 여로보암과 같이 결정적으로 악한 영향을 미쳤다는 사실을 생각하도록 만든다.

12절부터는 소위 '사자공식'("이스라엘의 하나님 여호와가 말하노니")이 도입하는 유다에게 임할 재앙에 대한 예언이 소개된다. 이 예언에 따르면 예루살렘과 유다에 임할 재앙이 너무 크기에 "듣는 자마다 두 귀가 울리리라"(12절하)고 한다. '귀가 울린다'는 말은 '듣는 자의 마음에 두려움을 불러일으킨다'는 의미이다. 같은 표현이 엘리 제사장 집안에 대한 예언과 유다 왕들과 예루살렘 주민들에게 대한 선지자 예레미야의 예언에서도 사용된다(삼상 3:11; 렘 19:3). 예루살렘에 어떤 재앙이 임하길래 사람들에게서 그런 놀라움과 두려움을 불러일으키게 될까?

예언은 "사마리아를 잰 줄"과 "아합의 집을 다림 보던 추"를 계속해서 언급한다. '측량 줄'(קָו)과 '다림 보는 추'(מִשְׁקֹלֶת)는 모두 건축물의 정확도를 측정하는 도구이다(슥 1:16 참조). 이사야 28장 17절에서 이 두 도구들은 하나님의 백성들을 평가하는 율법의 기준을 가리키는 은유로 사용된다: "나는 정의를 측량줄로 삼고 공의를 저울추로 삼으니…" 여기서도 마찬가지 은유가 사용되었다고 보아야 한다. 하나님은 유다와 예루살렘을 율법의 기준으로 측량하실 것이다.

사마리아와 아합의 집은 이 기준에 맞지 않았기에 잘못 지어진 건물처럼 파괴되었다. 유다와 예루살렘을 기다리는 운명도 마찬가지라는 것이 이 예언의 메시지이다. 예언에 사용된 또 다른 은유 "씻어 엎은 그릇"도 같은 메시지를 전한다. 씻어 엎은 그릇에 음식물이 남지 않듯이 예루살렘의 멸망이 철저할 것이란 말이다.

은유에 의해 비유적으로 생생하게 묘사되던 재앙들이 14절에서는 사실적으로 구체화된다: "내가 나의 기업에서 남은 자들을 버려 그들의 원수의 손에 넘긴즉 그들이 모든 원수에게 노략거리와 겁탈거리가 되리니." 그들이 이런 운명에 처해지는 까닭은 어제 오늘의 죄 문제 때문이 아니다. 그들의 문제는 출애굽시절로까지 거슬러 올라간다. 하나님은 "애굽에서 나온 그의 조상 때부터 오늘까지 내가 보기에 악을 행하여 나의 진노를 일으켰음이니라"(15절)고 말씀하신다. 이스라엘 백성들의 뼛속에 도사리고 있는 이 뿌리깊은 죄의 문제는 결국 그들로 하여금 왕국의 몰락이란 막다른 골목에 이르게 한다. 하지만 그 모양이 아무리 듣는 사람의 귀를 울릴 정도로 파국적인 것이라 할지라도, 그것은 결국 새로운 출발을 위한 특단의 조치 즉 "징계"에 지나지 않는다는 점을 놓쳐서는 안 된다. 더 나아가 이 징계는 장차 그들을 위해 대신 징계의 매를 맞아주실 분의 도래로 인해 마침내 그 본래의 의도에 온전히 도달하게 된다는 사실도 잊지 말아야 한다(사 53:5).

우상숭배 행위로 점철된 므낫세의 삶에도 끝이 이르렀다. 열왕기 기자는 그의 사적을 마무리하면서 그가 저지른 포악한 행위를 다음과 같이 덧붙인다: "또 무죄한 자의 피를 심히 많이 흘려 예루살렘 이 끝에서 저 끝까지 가득하게 하였더라"(16절하). 이 기록은 므낫세 시대에 얼마나 많은 악과 불의가 자행되었는지를 엿볼 수 있게 해준다. 이로부터 극도의 종교적 우상숭배는 최악의 도덕적 부패를 낳는다는 교훈을 얻을 수 있다. 므낫세가 죽자 그의 아들 아몬이 대신하여 왕이 되었다.

2) 아몬(21:19-26)

아몬은 이십 세에 왕이 되어 이 년간(642-640 BC) 나라를 다스렸다. 그는 므낫세와 같이 여호와 보시기에 악을 행한 왕으로 평가된다. 그는 므낫세가 섬기던 우상들을 그대로 섬겼으며 그것들에게 절하였다. 이와 같이 그는 조상들의 하나님 여호와를 버리고 여호와의 길로 행치도 아니하였다. 여호와를 배반한 자에게 형통이 있을 수 없다. 우선 형통을 누리는 것 같더라도 그 결국은 멸망이다(시 73편 참조). 아몬은 이 년이란 짧은 통치기간 후 반역을 당해 죽는 몇 안되는 유다 왕들(아하시야, 요아스, 아마샤) 가운데 이름을 올리는 비운의 왕이 된다. 하지만 다행스럽게도 다윗 왕가의 왕위는 유지되었다. 그의 아들 요시야가 왕위에 올랐기 때문이다.

4. 율법에 충실한 왕 요시야(22:1-23:30)

요시야는 히스기야와 마찬가지로 모범적인 왕으로 평가되는 인물이다. 그는 특별히 성전을 수리하던 중 모세의 율법책을 발견하고, 그 율법에 따라 우상숭배를 척결하고 참된 예배를 회복하고자 하였던 왕으로 유명하다. 요시야의 개혁운동은 비록 성공을 거둔 것은 아니지만 왕이 율법책에 따라 통치하는 것이야말로 하나님의 은혜를 입는 첩경임을 보여주는 중요한 사례이다.

1) 서론적 통치 요약(22:1-2)

요시야는 8세의 어린 나이에 예루살렘에서 왕위에 올라 31년간 (640-609 BC) 나라를 다스렸다. 그의 어머니 "여디다"(יְדִידָה, "사랑받는 자")는 "보스갓 출신 아다야의 딸"(בַּת־עֲדָיָה מִבָּצְקַת)로 소개된다. 요시야는 히스기야와 마찬가지로 "여호와 보시기에 정직히 행한" 왕으로 평가된다. 그는 특별히 "그의 조상 다윗의 모든 길로 행하고 좌우로 치우치지 아니한" 왕으로 평가된다. 열왕기에서 "좌우로 치우치지 아니한" 왕으로 평가되는 사람은 요시야가 유일하다. 이는 요시야가 얼마나 율법에 충실한 왕이었는지를 나타낸다. 히스기야가 여호와를 의뢰하는 일에 독보적이었다고 한다면 요시야는 여호와의 율법을 지키는 일에 으뜸이었다.

2) 성전수리와 율법책의 발견(22:3-13)

요시야는 재위 18년(622 BC) 곧 그의 나이 26세때 성전수리에 착수하였다. 그러나 요시야가 이때부터 개혁에 관심을 가지기 시작하였다고 보아서는 안 된다. 역대기에 따르면, 요시야는 이미 그의 통치 8년(632 BC)에 "그의 조상 다윗의 하나님을 비로소 찾았고", 그로부터 4년 뒤인 12년(628 BC)에 유다와 예루살렘에서 "산당들과 아세라 목상들과 아로새긴 우상들과 부어 만든 우상들을 제거하여 버리는" 등 개혁을 단행하였다고 한다(대하 34:3).

요시야는 서기관 사반을 대제사장 힐기야에게 보내어 성전수리를 시작하도록 명하였다. 이를 통해 성전수리가 어떻게 진행되었는지를 알 수 있다. 먼저 제사장 힐기야가 백성들이 성전에 드린 은을 계산하여 성전을 맡은 감독의 손에 주면, 감독은 그것을 목수, 건축자, 미장 등 일군들에게 나누어주고 재료를 구입하여 공사를 하도록 하였다.

요시야는 특별이 일군들에게 맡긴 은을 회계하지 말라는 당부를 덧붙였다. 일군들이 진실하다는 것이 요시야가 밝힌 이유이다. 과거 요아스가 성전수리를 할 때에도 같은 방식으로 공사가 진행된 적이 있다(왕하 12:4-16 참조). 브레이 빌은 요아스와 달리 요시야는 직접 공사지시를 내리는 것으로 묘사되며, 이를 통해 성전에 대한 요시야의 관심이 강조된다고 말한다(Wray Beal 2014:503).

성전수리가 진행되는 중 특별한 일이 생겼다. 여호와의 전에서 "모세가 기록한 여호와의 율법책"(סֵפֶר תּוֹרַת־יְהוָה בְּיַד־מֹשֶׁה)이 발견된 것이다(대하 34:14). 이 율법책이 신명기 내지는 신명기의 일부일 것이라는데 거의 모든 학자들이 동의한다.[180] 모세의 율법책은 오랫동안 잊혀진 체 성전에 그저 방치되어왔던 것으로 보인다.[181] 제사장 힐기야가 이

---

180) 해밀턴(Hamilton 2005:612-13)은 이 관점을 뒷받침하는 다섯 가지 이유들을 제시한다. 첫째, "율법책"은 오경에서 신명기에만 두루 나타나는 표현이다. 둘째, 요시야가 지킨 유월절 축제는 여호와께서 택하신 한 곳에서 희생제사를 드리라는 신명기의 가르침과 통한다. 셋째, 요시야가 파괴한 우상숭배는 신명기에서 정죄의 대상이 된다. 넷째, 성전에서 발견된 책이 오경 전체였을 가능성은 희박하다. 다섯째, 요시야는 신명기 6장 5절의 삼중적 명령을 그대로 지킨 유일한 유다 왕이다

181) 벨하우젠은 율법책이 발견된 시점과 신명기의 저작 시점을 동일시한다. 그는 요시야 왕 시대에 신명기가 기록되었고, 그것이 요시야의 개혁운동의 토대가 되었다고 주장한다(Wellhausen 18995:9). 이에 대하여 팔머 로벗슨(Robertson 2004:126-136)은 다음 두 가지 사실을 언급한다. 먼저, 신명기의 기록시점이 벨하우젠이 주장하는 것처럼 후대라고 한다면, 소위 '신명기적 역사서'(여호수아~열왕기)에서 신명기에 담긴 언약법에 기초하여 메신저 역할을 한 것으로 소개되는 선지자들의 활동은 거짓이 되고 만다. 다음으로, 고대 근동의 언약문서들에 대한 연구는 신명기의 내용이 주전 2000년대 후반기의 힛타이트 종주권 조약조약과 형식에 있어서 유사하다는 점을 밝혀내었다. 그러므로 전통적으로 인정되어온 바와 같이 신명기의 모세 저작설을 받아들이는데 아무런 문제가 없다.

율법책을 발견하고 서기관 사반에게 주자 사반이 먼저 그것을 읽었다. 그 내용은 사반에게 매우 중요한 것으로 받아들여졌던 것 같다. 그는 왕에게로 돌아가 왕의 앞에서 그 율법책을 읽었다.

율법책에 기록된 말씀은 요시야 왕에게 충격적인 것이었다. 그는 옷을 찢으며 율법책의 내용과 동떨어진 당대의 상황과 형편에 대하여 통절(慟絶)한 마음을 표현하였다. 이는 예레미야가 하나님의 말씀을 받아 기록한 두루마리를 칼로 베어 불에 태운 여호야김의 행동과 강한 대조를 이룬다(렘 36:23). 여호야김이 그렇게 하나님께 대한 반감을 드러낸 것과는 달리 요시야는 도리어 자기 옷을 찢음으로써 하나님께 굴복하고 복종하는 태도를 보였다. 요시야가 한 다음 말은 그가 하나님의 말씀을 얼마나 엄중하게 받아들였는지를 잘 보여준다:

“우리 조상들이 이 책의 말씀을 듣지 아니하며 이 책에 우리를 위하여 기록된 모든 것을 행하지 아니하였으므로 여호와께서 우리에게 내리신 진노가 크도다”(13절하).

이 말로 미루어보아 요시야에게 낭독된 율법책의 내용은 신명기에 기록된 율법들과 그 율벌들의 준수와 관련된 축복과 저주의 말씀이었을 가능성이 크다. 요시야는 율법책의 내용에 대해 일시적으로 옷을 찢는 반응을 보이는 것만으로 그치지 않았다. 그는 율법책에 기록된 내용과 관련하여 하나님께 묻고자 하였다. 그가 그렇게 한 것은 율법의 내용에 의문이 있어서가 아니라 하나님의 진노에 대해 알기 위해서였다. 요시야는 율법에 명시된 하나님의 진노가 두려웠고, 그 진노를 피할 길이 있는지 또는 그 진노가 유예되거나 철회될 가능성이 있는지를 알고자 하였다. 이렇게 말씀 앞에 두려워 떠는 자가 참으로 하나님을 경외하는 경건한 자이다(사 66:2, 5).

3) 여선지 훌다와 여호와의 말씀(22:14-20)

요시야가 보낸 사람들은 "예루살렘 둘째 구역"에[182] 거주하였던 여선지자 훌다에게로 갔다. 구약에는 훌다 외에도 미리암, 드보라, 노아댜 등이 여선지자로서 활동한 사실이 소개된다(출 15:20; 삿 4:4; 느 6:14). 요시야가 왜 동시대에 선지자로서 활약한 예레미야를 찾지 않았는지 의문이다. 예레미야는 요시야 재위 13년(627 BC)에 선지자가 되었다(렘 1:2). 그러나 예레미야가 본격적으로 선지자 활동에 나선 것은 요시야의 아들 여호야김 시대부터인 것으로 보인다(렘 1:3; Peels 2012:96). 요시야가 예레미야를 찾지 않은 것은 이런 형편과 관련된 것이라고 할 수 있다.

여선지 훌다는 하나님의 대변인으로서 요시야에게 하나님의 말씀을 대언하였다. 그것은 율법책에 기록된 말씀에 따라 예루살렘과 그 주민들에게 재앙이 임하게 되리라는 것이었다. 하나님은 재앙이 임할 수밖에 없는 이유까지 분명하게 밝히셨다. 그 이유도 사실은 율법책에 담겨있는 내용이다. 하나님이 꼬집어 말씀하신 것은 유다 백성들의 우상숭배이다:

> "이 백성이 나를 버리고 다른 신에게 분향하며 그들의 손의 모든 행위
> 로 나를 격노하게 하였음이라 그러므로 내가 이 곳을 향하여 내린 진
> 노(חֵמָה, "불붙는 노")가 꺼지지 아니하리라"(17절).

---

182) 이 지역은 왕정시대에 확장된 곳으로서 예루살렘 북쪽에 위치했다고 한다. "둘째 구역"(מִשְׁנֶה)이란 말은 이 지역이 도시의 확장된 부분임을 나타낸다 (Hobbs 1985:327).

그러나 하나님은 요시야 왕에 대하여서는 위로의 말씀을 주셨다. 하나님은 율법책에 대하여 요시야가 보인 태도를 칭찬하셨다. 하나님은 특별히 요시야가 하나님의 말씀을 듣자 그 마음이 "부드러워지고"(רכך) 여호와 앞에서 "겸비하여 옷을 찢고 통곡한" 것을 귀하게 보셨다. "하나님께서 구하시는 제사는 상한 심령이라 하나님이여 상하고 통회하는 마음을 주께서 멸시하지 아니하시리이다"(시 51:17) 라고 한 다윗의 고백은 실로 참된 것이다.

요시야의 태도는 하나님의 말씀을 듣고서도 도리어 완고한 태도를 보이는 이들의 어리석음을 생각하게 만든다. 그들은 하나님을 예배하고 그분의 말씀을 따르기보다 우상숭배에 몰두하고 세상의 권세 앞에 머리를 조아린다. 그 결국은 그들이 믿고 의지한 세상의 권세에 휘둘리다가 망하는 일이다. 그러나 하나님의 말씀 앞에 굴복하는 자는 그 말씀의 "검"(劍)으로 보호받는다. 따라서, 요시야와 같이 하나님의 말씀 앞에 자신을 낮추고, 그 말씀이 자신을 심판하게 하며, 그 말씀이 자신을 새롭게 하도록 하는 것이야말로 생명을 얻는 첩경이다. 더 나아가, 그것이야 말로 하나님이 인정하시는 참된 개혁(reformation)의 출발이다.

하나님은 요시야에게 "나도 네 말을 들었노라"(19절하)고 하시며 요시야가 직접 눈으로 예루살렘에 임할 재앙을 보지 않을 것이라고 말씀하신다. "내가 너로 너의 조상들에게 돌아가서 평안히 묘실로 들어가게 하리니"란 말씀은 종종 오해를 불러일으킨다. 얼핏 보기에 이 말씀은 요시야가 "사고에 의한 죽음"(violent death)을 맞이하지 않고 평화로운 죽음을 맞이할 것을 가리키는 것처럼 보이기 때문이다. 실제로 요시야는 애굽왕 바로느고와의 전쟁에서 전사한다(왕하 23:29). 그러나 하나님의 말씀은 요시야가 자연스러운 죽음을 맞이

할 것이라는 의미가 아니다. 하나님은 다만 요시야의 장례(葬禮)를 두고 그의 시신이 "평안히 묘실로 들어가게" 되리라고 말씀하셨을 뿐이다(Wray Beal 2014:305).

4) 요시야의 개혁운동(23:1-27)

요시야는 여선지자 훌다로부터 여호와의 말씀을 전하여 듣고 본격적인 개혁운동에 착수한다. 그는 먼저 백성들과 더불어 하나님과의 언약관계를 새롭게 하고(1-3절), 이어서 므낫세 왕 때부터 흥해왔던 우상숭배를 몰아내었으며(4-20절), 그동안 등한시 되었던 유월절 절기를 성대하게 지켰다(21-23절). 24-27절에는 요시야가 벌인 개혁운동에 대한 전반적인 평가가 나타난다.

(1) 언약을 세우는 요시야(1-3절)

요시야는 유다와 예루살렘의 모든 장로들을 불러모았다. 그들과 함께 요시야는 성전에 올라가 하나님께 충성과 헌신을 다짐하는 의식을 갖고자 하였다. 이 의식에는 장로들뿐만 아니라 제사장들과 선지자들은 물론이고 일반 백성들까지 함께 참여하였다. 그러기에 그것은 범국가적, 범국민적 행사였다고 보아야 한다. 요시야는 나라의 온 백성들과 더불어 하나님과의 관계를 새롭게 하고자 하였다.

요시야는 먼저 모인 무리가 듣도록 "여호와의 성전 안에서 발견한 언약책의 모든 말씀을" 낭독하게 하였다. 백성들이 하나님의 말씀을 듣고 깨닫는 것이야말로 개혁의 핵심이다. 하나님과의 관계를 새롭게 하는 언약갱신이라 할지라도 말씀에 기초하지 않는 것이라면 그야말로 공허한 의식으로 끝날뿐이다. 요시야는 이것을 잘 알았기에 백성들에게 무엇보다도 먼저 율법책의 모든 말씀을 읽어 들려주고자 하였다. 과연 배성들도 요시야가 그랬던 것처럼 말씀을 듣고 옷을 찢으며 통곡하는 회개의 태도를 보일 것인가? 역대기는 "요시야가 사는 날에 백성이 그들의 조상들의 하나님 여호와께 복종하고 떠나지 아니하였다"(대하 34:33절하)고 전한다.

주목할 만한 것은 "율법책"이 "언약책"으로 언급된다는 점이다. 율법책이 하나님과 백성들 사이의 언약관계를 규정하는 조항들을 담고 있기에 그런 명칭의 변화는 이해할만하다. 더욱이 지금은 하나님과 언약을 맺는 상황이므로 "언약책"이란 명칭이 더 자연스럽다. 언약의 내용은 "마음을 다하고 뜻을 다하여 여호와께 순종하고 그의 계명과 법도와 율례를 지켜 이 책에 기록된 이 언약의 말씀을 이루게 하리라"(3절상)는 것이다. "이루게 하리라"는 히브리어 동사 '쿰'(קוּם)의 히필 부정사 '하킴'(הָקִים)을 번역한 말이다. '하킴'은 '일으키다'란 의미 외에도 '세우다'(establish), '서게 하다'(cause to stand)의 의미를 갖는다. 그러므로 언약의 말씀을 세우는 것, 즉 나라의 일과 백성의 삶이 모두 언약의 말씀에 따라 이루어지도록 하는 것이 요시야가 행한 언약갱신의 목적이었다고 볼 수 있다(Amsler 2004[6]:639).

열왕기 기자는 "모든 백성이 언약 안에 섰다"(וַיַּעֲמֹד כָּל־הָעָם בַּבְּרִית)고 밝힌다. 개역개정역은 "백성이 다 그 언약을 따르기로 하니라"로 번역하였다. 비록 의역이긴 하지만 원문의 의미를 잘 살린 번역이다.

(2) 유다와 예루살렘의 정화(4-14절)

백성들과 더불어 하나님과 언약을 맺은 다음 요시야는 우상숭배를 근절하는 일에 박차를 가하였다. 언약의 핵심은 하나님께 대한 전적인 충성과 헌신이므로 우상들이 제거되지 않는 한 언약관계는 정상적으로 유지될 수 없다. 시내산 언약의 규약인 십계명에서도 우상숭배가 가장 중요한 문제로 다루어진다. 또한 시내산 언약의 갱신인 신명기의 율법이 강조하는 것도 역시 우상숭배에 대한 것이다(신 12장). 더 나아가 여호수아는 이스라엘이 가나안 땅에서 안식의 축복을 누리기 위해서는 모든 우상들을 버리고 여호와만을 섬겨야 한다고 역설한다(수 24장).

이 언약전통에 따라 요시야는 먼저 여호와의 성전에서 각종 우상숭배 도구들을 제거했다. 여기에는 바알과 아세라와 하늘의 만상(כֹל צְבָא הַשָּׁמַיִם)을 위해 만들어진 기물들이 포함된다. 요시야는 예루살렘 밖 기드론 밭에서 그것들을 불사르고 그 재를 벧엘로 가져가도록 하였다. "기드론"은 예루살렘 동편에 있는 골짜기로서 성전이 지어진 언덕(시온산)과 감람산 사이에 위치한다. 이곳은 성전에서 나오는 각종 쓰레기들이 버려지는 곳이기도 하였고, 죽은 사람들의 시신이 매장되는 곳이기도 했다(렘 31:40 참조). 우상숭배의 기물들을 이곳에서 불살랐다는 것은 그것들이 부정한 물건들이란 사실을 부각시키는 의미가 있다. 그것들의 재를 벧엘로 가져가게 한 것은 벧엘의 금송아지 또한 같은 운명에 처하여지게 될 것을 예고한다.

다음으로, 요시야는 우상숭배를 일삼은 제사장들을 멸하였다. "제사장들"로 번역된 히브리어 '그마림'(כְּמָרִים)은 여호와를 섬기는 제사장들인 '코하님'(כֹּהֲנִים)과는 달리 이방종교의 우상들에게 제사하는 자들을 일컫는 말이다(호 10:5). 열왕기 기자는 이들이 유다의 왕들에 의해 세워진 자들이라고 밝힌다. 이들은 유다의 여러 지역들과 예루살렘의 산당들에서 각종 우상들에게 분향함으로써 백성들을 타락시켰다. 그들이 숭배한 우상들은 풍요의 신 바알을 비롯하여 해, 달, 성좌들(מַזָּלוֹת, constellations)과 하늘의 만상(כֹּל. צְבָא הַשָּׁמָיִם)이었다. 요시야는 이들을 멸하였다.

요시야는 또한 나무 기둥 모양의 "아세라"를 파괴하였는데, 놀랍게도 그것은 여호와의 성전 안에 있었던 것이다. 이는 솔로몬 이후 유다 왕국의 역사에 종교적으로 어떤 타락이 있었는지를 보여준다. 요시야는 그것을 "예루살렘 바깥 기드론 시내로 가져다 거기에서 불사르고 빻아서 가루를 만들어 그 가루를 평민의 묘지에 뿌리게"(6절) 하였다. 이는 과거 모세가 이스라엘 백성들이 만든 금송아지에게 한 일과 비슷하다(출 32:20). "불사르고 빻아서 가루를" 만든 것은 완전히 멸한다는 의미이다. 또한 우상들을 빻아 만든 가루를 평민의 묘지에 뿌린 것은 그것들의 부정함을 부각시키기 위함이다. 구약에서 시체는 부정한 것으로 간주된다는 사실이 이 해석을 뒷받침한다.

같은 맥락에서 요시야는 성전 가운데 있는 "남창의 집"(בָּתֵּי הַקְּדֵשִׁים)을 부수었다. "남창으로 번역된 히브리어 단어 '카데쉬'(קָדֵשׁ)는 제의적인 매음행위(cultic prostitution)를 일삼는 사람을 뜻한다(HALAT). 그러나 '카데쉬'가 제사에서 매음행위를 하도록 공식적으로 세워진 "남창"이라기 보다 "인가되지 않은 제사장 역할"("non-sanctioned priestly roles")을 한 사람이었다고 보는 견해도 있다(Wray Beal 2014:507). 열왕기 기자는 남창의 집에 대하여 여인들이 아세라를 위하여 휘장을 짜는 곳이기도 했다고 덧붙인다(7절 하).

다른 한편, 요시야는 유다 각 성읍에서 제사장들을 불러오고, 그들이 분향하던 산당들을 "게바에서 브엘세바까지"[183] 더럽게 하였다. 여기에 언급된 "제사장들"은 비록 레위지파 출신이긴 하지만 모세의 율법에 따라 여호와께서 택하신 장소에서 제사하지 않았던 제사장들을 가리킨다. 요시야는 이들이 예루살렘 여호와의 제단에 올라가지 못하게 하고, 다만 형제 중에서(즉, 집에서) 제사장들의 양식으로 정해진 무교병만 먹을 수 있도록 하였다(레 2:4, 10; 신 18:6-8 참조). 요시야는 또한 여호수아라 이름하는 지도자가 있는 성읍의 성문에 있던 산당들을 헐었다.

요시야는 계속해서 예루살렘 남서쪽에 위치한 "힌놈의 아들 골짜기"(גֵּי בְנֵי־הִנֹּם)의 "도벳"(תֹּפֶת)을 더럽게 하였다. "도벳"은 '불 화덕'(fire hearth)이란 의미의 아람어 '테피'(tepî) 또는 '타피야'(tapyā)에 '수치'를 뜻하는 히브리어 '보셰트'(bōšet)의 모음이 붙여져 만들어진 단어이다(Sweeney 2007:448). 단어의 유래에서도 짐작할 수 있듯이 "도벳"은 사람들이 자기 자녀를 불 가운데로 지나가게 한 장소였다. 이 야만적인 종교행위는 이방 신들의 하나인 "몰렉"(מֹלֶךְ)을[184] 위한 것이었다고 한다.

요시야는 또한 성전입구에 만들어진 말 형상들을 제거하였다. 이들은 태양신의 수레를 끄는 말들로 간주되었던 것으로 보인다.[185] 요

---

183) 게바와 브엘세바는 각각 유다의 북쪽과 남쪽 경계에 해당하는 지역이었던 것으로 보인다. 그레이(Gray 1964:735)는 "게바"가 *ar-Rām* (왕상 15:22의 Rama)에서 동쪽으로 1 마일 반 떨어진 al-Jibʻ 이나 *ar-Rām* 에서 남쪽으로 2 마일 떨어진 "사울의 기브아"를 가리킬 수도 있다고 한다. 홉스(Hobbs 1985:334)는 "게바"를 예루살렘에서 북쪽으로 수 마일 떨어진 벤야민 지역의 작은 마을(현재의 Jaba)와 동일시한다.

184) "몰렉"에 대해서는 이 책의 각주 94를 참조하라.

시야는 "태양 수레"(מַרְכְּבוֹת הַשֶּׁמֶשׁ) 역시 불살라버렸다. 그 외에도 아하스의 다락 지붕에 세워진 제단들과 므낫세가 성전 두 마당에 세운 제단들이 파괴되었다(렘 32:29 참조). 뿐만 아니라 예루살렘 앞 "멸망의 산"(הַר־הַמַּשְׁחִית)[186] 오른 편 산당들도 더럽혀져 제구실을 하지 못하게 되었다. 이 산당들은 솔로몬이 "시돈 사람의 가증한 아스다롯과 모압 사람의 가증한 그모스와 암몬 자손의 가증한 밀곰을 위하여 세웠던 것"(13절하)이다. 끝으로 요시야는 "석상들을 깨뜨리며 아세라 목상들을 찍고 사람의 해골로 그곳에 채웠다"(14절).

(3) 벧엘과 사마리아의 정화(15–21절)

유다와 예루살렘에서 우상숭배를 척결한 요시야는 관심을 북쪽으로 돌렸다. 그는 먼저 여로보암이 망국적인 금송아지 우상을 세웠던 벧엘로 갔다. 금송아지 숭배는 아합 왕가의 바알 숭배를 심판한 예후가 수용하였을 정도로 고질적인 문제였다(왕하 10:29). 열왕기 기자는 이스라엘이 멸망하게 된 원인으로 벧엘과 단에서 행해진 금송아지 숭배를 꼽는다(왕하 17:16). 사실상 금송아지 숭배의 역사는 출애굽

---

185) 태양신은 우가릿 지역에서 "바알"과 밀접한 관계에 있었다고 한다. 그곳에서 태양신 '샤파쉬'(Šapaš)는 '바알'과 '엘' 사이에서 중재자/사자 역할을 하는 신으로 숭배되었다. 뿐만 아니라 우가릿의 신화에서 태양신은 바알의 아내이자 누이동생인 '아낫'과 함께 죽은 바알을 매장한 것으로 묘사된다. 태양신은 또한 밤에 지하의 세계로 내려가 죽은 자를 재판하고 다스리는 것으로 언급되기도 한다(Hutter 1996:136-137).

186) 스위니(Sweeney 2007:449)에 따르면 "멸망의 산"(הַר־הַמַּשְׁחִית)은 "기름부음/기름의 산"(הַר־הַמִּשְׁחָה)인 "감람산(the Mount of Olives)의 "논쟁적 재구성"(a polemical reformulation)이다. 감람산이 이 이름으로 불리게 된 것은 솔로몬이 그곳에다 우상의 산당들을 만들고 나서부터였을 것이다(왕상 11:7; Hobbs 1985:335).

시점까지 소급된다. 당시 이스라엘은 시내산에 올라간 모세가 늦게 돌아온다는 이유로 금송아지 우상을 만들고 "이는 너희를 애굽 땅에서 인도하여 낸 너희의 신이로다"(출 32:4) 라고 하며 우상숭배의 성향을 드러내었다. 이런 세속적인 성향은 후손들에게 그대로 이어져내려가 결국 그들이 또다시 세상 나라에 예속되고 마는 역출애굽의 결과를 낳게 되었다. 요시야가 벧엘의 금송아지 우상을 주목한 까닭은 이 비극의 역사에 대한 인식 때문이었으리라고 판단된다.

요시야는 여로보암이 세운 제단과 산당을 부수었다. 열왕기 기자는 요시야가 부순 제단과 산당이 여로보암이 만든 것이란 사실을 거듭 강조한다. 그는 도치법을 사용하여 동사의 목적어 "제단"과 "산당"을 먼저 언급한다: "또한 벧엘의 **제단과** 느밧의 아들 여로보암이 만든 **산당을**"(וְגַם אֶת־הַמִּזְבֵּחַ אֲשֶׁר בְּבֵית־אֵל הַבָּמָה אֲשֶׁר עָשָׂה יָרָבְעָם בֶּן־נְבָט). 그 후 동일한 목적어가 정관사 및 지시대명사와 함께 한 번 더 언급된다: "**바로 그 제단과 그 산당을**"(גַּם אֶת־הַמִּזְבֵּחַ הַהוּא וְאֶת־הַבָּמָה). 마지막으로, 문장 끝에 동사 '부수다'(נָתַץ)가 온다. 이 문장구성에서 보듯이 열왕기 기자는 여로보암이 만든 제단과 산당이 파괴었다는 점을 거듭 강조한다. 특히 본문은 여로보암이 "이스라엘을 범죄하게 만든 자"(אֲשֶׁר הֶחֱטִיא אֶת־יִשְׂרָאֵל)라는 점을 꼬집어 언급한다.

요시야는 벧엘의 산당을 "불사르고 빻아서 가루를 만들며 아세라 목상을 불살랐다"(15절하). 그만큼 요시야는 철저하게 산당과 우상을 파괴하였다. 하나님 앞에서 우상숭배는 이처럼 그 흔적조차 남지 않도록 철저하게 근절되어야 한다. 요시야는 또한 "산에 있는 무덤들을 보고 보내어 그 무덤에서 해골을 가져다가 제단 위에서 불살라 그 제단을 더럽게 하였다"(16절상). 이는 우상을 불태워 만든 가루를 평민의 묘지에 뿌린 일과 같은 의미를 갖는다(6절). 그것은 우상숭배가 얼마나 혐오스럽고 부정하고 더러운 것인지를 드러내기 위한 일이다.

본문은 요시야가 한 일이 과거 여로보암 시대 하나님의 사람이 한 예언의 성취라고 밝힌다. 당시 유다 출신의 한 선지자가 벧엘의 제단을 향하여 예언하였다. 그는 장차 다윗의 왕가에 요시야라 이름하는 왕이 등장하여 벧엘의 제단에서 분향하는 산당 제사장을 같은 제단 위에서 제물로 바치게 될 것이며 사람의 해골을 그 위에서 불사르게 될 것이라고 예언하였다(왕상 13:2). 이 예언과 같이 요시야는 "산당의 제사장들을 다 제단 위에서 죽이고 사람의 해골을 제단 위에서 불살랐다"(20절). 이로부터 열왕기를 지배하는 신학적 관점을 다시 확인하게 된다. 개인과 국가와 역사의 운명을 결정하는 것은 살아계신 하나님의 말씀이다.

요시야는 자신에 대해 예언한 선지자의 비석과 무덤을 발견하였다. 그 무덤에는 사마리아에서 온 선지자의 뼈도 묻혀있었다.[187] 요시야는 그 무덤이 그대로 보존되도록 함으로써 그 선지자들을 존중하고, 그들이 대언한 "여호와의 말씀"에 믿음과 순종의 태도를 보였다. 열왕기 기자는 요시야가 사마리아 각 성읍에 세워진 산당들까지 벧엘에서 한 것처럼 다 제거하였다고 덧붙인다.

(4)유월절을 지킨 요시야(21-23절)

요시야의 개혁운동은 우상숭배를 근절하는 것에만 국한되지 않았다.

---

187) 여기서 "사마리아"는 북왕국 전체를 가리키는 표현(제유법)으로 보아야 한다(Hobbs 1985:336). 열왕기상 13장 11절에서 이 선지자는 벧엘에서 살았던 것으로 언급된다.

열왕기 기자는 요시야가 여호와께 유월절 절기를 거행한 일을 소개
한다.

　"유월절"(פֶּסַח)은 애굽의 장자들을 멸하는 하나님의 진노가 이스
라엘 백성들에게는 "넘어간"(פֶּסַח)것을 기념하는 절기이다(출 11:1-
13:16 참조). 유월절을 통해 이스라엘은 자신들이 하나님께 선택받
은 민족이며 하나님의 은혜로 말미암아 어린 양의 피로 구속받은 백
성이란 사실을 상기하며 "하나님의 큰 일"을 증거하였다(출 12:27;
13:14-16 참조). 이렇게 유월절은 하나님의 백성으로서 이스라엘
의 정체를 확인하는 중요한 절기이다. 요시야는 이 유월절 절기를 거
행함으로써 왕국과 백성이 여호와께 속하였다는 사실을 분명히 하고
자 했다. 따라서 유월절의 거행은 요시야가 벌인 개혁운동의 절정이
라고 말할 수 있다.

　열왕기 기자는 요시야가 언약책에 기록된 대로 유월절을 지켰다
고 증언한다. 요시야는 실로 하나님의 말씀에 충실한 개혁자로 기억
되기에 손색이 없는 인물이다. 열왕기 기자는 요시야가 또한 **사사시
대 이래로** 그 유례를 찾아볼 수 없을 만큼 성대하게 유월절 절기를
거행하였다고 밝힌다. 열왕기에 비해 훨씬 더 상세하게 요시야가 거
행한 유월절을 소개하는 역대기는 **선지자 사무엘 이후부터** 왕정시대
를 통틀어 요시야만큼 성대하게 유월절을 지킨 왕이 없었다고 알려
준다(대하 35:18). 요시야가 유월절을 지킨 시점은 그의 재위 십팔
년, 즉 성전에서 모세의 율법책이 발견되어 개혁운동이 본격화된 해
(622 BC)였다.

(5) 요시야의 개혁 후기(24-27절)

끝으로 열왕기 기자는 요시야가 여호와의 율법책에 기록된 바에 따라 충실하게 개혁운동을 펴고자 했다는 점을 다시 한번 강조한다. 요시야는 "유다 땅과 예루살렘에 보이는 신접한 자와 점쟁이와 드라빔과 우상과 모든 가증한 것을 다 제거하였다"(24절상)고 한다. "신접자"(הָאֹבוֹת)와 "점쟁이"(הַיִּדְּעֹנִים)는 신명기 18장 11절에서 금지된 가나안의 종교풍습이다. 이들은 죽은 자와의 접촉을 통해 삶의 비밀을 풀고자 했던 영매(靈媒)들이며, 이들의 행습을 본받는 것은 레위기에서 종교적 매음행위로 간주되기도 한다(레 19:31; 20:6 참조). 유다 왕국의 역사에서 이 가나안 토속종교는 므낫세 왕 때 활기를 띠었던 것으로 보인다(왕하 21:6 참조).

열왕기 기자는 요시야의 종교개혁이 "대제사장 힐기야가 여호와의 성전에서 발견한 책에 기록된 율법의 말씀을 이루려 함이라"고 밝힌다. 요시야는 참으로 여호와의 율법에 충실하고자 하였던 왕이다. 요시야는 신명기가 가르치는 바 왕의 이상적인 모델이었다고 해도 틀리지 않는다(신 17:18, 19). 요시야는 하나님의 말씀에 전적으로 순종하는 태도를 취함으로써 하나님의 대리 통치자이자 하나님 나라의 왕으로서의 면모를 유감 없이 보여주었다. 현재의 독자들에게 요시야의 이런 모습은 장차 하나님의 말씀을 이루기 위해 오실 메시아 왕의 그림자로 다가온다(마 21:4; 요 21:28 참조). 다음은 요시야에 대한 열왕기 기자의 마지막 평가이다:

"요시야와 같이 마음을 다하며 뜻을 다하며 힘을 다하여 모세의 모든 율법을 따라 여호와께로 돌이킨 왕은 요시야 전에도 없었고 후에도 그와 같은 자가 없었더라"(25절).

그러나 요시야의 헌신적인 노력에도 불구하고 그것이 내적으로 깊이 병든 유다의 형편을 근본적으로 바꾸어 놓을 수는 없었다. 하나님의 말씀에 전적으로 헌신한 왕 요시야와는 달리 백성들은 여전히 므낫세가 불러일으킨 종교적 타락과 도덕적인 부패의 영향에서 벗어나지 못하였다. 본문 26절에서 열왕기 기자는 "므낫세가 여호와를 격노케 한 그 모든 격노" 때문에 "여호와께서 유다를 향하여 내리신 그 크게 타오르는 진노를 돌이키지 아니하셨다"고 밝힌다. 이 진술은 분명히 므낫세의 악행을 부각시키지만, 오직 그의 죄 때문만으로 유다가 하나님의 진노를 피할 수 없게 되었다는 의미는 아니다. 그것은 요시야가 기울인 모든 노력에도 불구하고 백성들의 내적 형편에는 큰 변화가 없었다는 것을 시사한다(Keil 1865:365).

나라의 형편이 이러하였기에 하나님은 고강도의 징계를 예고하셨다: "내가 이스라엘을 물리친 것같이 유다도 내 앞에서 물리치며 내가 택한 이 성 예루살렘과 내 이름을 거기에 두리라 한 이 성전을 버리리라"(27절). 과거 하나님은 다윗 왕가의 왕이 범죄하면 "사람의 매"와 "인생의 채찍"으로 징계하실 것이라고 경고하신 바 있다(삼하 7:14).[188] 이 경고대로 다윗은 바세바와의 범죄로 인해 거의 왕권을 잃게 될 정도로 엄한 징계를 받았다. 이처럼 지금 유다는 하나님의 엄중한 징계를 피할 수 없는 상황에 이르렀다. 이 징계는 지금까지 경험

---

188) 사실상 이 경고는 시내산 언약의 "무서운 위협들"과 본질적으로 다르지 않다. 이에 대하여 크라소베츠(J. Krašovec)는 다음과 같이 말한다: "Is chastisement 'with the rod of men, with the stripes of the sons of men' (2 Sam 7:14) really different from the terrifying menaces as the Sinaitic covenant? In the Bible nearly all punishment is represented analogically, often anthropomorphically as the 'rod of men'"(Krašovec 1996:67).

되었던 것과 비교할 수 없을 정도로 파국적이 될 것이다. 예루살렘과 성전이 파괴되고 나라가 망할 것이기 때문이다. 그럼에도 불구하고 그것은 어디까지나 "징계"의 성격을 갖는다는 점이 간과되어서는 안 된다.[189] 다윗이 징계 후에 왕권을 회복하였듯이 유다도 징계의 시간이 지나면 다시 회복될 것이다. 선지자들은 이 회복의 중심에 다윗 왕가에서 나올 "싹" 또는 "가지"가 있을 것이라고 예언한다(사 11:1; 렘 33:15).

5) 요시야의 죽음과 계승(23:28-30)

개혁자 요시야의 죽음은 예상과 달리 갑작스럽고, 예기치 못한 방식으로 찾아왔다. 그는 바벨론과 메데 연합군에 의해 멸망해가던 앗수르를 지원하기 위해 북으로 향하는 애굽 군대를 막으려다[190] 므깃도에서 39살의 젊은 나이로 전사하였다. 요시야가 왜 그렇게 하였는지에 대해 열왕기는 침묵한다. 하지만 당시 근동세계의 정치적 형편을 들여다보면 이 유능한 지도자의 결정에 대한 짐작이 어느 정도 가능하다.

주전 7세기의 앗수르는 제국 내의 연이은 반란으로 인해 약화일

---

[189] 다윗 언약이 내포하고 있는 징계의 차원과 관련하여서는 졸고, "다윗 언약에 대한 연구",「신학정론」33 (2015. 6), 18-22 참조하라.

[190] 개역개정역의 "애굽의 왕 바로 느고가 앗수르 왕을 치고자 하여 유브라데 강으로 올라가므로"(29절상)는 당시의 상황에 맞지 않는 설명처럼 보인다. 이는 원문의 히브리어 전치사(עַל)를 "반대의 의미"("against")로 이해하였기 때문에 나타나는 현상이다. 하지만 עַל은 "유익의 의미"("on behalf of", "for the sake of")의 의미도 갖는다(WiHS, 112-115). 현재의 문맥에서 עַל은 후자의 의미로 번역되어야 한다: "애굽의 왕 바로 느고가 앗수르 왕을 **돕고자 하여** 유브라데 강으로 올라가므로."

로를 걷고 있었다. 설상가상으로 앗수르바니팔(Asshurbanipal, 668-627 BC)이 죽은 후 앗수르는 왕권을 둘러싼 형제들 간의 싸움에 휩싸여 그나마 남은 힘을 모두 소진하였다. 그동안 줄곧 재기를 노려왔던 바벨론이 이 기회를 놓치지 않았다. 갈데아 출신의 나보폴라살(Nabopolassar, 626-605 BC)이 스스로를 바벨론의 왕으로 선포하고 나섰던 것이다. 하지만 앗수르에는 더 이상 나보폴라살을 제압할 힘이 남아있지 않았다. 앗수르는 614년 제국의 옛 수도 "앗수르"(Asshur)를 메데의 손에 내어주어야 했으며, 612년에는 새로운 수도 니느웨까지 바벨론과 메데 연합군의 수중에 들어가고 말았다. 앗수르의 남은 세력은 하란으로 옮겨가 후일을 도모할 수밖에 없었다.[191]

메소포타미아에서 벌어지고 있는 일은 멀리 떨어진 애굽에게도 관심거리가 아닐 수 없었다. 근동지역의 패권을 누가 잡느냐에 따라 애굽의 이익이 좌우될 수밖에 없었기 때문이다. 애굽의 입장에서는 앗수르가 계속 살아남아 바벨론에 대한 견제역할을 해주기를 바랐을 것이다. 그래야만 시리아와 팔레스타인 지역에서 자신들이 주도권을 행사할 수 있게 되리라는 것은 쉽게 짐작할 수 있는 일이다. 애굽의 바로 느고가 군대를 이끌고 하란으로 향하게 된 것은 이런 국제 정치적 이해관계에 따른 것이었다. 요시야 왕이 이 움직임에 개입한 이유는

---

191) 하지만 앗수르는 하란에서도 오래 버티지 못하였다. 바벨론과 메데 연합군은 610년에 하란을 점령하였고, 가까스로 도망한 앗수르의 마지막 왕 앗수르우발릿 2세(Asshuruballit II, 612-609 BC)는 609년 애굽의 도움으로 하란을 탈환하고자 하였으나 바벨론 연합군을 당해내기에는 역부족이었다. 앗수르우발릿은 다시 유브라데스 강 상류의 중요한 도시 갈그미스(Carcemish)로 갔으나 나보폴라살(Nabopolassar, 626-605 BC)의 뒤를 이은 바벨론의 뛰어난 왕 느부갓네살에 의해 끝을 맞이하였으니 그 때가 주전 605년이었다(Merrill 1987:441).

애굽으로부터 유다의 정치적 독립을 확보하고자 하였기 때문일 가능성이 있다(Provan a.o. 2003:276).

요시야의 의도가 무엇이었던 간에 그의 노력은 목숨을 대가로 치르는 안타까운 실패로 끝나고 말았다. 죽음의 운명은 요시야 같이 훌륭한 인물도 피해가지 않았다. 이렇듯 죽음은 선한 자에게나 악한 자에게 모두 찾아온다. 그러기에 자칫하면 허무하게 보일 수도 있는 것이 인간 삶이다. 그러나 요시야는 죽었지만 그가 보여주었던 하나님의 말씀에 대한 충성과 헌신은 여전히 살아남아 있다. 이런 시각에서 보면 요시야의 죽음은 허무를 넘어 이 땅의 삶에 새로운 의미를 부여하는 기제(機制)가 된다. 그것은 이 땅에서의 한정된 삶이 얼마나 소중한 것인지를 되새기게 해준다. 죽음으로 구분되는 한 사람의 생애는 그 지속적이고 영원한 가치가 이 땅에서의 짧은 삶에 의해 정해진다는 사실을 요시야의 일생이 교훈해주기 때문이다.

요시야가 죽자 신하들이 시신을 예루살렘으로 운반하여 그의 묘실에 장사하였다. 이후 백성들은 요시야의 아들 여호아하스에게 기름을 부어 왕으로 삼았다.

5. 나머지 유다의 왕들(23:31−25:7)

1) 여호아하스(23:31−35)

요시야가 갑작스럽게 죽자 그의 아들 여호아하스가 이십삼 세의 나이로 왕위에 올랐다. 여호아하스의 본명은 '살룸'(שַׁלֻּם)이며 요시야의 넷째 아들이다(대상 3:15; 렘 22:11). 세 명의 형들이 있었음에도 불구하고 왜 그가 왕으로 지명되었는지 의문이다. 첫째인 요하난은 알려진 바가 없기에 일찍 죽었을 가능성을 고려할 수 있다. 나머지 두 형을 제치고 여호아하스가 왕이 된 것은 그가 요시야처럼 친 바벨론적 입장을 가지고 있었기 때문일 가능성이 크다. 그가 왕이 된지 겨우 석 달 만에 애굽 왕 느고(Neco, 609-594 BC)에 의해 강제로 폐위된 것도 이 추측을 뒷받침한다. 느고의 입장에서 친바벨론적 인물이 유다의 왕이 되는 것이 못마땅했을 것이다.

그것이 아니라면 느고는 다만 유다의 새로운 '대군주'(overlord)로서 자신의 권세를 과시하고자 하였을 수도 있다. 느고가 유다에 부과한 벌금 – 은 백 달란트와 금 한 달란트 – 은 요시야가 애굽군대를 대항하였기 때문에 내려진 조치일 것이다. 벌금의 양은 히스기야 시대 앗수르의 산헤립이 유다에 요구하였던 것(은 삼백 달란트와 금 삼십 달란트)에 비해 훨씬 적다(왕하 18:14 참조). 이처럼 관대해 보이는 처분은 히스기야 시대에 비해 약화된 유다의 형편 때문이거나(Sweeney 2007:452), 아니면 바벨론과의 일전(一戰)을 앞둔 느고의 "회유책"(a conciliatory attitude)일 가능성도 배제할 수 없다(Gray 1977³:750).

여호아하스는 아버지 요시야와는 다른 인물이었다. "그의 조상들의 모든 행위대로 여호와 보시기에 악을 행하였다"는 것이 열왕기 기자의 그에 대한 평가이다. 위에서 언급한대로 그의 통치 기간은 석달에 불과하다. 애굽 왕 느고가 그를 사로 잡아 가둔 곳인 '리블라'(רִבְלָה)는[192] "하맛에서 남쪽으로 이십 마일 떨어진 협곡으로서 해안에서

---

192) 개역개정역의 "립나"는 "리블라"로 바뀌어야 한다. 여기에 언급된 "리블라"는 가나안 남부의 "립나"와는 거리가 먼 시리아의 군사요충지이다(수 10:29, 31 참조).

내륙으로의 접근과 비카(Biqʻa)를 거쳐 남쪽으로의 접근을 가능하게 해주는 통로이기에 침략군의 사령탑으로는 최적의 장소였다"(Gray 1977³:750). 느고는 앗수르의 패주 왕 앗수르우발릿 2세를 도와 바벨론의 손에서 하란을 탈환할 목적으로 그곳에 갔던 것으로 보인다. 물론 느고의 시도는 실패로 끝났다. 여호아하스는 마침내 애굽으로 끌려가 그곳에서 생을 마감하게 된다.

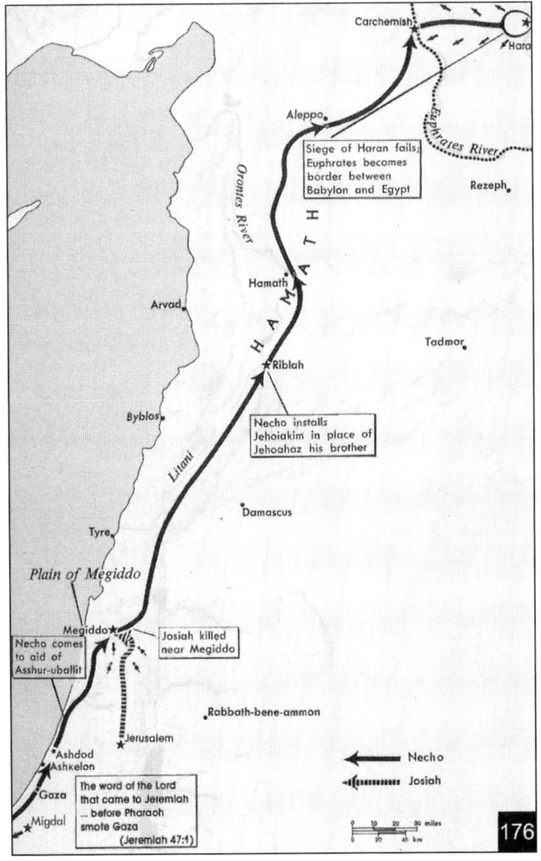

바로 느고의 원정경로 (Aharoni 2011:127)

한편 애굽 왕 느고는 요시야의 둘째 아들 엘리아김(אֶלְיָקִים, God establiches)을 여호아하스 대신 유다의 왕으로 세우고 그의 이름을 여호야김(יְהוֹיָקִים, Yahweh establishes)으로 바꾸었다. 이름 변경의 의미가 무엇이었든 간에 그것은 유다가 독립 국가로서의 지위를 완전히 상실하고 말았다는 것을 나타낸다. 이것을 증명이라도 하려는 듯 본문은 여호야김이 바로 느고의 명령을 따르기에 바빴다는 내용을 소개한다. 여호야김은 바로 느고에게 돈을 주기 위해 백성들에게서 은금을 징수하였다. 25절에 사용된 표현인 "각 사람의 힘대로"(אִישׁ כְּעֶרְכּוֹ)는 과세에 대한 표준적 문구이다(왕하 12:5; 레 5:15, 18, 25 참조).

2) 여호야김(23:36-24:7)

여호야김이 왕이 되었을 때 나이는 이십오 세였으며, 예루살렘에서 십일 년간(609-598 BC) 나라를 다스렸다. 여호아하스와 마찬가지로 여호야김 또한 "그의 조상들이 행한 모든 일을 따라서 여호와 보시기에 악을 행하였더라"(23:37)는 평가를 받는다. 예레미야서에는 그의 악행이 소상히 소개된다. 그는 나라가 어렵고 백성들의 삶이 궁핍한 때에 호사스런 궁전을 짓기 위해 불의와 강포와 착취를 일삼았으며(렘 22:13-14), 여호와의 이름으로 예언한 선지자를 칼로 죽였으며(렘 26:20-23), 하나님의 말씀이 기록된 두루마리를 불로 태웠던 인물이다(렘 36:20-23). 이런 악행들로 인해 예레미야는 여호야김이 죽을 때에도 슬퍼할 자가 없을 것이며, 그의 시체는 예루살렘 성 밖에서 나귀처럼 매장당할 것이라고 예언하였다(렘 22:18-19).

여호야김의 악행은 나라의 멸망을 재촉하였다. 하나님께서는 "갈

대아의 부대와 아람의 부대와 모압의 부대와 암몬 자손의 부대를 여
호야김에게로 보내 유다를 쳐서 멸하려"(24:2) 하셨다. 이는 바벨론
의 지배하에 있던 주변 민족들이 종주국의 뜻에 따라 힘을 합쳐 유다
를 공격하였다는 의미이다. 하나님이 이렇게 하신 이유는 선지자들을
통해 하신 말씀을 이루시기 위함이었다. 히스기야 시대 이사야 선지
자는 이미 유다의 멸망에 대하여 예언한 바 있다(왕하 20:16-18).
므낫세 시대에 유다의 형편이 돌이킬 수 없을 정도로 악화되자 선지
자들은 더욱 강력하게 유다의 멸망을 경고하였다(왕하 21:10-15).
여기서도 바벨론 군대의 참략이 "므낫세의 지은 모든 죄 때문"(24:3
절하)이라고 설명된다.

다른 한편, 역사적 차원에서 바벨론이 유다를 침략한 원인은 여호
야김이 느부갓네살을 배반하였기 때문이라는 것이 본문의 설명이다
(24:1). 여호야김이 언제부터 느부갓네살을 종주로 섬기게 되었는지
는 분명치 않다. 느부갓네살은 주전 605년 유브라데스 강 상류의 갈
그미스에서 앗수르의 잔존세력과 애굽 연합군을 격파하였다. 이 전
투에 이어 바벨론 군대는 그때까지 애굽의 속국이었던 나라들에 대한
정벌에 나섰을 것이며, 여호야김이 종주를 바꾼 시점은 이 때일 가능
성이 크다(Merrill 1987:450-451).[193] 느부갓네살이 예루살렘을

---

193) 브라이트(Bright 2000⁴:326-327)의 설명은 다르다. 브라이트에 따르
    면 갈그미스 전투 이후 느부갓네살은 부친 나보폴라살(Nabopolassar,
    626-605 BC)의 죽음 소식을 전해 듣고 본국으로 돌아가 왕위에 올랐
    으며 그의 팔레스타인 원정은 이듬해인 604년에 이루어졌다고 한다. 고
    대근동의 자료는 이 때 블레셋의 도시 아스글론이 바벨론의 수중에 들어
    간 것을 알려주며, 유다가 바벨론의 속국이 된 것도 이때였다는 것이 브
    라이트의 입장이다. 이것이 사실이라면 여호야김이 느부갓네살을 섬긴
    삼 년의 기간은 604-601년이 된다. 또한 여호야김이 느부갓네살을 배
    반한 이유도 설명하기 쉬워진다. 601년 느부갓네살은 애굽 원정에 실패

침략한 것이 여호야김의 재위 삼 년이었다고 밝히는 다니엘서의 기록
(단 1:1)도 이 가능성에 무게를 실어준다.[194] 그렇다면 여호야김이
느부갓네살을 배반한 시점은 주전 602년이 된다. 그가 느부갓네살을
섬긴지 삼 년 만에 배반하였다는 것이 열왕기 기자의 증언이기 때문
이다.

여호야김이 반역하자 느부갓네살은 즉각 응징에 나섰다. 느부갓
네살은 먼저 바벨론과 종주관계에 있는 나라들의 군대를 동원하여 유
다를 치게 하였다. 그러다가 마침내 자신이 직접 군대를 이끌고 와
서 반역자들을 벌하였다. 블레셋의 아스글론이 바벨론의 손에 들
어간 것도 바로 이 때였을 것이다. 반역의 중심에는 애굽이 있었기
에 느부갓네살은 애굽까지 정벌하고자 하였지만 여의치 않았다. 느
부갓네살은 애굽 국경에서 애굽 군대와 맞붙어 싸웠지만 그냥 물러
날 수밖에 없었다. 그러나 유다의 사정은 달랐다. 역대기의 기록에
따르면 느부갓네살은 이 때 예루살렘을 공격하여 여호야김을 사로
잡고 바벨론으로 데려가기 위해 쇠사슬로 결박하였다(대하 36:6).

하지만 여호야김이 실제로 바벨론으로 끌려간 것은 아니다
(Merrill 1987:451). 대신 성전 기물들이 바벨론의 신당으로 옮겨
졌다(대하 36:7).

하였고, 여호야김은 이를 기회로 삼아 바벨론과의 종주관계를 끝내려 했
을 것이란 추측이 가능하기 때문이다. 그러나 여호야김의 반역 배후에
알려지지 않은 어떤 이유가 있었을 가능성도 배제할 수 없기에 브라이트
의 설명이 전부라고 할 수 없다.

194) 다니엘서 1장 1절에서 사용된 연대기는 왕의 등극년을 통치기간에 포함시키
지 않는 바벨론식 연산법이라고 보아야 한다. 이 연산법을 따르면 느부갓네
살이 유다를 공격한 시점은 여호야김의 등극년도(609 BC)로부터 사 년 뒤
인 주전 605년으로 계산된다.

특이하게도 열왕기 기자는 여호야김의 장례(매장)에 대해서는 언급하지 않는다. 이는 여호야김의 죽음이 정상적이지 않았다는 암시인 것처럼 보인다. 앞에서 언급하였듯이 선지자 예레미야는 여호야김이 아무 슬퍼하는 자도 없이 죽을 것이며 예루살렘 성문 밖에서 나귀처럼 매장당할 것이라고 예언하였다(렘 22:18-19). 여호야김이 죽은 시점은 주전 598년이다. 그의 아들 여호야긴이 등극한지 삼 개월만에 바벨론이 예루살렘을 침공하였다는 기록(왕하 24:8)이 이 시점을 가리킨다. 이 때 느부갓네살은 바벨론에 대하여 다시 반역을 일으킨 유다를 벌하고자 예루살렘을 공격하였다(Merrill 1987:452 참조). 여호야김이 어떻게 죽었는지는 알 수 없으나 정치적 격변 속에서 암살을 당하였을 가능성도 배제할 수는 없다 (Bright 2000⁴:327).

3) 여호야긴(24:8-17)

부왕이 죽고 나라가 침략당하는 혼란스러운 상황 속에서 여호야긴은 십팔 세의 나이로 왕위에 올랐다. 역대기에 언급된 "팔 세"(대하 36:9)는 서기관의 오기로 보아야 한다. 등극 당시 여호야긴은 이미 아내들을 둘 수 있는 나이였기 때문이다(15절 참조). 여호야긴의 본명은 "여고냐"(יְכָנְיָהוּ)였고(렘 24:1; 28:4; 29:2), "고니야(כָּנְיָהוּ)"는 그것의 축약형이며(렘 22:24, 28; 37:1), "여호야긴"(יְהוֹיָכִין)은 그의 "등극 명"(throne name)이다. 여호야긴의 통치기간은 석 달에 불과하다. 그가 다스린지 석 달 만에 예루살렘이 바벨론 군대에 의해 포위당하고, 그 자신은 느부갓네살에게 포로로 사로잡혔다. 바벨론 연대기를 참고하면 느부갓네살은 통치 제칠 년(598 BC) 기슬

레브월(Kislev, 12월)에 시리아-팔레스타인 지역의 원정에 나섰고, 이듬해(597 BC) 아달월(Adar, 3월)에 예루살렘을 점령하였다(Thiele 1983:186).

비록 석 달에 불과한 짧은 통치기간이지만 여호야긴의 통치에 대한 평가는 냉혹하다. "그의 아버지의 모든 행위를 따라서 여호와께서 보시기에 악을 행하였더라"(9절)는 것이 그에 대한 본문의 평가이다. 통치기의 길고 짧음을 떠나 하나님은 사람의 마음과 행위를 살피시고 판단하는 분이시다. 하나님 앞에서 행해진 악은 심판으로 귀결된다는 것이 성경의 가르침이다. 여호야긴의 경우 그의 악행은 유다 왕들의 역사에서 되풀이 되었던 일들의 연속이었기에 그것은 이제 왕국의 마지막 심판을 불러오게 될 축적된 죄의 역사의 종국을 향하여 내딛는 마지막 발걸음과도 같다. 여호야긴을 비롯한 왕실 인물들이 바벨론 왕에게로 나아가는 장면(12절)은 유다의 역사가 그 서글픈 종국에 이르고 말았다는 사실을 상징적으로 보여준다. 또한 이곳에 불현듯 사용된 바벨론 왕의 연대기("바벨론의 왕 여덟째 해")는 나라가 완전히 바벨론에게 예속되고 말았다는 충격적인 메시지를 전한다.

13-16절은 느부갓네살이 성전과 왕궁의 보물들을 약탈한 일과 유다의 유능한 인재들과 인력들을 포로로 사로잡아 바벨론으로 데려간 사실을 소개한다. 본문은 특히 성전의 금 그릇들이 솔로몬이 만들었던 것이며, 그것들이 파괴된 것은 여호와께서 하신 말씀대로 된 것이라고 밝힌다. 여호와께서는 과거 성전 봉헌식이 거행되었을 당시 솔로몬에게 나타나셔서 성전이 파괴될 가능성에 대하여 말씀하신 바가 있다(왕상 9:7). 요시야 왕 때 하나님은 므낫세의 죄로 인해 성전을 버리실 것이라고 말씀하기도 하셨다(왕하 23:27). 느부갓네살이

성전과 왕궁의 기물들을 약탈하고 파괴한 것은 이와 같이 하나님이 하신 말씀의 성취라는 것이 본문의 관점이다.

본문은 또한 예루살렘의 지도층 인사들과 용사들과 기술자들이 바벨론으로 사로잡혀갔다는 사실을 알려준다. 에스겔 선지자가 포로로 사로잡혀간 것도 이 때이다(겔 1:1, 2 참조). 그 땅에 남은 자들이라고는 하층민("비천한 자") 뿐이었다. 이제 유다에는 그 땅을 방어할 군사들도, 백성들을 이끌 지도자들도, 사회가 유지되도록 경제를 발전시킬 기술자들도 남아있지 않게 되었다. 포로로 사로잡힌 자의 수는 대략 10,000명이었다. 16절에는 14절에 언급된 10,000명과 별도로 용사 7,000명과 장인 및 대장장이 1,000명을 소개하지만, 이들은 모두 같은 수에 포함된다고 보는 것이 자연스럽다. 예레미야가 언급하는 유다인 3023명도 같은 수에 포함된다고 보아야 한다(렘 52:28). 종합하면, 용사 7,000, 장인과 대장장이 1,000, 유다인 3023을 합한 대략의 수가 열왕기에 언급된 10,000명이다(Wray Beal 2014:518).

느부갓네살은 여호야긴 대신 그의 숙부 맛다니야를 왕으로 세우고 그 이름을 시드기야로 바꾸었다(17절). 그렇게 함으로써 느부갓네살은 정복자로서 자신의 권세를 나타내고자 하였겠지만, 다른 한편 그것은 바벨론에 예속된 유다 왕국의 슬픈 운명을 부각시킨다. 이로부터 성경 독자들은 하나님을 배반한 왕이나 백성이나 국가는 세상의 권세에 예속될 수밖에 없다는 통렬한 교훈을 얻는다.

4) 시드기야(24:18-25:7)

(1) 시드기야의 친애굽 정책(24:18-20)

시드기야(צִדְקִיָּהוּ, 597-586 BC)는 21세에 왕이 되어 11년간 예루살렘에서 나라를 다스렸다. 그의 어머니는 립나인 예레미야의 딸 하무달로 소개된다. 이 사람 예레미야는 같은 이름의 선지자와는 무관한 인물이다. 선지자 예레미야는 아나돗 출신이기 때문이다(렘 1:1). 시드기야에 대한 평가는 매우 부정적이다. 그는 여호야김과 마찬가지로 여호와 보시기에 악을 행한 왕으로 평가된다(19절). 예레미야서에 소개된 바에 따르면 그에게 중요한 것은 다만 왕으로서 권력을 유지하는 일뿐이었다(렘 34, 37-38장). 그것은 도리어 왕국의 종말을 재촉하는 결과를 낳았다. 왕국분열 이후 줄곧 누적되어온 왕들의 문제가 이제 시드기야 대에 파국을 맞기에 이른 것이다. 열왕기 기자는 여호와께서 '그 앞에서 **던져버리시기까지**'(עַד־הִשְׁלִכוֹ אֹתָם מֵעַל פָּנָיו) 유다와 예루살렘에 대하여 진노하셨다고 밝힌다(20절상).

왕이 하나님의 뜻을 받드는 역할(대리 통치자)을 하지 않을 때, 왕국은 존재이유를 잃는다. 왕국은 애당초 하나님의 나라가 되도록 의도된 것이기 때문이다. 그렇다고 해서 왕국의 몰락이 "하나님 나라" 프로그램의 실패를 의미하는 것은 아니다. 하나님께서 다윗에게 약속하셨던 왕국 계획은 시드기야와 함께 종말을 고한 것이 아니라는 말이다. 그것은 오히려 하나님의 왕국 계획이 땅의 어떤 한 민족이나 국가에 메이지 않는다는 사실을 드러낼 뿐이다. 하나님의 왕국 계획은 유다 왕국의 멸망을 넘어 온 세상의 왕이신 그리스도를 통해 초국가적이고 초민족적인 차원에서 계속되기 때문이다. 이는 "땅의 모든 족속이 너로 말미암아 복을 얻을 것이라"(창 12:3절하)는 아브라함 언약의 핵심약속에 이미 암시되고 있는 내용이다.

그럼에도 불구하고 다윗 왕가는 땅의 모든 족속에게 언약의 축복이 미치게 하는 통로라는 사실에는 변함이 없다. 그러기에 시드기야와 더불어 파국에 이른 듯한 다윗 왕가의 운명은 말 그대로 겉모습일 따름이다. 그것은 실질적인 다윗 왕가의 종말을 의미하지 않는다. 선지자 예레미야는 유다가 멸망할 것을 예언하면서도 왕국의 회복에 대한 믿음과 확신을 잃지 않았다(렘 32장 참조). 예레미야의 관점에서 유다에게 임한 일은 자식을 향한 아버지의 징계와 같은 것이었다:

"여호와의 말씀이니라 내 종 야곱아 내가 너와 함께 있나니 두려워하지 말라 내가 너를 흩었던 그 나라들은 다 멸할지라도 너는 사라지지 아니하리라 내가 너를 법도대로 징계할 것이요 결코 무죄한 자로 여기지 아니하리라 하시니라"(렘 46:28).

하나님은 다윗에게 그의 후손이 범죄하면 "사람의 매와 인생의 채찍으로 징계하리라"고 경고하셨다(삼하 7:14절하). 솔로몬 이후 범죄한 유다의 왕들에게 일어난 각종 재앙과 환란은 이 예고된 징계의 일환이었다. 시드기야 시대에 일어날 대파국은 이전 시대의 그 어떤 징계와도 비교할 수 없을 정도로 근본적이고 결정적인 것이란 점에서 특별하다. 그러나 이조차도 그 성격이 징계라는 사실에는 아무런 변함이 없다. 이번에 하나님은 바벨론을 징계의 매로 사용하셔서 범죄한 다윗 왕가와 유다 백성을 징계하신다. 하나님은 오랫동안 역사의 무대 저편에 밀려나있었던 바벨론의 세력을 키우셔서 자신의 아들과 백성을 징계하고자 하셨다(합 1:5-11).

선지자 예레미야는 이 사실을 미리 알고 바벨론의 멍에를 기꺼이 받아들여야 한다고 시드기야와 유다 백성을 설득하였다(렘 27, 38장). 그러나 시드기야는 끝끝내 예레미야의 말을 듣지 않고 바벨론에 대항하여 반기를 들었다.[195] 시드기야가 그렇게 한 것은 애굽에 기대를 걸었기 때문이다. 선지자 에스겔은 시드기야가 "사절을 애굽에 보내 말과 군대를 구함으로 바벨론 왕을 배반하였다"(겔 17:15절상)고 알려준다. 에스겔은 시드기야의 그런 행위가 하나님과의 언약을 배반하는 것이었다고 지적한다: "그가 내 맹세를 업신여기고 내 언약을 배반하였은즉"(겔 17:19절하). 이 말씀으로 미루어보아 시드기야는 왕위에 오를 때 바벨론 왕 앞에서 여호와의 이름으로 충성을 맹세하였던 것 같다. 그러므로 그의 반역은 무엇보다도 여호와의 이름을 땅에 던지는 것과도 같은 일이었다(출 20:7). 시드기야가 이렇게 하였기에 다윗 왕가를 향한 하나님의 징계의 매는 더욱 클 수밖에 없었다.

(2) 바벨론의 침공(25:1-7)

바벨론의 느부갓네살은 시드기야의 반역을 좌시하지 않았다. 느부갓네살은 군대를 이끌고 와 반역자를 응징하고자 하였다. 느부갓네살의 군대는 "시드기야 제구 년 열째 달 십일"(588 BC)에 예루살렘으로 올라와 "시드기야 왕 제십일 년"(586 BC)까지 성을 포위하였다(1, 2절). 이 기간 동안 유다 백성들과 특히 예루살렘 거민들이 겪었을 고통과 환란은 이루 다 말할 수 없는 것이었다. 예루살렘이 포위된지 1

---

195) 밀러와 헤이즈(Millar & Hayes 2006²:473-74)에 따르면 시드기야가 바벨론에 대항하여 반역을 꾀하게 된 데는 두 가지 이유가 있었다. 주전 594년 이후 느부갓네살이 시리아-팔레스타인 지역에 관심을 기울이지 못하였던 것이 첫째 이유이고, 둘째 이유는 애굽의 삼메티쿠스 2세(Psammetichus II, 595-589 BC)가 누비아를 정벌하고 시리아-팔레스타인 지역에 "승리의 여행"("a victory tour")을 한 것이다. 밀러와 헤이즈는 이때 삼메티쿠스 2세가 예루살렘을 방문하여 시드기야를 만났을 수도 있다고 말한다.

년 6개월이 지나자 성 안에 더 이상 먹을 양식이 남아있지 않게 되었다(3절). 애가는 당시 여인들이 자기 자녀들을 잡아 먹을 정도로 예루살렘 성 안의 기근이 극심하였다고 전한다(애 2:20; 4:10). 이들이 이렇게 참혹한 일을 겪게 된 것은 그들이 여호와께 범한 죄악의 참상 때문이었다(애 1:5, 22).

다윗 왕가에는 이 환란을 이겨낼 힘이 더 이상 남아있지 않았다. 그토록 믿고 의지하였던 애굽의 도움도 단지 헛된 기대였을 뿐이었던 것으로 밝혀졌다. 그들의 유일한 힘이자 소망이었던 하나님께로부터 도움을 기대할 수도 없는 형편이었다. 그들의 마음이 이미 하나님께로부터 멀리 돌아선 상태였으며, 그런 그들을 철저하게 징계하시려는 것이 하나님의 확고한 뜻이었기 때문이다.

예루살렘 성벽은 공격을 이기지 못하고 포위된지 18개월만에(586 BC) 파괴되고 말았다. 시드기야는 남아있는 군사들과 함께 밤중에 도망을 시도하였다. 선지자 에스겔이 상징행위로써 예언한 일이 현실화된 것이다(겔 12:1-16). 에스겔은 하나님의 명령을 받아 포로의 행장을 꾸리고 밤에 그것을 어깨에 메고 성중을 빠져 나가는 행위를 함으로써 시드기야가 겪게 될 일을 예언하였다. 시드기야의 탈출로("두 성벽 사이 왕의 동산 곁문 길")는 예루살렘 남동쪽 끝 모서리 지점일 수 있다(Patterson & Austel, 2009:949). 시드기야는 이곳을 통해 아라바 길로 가서 반역에 동참한 암몬과 모압에 몸을 숨길 계산이었던 것으로 보인다(Hobbs 1985:363).

그러나 시드기야의 계산은 빗나갔다. 바벨론 군대가 그를 추격하여 여리고 평지까지 좇아왔다. 이에 시드기야를 호위하던 군사들이 모두 흩어지고 시드기야는 마침내 바벨론 군대에게 사로잡히고 말았다. 그는 '리블라'(רִבְלָה)에[196] 있던 바벨론 왕에게로 끌려가 그곳에서

"판결"(מִשְׁפָּט)을 받았다. 그가 이렇게 범죄자 취급을 받은 것은 바벨론 왕과 맺은 언약을 깨었기 때문이다(겔 17:15-16). 하나님의 백성을 대표하는 자로서 누구보다도 언약관계에 충실하여야 할 사람이 언약 파기의 죄로 이방 왕에게 심문을 받고 판결을 받는 것은 이만저만 모순된 일이 아니다. 그것은 그가 하나님과의 언약을 배반한 자라는 사실을 나타내는 극적인 아이러니이다. 그러나 시드기야의 불행은 여기서 멈추지 않는다. 그의 아들들이 그가 보는 앞에서 죽임을 당하고, 그 자신은 두 눈이 뽑힌 채 놋 사슬로 결박되어 바벨론으로 끌려 갔다(7절).

6. 유다의 멸망(25:8-26)

이 단락은 북 왕국 이스라엘의 멸망 후 홀로 남은 유다 왕국이 마침내 바벨론에 의해 멸망당하는 비극적인 사건을 그려 보여준다.

1) 왕궁과 성전의 파괴(8-17절)

열왕기는 연대기를 적절히 사용하여 기록된 책이다. 열왕기 기자는 연기적 틀을 사용하여 다양한 자료들을 체계적으로 배열하여 자칫 산만해지기 쉬운 내용들을 일관된 관점을 가진 한 권의 책에 담을 수 있

---

196) 개역개정역은 '립나'로 번역하고 있으나 이는 오역으로 보아야 한다. '립나'(לִבְנָה)는 가나안 남부지역에 위치한 장소로서 정복전쟁 기사에 언급된다(수 10:29, 31). 그러나 현재의 본문에서 느부갓네살이 머물었던 장소로 언급된 '리블라'(רִבְלָה)는 시리아의 하맛에서 남쪽으로 약 30 km 떨어진 오론테스 강변의 군사적 요충지이다

었다. 뿐만 아니라 연대기는 글의 구성이나 역사적 정보전달을 위한 수단의 차원에 머무르지 않고 저자의 신학적 관점을 드러내는 도구가 되기도 한다(Howard 1993:203). 가령 성전건축 시작을 출애굽 시점과 연결하는 열왕기의 의도는 성전을 출애굽의 완성으로 제시하기 위한 것이다(왕상 6:1 참조). 이런 예는 현재의 본문에서도 발견된다. 현재의 본문에는 유다 왕의 연대기가 더 이상 언급되지 않는다. 대신 "바벨론 왕 느부갓네살 열아홉째 해 오월 칠일"이란 연대기적 정보가 나타난다. 이는 유다가 한 국가로서 종말을 고하고 바벨론의 지배하에 들어가게 되었다는 것을 가리키는 장치에 해당한다.

바벨론 군대는 예루살렘 성벽과 그 안에 있는 모든 것을 철저하게 파괴하였다. 바벨론 왕의 시위대장 느부사라단이란 자가 이 일을 지휘하였다. 그는 여호와의 성전과 왕궁을 불사르고 예루살렘의 모든 집들과 큰 집들을 불살랐다.[197] 성전과 왕궁의 파괴는 독립된 국가이자 신정국가로서 유다 왕국의 몰락을 확증하는 상징성을 갖는 사건이다. 예루살렘 성벽의 파괴도 같은 의미를 갖는다. 하층민을 제외한 예루살렘의 주민들은 모두 포로로 사로잡혔으며(11-12절), 이 또한 예루살렘과 유다 왕국의 최종적인 몰락을 확증하는 일이라고 할 수 있다. 더 나아가 13-17절의 묘사와 같이 성전의 각종 보물들이 남김 없이 바벨론으로 운반되는 것은 성전의 주인이신 하나님과 유다 백성의 관계가 모두 끝났다는 인상을 줄 정도이다.

2) 지도자들의 살육(18-21절)

---

197) 개역개정역의 "귀인의 집"은 원문의 כָּל־בֵּית גָּדוֹל을 옮긴 것인데, 후자는 문자적으로 "모든 큰 집"을 의미한다. 따라서 그것은 규모상 큰 건축물을 가리키는 말일 수 있다.

바벨론 왕의 시위대장 느부사라단은 예루살렘을 대표하는 지도자들을 사로잡았다. 이들은 세 그룹으로 나누어진다. 첫번째 그룹은 종교지도자인 대제사장(스라야), 부제사장(스바냐), 성전문지기 세 사람이며(18절), 두번째 그룹은 궁정관료들로서 전투병력을 관장하는 내시, 왕의 고문관 다섯 사람, 백성들을 징집하는 군대 지휘관의 서기관이며(19절상), 세번째 그룹은 백성들 가운데 지도층 인사 육십 명이다(19절하). 이들은 '리블라'(각주 195번 참조)에 있는 바벨론 왕에게로 끌려가 그곳에서 죽임을 당하였다. 바벨론 왕의 조치는 예루살렘과 유다의 남은 백성들이 반역할 생각을 갖지 못하도록 하기 위한 경고로 풀이될 수 있다(Wray Beal 2014:528). 이제 유다는 주권국가로서 그 어떤 자주권도 행사할 수 없게 되었다. 유다의 국권은 모두 바벨론의 손으로 넘어갔다. 말 그대로 포로기가 시작된 것이다(21절하).

3) 유다의 남은 백성(22-26절)

느부갓네살은 그달리야를 세워 유다의 남은 백성들을 관할하게 하였다. 그달리야는 다윗 왕가의 고위관료 집안이자 예레미야에게 호의적인 집안 출신이었다. 그의 조부 사반은 요시야 왕 대에 서기관을 지냈던 인물이며(왕하 22:3), 그의 부친 아히감 역시 요시야 왕이 준 임무를 가지고 여선지자 훌다에게 갔던 인물이다(왕하 22:14). 특히 아히감은 여호야김 시대에 백성들의 위협으로부터 예레미야를 보호해 주었던 인물이기도 하다(렘 26:24). 이런 배경에 비추어볼 때 그달리야는 나름 믿음을 가지고 예레미야의 말에 귀를 기울였으며, 바벨론의 지배를 받아들이는 것이 현명하다고 판단했던 인물이었을 것이라고 여겨진다. 바벨론 왕이 그를 유다의 지도자로 세운 것은 이런 이유들과 무관하지 않아 보인다.

그달리야가 유다를 관할하는 자가 되었다는 소식을 들은 일단의 무리들이 그를 찾아 미스바로 갔다. 그들은 군대 지휘관들과 그 부하들이었다. 지휘관들은 이름과 출신이 소개된다: 느다니야의 아들 이스마엘, 가레아의 아들 요하난, 느도바 사람 단후멧의 아들 스라야, 마아가 사람의 아들 야아사니야(23절). 이들은 바벨론에 대하여 적대적인 입장을 가졌던 자들일 가능성이 크다. 그달리야가 그들을 권하여 한 말이 이 추측을 뒷받침한다: "너희는 갈대아인을 섬기기를 두려워하지 말고 이 땅에 살며 바벨론 왕을 섬기라 그리하면 너희가 평안하리라"(24절).

그달리야의 설득은 먹히지 않았다. 군대 지휘관 중에 느다니야의 아들 이스마엘이란 자가 부하 열 명을 거느리고 와서 그달리야를 살해하고 그와 함께 있던 유다 사람과 갈대아 사람을 죽였다(25절). 이 일이 벌어진 것은 예루살렘이 무너진지 두 달 만이었다(8절). 예레미야 40:13-16절에 따르면 그달리야는 가레아의 아들 요하난으로부터 이스마엘이 거사를 꾸민다는 정보를 입수하였지만 듣지 않았다. 이스마엘이 왕족이었다는 사실을 고려하면, 그가 한 일은 새로운 지배체제를 받아들이지 않겠다는 뜻과 바벨론에 대한 적대감의 표현이었다고 보는 것이 옳다. 이런 태도는 하나님께 대한 반역이나 다를 바없다. 묵묵히 바벨론의 멍에를 메어야 한다는 것이 선지자 예레미야가 강조해서 전한 하나님의 메시지였기 때문이다.

하나님의 말씀을 듣지 않기는 다른 사람들도 마찬가지 였다. 가레아의 아들 요하난을 비롯한 나머지 사람들은 그달리야의 피살사건으로 인해 바벨론의 보복이 있을 것을 두려워하였다. 그들은 예레미야를 찾아가 하나님이 알려주시는 방책을 듣고자 하였다(렘 42:1-6). 그러나 그것은 그들이 정말 하나님의 뜻을 따르고자 하였기 때문이 아니다. 그들은 바벨론 왕을 두려워하지 말고 유다에 머무르라고 하는 선지자의 권면을 듣지 않았다. 결과를 놓고 볼 때 그들은 선지자로부터 애굽으로 가고자 하는 자신들의 생각이 옳다는 것을 확인받고자 하였던 것일 뿐이다. 그들에게 중요한 것은 자신들의 판단이었지 하나님의 말씀은 아니었다. 그들은 결국 하나님의 말씀을 무시하고 예레미야까지 데리고 애굽으로 갔다(렘 43:1-7).

위의 내용은 멸망을 전후하여 유다의 영적 형편이 어떠하였는지를 잘 드러내 보여준다. 유다는 철저하게 하나님의 음성에 귀를 막고 있었다. 왕가가 몰락하고 성전이 파괴된 상황 하에서도 그들은 하나님께로 돌이키지 않았다. 그 땅에 남은 백성들이 나름 살 길을 찾겠노라고 애굽으로 내려간 일은 역사를 출애굽 이전 시대로 되돌린다는 느낌을 준다. 그것은 광야시절 백성들이 애굽을 그리워하며 그리로 되돌아가고자 하였던 것만큼이나 하나님께 불신앙적이며 반역적인 일이다. 이렇게 유다의 역사는 막을 내렸다. 출애굽 이후 줄잡아 팔백 년 이상 명맥을 유지해온 민족이 이제 자신의 정체성을 모두 잃고 물리적, 영적 죽음의 깊은 잠에 빠져든 것이다.

상황이 이러하였기에 이제 백성들의 미래는 오직 죽은 자까지 살리시는 하나님의 주권적인 능력에 달렸을 뿐이다. 선지자 이사야는 땅이 죽은 자들을 내놓을 일에 대하여 예언한다(사 26:19). 마찬가지로 호세아 선지자도 죽은 자를 다시 살리는 하나님의 능력을 말씀한다: "내가 그들을 스올의 권세에서 속량하며 사망에서 구속하리니 사망아 네 재앙이 어디 있느냐 스올아 네 멸망이 어디 있느냐 뉘우침이 내 눈 앞에서 숨으리라"(호 13:14). 선지자 에스겔 역시 부활의 이미지를 사용하여 이스라엘의 회복을 예언한다: "주 여호와께서 이같이 말씀하시기를 내 백성들아 내가 너희 무덤을 열고 너희로 거기에서 나오게 하고 이스라엘 당으로 들어가게 하리라 내 백성들아 내거 너희 무덤을 열고 너희로 거기에서 나오게 한즉 너희는 내가 여호와인 줄 알리라"(겔 37:12-13). 이와 같이 죽은 자를 살리시는 하나님의 주권적인 능력 때문에 왕국의 멸망이란 절망 속에서도 희망을 말할 수 있다.

7. 여호야긴의 회복(25:27-30)

열왕기가 절망 가운데서도 희망의 메시지를 전하는 책이란 사실은 이 책의 마지막 부분에서 확인할 수 있다. 이곳에서 열왕기 기자는 바벨론으로 사로잡혀갔던 유다 왕 여호야긴의 지위가 다시 높아진 것을 소개한다. 이는 다윗 왕가를 향한 하나님의 계획이 아직 끝나지 않았다는 것을 암시하기 위한 것이라고 여겨진다. 즉 다윗의 나라가 영원히 보전되고 그의 왕위가 영원히 견고할 것이란 나단 선지자의 예언(삼하 7:16)이 여전히 유효하다는 메시지를 전하기 위해 열왕기 기자는 자신의 책 말미에 다윗 왕가의 왕 여호야긴이 지위를 회복한 사실을 기술하였다는 것이다.

물론 모든 주석가들이 이 견해에 동의하는 것은 아니다.[198] 가령 노트(M. Noth)는 현재의 본문이 밝아오는 "새로운 미래의 여명"

---

198) 이 문제에 대한 더 자세한 논의는 졸고, "다윗언약의 조건성에 대한 연구", 「신학정론」33권 2호(2015), 89-108을 참조하라.

(das Morgenrot einer neuen Zukunft)을 그리는 것이 아니라고 주장한다. 그의 주장에 따르면 열왕기 기자는 "그저 자기 특유의 조심성과 실제 일어난 사건에 대한 존중심 때문에 자기에게 알려진 이 마지막 사실을 유다 왕 역사의 주제로 알려주는 것일 뿐이다"(Noth 19572:108). 크로스(F. M. Cross)의 견해도 노트의 그것과 크게 다르지 않다. 그는 "여호야긴이 감옥에서 풀려나 바벨론 왕의 배려로 살았다는 것은 '한 가닥 가는 실'(a thin thread)이어서 그 위에다 다윗에게 주어진 약속들의 성취에 대한 기대를 걸어둘 수는 없다"고 말한다(Cross 1973:277). 심지어 어떤 이는 바벨론 왕의 식탁에서 음식을 먹는 여호야긴을 사무엘하 9장에 소개된 바 다윗의 식탁에서 음식을 먹은 므비보셋과 비교하며 전자는 유다의 몰락을 다시 확해주는 것일 뿐이라고 주장하기도 한다(Dumbrell 2013:240; Janzen 2008:55).

그러나 이런 견해들은 본문에 뚜렷하게 제시되어있는 희망적인 분위기에 충분히 주의를 기울이지 않을 뿐만 아니라 열왕기를 관통하여 흐르는 신학적 관심을 제대로 파악하지 못한 데서 온 결과라고 여겨진다. 우선 본문에 유다 왕의 연대기가 다시 언급된다는 점에 주목할 필요가 있다. 열왕기 기자는 "유다의 왕 여호야긴이 사로잡혀간 지 삼십칠 년"이란 연대기적 정보를 소개함으로써 이 단락을 시작한다. 앞에서도 언급한 것처럼 열왕기에는 연대기가 다양한 자료들을 체계적으로 배열하기 위한 구성적 틀로 사용될 뿐만 아니라 효과적인 메시지 전달 수단으로서 기능하기도 한다(Howard 1993:202-203). 가령 책의 후반부에서 등장하기 시작하는 바벨론 왕의 연대기는 유다 왕국의 운명이 그 끝에 이르렀다는 사실을 나타내는 표시와도 같다(왕하 24:12; 15:8). 그러므로 본문에 돌연 다시 언급된 유다 왕의 연대기는 다윗 왕국에 희망의 불씨가 완전히 꺼지지 않았음을 알리는 증표로 이해될 수 있다.

본문에는 이런 희망을 강화해주는 내용들로 가득하다. 열왕기 기자는 여호야긴이 삼십칠 년(597~561 BC)간의 감옥생활에서 풀려나 다른 모든 피정복민의 왕들보다 지위가 높아졌다는 사실을 기술하고자 심혈을 기울인다. 그는 여호야긴의 석방을 단순히 하나의 사건으로서 언급하는 선에서 머물지 않는다. 그는 여호야긴이 바벨론 궁정에서 얼마나 특별한 대접을 받게 되었는지를 가급적 자세히 소개하고자 모든 노력을 다한다. 그의 설명에 따르면 바벨론 왕 에윌므로닥(Evil-Merodach or Amel-Marduk, 561-560 BC)이 자신의 통치 원년에 ① 여호야긴을 감옥에서 석방하여 그의 머리를 들게 하고, ② 그와 더불어 "좋은 일"(טוֹבוֹת)을 말하고,[199] ③ 그의 "왕위"(כִּסֵּא)를 그와 함께 바벨론에 있는 왕들의 왕위보다 높이며, ④ 죄수의 의복을 벗게 하며, ⑤ 항상 바벨론 왕의 앞에서 양식을 먹게 하며, ⑥ 죽기까지 날마다 쓸 것을 공급받을 수 있도록 하였다. 여호야긴과 관련된 이런 상세한 설명은 다윗 왕가를 향한 하나님의 옛 약속을 기억나게 하고도 남는다.

여호야긴이 두 차례에 걸쳐 "유다의 왕"(מֶלֶךְ־יְהוּדָה)으로 언급된다는 점 또한 주목할만한 일이다. 이는 비록 유배의 상황 가운데 있긴 하지만 유다에게 여전히 희망의 불씨가 남아있다는 것을 알려주는 표

---

199) 바벨론 왕이 여호야긴과 "좋은 일"을 말한 것을 두고 두 왕이 언약을 체결한 것을 가리킨다고 보는 이들도 있다(Levenson 1984:357; Youngblood 2009:397). 이는 충분히 개연성이 있는 관점이긴 하지만, 그러나 현재의 본문이 두 왕 사이에 맺어진 언약관계에 크게 관심을 기울이는 것 같지는 않다. 본문은 오히려 여호야긴의 높아진 지위에 초점을 맞춘다.

시처럼 보인다. 그것이 아니라면 이미 멸망한 왕국의 왕에 대한 공식적인 칭호("유다의 왕")가 거듭 사용될 까닭이 무엇이겠는가? 특히 유다 왕의 "왕위"(כִסֵּא)가 높아졌다는 진술은 다윗의 "왕위"가 영원히 견고할 것이라는 다윗 언약의 내용과 자연스럽게 연결된다(삼하 7:16).

무엇보다도 여호야긴의 석방 기사는 열왕기서의 전반적인 신학적 관심과 맥을 같이 한다는 것을 잊어서는 안된다. 열왕기에는 다윗의 "등불"(נִיר)에 대한 언급이 여러 차례 나타난다. 먼저, 선지자 아히야가 솔로몬에 대하여 한 말에 이 단어가 사용되는 것을 볼 수 있다: "그의 아들에게는 내가 한 지파를 주어서 … **내 종 다윗이 항상 내 앞에 등불을 가지고 있게 하리라**"(왕상 11:38). 다음으로, 이 단어가 등장하는 곳은 솔로몬의 손자 아비얌의 역사이다. 아비얌이 악을 행하였음에도 불구하고 그의 아들이 왕위를 물려받은 것에 대해 열왕기 기자는 이렇게 설명한다: "**그의 하나님 여호와께서 다윗을 위하여 예루살렘에서 그에게 등불을 주시되** …"왕상 15:4). 끝으로, 이 단어는 여호사밧의 아들 여호람에게서 다시 한번 등장한다. 이번에 열왕기 기자는 여호람의 악행에도 불구하고 유다를 멸하지 않은 이유를 다음과 같이 밝힌다: "여호와께서 그의 종 다윗을 위하여 유다 멸하기를 즐겨하지 아니하셨으니 **이는 그와 그의 자손에게 항상 등불을 주시겠다고 말씀하셨음이더라**"(왕하 8:19).

다윗의 "등불"에 대한 이런 말씀들은 유다 왕국의 역사를 이끌어온 근본적인 동력이 무엇인지를 가르쳐준다. 그것은 다윗의 자손에게 항상 "등불"을 주시겠다고 하신 하나님의 말씀이다. 열왕기를 지배하는 이런 신학적 관점은 여호야긴의 석방 기사를 이해하는데 요긴한 길잡이가 된다. 책의 마지막 부분에 묘사된 유다 왕국의 멸망은 이 책의 독자들에게 '그렇다면 다윗의 등불은 영 꺼지고 말았는가' 하고 질문할 수밖에 없도록 만든다. 만일 이 질문에 대한 답이 주어지지 않는다면, 이 책은 토르소와 같이 기괴한 모양새가 되고 말 것이다. 그러나 열왕기 기자와 같이 치밀한 문학적 감각과 신학적 안목의 소유자가 그렇게 미숙한 작품을 남겼으리라고 생각하는 것은 지나친 억측이라고 아니할 수 없다. 열왕기 기자는 여호야긴의 석방기사를 통해 독자들이 던지는 질문, 무엇보다도 열왕기 전체에 스며있는 저자 자신의 신학적 질문에 답하고 있다. 그것은 다윗의 "등불"이 아직 꺼지지 않았다는 것이다.

사실 열왕기는 왕국이 분열되기 이전의 시점부터 이미 왕국이 몰락하고 백성들이 타국에 포로로 사로잡혀가게 될 일을 내다보고 있다. 솔로몬은 성전을 건축하고 봉헌식을 거행하는 자리에서 백성들이 범죄한 결과로 적과의 전쟁에 패하고 적국에 포로로 사로잡혀간다고 할지라도 하나님께서 그들의 기도를 들으시고 "그들을 사로잡아 간 자 앞에서 그들로 불쌍히 여김을 얻게 하사 그 사람들로 그들을 불쌍히 여기게 하옵소서"(왕상 8:50) 라고 하며 기도하였다. 열왕기의 맥락에서 여호야긴의 석방은 이 기도의 응답이라고 할 수 있다. 역사의 시작에 기도가 소개되고 역사의 끝에 이 기도의 응답이 제시되는 글의 구성에서 전체 역사가 하나님의 주권적인 다스림 하에 있다는 가르침을 얻게 된다. 이는 다시금 다윗의 왕위가 영원할 것이라는 하나님의 약속이 공수표가 되지 않을 것임을 확증해준다.

특히 왕국분열 직전 하나님께서 선지자 아히야를 통해 하신 말씀은 다윗 왕국의 존속이 분열과 몰락이란 역사적 장애물에 막히지 않을 것임을 명백히 한다. 하나님은 내가 이로 말미암아 다윗의 자손을 괴롭게 할 것이나 영원히 하지는 아니하리라"(왕상 11:39)고 하시며 다윗 왕국의 회복에 대한 의지를 분명하게 밝히셨다. 폰라드 (Rad 1992[10]:346-359)가 말한대로 이는 "결코 공허한 말이 아니라"("kein leeres Wort") 역사 속에서 반드시 성취되고야 마는 "창조적인 여호와의 말씀"(Das schōpferische Wort Jahwes)이다. 그러므로 이 말씀의 빛에 따라 열왕기를 읽으면 여호야긴의 석방은 "새로운 미래의 여명"(das Morgenrot einer neuen Zukunft)을 밝히는 사건으로 이해될 수밖에 없다. 열왕기 기자는 이 중요한 사건을 자신의 책 마지막에 기록함으로써 하나님께서 다윗에게 주셨던 언약의 말씀이 땅에 떨어지지 않았다는 메시지를 전하고 있다. 이 놀라운 메시지는 역사의 종말에 등장할 "다윗의 등불"이 오시기까지 선지자들의 선포 속에 계속 반향된다:

"여호와께서 이와 같이 말씀하시니라 너희가 능히 낮에 대한 나의 언약과 밤에 대한 나의 언약을 깨뜨려 주야로 그 때를 잃게 할 수 있을진대 내 종 다윗에게 세운 나의 언약도 깨뜨려 그에게 그의 자리에 앉아 다스릴 아들이 없게 할 수 있겠으며 내가 나를 섬기는 레위인 제사장에게 세운 언약도 파할 수 있으리라 하늘의 만상은 셀 수 없으며 바다의 모래는 측량할 수 없나니 내가 그와 같이 내 종 다윗의 자손과 나를 섬기는 레위인을 번성하게 하리라 하시니라"(렘 33:20-22).

약 어 표

AASF	Annales Academiae Scientiarum Fennicae
AnBD	The Anchor Yale Bible Dictionary
AnNE	James B. Pritchard (ed), *The Ancient Near East*, New Jersey 2011.
AOTC	Apollos Old Testament Commentary
ASTI	Annual of the Swedish Theological Insitute
BCAT	Biblischer Commentar über das Alte Testament
BE	Biblische Enzyklopädie
BJS	Brown Judaic Studies
BKAT	Biblischer Kommentar Altes Testament
BWANT	Beiträge zur Wissenschaft vom Alten und Neuen Testament
BZAW	Beihefte zur ZAW
CBQ	Catholic Biblical Quarterly
CCOT	Continental Commentaries Old Testament
DH	Deuteronomistic Historiography
DOHB	Dictionary of the Old Testament Historical Books
Dtr	Deuteronomist
DtrG	Deuteronomistisches Geschichtswerk
DtrP/DtrN	Prophetic/Nomistic Deuteronomist
EBC	The Expositor's Bible Commentary
EUS	European University Study
HALAT	Hebräisches und Aramäisches Lexikon zum Alten Testament
HBT	Horizons in Biblical Theology
HUCA	Hebrew Union College Annual
ICC	The International Critical Commentary

Int	Interpretation
JBL	Journal of Biblical Literature
JSOT	Journal for the Study of the Old Testament
JSOTS	Journal for the Study of the Old Testament, Supplement Series
KST	Kohlhammer Studienbücher Theologie
LHBOTS	Library of Hebrew Bible/ Old Testament Studies
LzB	Lexikon zur Bibel
NAC	The New American Commentary
NCBC	The New Century Bible Commentary
NIVAC	The NIV Application Commentary
OTL	Old Testament Library
SBT	Studies in Biblical Theology
SHBC	Smyth & Helwys Bible Commentary
TB	Tyndale Bulletin
THAT	Theologisches Handwörterbuch zum Alten Testament
TOTC	Tyndale Old Testament Commentary
UTB	Uni-Taschenbücher
VT	Vetus Testamentum
WBC	World Biblical Commentary
WiHS	William's Hebrew Syntax

참 고 문 헌

Aharoni et al., *The Carta Bible Atlas,* Jerusalem 2011[5].

Ahlström, G. W., 'Der Prophet Nathan und der Tempelbau', *VT* 11 (1961), 113-127.

Amsler, S., קום in C. Westermann und E. Jenni (Hrsg.), *Theologisches Handwörterbuch zum Alten Testament* Bd. 2, Gütersloh 2004[6]. 635-641.

Bright, J., *A History of Israel,* Louisville 2000[4].

Brueggemann, W., *1 & 2 Kings* (SHBC), Gorgia 2000.

_____, '2 Samuel 21-24: An Appendix or Deconstruction', *CBQ* 50 (1988), 383-397.

Carlson, R. A., *David, the chosen King. A Traditio-Historical Approach to the Second Book of Samuel,* Stockholm 1964.

Cohn, R. L., 'The Literary Structure of Kings', in: A. Lemaire and Halpern, B. (eds.), *The Books of Kings. Sources, Composition, Historiography and Reception,* Leiden 2010, 107-122.

Cross, F. M., *Canaanite Myth and Hebrew Epic,* Essays in the History of the Religion of Israel, Cambridge 1973.

De Vaux, R., *Ancient Israel Vol. 1: Social Institutions*, New York 1965.

Dever, W. G., 'What Did the Biblical Writers Know, and When Did They Know It?' in: J. Magness, S. Gitin (eds.), *HESED VE-EMET*. Studies in Honor of Ernest S. Frerichs (BJS 320), Atlanta 1998, 241-253.

_____, *Recent Archaeological Discoveries and Biblical Research,* Seattle 1999.

DeVries, S. J., *1 Kings* (WBC 12), Waco 1985.

Dietrich, W., *David, Saul und die Propheten. Das Verhältnis von Religion und Politik nach den prophetischen Überlieferungen vom frühesten Königtum in Israel,* Stuttgart 1992[2].

Dillard R. B., *2 Chronicles* (WBC 15), Waco 1987.

_____, *Faith in the Face of Apostasy. The Gospel according to Elijah & Elisha,* New Jersey 1999.

Dillard, R. B., Longman III, T., *An Introduction to the Old Testament,* 박철현 역 『최신구약개론』(서울: 크리스찬다이제스트, 1997).

Dumbrell, W. J., *Covenant and Creation. An Old Testament Covenant Theology,* London 2013.

Eichrodt W., *Theologie des Alten Testaments Teil I: Gott und Volk,* Berlin 1957[5].

Fritz, V., *1 & 2 Kings* (CCOT), Minneapolis 2003.

Flanagan, J., 'Court History or Succession Document? A Study of 2 Samuel 9-20 and 1 Kings 1-2', *JBL* 92 (1972), 172-181.

Fohrer, G., *Einleitung in das Alte Testament*, Heidelberg 1979[12].

Frankfort, H., *Kingship and the Gods. A Study of Ancient Near Eastern Religion as the Integration of Society and Nature*, Chicago 1978.

Frisch, A., 'Structure and Its Significance: The Narrative of Solomon's Reign (1 Kings 1-12:24)', *JSOT* 51 (1991), 3-14.

Galil, G., 'Dates and Calendars in Kings', in: A. Lemaire and B. Halpern (eds.), *The Books of Kings. Sources, Composition, Historiography and Reception*, Leiden 2010, 426-443.

Gentry, P. J., Wellum, S. J., *Kingdom through Covenant*, Illinois 2012.

Gerstenberger, E., בטח in C. Westermann und E. Jenni (Hrsg.), *Theologisches Handwörterbuch zum Alten Testament* Bd. 1, Gütersloh 2004[6], 300-305.

Grabbe, L. L., 'Are Historians of Ancient Palestine Fellow Creatures– Or Different Animals?' in: id., *Can a 'History of Israel' Be Written?* (JSOTS 245), Sheffield 1997, 19-36.

Gray, J., *I & II Kings* (OTL), London 1977[3].

Gunn, D. M., *The Story of King David. Genre and Interpretation* (JSOTS 6), Sheffield 1978.

______, 'David and the Gift of the Kingdom (2 Sam 2-4, 9-20, 1 Kgs 1-2)', *Semeia* 3 (1975), 14-45.

Hagan, G. M., 'First and Second Kings', in: L. Ryken and T. Longman III (eds.), *A Complete Literary Guide to the Bible,* Michigan 1993, 182-192.

Hamilton, V. P., *Handbook on the Historical Books,* 강성열 역, 『역사서개론』(고양: 크리스챤다이제스트, 2005).

Hentschel, G., 'Die Königsbücher', in: E. Zenger u.a. (Hrsg.), *Einleitung in das Alte Testament,* Stuttgart 2004[5], 239-248.

House, P. R., *1, 2 Kings* (NAC 8). Nashville 1995.

Hobbs, T. R., *2 Kings* (WBC 13), Waco 1985.

Howard Jr., D. M., *An Introduction to the Old Testament Historical Books,* Chicago 1993.

Hutter, M., *Religionen in der Umwelt des Alten Testaments I: Babylonier, Syrier, Perser* (KST 4,1), Stuttgart 1996.

Janzen, 'An Ambiguous Ending: Dynastic Punishment in Kings and the Fate of the Davidides in 2 Kings 25.27-30', *JSOT* 33 (2008), 39-58.

Jones, G. H., *1 and 2 Kings* (NCBC), Michigan 1984.

Johnson, J. A., *The Trouble with Solomon: Competing Characterizations in the Solomonic Narrative,* Ph.D. diss., Princeton Theological Seminary 2005.

Kaiser W. C., *A History of Israel. From the Bronze Age Through Jewish Wars*, 류근상 옮김 『이스라엘의 역사: 청동기시대부터 유대전쟁까지』(고양: 크리스챤출판사, 2010).

Kaminsky, J. S., *Corporate Responsibility in the Hebrew Bible* (JSOTS 196), Sheffield 1995.

Keil, C. F., *Die Bücher der Könige,* Leipzig 1865.

Keys, G., *The Wages of Sin. A Reappraisal of the 'Succession Narrative'* (JSOTS 221), Sheffield 1996.

Kim, J. S., *Bloodguilt, Atonement, and Mercy. An Exegetical and Theological Study of 2 Samuel 21:1-14,* Frankfurt a. M. 2007.

Kitchen, K. A., 'Ancient Orient, "Deuteronomism," and the Old Testament', in: J. B. Payne (ed.), *New Perspectives on the Old Testament,* Waco 1970, 1-24.

_____, *On the Reliability of the Old Testament,* Michigan 2003.

Konkel, A.H., *1 & 2 Kings* (NIVAC), Michigan 1999.

Krašovec, J., 'Two Types of Unconditional Covenant', *HBT* 18 (1996), 55-77.

Levenson, J. D., 'The Last Four Verses in Kings', *JBL* 103/3 (1984), 353-361.

Long, V. P., 'How Reliable Are Biblical Reports? Repeating Lester Grabbe's Comparative Experiment,' *VT* LII (2002), 367-384.

Loretz, O., *Ugarit und die Bibel. Kanaanäische Götter und Religion im Alten Testament,* Darmastadt: Wissenschaftliche Buchgesellschaft, 1990), 76.

McKenzie, S. L., 'Deuteronomistic History', in: D. N. Freedman (ed.), *The Anchor Yale Bible Dictionary* vol. 2, New Haven 2008, 160-168.

Mendenhall, G. E., 'The Monarchy,' *Int.* 29 (1975), 155-170.

Merrill, E. H., *Kingdom of Priests,* Michigan 1987.

_____, *Kingdom of God. A History of Old Testament Israel,* Michigan 1987.

Miller J. M. & Hayes, J. H., *A History of Ancient Israel and Judah,* Louisville 2006^2.

Montgomery, J. A., *The Books of Kings* (ICC). Edinburgh 1951.

Mowinckel, S., 'Israelite Historiography', *ASTI* 2 (1963), 4-26.

Nelson, R. D., *First and Second Kings* (Interpretation), Louisville 1987.

Newman, M., 'The Prophetic Call of Samuel' in: B. W. Anderson and W. Harrelson (eds.), *Israel's Prophetic Heritage*. Essays in honor of James Muilenburg, New York 1962, 86-97.

Noth, M., *Überlieferungsgeschichtliche Studien. Die sammelnden und bearbeitenden Geschichtswerke im Alten Testament,* Tübingen 1943.

_____, *Könige I* (BKAT IX/1), Neukirchen-Vluyn 1983^2.

Patterson, D. and Austel, H. J., '1, 2 Kings', in: T. Longman III & D. E. Garland, *1 Samuel ~ 2 Kings,* Michigan 2009.

Peels, H. G. L., *Shadow Sides. God in the Old Testament,* 김헌수, 김진수 공역 『누가 여호와와 같은가? 구약에서 가르치는 하나님의 여러 면들』(서울: 성약, 2011).

Polzin, R., *David and the Deuteronomist. A Literary Study of the Deuteronomic History Part Three: 2 Samuel,* Bloomington 1993.

Porten, B., 'The Structure and Theme of the Solomon Narrative (1 Kings 3-11)', *HUCA* 38 (1967), 93-128

Pritchard J. B. (ed.), *The Ancient Near East. An Anthology of Texts & Pictures,* Princeton 2011.

Provan, I. W, Long, V. P., Longman III, T., *A Biblical History of Israel,* Louisville 2003.

Provan, I. W., 'Why Barzillai of Gilead (1 Kings 2:7)? Narrative Art and the Hermeneutics of Suspicion in 1 Kings 1-2', *TB* 46 (1995), 103-116.

Rad, G. V., *Theologie des Alten Testaments Bd.1. Die Theologie der geschichtlichen Überlieferungen Israels,* München 1992[10].

______, *Studies in Deuteronomy* (SBT 9), trans. by D. Stalker, London 1963.

Rendtorff, R., *Der Text in seiner Endgestalt. Scritte auf dem Weg zu einer Theologie des Alten Testaments,* Neukirchen-Vluyn 2001.

______, *Das Alte Testament. Eine Einführung,* Neukirchen-Vluyn 2001.

Richter, S. L., *The Deuteronomistic History and the Name Theology. lešakkēn šemô šām and the Ancient Near East* (BZAW 318), Berlin 2002.

Ringgren, H., *Die Religionen des Alten Orients,* Göttingen 1979.

Robertson, O. P., *The Christ of the Covenants,* 김의원 역 『계약신학과 그리스도』 (서울: 개혁주의신학사, 2000).

Römer, T. and de Pury, A., 'Deuteronomistic Historiography (DH): History of Research and Debated Issues', in: id. (ed.), *Israel Constructs its History. Deuteronomistic Historiography in Research,* (JSOTS 306), Sheffield 2000.

Rost, L., *Die Überlieferung von the Thronfolge Davids,* Stuttgart 1926.

Savran, G., '1 and 2 Kings', in: R. Alter and F. Kermode (eds.), *The Literary Guide to the Bible,* Cambridge 1987, 148-64.

Schmitt, H.-C., *Arbeitsbuch zum Alten Testament* (UTB), Göttingen 2005.

Schoors, A., *Die Königsreiche Israel und Juda im 8. Und 7. Jahrhundert v. Chr. Die assyrische Krise,* Stuttgart 1998.

Seibert, E. A., *Subversive Scribes and the Solomonic Narrative: A Reading of 1 Kings 1-11* (LHBOTS 436), New York 2006.

Seow, E. -L., 'The First and Second Books of Kings,' in *The New Interpreter's Bible* Vol. III, Nashville 1999. 1-295.

Smend, R., 'Das Gesetz und die Völker', in: H. W. Wolff (Hrsg.), *Probleme Biblischer Theologie. Gerhard von Rad zum 70. Geburtstag,* München 1971, 494-509.

Sweeney, M. A., *I & II Kings* (OTL), Louisville, 2007.

Thiele, E. R., *The Mysterious Numbers of the Hebrew Kings,* Michigan 1994.

Veijola, T., *Die Ewige Dynastie. David und die Entstehung seiner Dynastie nach der deuteronomistischen Darstellung* (AASF 193), Helsinki 1975.

Vetter, D., ראה, in *THAT* Bd. 2, 692-701.

Vos, G., *Biblical Theology. Old and New Testament,* Edinburgh 2000.

Wallace, R. S., *Readings in 1 Kings,* Michigan 1995.

Waltke B. K. and Yu, C., *An Old Testament Theology,* Michigan 2007.

Wellhausen, J., *Die Composition des Hexteuchs und der historischen Bücher des Alten Testaments,* Berlin 1963.

______, *Prolegomena zur Geschichte Israels,* Berlin 1899[5].

Westermann, C., *Die Geschichtsbücher,* Gütersloh 1994.

Wiseman, D. J., *1 & 2 Kings* (TOTC 9), Illinois 1993.

Woude, A. S. Van der, שם in: *THAT* Bd. 2, 935-963.

Würthwein, E., *Studien zum Deuteronomistischen Geschichtswerk* (BZAW 227), Berlin 1994.

Wray Beal, L. M., *1 & 2 Kings* (AOTC 9), Illinois 2014.

Youngblood, R. F., '1, 2 Samuel', in: T. Longman, D. E. Garland (eds.), *1 Samuel ~ 2 Kings* (EBC 3), Michigan 2009, 615-954.

Young, E. J., *My Servants the Prophets,* Michigan 1952.

______, *An Introduction to the Old Testament,* Michigan 1985.

김진수, 『우리에게 왕을 주소서: 사무엘서와 하나님 나라』(수원: 합신대학원출판부, 2011).

______, "다윗의 유언: 상호본문간 읽기에 의한 열왕기상 2장 1-9절의 이해," 『성경과 신학』 64 (2012), 1-31.

______, "열왕기상 1-2장에 나타난 솔로몬의 왕위계승에 대한 연구," 『신학정론』 제 30권 1호 (2012.6) pp. 9-36

______, "구약 이스라엘 역사서술의 과제," 『신학정론 32권 2호』(2014/11), 199-236.

______, "다윗언약에 대한 연구", 『신학정론』 33권 1호 (2016년 6월), 11-34.

______, "다윗 언약의 조건성에 대한 연구", 『신학정론』 33권 2호 (2016년 11월), 89-108.

박윤선, 『사무엘서, 열왕기, 역대기 주석』(서울: 영음사, 2010).

현창학, 『구약 지혜서 연구』(수원: 합신대학원출판부, 2009).

주 제 색 인

169, 173, 326, 350,
352, 365, 366,
381, 472, 473, 474,
디글랏빌레셀 193, 374, 422

(마)
맹세 55, 69, 75, 76, 77,
78, 83, 85, 93, 94,
196, 206, 255, 278,
350, 351, 462

메시아 왕국 105
모압 석비 288
몰렉 156, 442

(바)
바알 46, 47, 49, 50, 51,
62, 174, 175, 180,
181, 194, 195,196,
197, 198, 199, 200,
201, 203, 204, 205,
206, 207, 208, 209,
210, 212, 213, 214,
215, 218, 222, 223,
224, 227, 229, 246,
247, 249, 252, 260,
261, 262, 263, 264,
271, 272, 273, 274,
276, 281, 282, 285,
287, 291, 294, 304,
317, 328, 330, 335,
338, 343, 344, 345,
346, 347, 349, 353,
364, 377, 385, 426,
440, 441, 443

번제 44, 96, 97, 99, 126,
139, 140, 142, 146,
147, 156, 212, 293,
310, 379, 380,

법궤 25, 58, 59, 108, 109,
111, 118, 132, 133,
134, 278, 351

벤하닷 230, 231, 232, 233,
234, 235, 236, 237,
238, 239, 240, 241,
242, 306, 318, 323,
324, 348, 361, 362

봉헌식 17, 42, 44, 59, 108,
123, 130, 131, 134,
137, 138, 139, 140,
141, 458, 473

부활 201, 302, 303, 359,
363, 468

분향단 118
비등극 연도법 38

(사)
사르곤 383, 384, 400, 401,
417, 422

산당 44, 45, 52, 53, 59,
60, 96, 99, 157,158,
180, 189, 260, 261,
354, 364, 369, 375,
376, 377, 385, 396,
405, 426, 433, 441,
442, 443, 444, 445

산헤립 52, 395, 399, 400,
402, 403, 404, 408,
410, 411, 412,

413, 414, 415, 416,
417, 419, 422, 424,
452

살만에셀　228, 230, 252, 275,
348, 383, 400

상징행위　163, 202, 239, 254,
284, 302, 360, 463

새 언약　57, 89, 129, 311

선지자　16, 17, 22, 28, 29,
34, 47, 48, 49, 50,
51, 54, 55, 57, 62,
63, 64, 69, 71, 73,
74, 75, 76, 77, 78,
79, 80, 94, 101,
104, 105, 107, 116,
135, 143, 161, 162,
163, 165, 166, 175,
176, 177, 178, 179,
180, 182, 183, 184,
186, 187, 190, 191,
195, 196, 198, 199,
201, 202, 203, 204,
205, 206, 207, 208,
209, 210, 212, 213,
214, 215, 217, 218,
219, 220, 221, 222,
223, 224, 225, 226,
227, 229, 230, 231,
233, 234, 235, 236,
239, 240, 241, 242,
244, 245, 248, 249,
251, 253, 254, 255,
256, 257, 259, 263,

264, 272, 274, 276,
277, 278, 279, 280,
281, 283, 284, 285,
286, 290, 291, 292,
295, 297, 298, 299,
300, 301, 302, 303,
304, 305, 306, 307,
308, 309, 311, 312,
313, 314, 315, 316,
317, 319, 322, 323,
329, 330, 331, 332,
333, 334, 335, 338,
341, 343, 344, 345,
358, 359, 362, 363,
366, 368, 374, 387,
399, 409, 410, 413,
416, 417, 418, 420,
422, 429, 430, 434,
436, 438, 445, 446,
449, 454, 455, 457,
459, 460, 461, 462,
463, 466, 467, 468,
469, 472, 473, 474

섭리　36, 160, 178, 225,
226, 259, 305, 306,
318, 322, 323, 333,
334, 350, 366

성령　88, 129, 276, 279,
280, 281, 282, 283,
329

성막　58, 108, 113, 123,
133

성전　15, 17, 21, 33, 34,

334

징계   159, 160, 164, 165,
169, 178, 197, 262,
327, 358, 386, 387,
429, 431, 448, 449,
461, 462, 463

(차, 카, 타, 파)

초막절   131, 141
카르카르 전투   229, 230, 252
토대 제사   194, 195
토라   116
풍요   46, 51, 62, 63, 68,
104, 156, 168, 181,
196, 198, 199, 200,
202, 247, 274, 286,
338, 396, 426, 441
피의 복수   84, 94

(하)

하나님의 나라/하나님 나라
17, 43, 60, 70, 121,
126, 176, 315, 357,
422, 447, 460
하나님의 형상   168
헤렘   242
혼합주의   387, 388
화목제   99, 139, 140, 147,
379
환상   107, 129, 134, 255,
256, 292, 314
희생제사   127, 136, 138, 139,
294, 310, 434

1:4 / 129
1:9 / 165
1:14 / 133
2:19-21 / 34
2:19-22 / 133
4:21-24 / 111
6:1-15 / 63
6:12-13 / 304
6:32-35 / 128
6:35 / 303
10:6-18 / 363
11:1-44 / 63
11:33 / 203
13:20 / 267
21:25 / 166
21:28 / 447

사도행전
1:8 / 279

로마서
1:16- 17 / 361
5:3-4 / 403
12:18 / 317
12:19 / 101
12:19- 21 / 169
14:17 / 353

고린도전서
3:16-17 / 133
15장 / 303, 363
15:51-56 / 423
16:13 / 89

고린도후서
5:14 / 303
5:15 / 303
6:16 / 133

갈라디아서
6:7 / 298

에베소서
1:18-19 / 315
2:19-22 / 34
2:20-22 / 133
5:18 / 279

빌립보서

골로새서

데살로니가전서

데살로니가후서

디모데전서

디모데후서
2:1 / 89

디도서

빌레몬서
히브리서
11:6 / 361

12:29 / 266
야고보서
1:2-4 / 305, 403
1:5-8 / 361
1:6-8 / 209
3:1 / 213
4:2 / 419
4:3 / 419
5:17 / 217

베드로전서
1:10-11 / 258
1:13 / 398

베드로후서
3:9 / 323

요한일서

요한이서

요한삼서

유다서

요한계시록
1:20 / 129
8:3-4 / 127
21:4-5 / 200
21:22 / 34
21:23 / 6
22:1-5 / 119, 200